游戏美术设计宝典

游戏场景设计

李瑞森　杨建军　尤　丹　编　著

清华大学出版社

北　京

内 容 简 介

本书是一本系统地讲解 3D 网络游戏场景制作的专业教材，内容主要分为概论、软件基础操作和实例制作讲解三大部分。概论主要讲解三维网络游戏场景设计的基础知识；软件基础操作主要讲解 3ds Max 软件在游戏制作中的基本操作流程和常用游戏制作插件的高级应用技巧；实例制作部分通过各种典型的网络游戏场景项目案例，让读者更好地掌握网络游戏场景的基本制作流程和方法。

本书既可作为初学者学习 3D 游戏制作的基础教材，也可作为高校动漫游戏设计专业或培训机构的教学用书。

图书在版编目(CIP)数据

游戏场景设计/李瑞森，杨建军，尤丹编著. --北京：清华大学出版社，2016（2024.1 重印）
(游戏美术设计宝典)
ISBN 978-7-302-42882-4

Ⅰ. ①游… Ⅱ. ①李… ②杨… ③尤… Ⅲ. ①动画—背景—造型设计 Ⅳ. ①J218.7

中国版本图书馆 CIP 数据核字(2016)第 030581 号

责任编辑：张彦青
封面设计：杨玉兰
责任校对：马素伟
责任印制：杨 艳

出版发行：清华大学出版社
网 址：https://www.tup.com.cn, https://www.wqxuetang.com
地 址：北京清华大学学研大厦 A 座 邮 编：100084
社 总 机：010-83470000 邮 购：010-62786544
投稿与读者服务：010-62776969, c-service@tup.tsinghua.edu.cn
质量反馈：010-62772015, zhiliang@tup.tsinghua.edu.cn
课件下载：https://www.tup.com.cn，010-62791865
印 装 者：三河市龙大印装有限公司
经 销：全国新华书店
开 本：185mm×230mm 印 张：20.25 字 数：493 千字
(附 DVD 1 张)
版 次：2016 年 5 月第 1 版 印 次：2024 年 1 月第 8 次印刷
定 价：45.00 元

产品编号：052957-01

前　言

电子游戏是现代计算机技术发展的产物，进入21世纪后，由于其独特的艺术魅力，成为新时代继电影和电视之后的“第九艺术”。与其他艺术门类相比，电子游戏最大的特色就是能给用户带来前所未有的虚拟现实感官体验，它比绘画更加立体，比影像更加真实，再加上音乐声效的辅助，让人仿佛置身于一个完全真实的世界中。所以，从这个角度来说，电子游戏的本质，就是为人们创造一个可以切身体验的第二世界，而这种世界形成的基础，首先是要建立在虚拟场景的营造与构建上，游戏场景的制作对于整个游戏作品来说，起到了举足轻重的作用。

对于一部游戏作品来说，其场景部分就像一个平台，游戏中所有的视觉元素都要借助这个平台来展现，各种丰富多彩的视觉美术元素让这个原本虚拟的世界变得丰富多彩，这正是游戏场景在整个游戏研发中的重要意义所在。本书恰恰选取了游戏场景制作作为主题和讲解方向，是一本系统地讲解3D网络游戏场景制作的专业教材。

本书在整体框架上主要分为概论、软件基础操作和实例制作讲解三大部分。概论主要讲解三维网络游戏场景设计的基础知识；软件基础操作主要讲解3ds Max软件在游戏制作中的基本操作流程和技巧，以及常用游戏制作插件的高级应用技巧；实例制作部分通过各种典型的网络游戏场景项目案例，让读者掌握网络游戏场景的基本制作流程和方法，内容由浅入深、循序渐进。

本书既可作为高校动漫游戏设计专业或培训机构的教学用书，也可作为初学者学习3D游戏制作的基础教材。对于刚刚进入游戏制作领域的读者来说，通过阅读本书，可以了解目前最为先进与前沿的游戏制作技术；对有一定基础的读者来说，本书更能起到深入引导和晋级提升的作用。为了帮助读者更好地学习，在随书光盘中，包含了所有实例制作的项目源文件，同时，还附有大量图片以及视频资料供学习和参考。由于作者水平有限，书中疏漏之处在所难免，恳请广大读者提出宝贵的意见。

编　者

目　　录

第一章

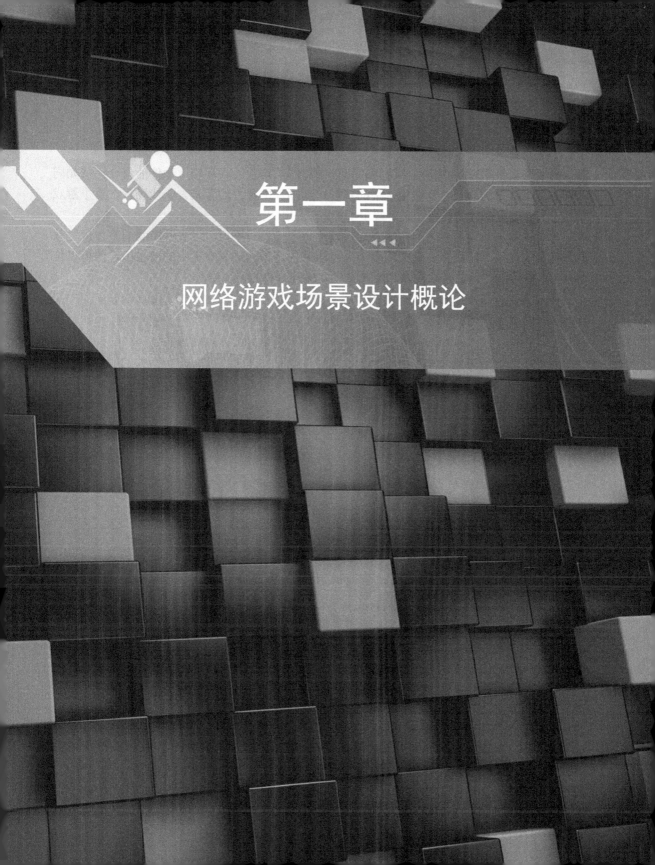

网络游戏场景设计概论

1.1 网络游戏场景的概念

游戏场景是指在游戏作品中除角色以外的周围一切空间、环境、物件的集合，就如同话剧表演中演员的舞台、竞赛中选手的赛场、动画片中角色的背景。游戏场景在整个游戏作品中起到十分重要的作用，是游戏中不可或缺的组成部分。

在虚拟的游戏世界中，制作细腻、精致的游戏场景，不仅可以提升游戏的整体视觉效果，让游戏在第一时间抓住玩家的眼球，将玩家快速带入到游戏设定的情景中，还可以传递出制作者所要表达的游戏内涵和游戏文化，提升游戏的艺术层次。

1997 年，美国 Origin 公司制作出世界上第一款图形化网络游戏《Ultima Online》(中文译名为《网络创世纪》，简称《UO》)(图 1-1)。

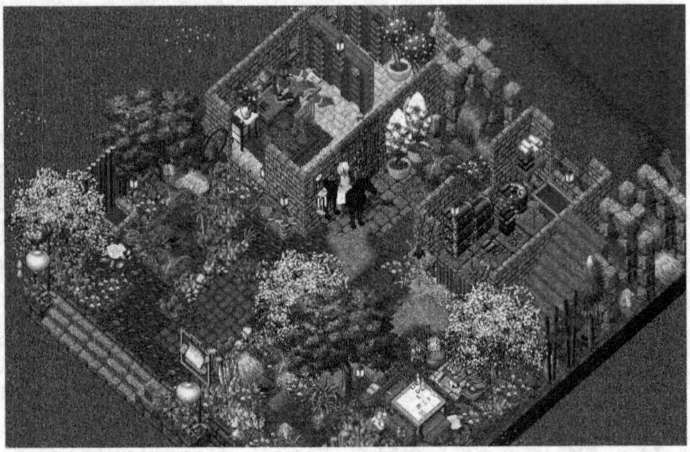

图 1-1　《网络创世纪》游戏画面

从那时起，电脑游戏进入了全新的网络化时代，网游逐渐走入游戏玩家的视野，并以其独特的魅力，在短短几年内，发展为世界游戏的主流方向。

高自由度是网络游戏的最大特色，网络游戏所营造的虚拟世界让人们摆脱了过去传统的人机交互游戏的单一模式。

例如，在《UO》的世界里，可以让数千人同时在线互动，游戏提供一个广阔的世界供玩家探索，包括各大城镇、森林、地下城等地区。玩家在游戏中并无明确的目标，主要是看玩家自己想做什么，就去做什么。在游戏中还提供了丰富的职业，让玩家来选择，包括木匠、铁匠、裁缝、剑士、弓手、魔法师、巫师、医生等。除此以外，在《UO》的世界里，还独具匠心地设计了源自基督教义和骑士精神的八大美德，包括谦卑、正直、怜悯、英勇、公正、诚实、牺牲和荣誉。

在网络游戏中，玩家通常会以第一人称的视角出现在虚拟世界中，这时的游戏场景往往会成为玩家视野中的主体对象，玩家首先看到的是游戏场景所构成的虚拟空间，其次才是在这个空间中的其他玩家和角色。另外，网络游戏中的场景也是整个虚拟游戏世界的直接载体，所有的游戏元素都要依靠场景营造的空间来表现。在三维游戏时代的今天，我们很难想象如果一款游戏没有优秀的场景设计，它将如何吸引玩家，如何抓住市场。所以，从这个角度来看，网络游戏场景设计在游戏项目研发制作中，将是至关重要的环节，甚至超越游戏角色设计，成为游戏美术制作中开启成功之门的钥匙。那么，网络游戏场景在整个游戏中究竟起到了怎样的作用？下面我们从若干不同的方面，来分析和讲解。

1. 交待游戏的世界观

当一个游戏项目立项之后，游戏公司的企划人员首要的工作内容，就是为游戏设定世界观。究竟什么是游戏世界观？世界观在哲学体系中是指对世界总的根本看法，由于人们的社会地位不同，观察问题的角度不同，形成的世界观也就不同。而对于游戏世界观这一概念，我们应用了世界观的引申含义，也就是指游戏世界的背景设定或者游戏世界的客观规律。笼统地说，游戏世界观就是整个游戏的世界背景，是通过物种、科技、建筑、服饰、技能、人文等具象的游戏设定所阐释出的游戏虚拟世界中的历史、政治、宗教、经济、文化等背景框架。虽然游戏世界是虚拟的，但由于其世界观的设定，就要求游戏中的一切元素务必符合逻辑，能够对游戏里的一切现象“自圆其说”。

任何一款游戏作品都有属于它自己的游戏世界观，大到 MMO 网游(大型多人在线角色扮演游戏)，小到一些只有几 MB 的桌面小游戏，游戏中所有的元素都可以看作游戏世界观的组成部分，而在所有这些元素中，最能直接体现游戏世界观的就是游戏场景。

例如，在著名的 MMO RPG(大型多人在线角色扮演游戏)《魔兽世界》的开场动画中，通过雪原之地的丹莫罗、幽暗静谧的夜歌森林、压抑黑暗的瘟疫之地、黄金草原的莫高雷、战火点燃的杜隆塔尔等几段不同场景和角色的影片剪辑，为玩家展现了游戏庞大的世界观体系。各具特色的游戏场景直观地展现出了不同种族的生活、信仰和文化背景(图 1-2)。又如，日本 Square Enix 公司的《最终幻想》游戏，开场的 CG 动画通过精致唯美的游戏场景，为人们展示出介于幻想和写实之间的独特世界。

2. 体现游戏的美术风格

游戏场景在游戏作品中另一个重要的作用，就是体现游戏的美术风格。这里所说的美术风格，并不只是狭义上的画面视觉风格，它有更加广泛的分类。

游戏从题材上可以分为幻想的和写实的，例如，日本 Enix 公司的《魔力宝贝》系列就属于幻想风格的网络游戏，游戏中的场景和建筑都要根据游戏世界观的设定进行艺术想象和加工处理。而著名战争类网游《战地》则属于写实风格的游戏(图 1-3)，其中的游戏场景要参考现实生活中的环境，甚至要复制现实中的城市、街道和建筑来制作。

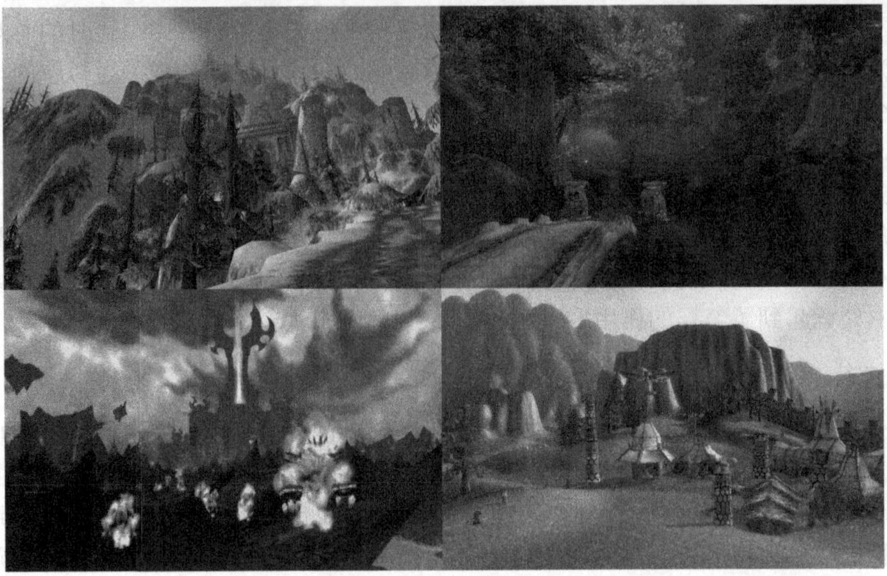

图 1-2　《魔兽世界》中不同风格的游戏场景

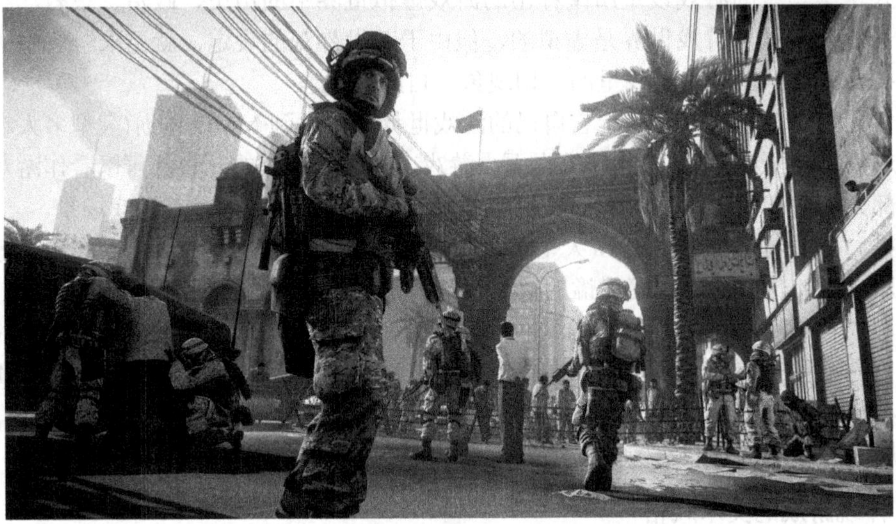

图 1-3　《战地》游戏中写实的场景风格

游戏从文化背景来看，又可分为西式的和中式的，例如《无尽的任务》(图 1-4)和《龙与地下城》就属于西方魔幻风格的游戏，游戏中的场景和建筑都要符合西方文化背景的特点。而《完美世界》、《诛仙》和《剑侠情缘 Online》等，则属于中国武侠题材的网络游戏，游戏场景中的建筑基本都参照中国古代传统的建筑风格来制作。

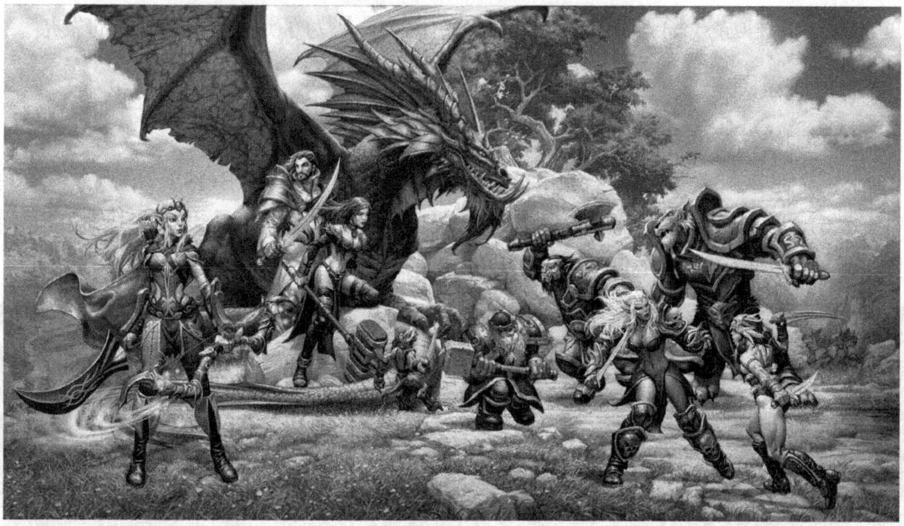

图 1-4　西方魔幻风格的《无尽的任务》

另外，游戏从画面风格上，又分为写实的和卡通的，这里的写实，是针对卡通而言，主要指游戏中的场景、建筑和角色的设计制作符合现实中人们的常规审美。而卡通风格就是我们常说的 Q 版风格，通常是将建筑、角色和道具的比例进行卡通艺术化的夸张处理，例如，Q 版的角色都是 4 头身、3 头身甚至 2 头身的比例，Q 版建筑通常为倒三角形或者倒梯形的设计(图 1-5)。现在市面上有大量的网络游戏都被设计为 Q 版风格，以其卡通可爱的特点，能够迅速吸引游戏玩家，获得市场效应。

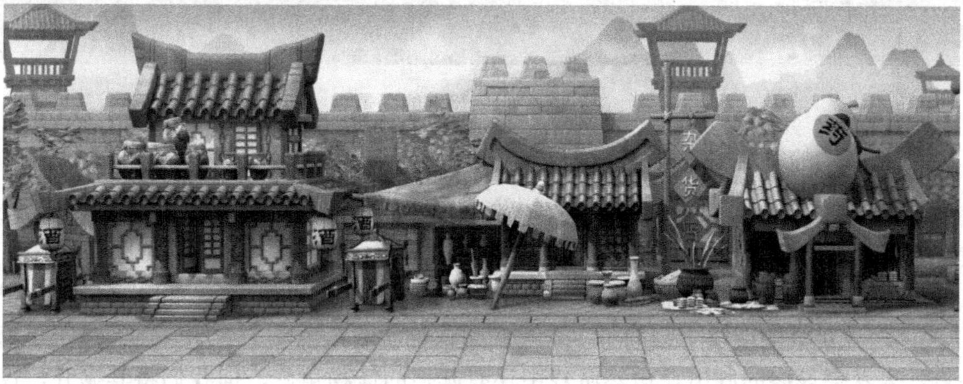

图 1-5　Q 版游戏场景的建筑

3. 配合剧情发展

某些特定情况下的游戏场景是为了配合游戏剧情发展的需要，例如在《魔兽世界 4.0》的资料片“大灾变”中，昔日辉煌的人类主城暴风城在死亡之翼烈焰的袭击下，变成了燃烧着火焰的废墟，这种游戏场景视觉效果上的变化，就是为了迎合游戏剧情的发展。

4. 烘托整体氛围

在特定的情境下，网络游戏场景还会起到烘托整体氛围的作用。例如，在大多数网络游戏中的村落，通常都是安静、祥和的；主城则大气繁华；而 BOSS 所在的场景总是阴森恐怖的(图 1-6)，不同环境中的情境氛围，主要就是靠不同的场景设计来烘托的，游戏场景正是在第一时间传递给玩家不同视觉感受的重要载体。

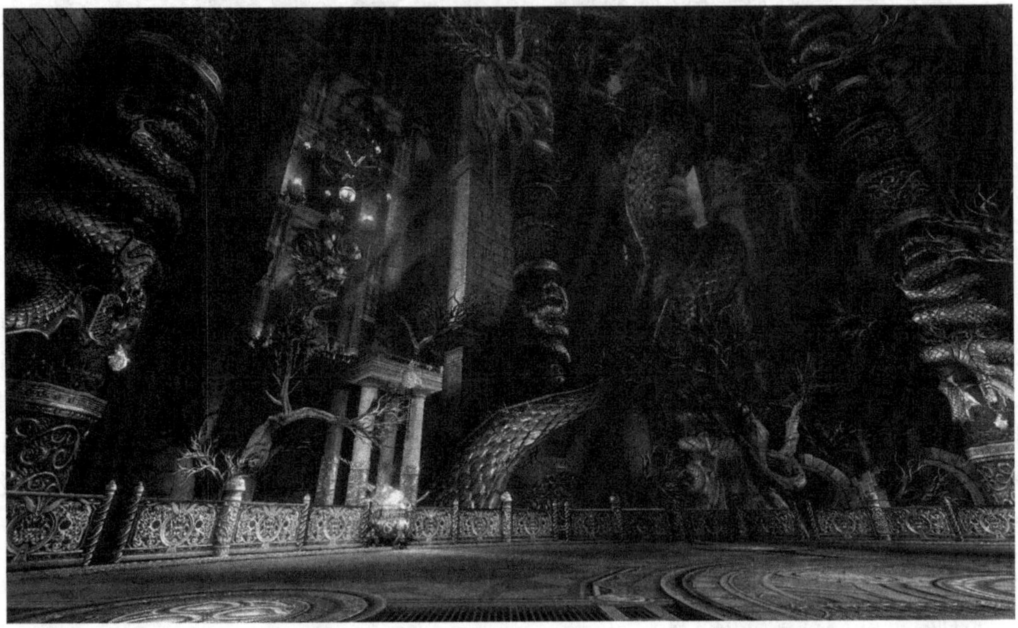

图 1-6　阴森恐怖的场景

5. 人机互动的需要

以上提到的几点我们可以归纳为网络游戏场景的客观性作用体现，但从某种意义来说，游戏场景也具备一定的主观性。

例如，在早期的 FC 游戏机上，有一款风靡全球的 ACT(动作类)游戏——《超级马里奥》(图 1-7)，这款游戏的玩法十分简单，玩家需要操控游戏角色从关卡的起点经过重重磨难到达终点，来获得最终的胜出。虽然游戏中还有其他的怪物角色，但我们将其抛开，仅仅从玩家和关卡场景的关系来看，就会发现，其实游戏中玩家大部分的时间是在与关卡场景进行互动，包括打通障碍、越过陷阱、触动机关等，这时，场景不再只是一个供观赏和起到烘托作用的客观背景，而变成了游戏中的主体角色，已经实实在在地参与到了游戏的人机互动中，具有独特的价值和作用。

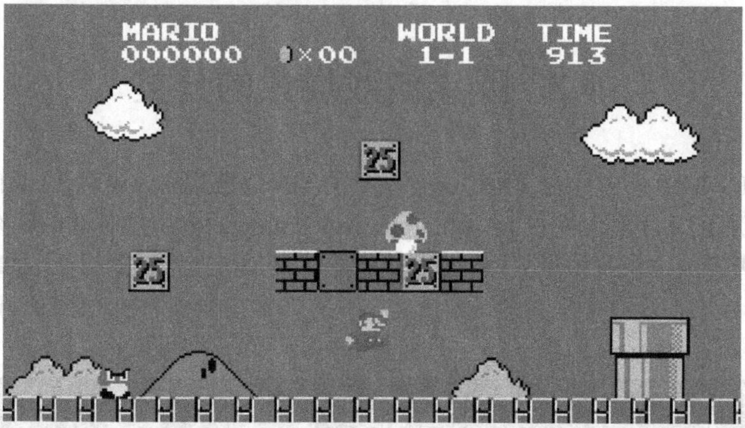

图 1-7　FC 经典游戏《超级马里奥》

在早期 FC 单机时代的游戏中，尤其是横版过关类的游戏，例如《魂斗罗》、《超级马里奥》、《索尼克》、《洛克人》等，其中游戏场景所发挥的作用大多是出于人机互动的需要。这主要是限于当时的技术水平，制作角色与场景的互动远比角色与角色的互动要简单得多。随着电脑游戏制作技术的发展，现在的网络游戏更注重的是玩家与 NPC(非玩家控制角色)之间以及玩家与玩家之间的互动关系。但如今在一些大型网络游戏的副本或地下城关卡中，游戏场景的人机互动特点仍然保留，例如，在《魔兽世界》黑翼之巢副本中，到达 3 号 BOSS 前的“陷阱房”场景关卡就是最典型的例子(图 1-8)。

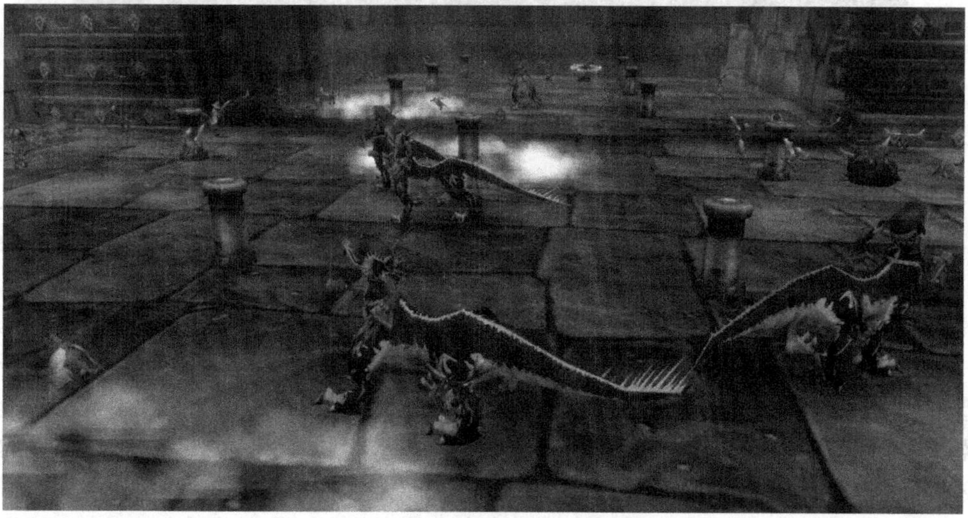

图 1-8　黑翼之巢副本中的陷阱房

1.2 网络游戏场景的分类

按照 MMO RPG 网游的定义来追溯，最早的 MMO 游戏应该出现在 20 世纪 80 年代，当时有一种流行的文字类游戏，叫作 Multiple User Dialogue(多用户对话)，简称 MUD(泥巴)。

MUD 是基于文本的虚拟世界，界面主要都是以 ASCII 字符为主的文本和 ASCII 字符组成的简单图形，它们没有浮华的图形和声音，只有文本在屏幕上滚动(图 1-9)。

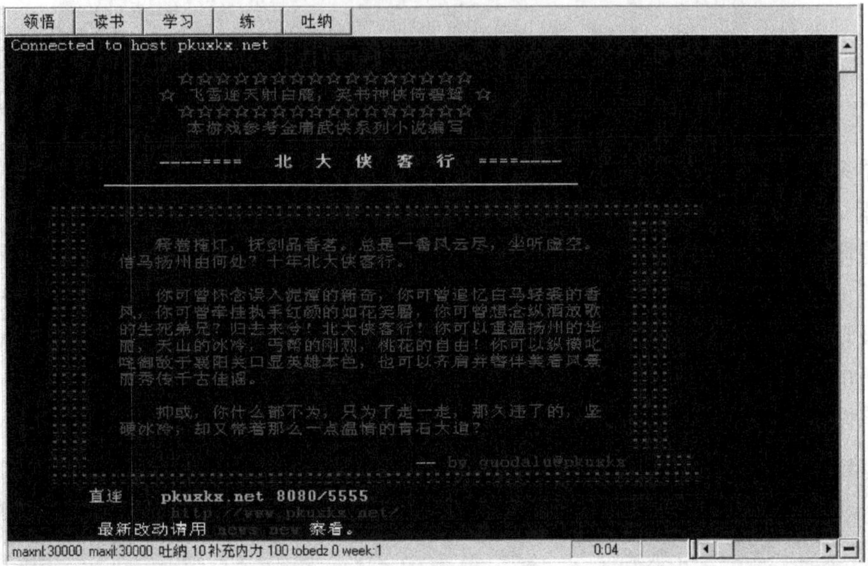

图 1-9 《侠客行》MUD

MUD 世界中的一切活动都是通过键盘输入的方式进行的，包括用文本引发对象的动作、用文本交谈、用文本表达感情、表示情绪、用文本交流思想等。如果用今天的眼光来看，当时的 MUD 游戏并不存在真正意义上的游戏场景，但实际上，仔细分析，MUD 游戏仍然存在游戏场景，那就是通过语言描述所构架的存在于人们脑海想象中的虚拟世界。

后来，随着《网络创世纪》游戏的出现，具有具象游戏画面的图形类网游真正开始发展起来。自 1997 年以来，《UO》在全球的北美、欧洲、大洋洲、东亚、拉美等都架设了服务器，这在当时的游戏史上是从来没有过的，可以说，《UO》是第一个“全球化”的网络游戏。从《UO》到现在，网络游戏经历了十几年的发展，从最初单一固定化的模式，发展为今天形式多样的消费级产品，发展成了庞大的商业产业，网络游戏从早期的 2D 图像发展为如今全 3D 的画面效果，网络游戏的视觉效果在不断地进化与变革。

而游戏场景作为网络游戏的重要组成部分，自然会因为不同类型的游戏而有所区分，下面我们将从不同的方面和角度，来讲解游戏场景的分类。

1.2.1　按画面类型区分

从游戏的画面类型来分，我们把游戏场景分为2D、2.5D和3D三种形式。

2D画面场景是指游戏中利用平面图片制作游戏场景效果，画面的视角为固定模式，通常采用平视或者俯视的视觉效果(图1-10)，早期的网络游戏场景基本都是2D场景。

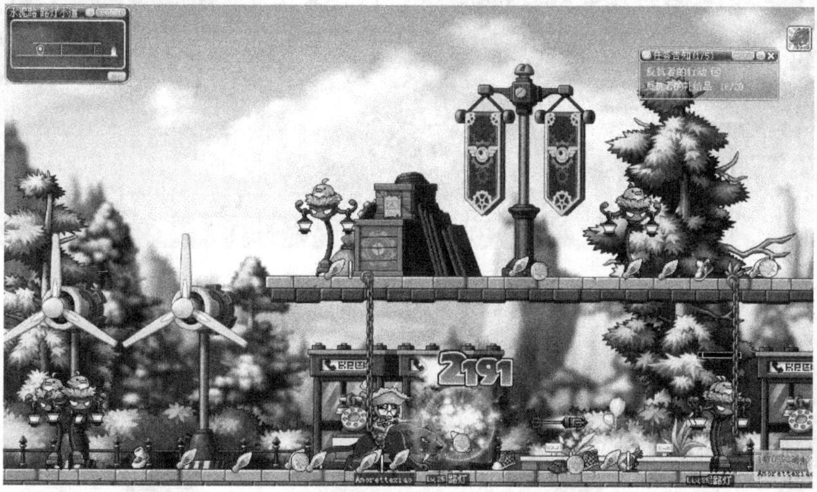

图1-10　2D游戏场景

2.5D场景又称为仿3D场景，是指玩家视角与游戏场景成一定角度的固定画面，通常为倾斜45°视角。2.5D场景并不仅仅是视角的不同，它与2D场景最大的区别是，2.5D场景中的美术元素多为3D模型制作的，之后将制作的模型渲染，导出为2D图片，所以2.5D场景画面效果要比传统的2D场景精致得多。同时，因为介于2D与3D之间，所以将其称为2.5D画面(图1-11)。

3D场景是指由三维算法实现的可以随意改变游戏视角的场景画面，这也是现在网络游戏所常用的画面类型，相对于2D和2.5D场景来说，3D画面场景会给游戏玩家带来更加逼真的视觉感受和近于真实的临场体验(图1-12)。

尽管随着科技的进步和技术的提升，网络游戏的画面效果已经从早期的2D图像发展为如今全三维的视觉效果，但这种发展并不遵循淘汰制的规律，即使在3D技术大行其道的今天，2D和2.5D画面类型的网游仍然占有一定的市场份额。

例如，韩国Neople公司研发的著名网游《地下城与勇士》(DNF)就是传统平视角的2D场景画面，而国内在线人数最多的网游，排行前十位中，有一半都是2D画面或者2.5D画面的游戏。

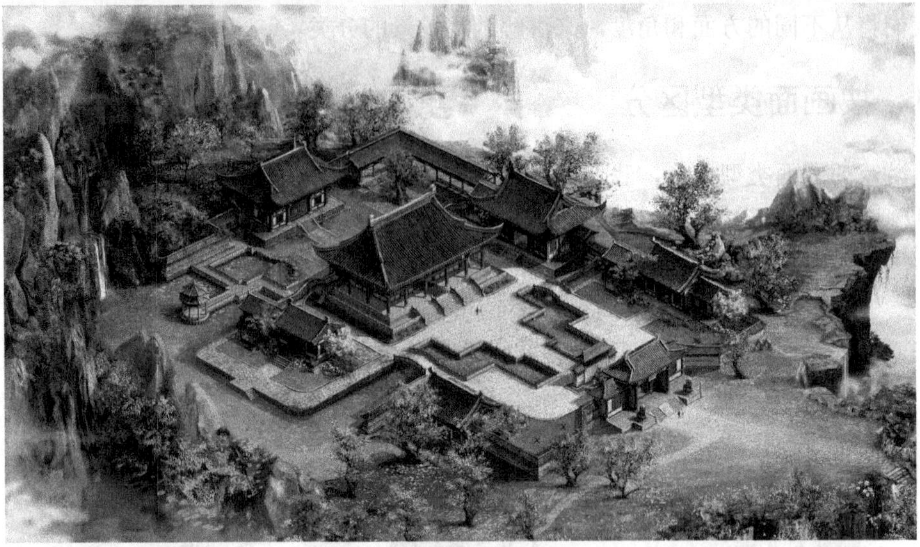

图 1-11　2.5D 游戏场景

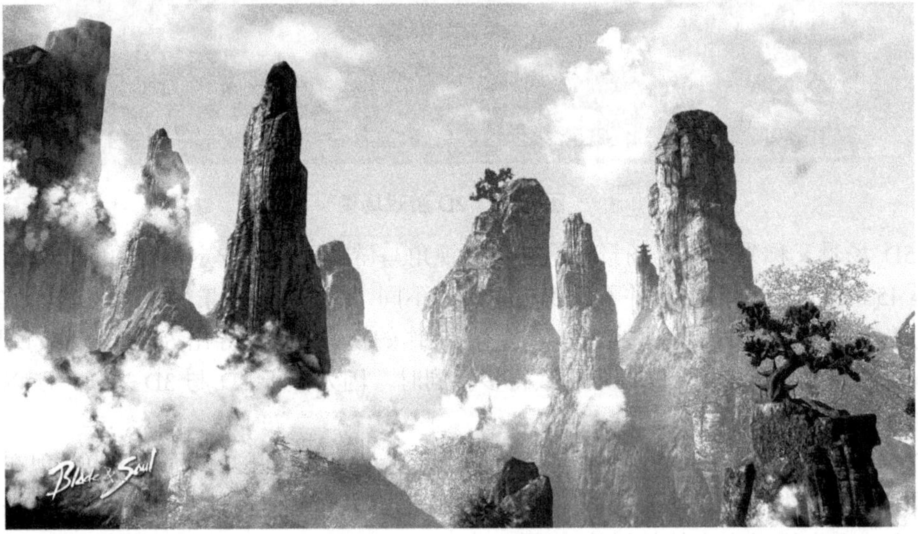

图 1-12　3D 游戏场景

1.2.2　按制作形式区分

从游戏场景制作的角度，我们把网络游戏场景又分为建筑场景、室内场景和野外场景。

建筑场景，是指游戏中以建筑物为对象的场景，包括各类单体建筑、复合建筑、城市街道以及各种场景道具等(图 1-13)。

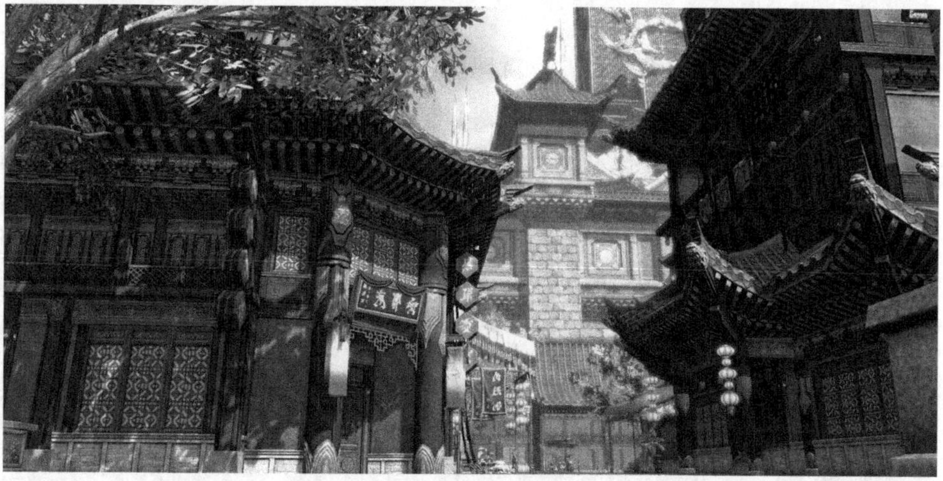

图 1-13　建筑场景

室内场景是指游戏中建筑或者空间的内部环境场景，包括建筑室内场景、洞穴场景、地宫场景等(图 1-14)。

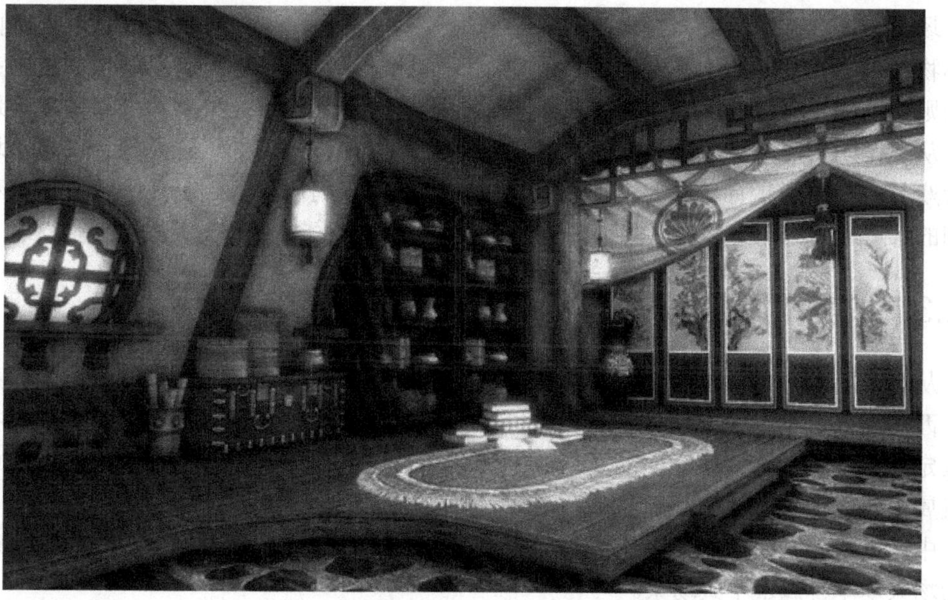

图 1-14　室内场景

野外场景是相对于室内场景而言的，是指一切暴露在室外的空间场景，野外场景中也可以包含建筑和室内场景，但这里所定义的野外场景，更多地是指山石草木、溪水瀑布等自然环境场景(图 1-15)。

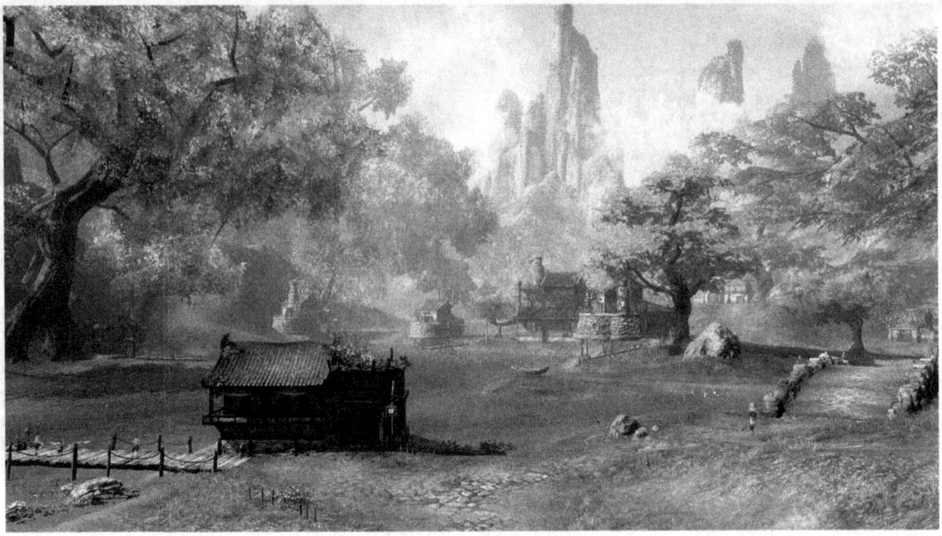

图 1-15 野外场景

不同类型的游戏场景在制作的方法和侧重点上也有所不同，以三维网络游戏场景为例，建筑场景是以制作建筑模型为主，注重整体大效果的展现；室内场景则是以制作室内结构和小物件模型为主，通过场景中道具的摆布以及灯光、特效等展现局部环境的氛围；野外场景则是以制作自然环境为主，通过地形、山水、石木等自然元素来构成整体的大地图场景。从制作的难度来划分，从低到高依次为建筑场景、室内场景、野外场景。建筑场景需要游戏美术设计师具有良好的模型构建基础，室内场景则在此基础上还需要有结构和整体氛围的营造能力，而野外场景除前两者以外，还需要对于自然生态的整体把握。

1.2.3 按美术风格区分

从游戏画面的美术风格来区分，游戏场景又可分为西式场景、中式场景和日韩场景。

西式场景就是以西方欧美文化背景设计的游戏场景，这里所说的文化背景，包括游戏所设定的年代、世界观等方面的要素，例如《魔兽世界》和《无尽的任务》等游戏中的场景就属于西式场景。

中式场景就是指以中国古代传统文化为背景所设计的游戏场景，国产 MMO RPG 网游中的场景基本都属于中式场景。

日韩场景是一个笼统的概念，主要指日本和韩国游戏公司所制作的游戏中的游戏场景，多以幻想题材来设定游戏的世界观，并且善于将西方建筑风格与东方文化相结合，所创作出来的游戏都带有明显的标志性特色，我们将这种场景建筑的风格定义为日韩场景，例如韩国 Eyedentity Games 公司的 3D 动作网游《龙之谷》中的游戏场景(图 1-16)，就属于日韩场景的范畴。

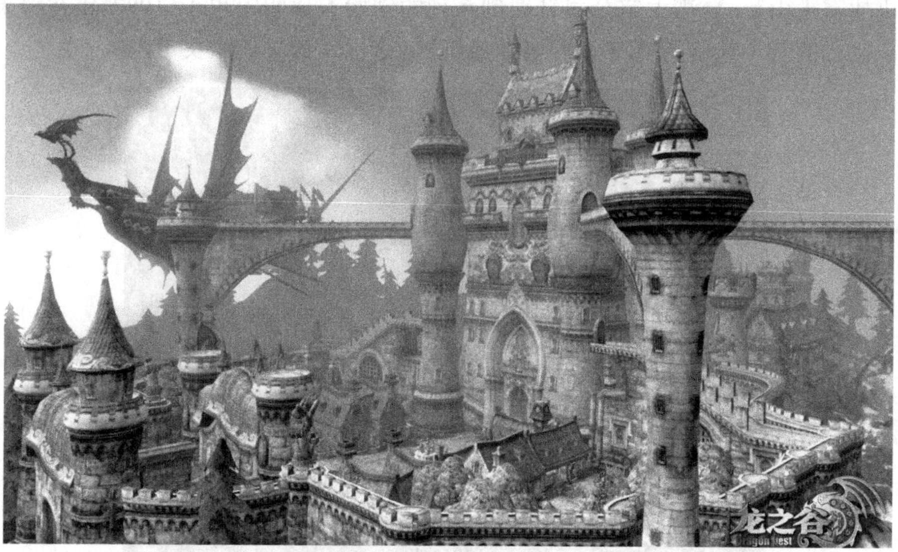

图 1-16　《龙之谷》游戏场景

1.3　游戏美术技术的发展

游戏美术技术是指在游戏项目研发中对于游戏画面视觉效果的制作技术，属于游戏制作的核心内容。游戏美术技术属于计算机图像技术的范畴，而计算机图像技术发展主要依托于计算机硬件技术的发展。电脑游戏从诞生发展到今天，电脑游戏图像技术分别经历了“像素图像时代”、“精细二维图像时代”和“三维图像时代”三大阶段，游戏美术技术也遵循这个规律，经历了由“程序绘图时代”，到“软件绘图时代”，再到“游戏引擎时代”的发展线路。

在电脑游戏发展初期，由于受计算机硬件的限制，电脑图像技术只能用像素显示图形画面。所谓的“像素”，就是用来计算数码影像的一种单位，如同摄影的相片一样，数码影像也具有连续性的浓淡阶调，我们若把影像放大数倍，会发现这些连续色调其实是由许多色彩相近的小方点所组成的，这些小方点就是构成影像的最小单位“像素”(图 1-17)。

因为计算机分辨率的限制，当时的像素画面在今天看来或许更像一种意向图形，因为以如今的审美视觉来看这些画面，实在很难分辨出它们的外观，更多地只是用这些像素图形来象征一种事物。即便如此，仍然有一系列经典的游戏作品在这个时代中诞生了，其中包括著名的欧美 RPG《创世纪》系列(图 1-18)和《巫术》系列，还包括国内玩家最早接触的《警察捉小偷》、《掘金块》、《吃豆子》等电脑游戏，还有经典动作游戏《波斯王子》的前身《决战富士山》。台湾大宇公司轩辕剑系列的创始人蔡明宏也于 1987 年在苹果机平台上制作了自己的首个电脑游戏——《屠龙战记》，这也是最早的中文 RPG 游戏之一。

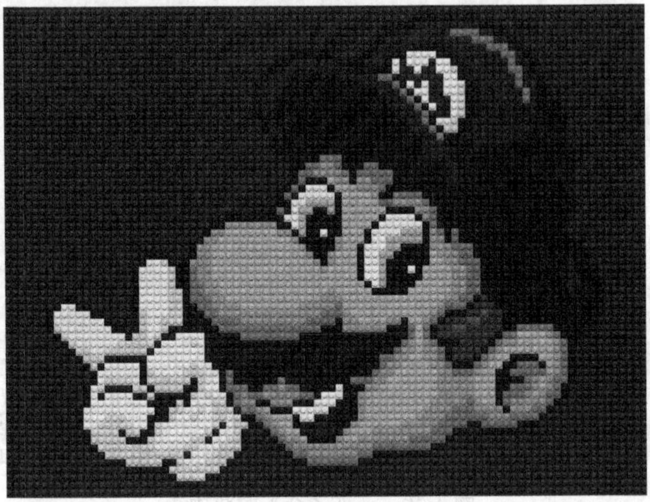

图 1-17　像素图像

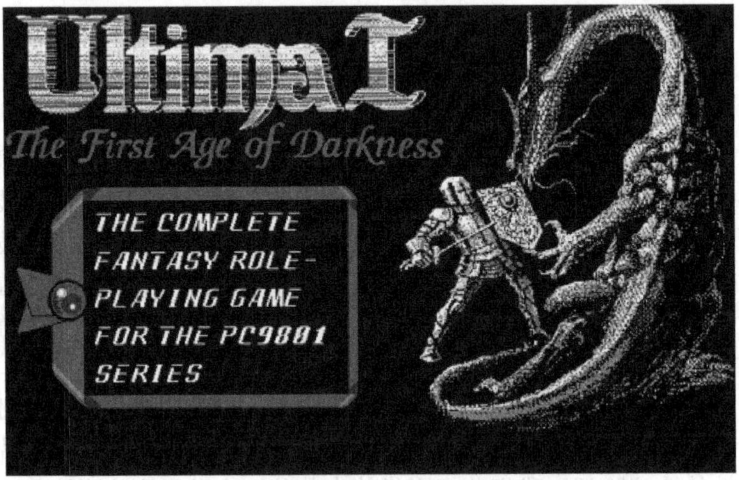

图 1-18　《创世纪》一代的游戏启动界面

由于技术上的诸多限制，这一时代游戏的显著特点，就是在保留完整的游戏核心玩法的前提下，尽量简化其他一切美术元素，这其中就包括游戏场景元素。所以，当时游戏中的场景十分简单，或者说简陋，甚至有个别游戏直接简化掉了游戏场景，只有游戏互动的主体对象，所以游戏场景美术在这一时期几乎是“灰色”的，但黑暗毕竟是暂时的，光明在发展的脚步下缓缓而来。

随着电脑硬件的发展和图像分辨率的提升，这时的游戏图像画面相对于先前有了显著的提高，像素图形再也不是大面积色块的意向图形了，这时的像素有了更加精细的表现。尽管从当今的眼光来看我们仍然很难接受这样的图形画面，但在当时看来，一个电脑游戏的辉煌时代正在悄然而来。硬件和图像的提升带来的是创意的更好呈现，游戏研发者可以把更多的精力放在游戏规则和游戏内容的实现上面，也正是在这个时代，不同类型的电脑游戏纷纷出现了，并确立了电脑游戏的基本类型，如ACT(动作游戏)、RPG(角色扮演游戏)、AVG(冒险游戏)、SLG(策略游戏)、RTS(即时战略)等，这些概念和类型定义，到今天为止也仍在使用。而这些游戏类型的经典代表作品也都是在这个时代产生的，像AVG的典型代表作《猴岛小英雄》、《鬼屋魔影》系列、《神秘岛》系列；ACT的经典作品《波斯王子》、《决战富士山》、《雷曼》；SLG的著名游戏《三国志》系列、席德梅尔的《文明》系列(图1-19)；RTS的开始之作Blizzard(暴雪公司)的《魔兽争霸》系列，及后来Westwood公司的《C&C》系列。

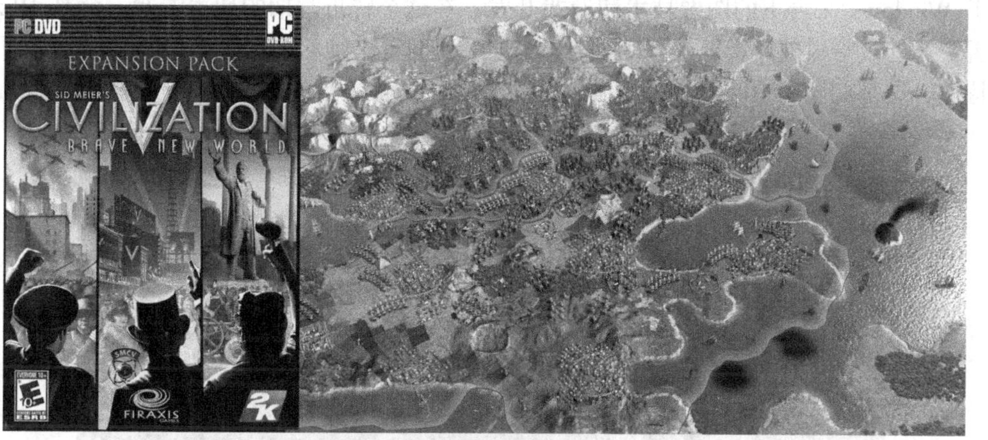

图1-19　著名的模拟策略类游戏《文明》系列

由于硬件技术的发展，使得这一时期的电脑游戏出现了与先前截然相反的特点，那就是在核心玩法的基础上尽可能多地增加了美术元素，所以，游戏美术在这一时期得到了空前的发展，虽然仍是以像素为主的程序绘图技术，但游戏图像却日趋复杂和华丽。

1981年，美国微软公司的MS-DOS操作系统面市，在其垄断PC平台的20年时间里，使电脑游戏的发展达到了一个新的高度，新类型的游戏层出不穷，游戏获得了比以往更加出色的声光效果。在获得更绚丽的游戏效果的同时，硬件技术也在这种需求中不断更新换代，IBM PC也从286升级到386，再到后来的486，CPU从16位升级到了32位，内存方面经过了从FP DRAM → EDO DRAM → SDRAM → RDRAM/DDR-SDRAM的进化过程，储存介质也从最初的软盘变成了如今还在继续使用的光盘，图像的分辨率也在进一步提高……

伴随着种种的升级和变化，这时的电脑游戏制作流程和技术要求也有了进一步的发展，电脑游戏不再是最初仅仅遵循一个简单的规则去控制像素色块的简单娱乐游戏了。随着技术的整体提升，电脑游戏制作要求更为复杂的内容设定，在规则与对象之外甚至需要剧本，这也要求整个游戏需要更多的图像内容来完善其完整性，于是，在程序员不堪重负的同时，便衍生出了一个全新的职业角色——游戏美术师。

对于游戏美术师的定义，通俗地说，凡是电脑游戏中所能看到的一切图像元素，都属于游戏美术师的工作范畴，其中包括了地形、建筑、植物、人物、动物、动画、特效、界面等的制作。

随着游戏美术工作量的不断增大，游戏美术又逐渐细分出原画设定、场景制作、角色制作、动画制作、特效制作等不同的工作岗位。

在 Windows 95 操作系统诞生后，越来越多的 DOS 游戏陆续推出了 Windows 版本，越来越多的主流电脑游戏公司也相继停止了 DOS 平台下游戏的研发，转而大张旗鼓全力投入对于 Windows 平台下的图像技术和游戏开发。在这个转折时期的代表游戏，就是 Blizzard 暴雪公司的《暗黑破坏神》系列(图 1-20)，该系列拥有精细的图像、绝美的场景、华丽的游戏特效，这都归功于 Blizzard 对于微软公司 DirectX API 应用程序接口技术的应用。

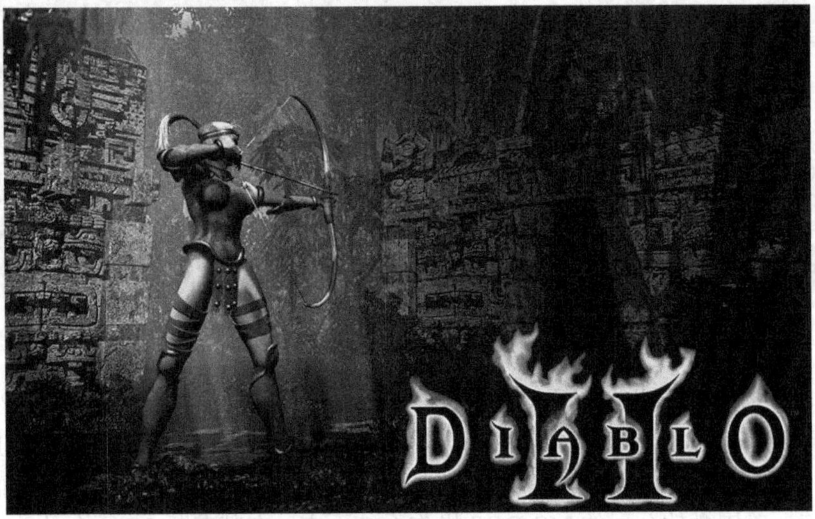

图 1-20　《暗黑破坏神 2》中的亚马逊女战士

就在这样的电脑图像继续迅猛发展的大背景中，像素图像技术也在日益进化和升级，随着电脑图像分辨率的提升，电脑游戏从最初 DOS 时期极限的 480×320 分辨率，发展到后来 Windows 时期标准化的 640×480，再到后来的 800×600、1024×768 等高精度分辨率。游戏画面效果日趋丰富和华丽，同时，更多的图像特效技术加入到游戏中，这时的像素图像已经精细到肉眼很难分辨其图像边缘的像素化细节，最初的大面积像素色块的游戏图像被华丽精细的二维游戏图像所取代，从这时开始，游戏图像技术已经由像素图像进入到了精细二维图像时代。

这时，游戏制作不再是仅靠程序员就能完成的工作了。游戏美术工作量日益庞大，游戏美术的工作分工日益细化，原画设定、场景制作、角色制作、动画制作、特效制作等专业游戏美术岗位相继出现，并成为游戏图像开发中必不可缺的重要职业。游戏图像从先前的程序绘图时代进入到了软件绘图时代，游戏美术师需要借助于专业的二维图像绘制软件，同时利用自己深厚的艺术修养和美术功底，来完成游戏图像的绘制工作。以 CorelDRAW 为代表的像素图像绘制软件和后来发展成为主流的综合型绘图软件 Photoshop 都逐渐成为主流的游戏图像制作软件。

1996 年，3dfx 公司创造的 Voodoo 显卡面市，作为 PC 历史上最早的 3D 加速显卡，从它诞生伊始，就吸引了全世界的目光，第一款正式支持 Voodoo 显卡的游戏作品就是如今大名鼎鼎的《古墓丽影》。1996 年，从美国 E3 展会上劳拉·克拉馥的迷人曲线吸引了所有玩家的目光开始，绘制这个美丽身影的 Voodoo 3D 图形卡和 3dfx 公司也开始了其传奇的旅途(图 1-21)。

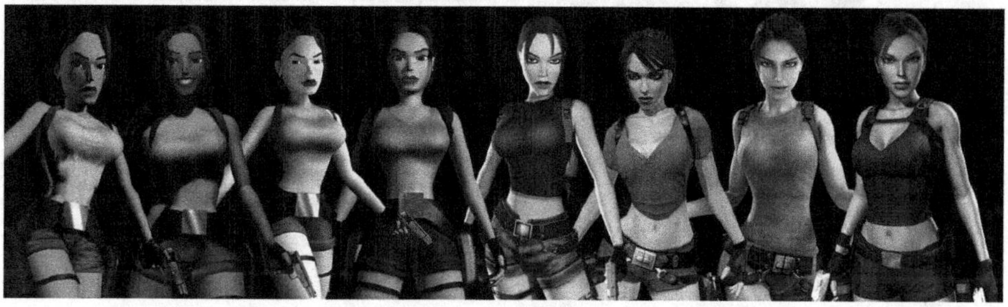

图 1-21　劳拉随着游戏图像技术的发展日渐精细

在相继推出 Voodoo2、Banshee 和 Voodoo3 等几个极为经典的产品后，3dfx 站在了 3D 游戏世界的顶峰，所有的 3D 游戏，不管是《极品飞车》还是《古墓丽影》，甚至是 id 公司的《雷神之锤》，无一不对 Voodoo 系列显卡进行优化，全世界都被 Voodoo 的魅力深深吸引，自那以后，3D 游戏时代就正式到来了。

从 Voodoo 的开疆扩土到 NVIDIA 称霸天下，再到如今 NVIDIA、ATI、Intel 的三足鼎立，计算机图形图像技术进入了全新的三维时代，而电脑游戏图像技术也翻开了一个全新的篇章。伴随着 3D 技术的兴起，电脑游戏美术技术经历了程序绘图时代、软件绘图时代，最终迎来了今天的游戏引擎时代。

现如今，无论是 2D 游戏还是 3D 游戏，无论是角色扮演游戏、即时策略游戏、冒险解谜游戏，还是动作射击游戏，哪怕是一个只有 1MB 的小游戏，都有这样一段起控制作用的代码，这段代码我们可以笼统地称为“引擎”。

当然，或许最初在像素游戏时代，一段简单的程序编码我们也可以称它为引擎。但随着计算机游戏技术的发展，经过不断的进化，如今的游戏引擎已经发展为一套由多个子系统共同构成的复杂系统，从建模、动画，到光影、粒子特效，从物理系统、碰撞检测，到文件管理、网络特性，还有专业的编辑工具和插件，几乎涵盖了开发过程中的所有重要环节，这一切所构成的集合系统，才是我们今天真正意义上的“游戏引擎”(图 1-22)。过去单纯依靠程序、美工的时代已经结束，以游戏引擎为核心的集体合作时代已经到来，这也就是我们所说的游戏引擎时代。

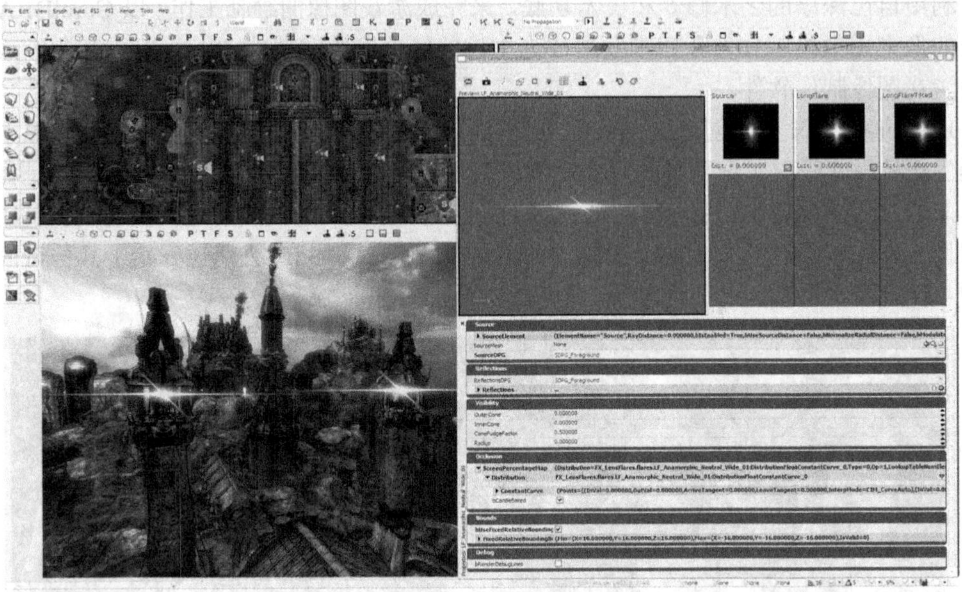

图 1-22　虚幻 3 游戏引擎编辑器

在程序美术时代和软件美术时代，游戏美术师的工作只是负责根据游戏内容的需要，将自己创造的美术作品元素提供给程序设计师，然后由程序设计师将所有元素整合汇集到一起，最后形成完整的电脑游戏作品。随着游戏引擎越来越广泛地引入到游戏制作领域，如今的电脑游戏制作流程和职能分工也逐渐发生着改变(图 1-23)。

现在要制作一款 3D 电脑游戏，一般分为前期、中期、后期三个时间段。过去游戏制作的前期准备一般指游戏企划师编撰游戏剧本和完成游戏内容的整体规划，而现在的前期制作，除此之外，还包括游戏程序团队为整个游戏设计制作具有完整功能的游戏引擎，其中包括核心程序模组、企划和美工等各部门的应用程序模组、引擎地图编辑器等。

在制作中期，游戏美术团队在接到策划部门的文案后，进入美术设计阶段。首先，原画设计组分别开始进行概念、角色以及场景的游戏原画设定工作。之后，原画设计组将设计完成的原画对应交给三维模型制作组，然后分别开始游戏角色模型和游戏场景模型的制作，其中角色模型制作完成后还要由三维动画师来进行角色骨骼绑定和动作动画的调节，同时，地形编辑美术师还要对游戏引擎编辑器中的游戏整体氛围、环境等元素进行设置等。

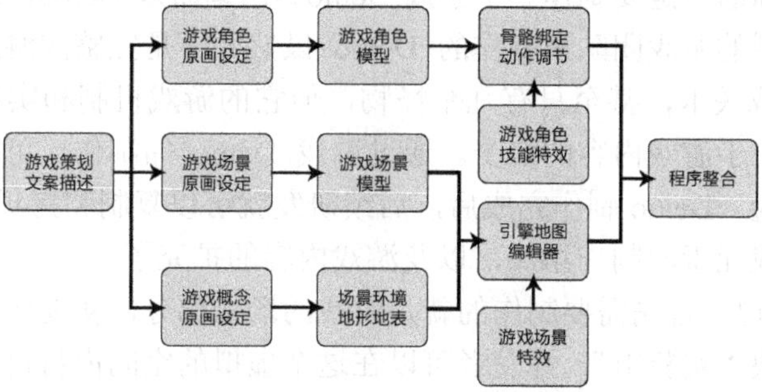

图 1-23　游戏项目的标准制作流程

制作后期相较以前也发生了很大的改变。过去，游戏制作的后期主要是程序员完成对游戏元素整合的过程，而现在，游戏制作后期不单单是程序设计部门独自的工作，越来越多的工作内容要求游戏美术师加入其中，主要包括利用引擎的应用程序工具将游戏模型导入到引擎中、利用引擎地图编辑器完成对整个游戏场景地图的制作、对引擎内的游戏模型赋予合适的属性，并为其添加交互事件和程序脚本、为游戏场景添加各种粒子特效等，而程序部门也需要在这个过程中完成对游戏的整体优化和整合。

具体到游戏场景美术设计与制作来说，场景美术师的工作从过去利用平面软件绘制和处理二维图像，变为要利用更多先进的软件和技术来进行三维世界中的美术创作。二维游戏中，游戏场景只是平面的固定视角画面，场景美术师只需要完善和丰富视角画面内的场景美术元素即可，而三维游戏中的游戏场景是全方位、立体式的，不仅要从一个角度进行制作，还要完善其他各个角度的美术元素。所以，三维游戏场景美术设计师的职业难度得到了空前的提升，三维场景美术师不仅要具备深厚的美术功底，还要熟悉和掌握建筑学的专业知识，而且，对于软件和程序方面也要有所涉及。

如今，三维游戏场景美术设计师是一个复杂性高、专业性强，而且需要具备深厚艺术修养和文化内涵的高精尖职业。优秀的三维场景美术设计师非一朝一夕可成，需要不断增强自己的专业知识，同时，还要进行大量的实践练习。“精诚所至，金石为开”，只要脚踏实地不断努力，就一定会走向成功。

1.4　网络游戏场景的制作流程

在网络游戏项目制作过程中，当游戏策划方案基本确定后，就开始进入项目的前期制作阶段。前期制作阶段属于游戏项目的准备和实验阶段，这个阶段占整个项目开发周期 10%

~20%的时间。在这一阶段中，会有少量的制作人员参与项目制作。虽然人员数量较少，但各部门人员配比仍然十分合理。这一阶段也可以看作是整体微缩化流程的研发阶段。

这一阶段的目标通常是要制作一个游戏 Demo。所谓游戏 Demo，就是指一款游戏的试玩样品。利用紧缩型的游戏团队来制作的 Demo 虽然并不是完整的游戏，可能仅仅只有一个角色、一个场景或关卡，甚至只有几个怪物，但它的游戏机制和实现流程却与完整游戏基本相同，差别只在于游戏内容的多少。通过游戏 Demo 的制作，可以为后面实际游戏项目研发过程积累经验。Demo 制作完成后，后续研发就可以复制和拷贝 Demo 的设计流程，剩下的就是大量游戏元素的制作添加，以及游戏内容的扩充了。

对于 Demo 来说，首先需要制作的就是游戏的场景部分，初期所搭建的游戏场景我们可以把它看作是一块“实验田”，开发者可以在这个虚拟的空间内将自己诸多的想法进行实验性的尝试，为以后项目的持续开发打下基础。对于游戏场景而言，无论什么样的美术风格，无论其规模大小，其制作流程和方法都大致相同。下面我们就来看一下网络游戏公司对于游戏场景制作的基本流程。

1. 确定大小

在游戏企划部门给出基本的策划方案和文字设定后，第一步要做的并不是依据策划案来进行场景美术的设定工作，在此之前，首要的任务就是先确定场景的大小。这里所说的大小，主要是指场景地图的规模以及尺寸。所谓“地图”的概念，就是不同场景之间的地域区划，如果把游戏中所有的场景看作是一个世界体系，那么，这个世界中必然包含不同的区域，其中每一块区域我们将其称作游戏世界的一块“地图”，地图与地图之间通过程序相连接，玩家可以在地图之间自由行动、切换(图 1-24)。

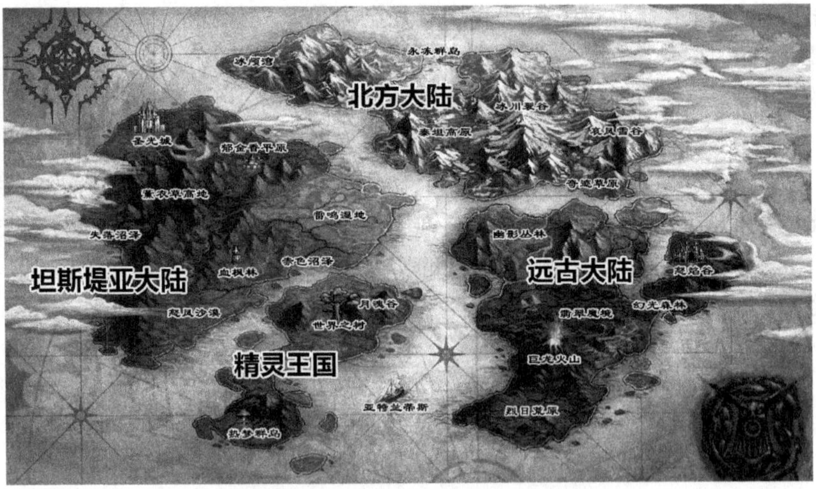

图 1-24　网络游戏中的游戏地图

通过游戏企划部门提供的场景文字设定资料，我们可以得知场景中所包含的内容以及玩家在这个场景中的活动范围，这样就可以基本确定场景的大小了。不同类型游戏中，场景地图的制作方法也有所不同。

在像素或 2D 类型的游戏中，游戏场景地图是由一定数量的图块(Tile)拼接而成的，其原理类似于铺地板，每一块 Tile 中包含不同的像素图形，通过不同 Tile 自由组合拼接，就构成了画面中不同的美术元素。通常来说，平视或俯视 2D 游戏中的 Tile 是矩形的，2.5D 游戏中的 Tile 是菱形的，但最终计算机程序都会按照矩形图块来处理运算，这种原理也是二维地图编辑器的制作原理(图 1-25)。

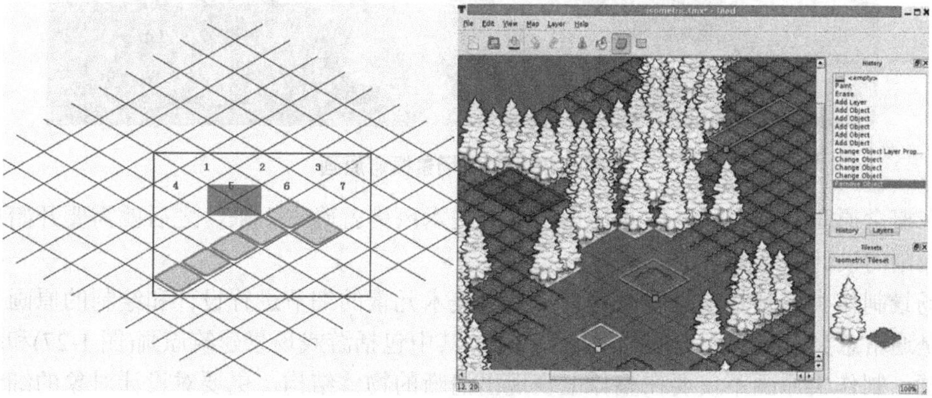

图 1-25　2D 游戏地图的制作原理

在三维游戏中，场景地图是通过引擎地图编辑器制作生成的，在引擎编辑器中，可以设定地图区块的大小，通过地形编辑功能制作出地图中的地表形态，然后可以导入先前制作完成的三维模型元素，通过排布、编辑、整合，最终完成整个场景地图的制作。

2. 场景原画的设定

当游戏场景地图的大小确定下来之后，接下来，需要游戏美术原画设计师根据策划文案的描述来进行场景原画的设定和绘制。场景原画设定是对游戏场景整体美术风格的设定和对游戏场景中所有美术元素的设计绘图。从类型上来分，游戏场景原画又分为概念类原画和制作类原画。

概念类场景原画是指原画设计师针对游戏策划的文案描述对游戏场景进行整体美术风格和游戏环境基调设计的原画类型(图 1-26)。游戏原画师会根据策划人员的构思和设想，对游戏场景中的环境风格进行创意设计和绘制，概念原画不要求绘制得十分精细，但要综合游戏的世界观背景、游戏剧情、环境色彩、光影变化等因素。相对于制作类原画的精准设计，概念类原画更加笼统，这也是将其命名为概念原画的原因。

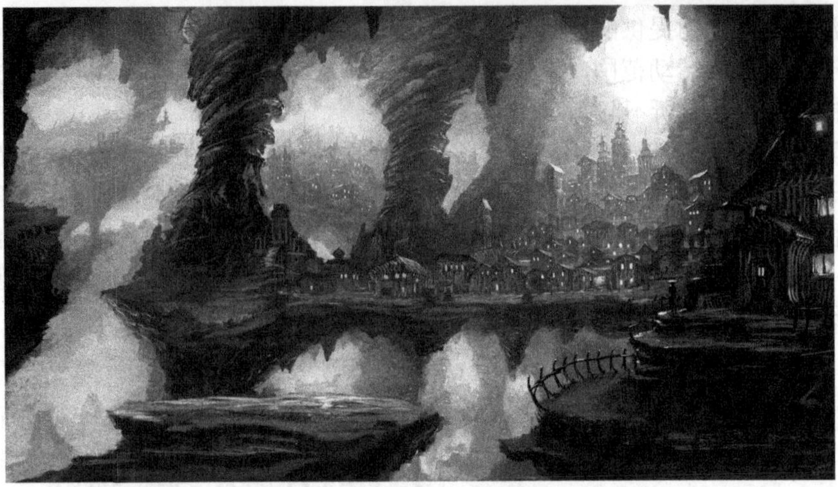

图 1-26　游戏场景概念原画

在概念原画确定之后，游戏场景基本的美术风格就确立下来，之后就需要开始场景制作类原画的设计和绘制了。

场景制作类原画是指对游戏场景中具体美术元素的细节进行设计和绘制的原画类型。这也是通常意义上我们所说的游戏场景原画，其中包括游戏场景建筑原画(图 1-27)和场景道具原画。制作类原画不仅要在整体上表现出清晰的物体结构，更要对设计对象的细节进行详细描述，这样才能便于后期美术制作人员进行实际美术元素的制作。

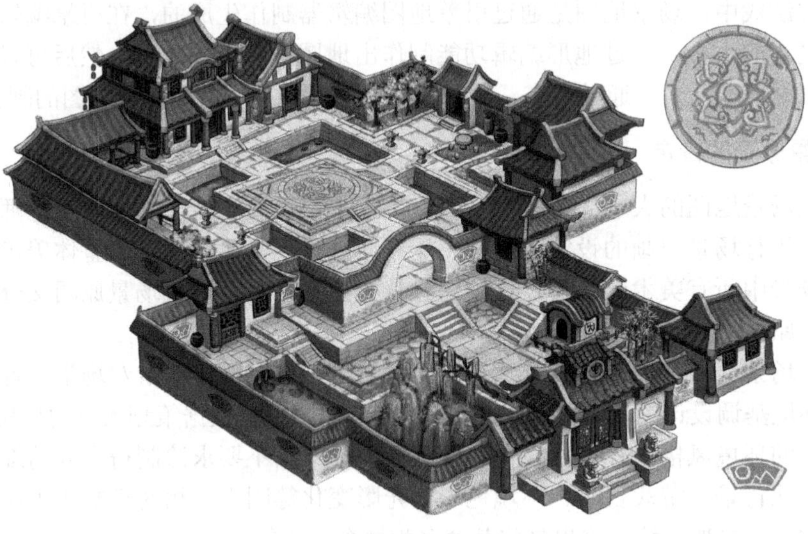

图 1-27　游戏场景建筑原画

3. 制作美术元素

在场景地图确定之后，就要开始制作场景地图中所需的美术元素了，包括场景道具、场景建筑、场景装饰、山石水系、花草树木等，这些美术元素是构成游戏场景的基础元素，制作的质量直接关系到整个游戏场景的优劣，所以这部分是游戏制作公司中美术部门工作量最大的一个环节。

在传统像素和 2D 游戏中的美术元素都是通过 Tile 拼接组合而成的，而对于现在高精细度的 2D 或 2.5D 游戏，其中的美术元素大多是通过三维建模，然后渲染输出成二维图片，再通过 2D 软件编辑修饰，最终才能制作成游戏场景中所需的美术元素图层。三维游戏中的美术元素基本都是由 3ds Max 软件制作出的三维模型(图 1-28)。

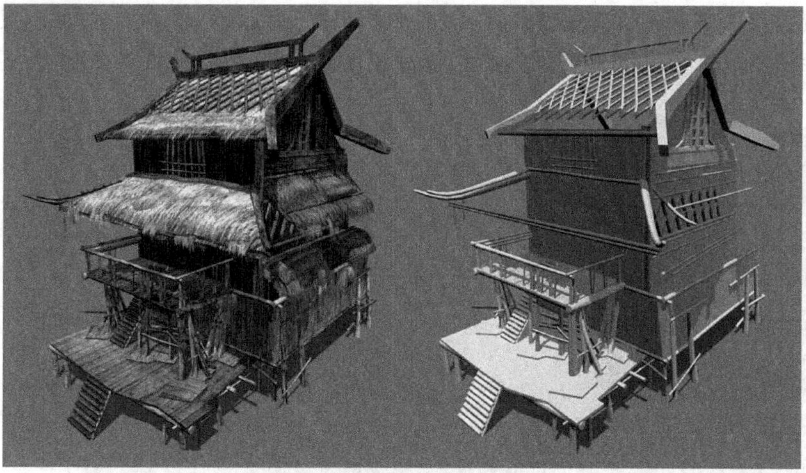

图 1-28　三维场景建筑模型

以一款三维网络游戏来说，其场景制作最主要的工作就是对三维场景模型的设计制作，包括场景建筑模型、山石树木模型以及各种场景道具模型等。除了在制作的前期需要基础三维模型提供给 Demo 的制作，在中后期，更需要大量的三维模型来充实和完善整个游戏场景和环境，所以，在三维网络游戏项目中，需要大量的三维美术师。

三维美术设计师要求具备较高的专业技能，不仅要熟练掌握各种复杂的高端三维制作软件，更要有极强的美术塑形能力。在国外，专业的游戏三维美术师大多都是美术雕塑系或建筑系出身，除此之外，游戏三维美术设计师还需要具备大量的相关学科知识，例如建筑学、物理学、生物学、历史学等。

4. 构建场景

场景地图有了，所需的美术元素也有了，剩下的工作，就是要把美术元素导入到场景地图中，通过拼接整合，最终得到完整的游戏场景。这一部分的工作，要根据企划的文字设定资料来进行，在大地图中根据资料设定的地点、场景依次制作，包括山体、地形、村落、城市、道路，以及其他特定区域的制作。2D 游戏中，这部分工作是靠二维地图编辑器制作完成的；而 3D 游戏中，是靠游戏引擎编辑器制作完成的。

成熟化的三维游戏商业引擎普及之前，在早期的三维网络游戏开发中，游戏场景所有美术资源的制作都是在三维软件中完成的，除了场景道具、场景建筑模型以外，甚至包括游戏中的地形、山脉，都是利用模型来制作的。而一个完整的三维游戏场景包括众多的美术资源，所以用这样的方法来制作的游戏场景模型，会产生数量巨大的多边形面数，不仅导入到游戏中的过程十分繁琐，而且制作过程中，三维软件本身就承担了巨大的负载，经常会出现系统崩溃、软件跳出的现象。

随着技术的发展，在进入到游戏引擎时代以后，以上所有的问题都得到了完美的解决，游戏引擎编辑器不仅可以帮助我们制作出地形和山脉的效果，而且连水面、天空、大气、光效等很难利用三维软件制作的元素都可以通过游戏引擎来完成(图 1-29)。

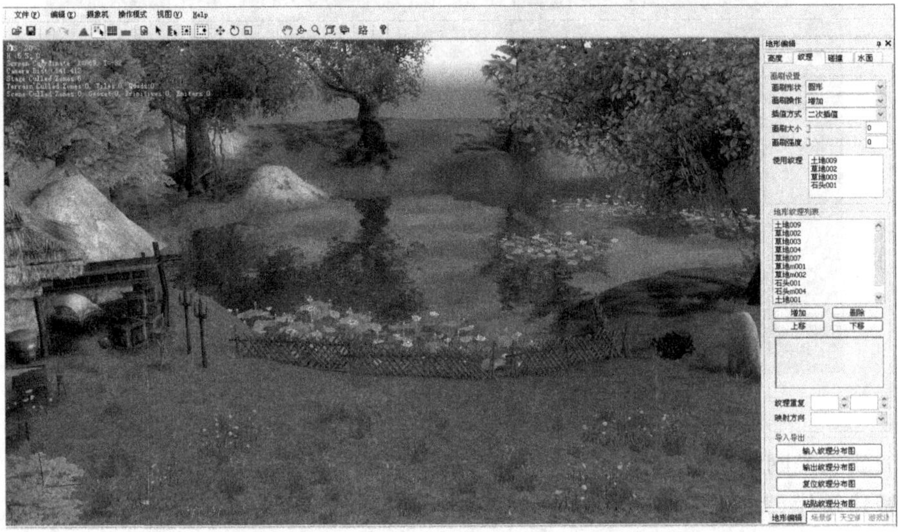

图 1-29　利用游戏引擎地图编辑器构建三维场景

尤其是野外游戏场景的制作，我们只需要利用三维软件来制作独立的模型元素，其余 80%的场景工作任务都可以通过游戏引擎地图编辑器来整合和制作，而其中负责这部分工作的美术人员就是地图编辑美术师。地编设计师利用游戏引擎地图编辑器制作游戏地图场景的工作主要包括以下几方面的内容。

(1) 场景地形地表的编辑和制作。

(2) 场景模型元素的添加和导入。

(3) 游戏场景环境效果的设置，包括日光、大气、天空、水面等方面。

(4) 游戏场景灯光效果的添加和设置。

(5) 游戏场景特效的添加与设置。

(6) 游戏场景物体效果的设置。

5. 优化场景

以上工作都完成以后，其实整个场景就基本制作完成了，最后，要对场景进行整体的优化和完善，为场景进一步添加装饰道具，精减多余的美术元素，为场景添加粒子特效和动画等(图 1-30)。

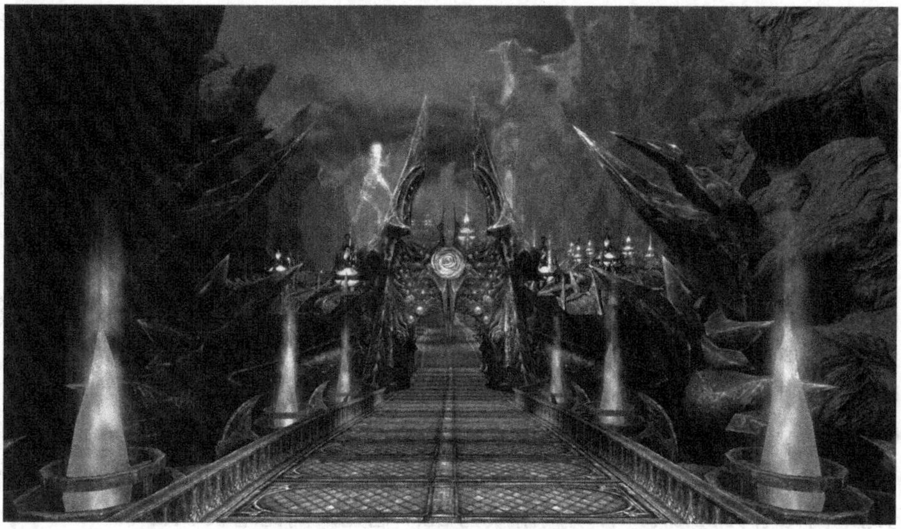

图 1-30　场景装饰和特效

1.5　游戏美术行业前景分析

中国的游戏业起步并不算晚，从 20 世纪 80 年代中期台湾游戏公司崭露头角到 20 世纪 90 年代内地大量游戏制作公司的出现，中国游戏业也发展了近 30 年的时间。

在 2000 年以前，由于市场竞争和软件盗版问题，中国游戏业始终处于旧公司倒闭与新公司崛起的快速新旧更替之中，当时，由于行业和技术限制，几个人的团队便可以组在一起去开发一款游戏，研发团队中的技术人员也就是中国最早的游戏制作从业者，当游戏公司运作出现问题或者倒闭后，他们便会进入新的游戏公司，继续从事游戏研发。所以，早期游戏行业中，从业人员的流动基本属于“圈内流动”，很少有新人进入这个领域，或者说，也很难进入这个领域。

在 2000 年以后，中国网络游戏开始崛起，并迅速发展为游戏业内的主流力量，由于新颖的游戏形式以及可以完全避免盗版的困扰，国内大多数游戏制作公司开始转型为网络游戏公司，同时，也出现了许多大型的专业网络游戏代理公司，如盛大、九城等。

由于硬件和技术的发展，网络游戏的研发再不是单凭几人就可以完成的项目了，它需要大量专业的游戏制作人员，过去的“圈内流动”模式显然不能满足从业市场的需求，游戏行业第一次降低了入门门槛，于是，许多相关领域的人士，例如建筑设计行业、动漫设计行业以及软件编程人员等，都纷纷转行，进入到这个朝气蓬勃的新兴行业中。然而，对于许多大学毕业生或者完全没有相关从业经验的人来说，游戏制作行业仍然属于高精尖技术行业，一般很难跨进其入门门槛，所以，国内游戏行业从业人员开始了另一种形式上的“圈内流动”。

从2004年开始，由于世界动漫及游戏产业发展迅速，国家高度关注和支持国内相关产业，大量民办动漫游戏培训机构如雨后春笋般出现，一些高等院校也陆续开设了游戏设计类专业，这使得那些怀揣游戏梦想的人无论从传统教育途径还是社会办学途径，都可以很容易地接触到相关的专业培训，先前的“圈内流动”现象彻底被打破，国内游戏行业的就业门槛放低到了空前的程度。

虽然这几年有大量的“新人”涌入到了游戏行业，但整个行业对于就业人员的需求不仅没有减少，相反，还是处于日益增加的状态。我们先来看一组数据：

2006年，中国游戏产业的市场份额首次超过韩国，成为亚洲最大的游戏市场。

2009年，中国网络游戏市场实际销售额为256.2亿元，年比增长39.4%。

2011年，中国网络游戏市场规模为468.5亿元，同比增长34.4%，其中互联网游戏为429.8亿元，同比增长33.0%，移动网游戏为38.7亿元，同比增长51.2%。

根据《2013年游戏产业报告》显示，2013年，中国游戏玩家数量已经达到4.9亿人，游戏市场销售收入高达831.7亿元，比2012年增长38%。其中客户端网络游戏收入536.6亿元，网页游戏收入127.7亿元，移动游戏收入112.4亿元，社交游戏收入54.1亿元，单机游戏收入0.9亿元，均显示出迅猛的发展势头。

根据《2014年游戏产业报告》显示，2014年，中国游戏市场用户数量约达到5.17亿人，比2013年增长了4.6%。游戏市场(包括网络游戏市场、移动游戏市场、单机游戏市场等)实际销售收入达到1144.8亿元人民币，比2013年增长了37.7%。

2014年，中国游戏市场实际销售收入构成如下：客户端网络游戏市场实际销售收入608.9亿元，网页游戏市场实际销售收入202.7亿元，移动游戏市场实际销售收入274.9亿元，社交游戏市场实际销售收入57.8亿元，单机游戏市场实际销售收入0.5亿元。

而随着未来智能手机和平板电脑的持续热销，宽带网络以及4G网络的进一步普及，中国游戏产业还将继续保持高速发展。期间虽然受到世界金融危机的影响，全球的互联网和IT行业一度普遍处于不景气的状态，但中国的游戏产业不仅没有受到影响，相反，还更显出强劲的增长势头。中国的游戏行业正处于飞速发展的黄金时期，因此对于专业人才的需求一直居高不下。

有资料显示，预计未来3~5年，中国游戏人才缺口将高达30万人，而目前我国游戏技术从业人员不足 5 万人，远低于游戏人才需求的总量，所以不少游戏公司不惜付出重金和血本，只为吸引和留住更多的行业人才。

对于游戏制作公司来说，游戏研发人员主要包括三部分：企划、程序和美术。在美国，这三种职业所享受的薪资待遇从高到低分别为：程序、美术、企划。以美国游戏行业 2012 年收入水平为例，游戏程序员的年薪为 8.5337 万美元，游戏美术师年薪为 7.1354 万美元，游戏策划的年薪为 7.0223 万美元。国内由于地域和公司的不同，薪资的差别比较大，但整体来说，薪资水平从高到低仍然是：程序、美术、企划。而对于行业内人员需求的比例来说，从高到低依次为：美术、程序、企划。所以，综合考虑，游戏美术设计师在游戏制作行业是非常好的就业选择，其职业前景也十分光明。

面对如此广阔的市场前景，游戏美术设计从业人员可以根据自己的特长和所掌握的专业技能来选择适合的就业方向。拥有单一专业技能的设计人员可以选择加入传统的客户端网游制作公司，拥有高尖端专业设计能力的人员可以选择去次世代游戏研发公司，而具备综合设计制作能力的游戏美术人员可以加入到页游或者手机游戏公司。众多的就业路线和方向大大拓宽了游戏美术设计从业者的就业范围，无论选择哪一条道路，通过自己不断努力，最终都将会在各自的岗位上绽放出绚丽的光彩。

第二章

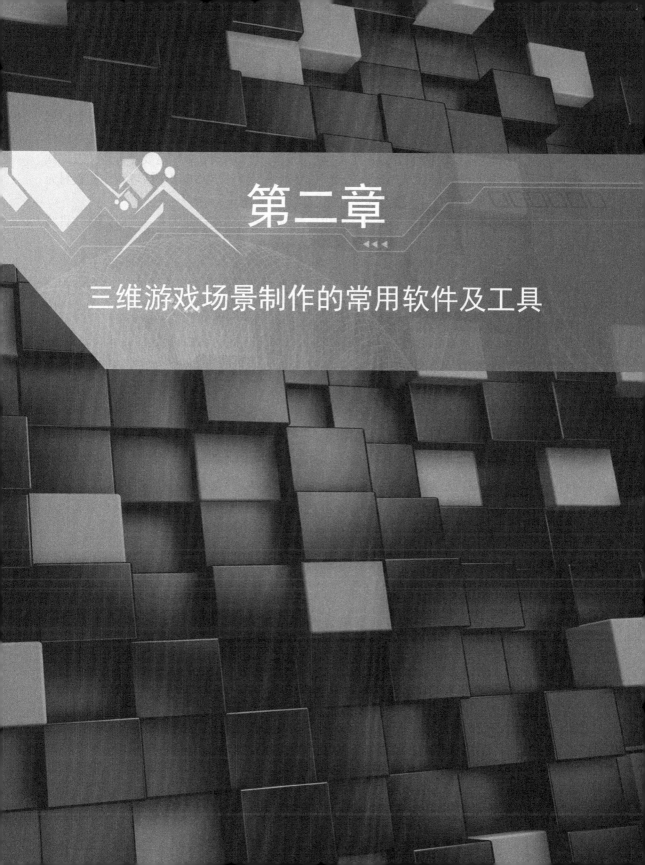

三维游戏场景制作的常用软件及工具

所谓“工欲善其事，必先利其器”。对于游戏美术设计师来说，熟练地掌握各类制作软件和工具，是踏入游戏制作领域的最基本条件。只有熟练掌握软件技术，才能将自己的创意和想法淋漓尽致地展现在游戏世界中。具体到三维游戏美术设计，其实，常用的软件种类并不很多，电脑游戏美术设计不同于电脑动画设计，电脑动画制作是要尽可能地发挥软件自身的功能并取得效果的，而游戏美术则需要制作出服务于游戏引擎或者程序的素材元素，最终效果需要在游戏引擎中具体实现。

在本章中，将为读者讲解三维网络游戏场景制作常用的软件及工具，同时，具体讲解 3ds Max 三维软件在游戏美术制作中的基础功能和操作。

在当今游戏美术设计领域中，常用的三维制作软件主要为 3ds Max 和 Maya。在欧美和日本的三维游戏制作中，通常使用 Maya 软件，而国内大多数游戏制作公司则使用 3ds Max 作为主要的三维制作软件，这主要是由游戏引擎技术和程序接口技术所决定的。虽然这两款软件同为 Autodesk 公司旗下的产品，但在使用上，还是有着很大的不同。

为迎合国情，本书也主要针对 3ds Max 软件在游戏美术制作中的应用来进行详细讲解。除此之外，在本章中，还将为读者讲解三维网络游戏制作中常用的贴图制作插件以及场景制作中较为通用的游戏引擎工具等内容。

2.1 3ds Max 三维制作软件

3D Studio Max，常简称为 3ds Max(图 2-1)或 Max，是 Autodesk 公司开发的基于 PC 系统的三维动画制作和渲染软件。

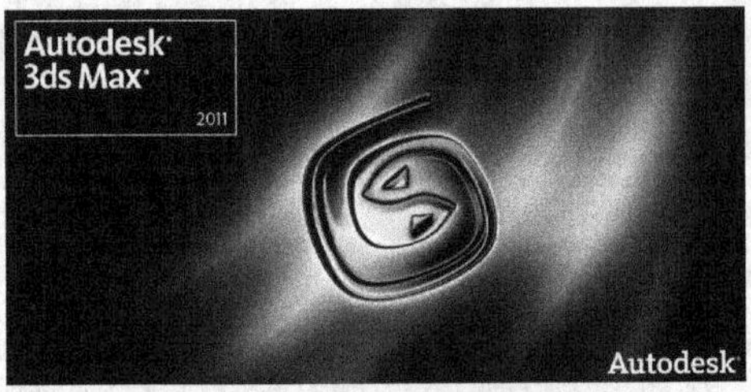

图 2-1 3ds Max 软件的 Logo

3ds Max 软件的前身，是基于 DOS 操作系统的 3D Studio 系列软件，作为最元老级的三维设计软件，3ds Max 具有完整、独立的设计功能，广泛应用于广告、影视、工业设计、建筑设计、多媒体制作、游戏、辅助教学以及工程可视化等领域。由于其堆栈命令操作简单便捷，加上强大的多边形编辑功能，使得 3ds Max 在游戏三维美术设计方面显示出得天独厚的优势，同时，由于游戏引擎和程序接口等方面的原因，国内大多数游戏公司也选择 3ds Max 作为主要的游戏三维制作软件。

具体到三维游戏场景美术制作来说，主要应用 3ds Max 软件制作各种游戏场景模型元素，例如建筑模型、植物模型、山石模型和场景道具模型等。

另外，游戏场景中的各种粒子特效和场景动画也要通过 3ds Max 来制作。

各种三维美术元素最终要导入到游戏引擎地图编辑器中使用，在一些特殊的场景环境中，3ds Max 还要代替地图编辑器来模拟制作各种地表形态。

下面，我们将从不同的方面，来了解 3ds Max 软件在三维网络游戏场景制作中的具体应用。

1. 制作建筑模型和场景道具模型

建筑是三维网络游戏场景的重要组成元素，通过各种单体建筑模型组合而形成的建筑群落是构成游戏场景的主体要素(图 2-2)，制作建筑模型是 3ds Max 在三维游戏场景制作中的重要作用之一。

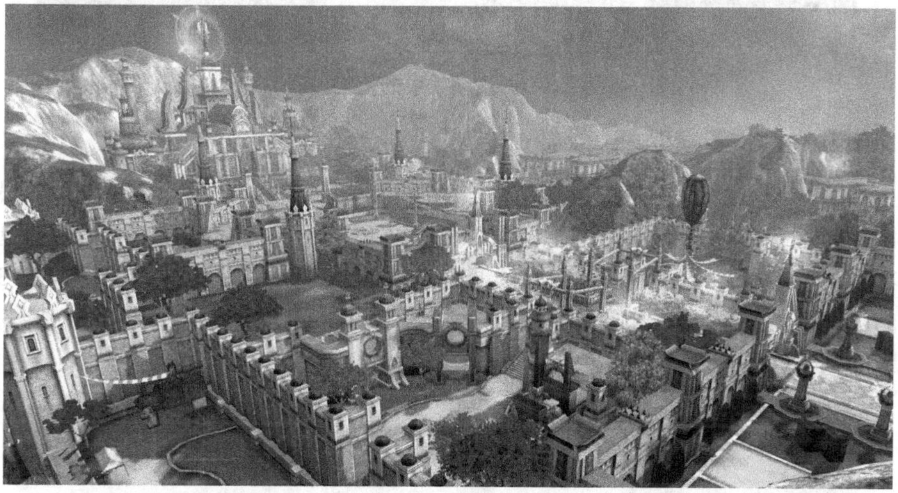

图 2-2　游戏中的主城是由众多单体建筑构成的复杂建筑群落

除了游戏中的主城、地下城等大面积纯建筑形式的场景以外，三维网络游戏场景中的建筑模型还包括以下形式：野外村落及相关附属的场景道具模型；特定地点的建筑模型，例如独立的宅院、野外驿站、寺庙、怪物营地等；各种废弃的建筑群遗迹；野外用于点缀装饰的场景道具模型，如雕像、栅栏、路牌等。

2. 制作各种植物模型

在网络游戏中，除了主城、村落等建筑为主的场景外，游戏地图中，绝大部分场景都是野外场景地图，因此，需要用到大量花草树木等植物模型(图 2-3)，这些也都是通过 3ds Max 来制作完成的。制作完成后的植物模型导入到游戏引擎地图编辑器中，可以进行“种植”

操作，也就是将植物模型植入到场景地表中。植物的叶片部分还可以做动画处理，让其可以随风摆动，显得更加生动、自然。

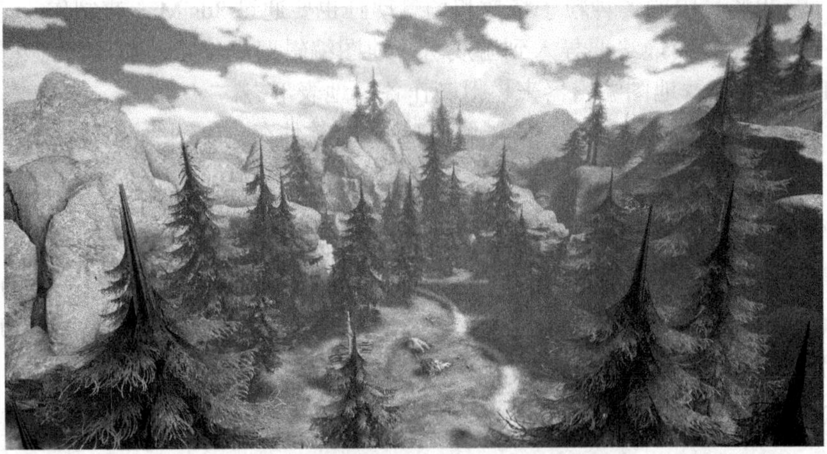

图 2-3　游戏场景中的植物模型

3. 制作山体和岩石模型

在三维网络游戏的场景制作中，大面积的山体和地表通常是由引擎地图编辑器来生成和编辑的，但这些山体形态往往过于圆滑，缺乏丰富的形态变化和质感，所以要想得到造型更加丰富，质感更加坚硬的岩体，必须通过 3ds Max 来制作山石模型(图 2-4)。3ds Max 制作出的山石模型不仅可以用作大面积的山体造型，还可以充当场景道具来点缀游戏场景，丰富场景的细节。

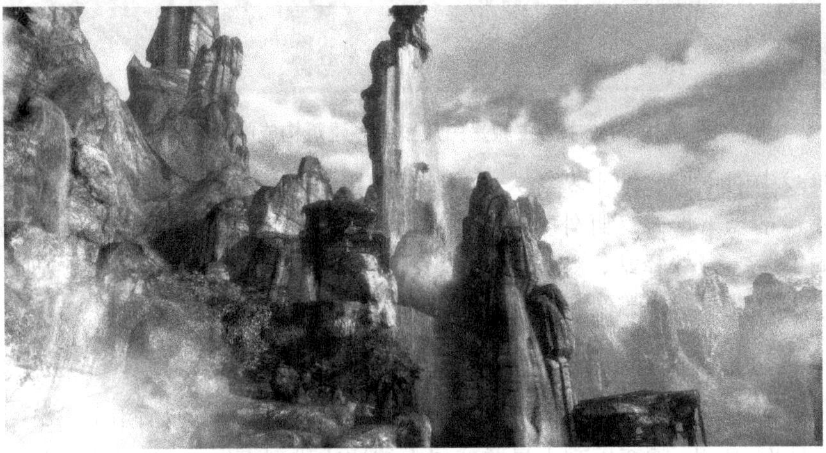

图 2-4　游戏场景中的山石模型

4. 代替地图编辑器制作地形和地表

在个别情况下，游戏引擎地图编辑器可能对于地表环境的编辑无法达到预期的效果，这时，就需要通过 3ds Max 来代替地图编辑器，制作场景的地形结构。

如图 2-5 中的悬崖场景，悬崖的形态结构极具特点，同时，还要配合悬崖上的建筑和悬崖侧面的木梯栈道，这就需要 3ds Max 根据具体的场景特点来进行制作，有时，还需要通过 3ds Max 与引擎编辑器共同配合来完成。

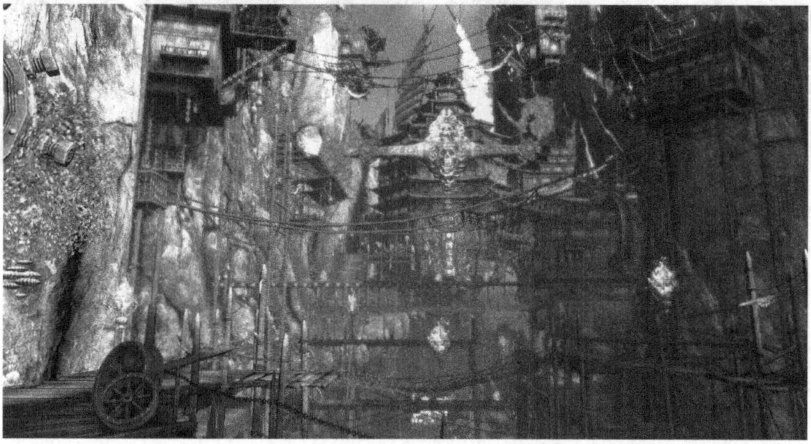

图 2-5　网络游戏中特殊的场景地形

5. 制作场景粒子特效和动画

场景粒子特效和动画是游戏场景中后期用于整体修饰和优化的重要手段，其中粒子和动画部分的前期制作是通过 3ds Max 来完成的。对于大型的场景特效，可以在 3ds Max 中直接与建筑模型部分绑定制作到一起，而对于小型的场景特效，如瀑布(图 2-6)、落叶、流光、树阴下的透光，以及局部的天气效果等，要在 3ds Max 中进行独立制作，完成后再导入到游戏引擎编辑器中。

3ds Max 从最初的 3D Studio 1.0 开始，到如今的 3ds Max 2015，已经经历了十余代版本的更新和发展，从最初简单的模型制作软件发展为现在功能复杂、模块众多的综合型三维设计软件。每一代的版本更新，都使得 3ds Max 软件在功能性和操作人性化方面得到极大的改进，但对于游戏美术制作来说，我们更多地是利用 3ds Max 来制作游戏模型，所以，对于所使用的 3ds Max 软件版本的选择，并不一定刻意追求最新的软件版本。在考虑软件功能性的同时，也要兼顾个人电脑的硬件配置和整体的稳定性，要保证软件在当前的个人系统下能够流畅地运行，尽量避免低配置电脑使用过高的软件版本而带来频繁死机、系统崩溃的情况。通常来说，3ds Max 8 以后的软件版本在功能性上对于游戏美术制作来说已经足够，我们可以根据个人电脑的硬件情况来选择适合的软件版本。

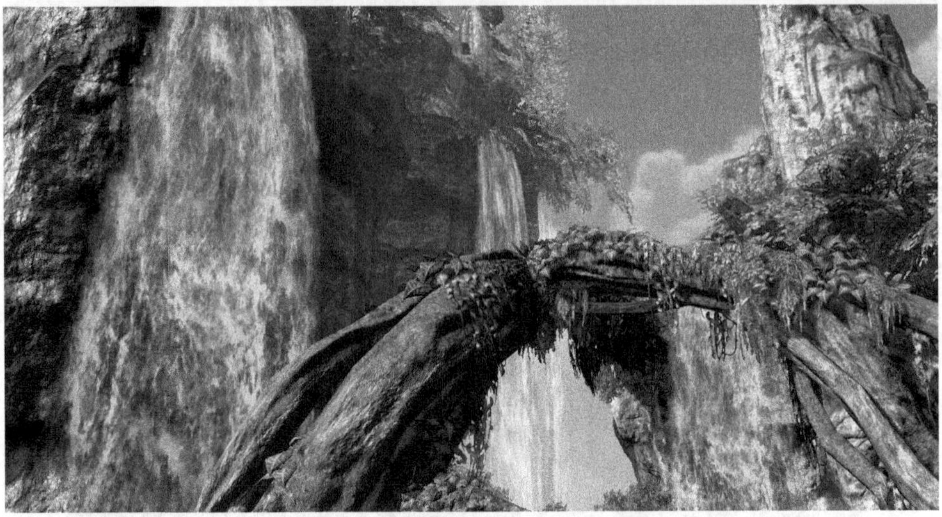

图 2-6　游戏场景中的瀑布效果

2.2　贴图制作插件

在网络游戏场景制作的过程中，我们大多数时间是利用 3ds Max 制作场景所需的各种三维模型元素。对于三维模型的制作和编辑来说，如今的 3ds Max 软件其功能已经十分强大，基本不需要其他软件或者插件的额外辅助，就可以完成所有的模型制作任务。当模型制作完成后，接下来的工作就是根据模型来绘制贴图。

这里需要了解的是，游戏场景模型并不像 3D 角色模型一样，需要根据模型的 UV 网格来进行一对一的严谨绘制。对于大多数场景建筑模型来说，其贴图可以独立绘制，或者有时，我们还要根据贴图来匹配模型。所以，当我们制作场景模型贴图的时候，可以利用一些插件来进行辅助，这样，可以极大地提高工作效率。

在本节的内容中，将会讲解在三维网络游戏场景制作中常用的贴图制作插件，包括 DDS 插件、无缝贴图制作插件以及法线贴图制作插件等。

2.2.1　DDS 插件

DDS 是 DirectDraw Surface 的缩写，实际上，它是 DirectX 纹理压缩技术(DirectX Texture Compression，DXTC)的产物。DirectDraw 是微软发行的 DirectX 软件开发工具箱(SDK)中的一部分，微软通过 DirectDraw，为广大开发者提供了一个比 GDI 层次更高、功能更强、操作更有效、速度更快的应用程序图像引擎。

DDS 作为微软 DirectX 特有的纹理格式，它是以 2 的 n 次方算法存储图片的。作为模型贴图来说，传统 BMP、JPG、TGA、PNG 等格式的图片在打开 VRP 文件时，需要在显存中进行加载格式转换的处理，而 DDS 格式的图片由于其自身特性，在打开时，可以以极快的速度进行加载，所以，通常在三维网络游戏项目中，都将 DDS 作为默认的三维模型贴图格式。同时，DXTC 技术还减少了贴图纹理的内存消耗量，比传统技术节省了 50%，甚至更多。DDS 图片包含 3 种 DXTC 格式可供使用，分别为 DXT1、DXT3 和 DXT5。

一般来说，我们无法直接打开 DDS 格式的图片文件，也无法通过 Photoshop 等二维图像处理软件将图片转存为 DDS 格式，要想实现这些操作，必须安装相关的 DDS 插件。我们可以通过网络搜索“NVIDIA Photoshop Plugins dds”等关键词，来获得插件的资源下载，下载的插件资源一般包含三个文件：dds.8bi、NormalMapFilter.8bf 和 msvcp71.dll。然后将 dds.8bi 和 NormalMapFilter.8bf 文件复制到“\Program Files\Adobe\Photoshop CS\增效工具\滤镜”目录下，同时将 msvcp71.dll 文件复制到 Photoshop CS 的安装根目下，这样，就完成了 DDS 插件的安装。

当为 Photoshop 软件安装了 DDS 插件后，就可以用 Photoshop CS 软件来打开 DDS 格式的图片了。选择并打开一张 DDS 图片，这时，会弹出一个 Mip Maps 对话框(图 2-7)。

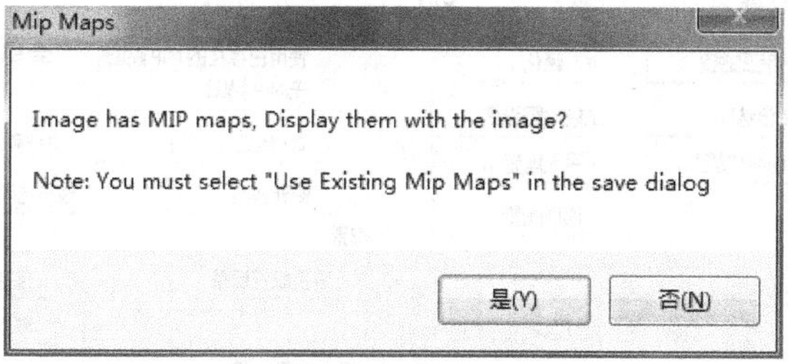

图 2-7 Mip Maps 对话框

由于 Mip-mapping 的核心特征是根据物体景深方向位置的变化来选择贴图的显示方式，Mip 映射根据不同的远近来显示不同大小的材质贴图，比如对于游戏场景中的建筑模型，默认贴图为 512×512 像素尺寸，当游戏中玩家角色视角距离建筑模型较远时，模型贴图则会以 256×256 像素尺寸显示，距离越远，贴图显示的尺寸越小，这样，不仅可以产生良好的视觉效果，同时也极大地节约了系统资源。当我们单击 Mip Maps 对话框的 Yes 按钮时，就可以看到 DDS 贴图不同尺寸的显示形式(图 2-8)，正常情况下，我们单击“否”按钮，即可在 Photoshop 中打开 DDS 图片。

接下来，我们可以对打开的 DDS 图片进行修改和编辑，修改完成后，可以对其进行存储。另外，其他格式的图片在 Photoshop 软件中也可以被转存为 DDS 格式，可以通过 Shift+Ctrl+S 快捷键对图片进行存储，在弹出的存储对话框图片格式的下拉列表中选择 DDS 格式，之后会弹出 DDS 格式的存储设置对话框，如图 2-9 所示。

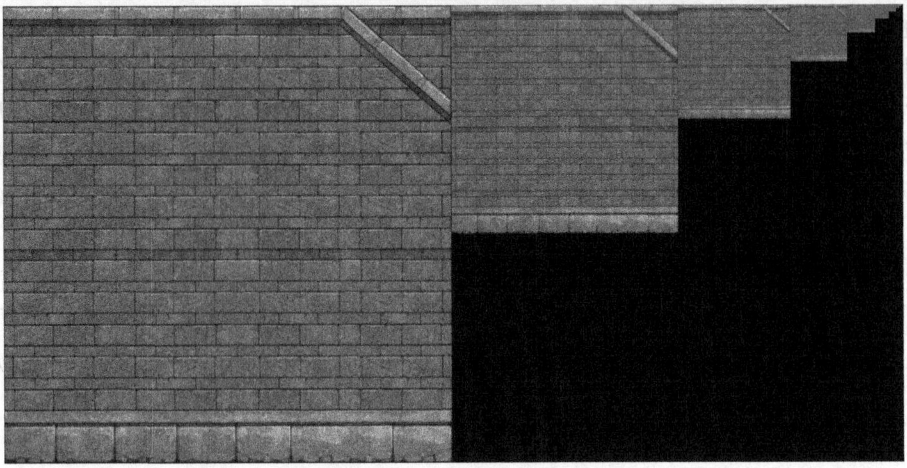

图 2-8　DDS 贴图的显示

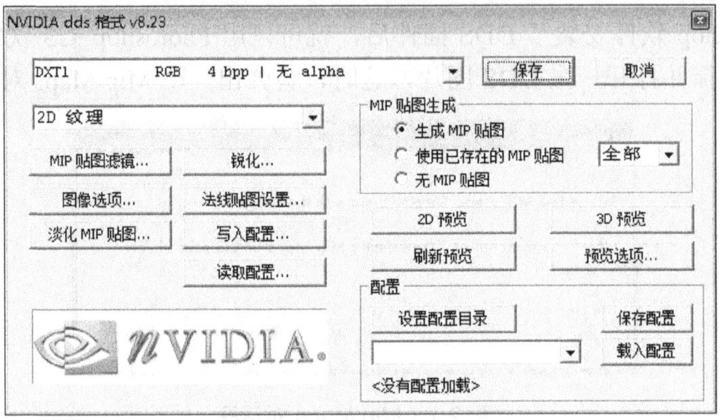

图 2-9　DDS 格式的存储设置对话框

在实际操作中，对于这个对话框中的各项参数设置保持默认状态即可。如果贴图不包含 Alpha 通道，就选择 DXT1 RGB 格式来进行存储。对于包含 Alpha 通道的图片，我们必须选择 DXT1 ARGB、DXT3 ARGB 和 DXT5 ARGB 等格式来进行存储。尤其对于三维植物模型的叶片贴图，选择 DXT5 ARGB 格式显示效果最好。这里还需要注意的是，由于 DDS 格式的图片是以 2 的 n 次方算法存储的，所以，在编辑时，还必须保证当前的图片尺寸必须为 2 的 n 次方。如果图片的尺寸不是 2 的 n 次方，存储图片时，对话框里的“保存”按钮将为灰色不可点选的状态。

如果想在不打开 Photoshop 软件的情况下直接查看 DDS 图片，我们可以通过一些 DDS 图片浏览器插件来进行查看，这里介绍一款名为 WTV 的 DDS 查看器。这是一款无需安装的、可独立运行的小程序插件，同样可以通过网络搜索来进行下载。

我们可以将 DDS 图片直接拖拽到 WTV 的窗口中来进行查看(图 2-10)，也可以在 DDS 图片图标上通过鼠标右键菜单的“打开方式”命令来进行设置，让所有的 DDS 格式图片直接关联 WTV 程序。

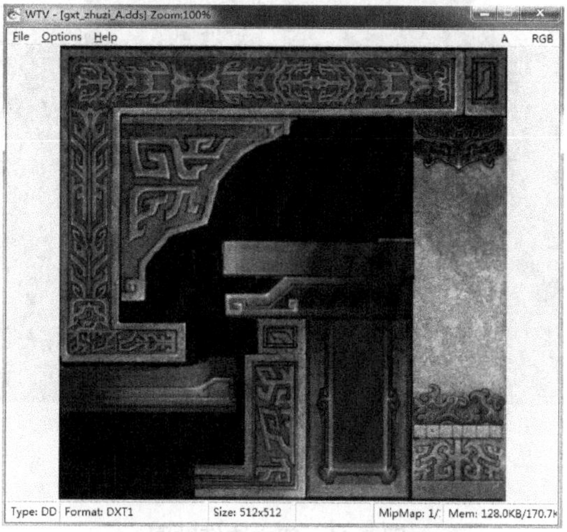

图 2-10　WTV 图片查看器

2.2.2　无缝贴图制作插件

三维游戏场景模型相对于角色模型来说，体积十分巨大，通常，一个墙面的高度就超过角色数倍，如果在制作模型贴图的时候像角色模型那样，将模型所有元素的面片全部平展到一张贴图上，那么最后实际游戏中贴图的效果一定会变得模糊不清、缺少细节。所以，在制作场景模型的时候，就需要用到“无缝贴图”。

“无缝贴图”也称为“循环贴图”，就是指在 3ds Max 的 Edit UVWs 编辑器中贴图边界可以自由连接并且不产生接缝的贴图，通常分为二方连续无缝贴图和四方连续无缝贴图。

二方连续贴图就是指贴图在平面的上下或者左右一个轴向方向上连接时不产生接缝，而四方连续贴图就是贴图在上下左右两个平面轴向连接时都不产生接缝，让贴图形成可以无限连接的大贴图。

图 2-11 就是四方连续无缝贴图的效果，白线框中是贴图本身，贴图的右边缘与左边缘，左边缘与右边缘，上边缘与下边缘，下边缘与上边缘都可以实现无缝衔接。所以在模型贴图的时候就不用担心模型的 UV 细分问题，只需要根据模型整体大小调整贴图的比例即可。

其实，对于无缝贴图，我们完全可以利用 Photoshop 等二维软件来进行制作和绘制，但是，像四方连续这样的无缝贴图，如果想要得到良好的图片效果，将会花费大量的时间在图片细节的修改和编辑上。所以在实际游戏项目的制作中，我们通常会利用一些插件来进行辅助制作，这样就能大大地节省时间，提高工作效率。

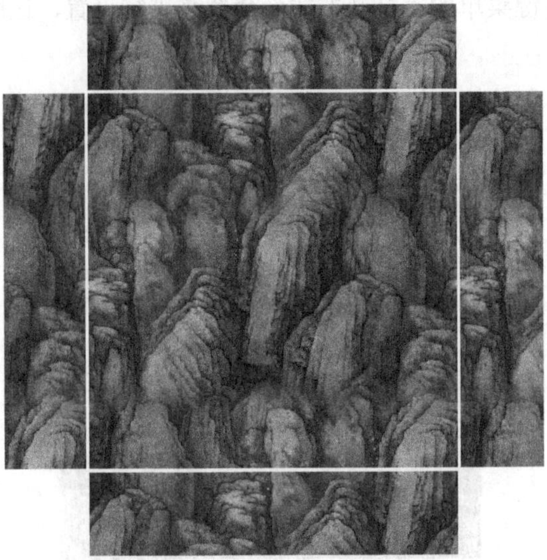

图 2-11　四方连续贴图

首先来介绍一款名为 Seamless 的无缝贴图制作插件，这款插件全称为 Seamless Texture Creator，整体是一款十分小巧的独立运行的应用程序，软件下载后，解压即可使用，无需安装操作。图 2-12 是软件启动后的程序界面。

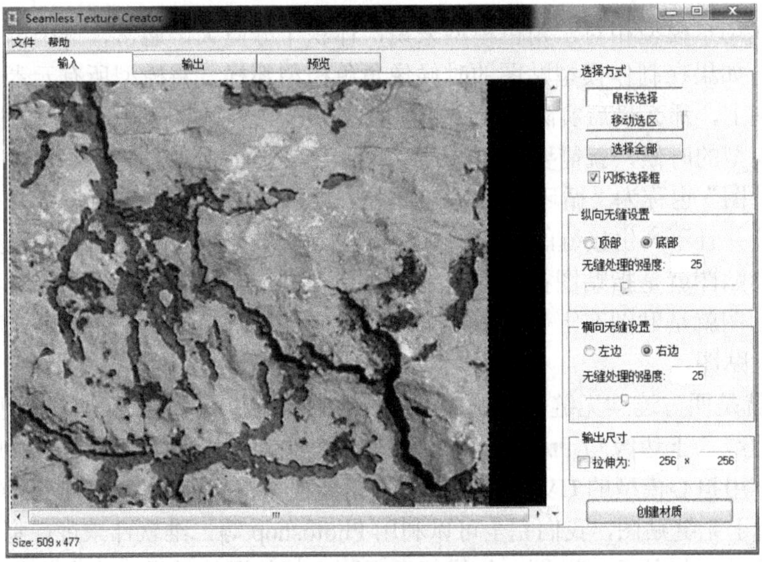

图 2-12　Seamless 无缝贴图制作软件的界面

软件操作界面整体分为两大部分，即左侧的窗口面板和右侧的参数设置面板。窗口面板可以显示我们导入或者输出的贴图图片，参数设置面板可以对导入的原始图片进行设置，最终得到适合的无缝贴图效果。下面来介绍一下利用 Seamless 制作无缝贴图的流程。

首先，从“文件”菜单中打开想要制作无缝贴图的素材图片，然后通过右侧的参数面板来进行设置。在参数面板中，顶部的选择方式可以设置想要制作无缝贴图的选区范围，默认方式是全选状态，也就是将导入的图片整体进行无缝处理。接下来，通过面板中部的“横向无缝设置”和“纵向无缝设置”对图片的无缝衔接方式进行设置，“无缝处理的强度”可以控制无缝衔接羽化范围的大小。面板下方可以设置无缝贴图的输出尺寸大小，然后单击“创建材质”按钮，就可以直接生成无缝贴图。我们可以切换到窗口面板的预览模式来查看无缝贴图的效果，并可以与原始素材来进行对比查看(图 2-13)。

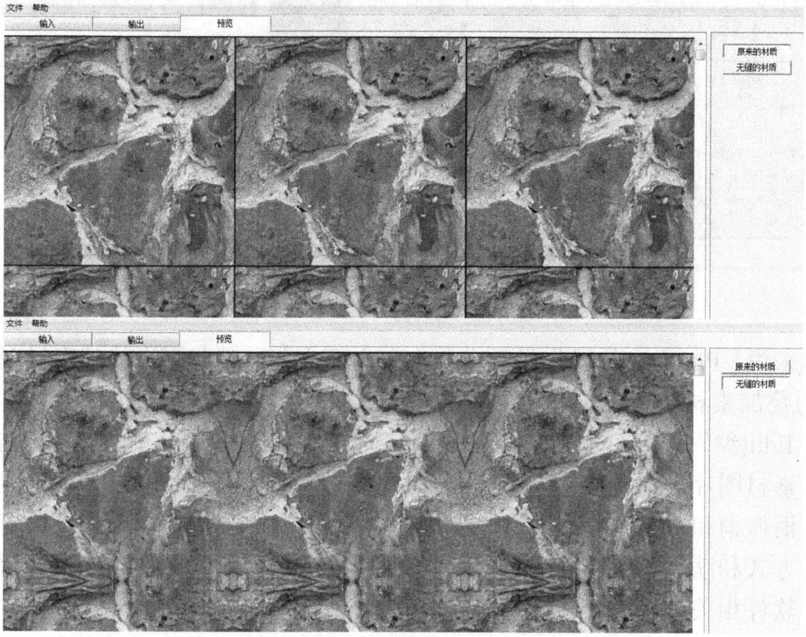

图 2-13　原始素材与无缝处理后的对比

Seamless 虽然可以快速处理和制作无缝贴图，但其软件的功能过于简单，另外，处理过的图片虽然可以实现基本的无缝衔接，却缺乏一定的自然感和真实度。所以接下来，我们再来介绍一款功能更为强大的无缝贴图处理软件——PixPlant。

PixPlant 相对于 Seamless 功能最为强大的地方，在于 PixPlant 不仅可以将一张图片自身处理为无缝衔接效果，还可以在其基础上叠加新的纹理图层，让贴图呈现更加多样、真实和自然的视觉效果。另外，PixPlant 还可以将处理生成的贴图直接设置输出为法线贴图，这些功能都让 PixPlant 在三维场景贴图制作和处理上极具优势，也是现在网络游戏项目美术制作中常用的插件之一。

PixPlant 软件安装完成后，单击启动软件的操作界面(图 2-14)。

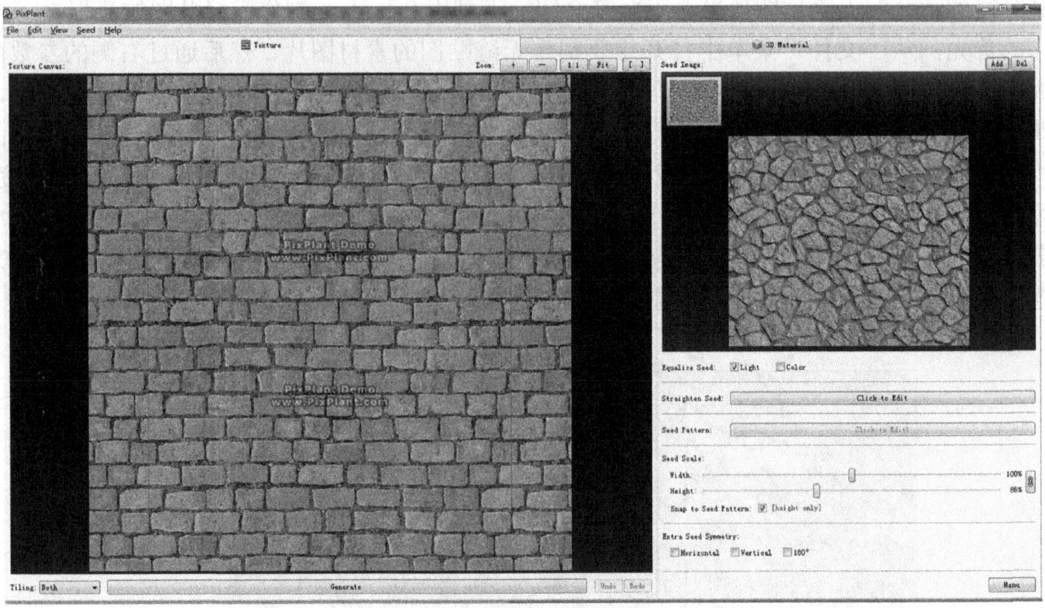

图 2-14　PixPlant 软件界面

从整体来说，PixPlant 的操作界面也分为左右两大部分，左侧为基础素材图片的显示窗口，右侧为叠加素材图片的显示窗口和参数设置面板。在软件界面上方是菜单栏，包括 File(文件)、Edit(编辑)、View(视图)、Seed(种子)和 Help(帮助)这几个主菜单。File 菜单中主要包含打开素材图片、生成无缝贴图、保存贴图和软件设置等命令；Edit 菜单中包含针对操作撤销、取消撤销和复制纹理到视窗面板等的命令；View 菜单主要用来设置素材图片在窗口中的显示方式和缩放大小等；Seed 菜单主要用来添加和删除叠加纹理的素材图片；Help 菜单中包含软件相关信息以及软件的使用说明文档等。

通过 File 菜单下的 Load Texture 命令，可以将原始素材图片导入到软件左侧的贴图面板中，然后通过 Seed 菜单或者 Seed Image 视图右上角的 Add 按钮来添加种子图片。

所谓的种子图片，就是额外叠加的纹理素材图片。首先通过 Add Seed from Texture Canvas 命令，将原始素材图片自身作为种子图片添加进来，如果还想叠加其他的纹理素材，可以通过 Add Seed from File 命令来选择添加。从下方的参数面板中的 Seed Scale 还可以设置种子图片横向和纵向的缩放比例，这样，可以让生成的贴图更具多样性，如图 2-15 所示。通过下方的 Extra Seed Symmetry(附加种子对称性)设置，可以让种子图片叠加得更加自然和真实。接下来，可以通过纹理面板左下角的 Tiling 选项来选择无缝贴图的形式，包括 Horizontal(横向二方连续)、Vertical(纵向二方连续)和 Both(四方连续)三种形式，然后单击下方的 Generate 按钮，就可以生成无缝贴图了。

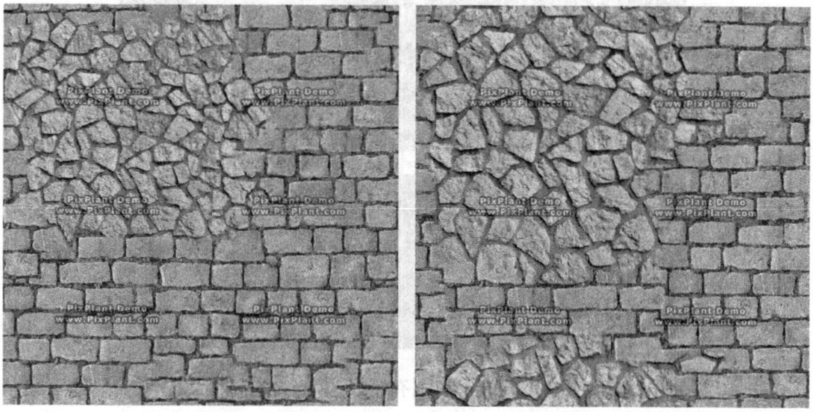

图 2-15　种子图片不同缩放比例下的显示效果

除此之外，PixPlant 还有一项比较有用的功能，那就是 Straighten Seed(矫正种子)命令。如果我们导入的基础素材纹理并不是特别规则的纹理，可以通过矫正种子命令对图像进行适度的拉伸变形操作，以得到符合要求的纹理贴图。

如图 2-16 所示，原始素材是带有透视角度的图片，我们可以通过 Straighten Seed 窗口面板中的线框，来对其进行矫正操作，得到图 2-16 右侧的规则纹理贴图效果。

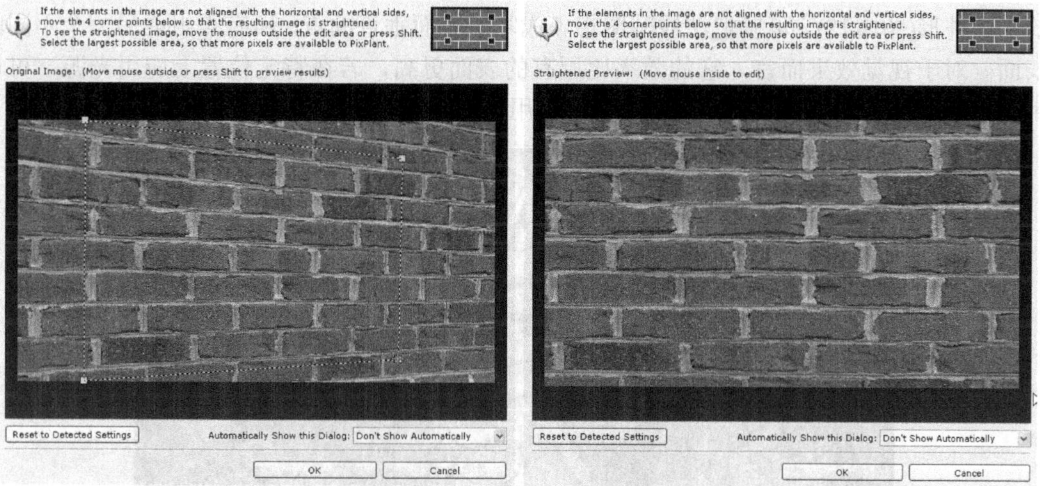

图 2-16　矫正种子的效果

在软件菜单栏的下方，可以通过 3D Material 标签切换到 3D 材质界面，这里可以利用详细的参数设置，来生成无缝贴图的法线和高光贴图。图 2-17 是不同贴图叠加到 3D 材质球上的效果。

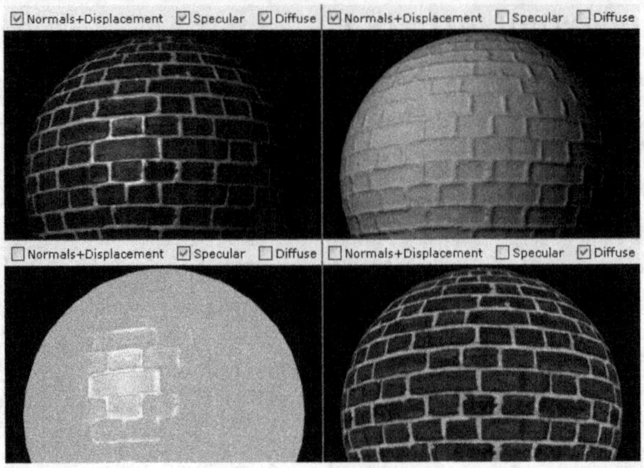

图 2-17　法线、高光和固有色贴图在材质球上的效果

2.2.3　法线贴图制作插件

近几年，随着次世代引擎技术的飞速发展，以法线贴图技术为主流技术的电脑游戏大行其道，成为未来电脑游戏美术的主要制作方向。所谓的法线贴图，是可以应用到 3D 表面的特殊纹理，不同于以往只可以用于 2D 表面的纹理。作为凹凸纹理的扩展，它包括了每个像素的高度值，内含许多细节的表面信息，能够在平淡无奇的物体上，创建出许多种特殊的立体外形(图 2-18)。可以把法线贴图想象成与原表面垂直的点，所有点组成另一个不同的表面。对于视觉效果而言，它的效率比原有的表面更高，若在特定位置上应用光源，可以生成精确的光照方向和反射。法线贴图的应用极大地提高了游戏画面的真实性与自然感。

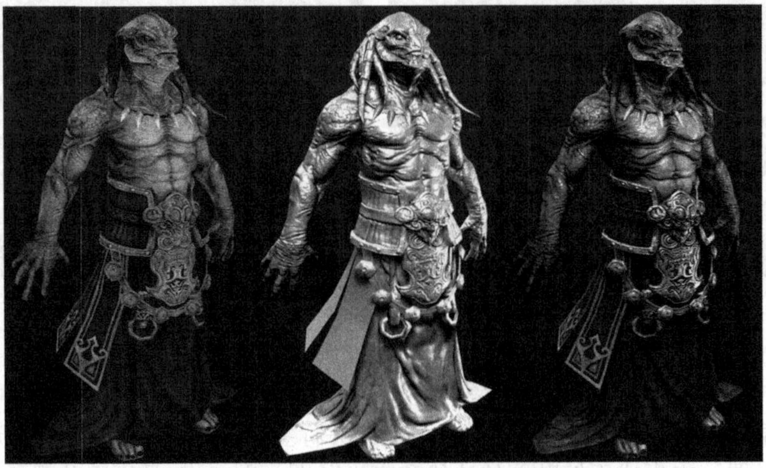

图 2-18　利用法线贴图制作的游戏角色模型

对于次世代 3D 游戏角色模型的制作，现在通用的方法是利用 ZBrush 三维雕刻软件深化模型细节，使之成为具有高细节的三维模型(图 2-19)，然后，通过映射，烘焙出法线贴图，并将其添加到低精度模型的法线贴图通道上，使之拥有法线贴图的渲染效果。这样就能大大降低模型的面数，在保证视觉效果的同时，尽可能地节省了资源。

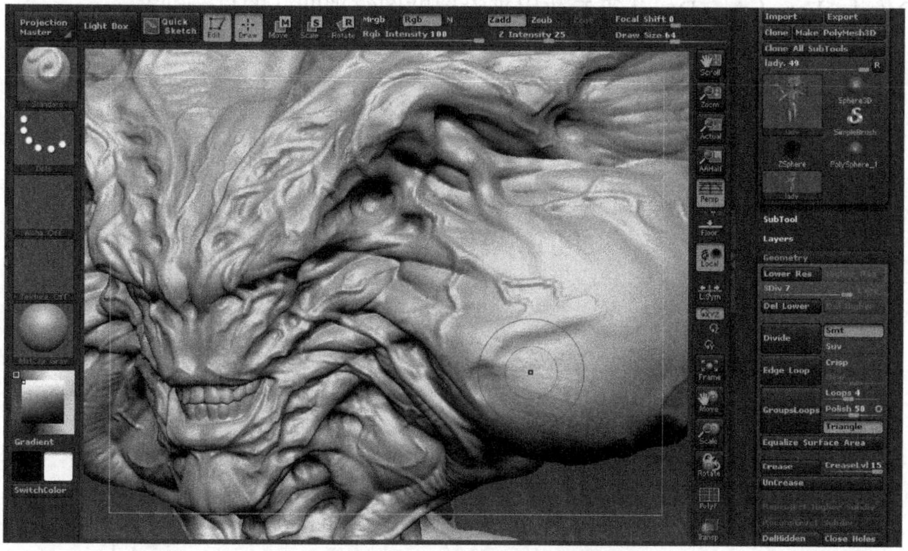

图 2-19　利用 ZBrush 软件雕刻模型细节

对于 3D 次世代游戏场景模型所用到的法线贴图，其实制作起来要比角色模型的法线贴图容易得多，由于场景模型贴图的形态大多数都比较规则，且多以自然纹理为主，所以在制作的时候，完全可以通过普通纹理贴图转化来实现。像前面我们讲到的 PixPlant 无缝贴图处理软件，就自带有法线贴图的输出功能。下面再来介绍一款更加专业的法线贴图制作软件——CrazyBump。

CrazyBump 是一款体积小巧、操作快捷的法线贴图转换制作软件，操作步骤十分简单，但却可以获得优秀的法线贴图效果。我们可以从网上下载 CrazyBump 的安装程序，经过简单的安装步骤后，便可以启动软件，软件的启动界面如图 2-20 所示。

窗口中间的三个选项是用来认证激活软件的，单击窗口左下角的 Open 按钮，可以进入图片选择界面，如图 2-21 所示。这里可以选择想要打开的贴图类型，包括普通照片、高光贴图以及法线贴图。如果想要利用普通纹理图片转化制作一张法线贴图，就选择 Open Photograph，如果想要对一张法线贴图进行修改，可以选择 Open Normal Map 选项。窗口下方的三个按钮用于打开内存粘贴板中的图片。这里我们选择 Open Photograph 按钮。

接下来打开的窗口用来选择法线贴图纹理的凹凸方式，这两种方式互为反向的关系，这里应根据自己制作贴图的需要来进行选择(图 2-22)。

然后我们将正式进入法线贴图的参数设置窗口，来进行法线贴图的详细设置(图 2-23)。窗口左侧的参数面板包括：Intensity(强度)，用来设置法线凹凸效果的强度；Sharpen(锐度)，用来设置细节的锐化程度；Noise Removal(降噪)，用来去除贴图产生的噪点；Shape Recognition(形状识别)，用来设置凹凸纹理边缘的显示效果；Fine Detail、Medium Detail、Large Detail、Very Large Detail 等参数用来设置贴图纹理凹凸的显示细节。

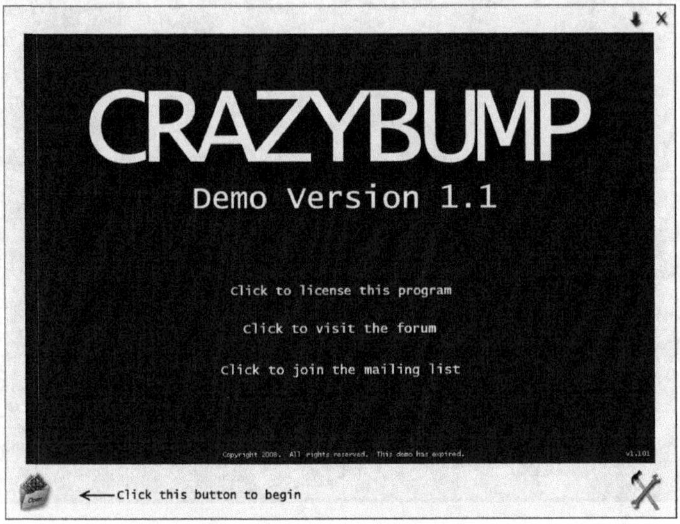

图 2-20　CrazyBump 的启动界面

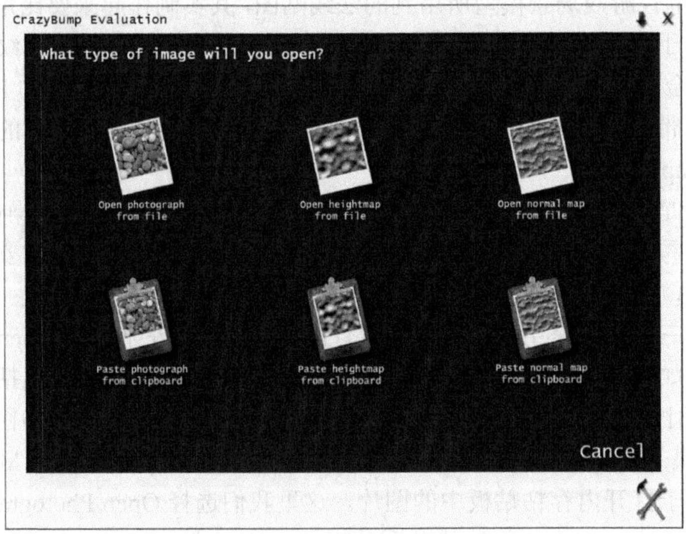

图 2-21　选择打开的图片类型

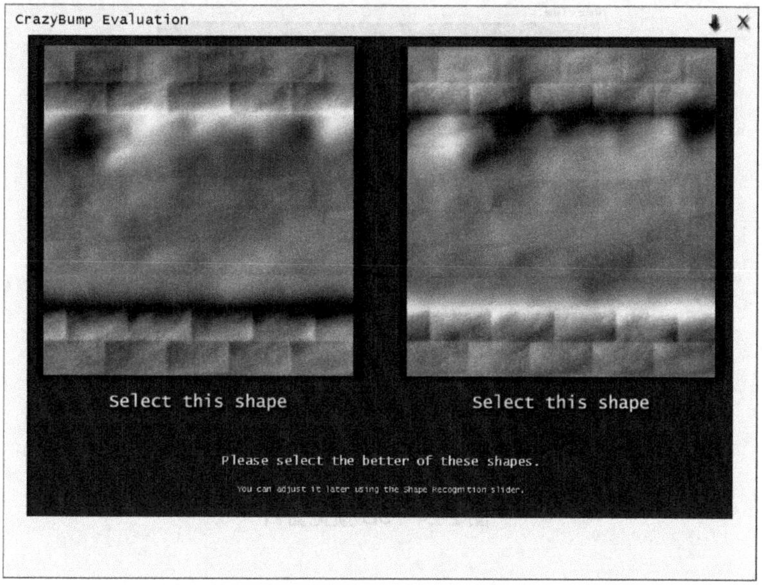

图 2-22　选择凹凸方式

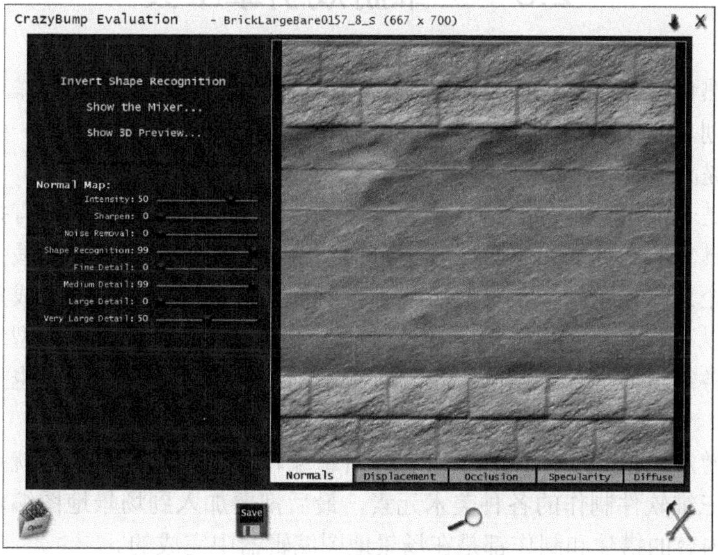

图 2-23　参数设置窗口

单击参数面板上方的 Show 3D Preview 按钮，可以查看法线贴图在 3D 材质球上的显示效果，如图 2-24 所示。在法线贴图显示窗口的下方，还可以打开置换、高光、固有色贴图设置页面，进行其他贴图类型的设置。最后单击窗口下方的 Save 按钮，可以对制作完成的贴图进行保存和输出。

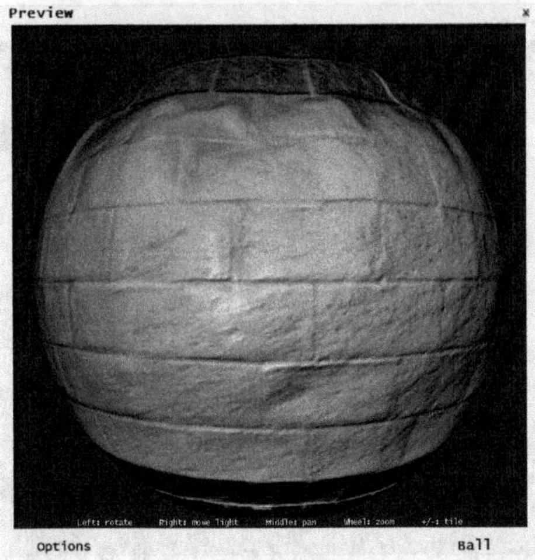

图 2-24　3D 预览窗口

2.3　三维游戏引擎工具

在如今成熟化的商业游戏项目研发中，游戏引擎起到了至关重要的作用，它的核心价值成了连接企划、美术和程序部门的纽带，同时，由于游戏引擎附带了一些功能和开发模块，也极大地提高了游戏制作的效率和便捷性。

游戏引擎是一个十分复杂的综合概念，其中包括了众多的内容，既有抽象的逻辑程序概念，也包括具象的实际操作平台。其中，引擎编辑器就是游戏引擎中最为直观的交互平台，它承载了企划、美术制作人员与游戏程序的衔接任务。一套完整、成熟的游戏引擎编辑器通常包含以下几部分：场景地图编辑器、场景模型编辑器、角色模型编辑器、动画特效编辑器和任务编辑器等，不同的编辑器负责不同的制作任务，同时，也提供给不同的制作人员来使用。

对于网络游戏场景制作来说，在所有的引擎编辑器中，最为重要的就是场景地图编辑器。我们利用三维软件制作的各种美术元素，最后都要加入到场景地图编辑器中，也可以说，整个游戏内容的搭建和制作都是在场景地图编辑器中完成的。

简单地说，地图编辑器就是一种即时渲染显示的游戏场景地图制作工具，设计师可以通过它来制作和管理游戏场景地图数据，它的主要任务就是将所有的游戏美术元素整合起来，并完成游戏整体场景的搭建、制作和最终输出。现在世界上所有先进的商业游戏引擎都会把场景地图编辑器作为重点设计对象，将一切高尖端技术加入到其中。引擎地图编辑器的优劣，也决定了最终游戏整体视觉效果的好坏。

商业化游戏引擎并不属于公开发行的通用软件，要想获得使用权，一般需要支付高额的授权费用，所以真正的游戏引擎开发套件和工具一般只有在一线游戏研发公司才能见到。虽然不同的游戏引擎有各自的特性功能和专属开发工具，但其承载的基本功能却大同小异。下面我们就来了解一下游戏引擎场景地图编辑器所包括的基本功能。

1. 地形编辑功能

地形编辑功能是三维游戏引擎地图编辑器的重要功能之一，也是其最为基础的功能。通常来说，三维网络游戏场景地图中的大部分地形、地表、山体等并非三维软件制作的模型，都是利用场景地图编辑器生成并编辑制作的。下面我们通过一块简单的地图地形的制作，来了解场景地图编辑器的地形编辑功能。

根据游戏企划的内容，在确定了一块场景地图的大小之后，我们就可以通过场景地图编辑器正式进入场景地图的制作了。首先，我们需要根据规划的尺寸来生成一块地图区块，这就相当于 3ds Max 中的一个 Plane 面片模型，其中包含若干相等数量的横向和纵向的分段(Segment)，分段之间所构成的一个矩形小格就是衡量地图区块的最小单位，我们就可以以此为标准，来生成既定尺寸的场景地图。在生成场景地图区块之前，我们要对整个地图的基本地形环境有所把握，因为之后就需要在生成的区块地形上进行编辑，并制作各种山体以及地表结构。图 2-25 为 Unity 3D 引擎场景地图编辑器所生成的地图区块。

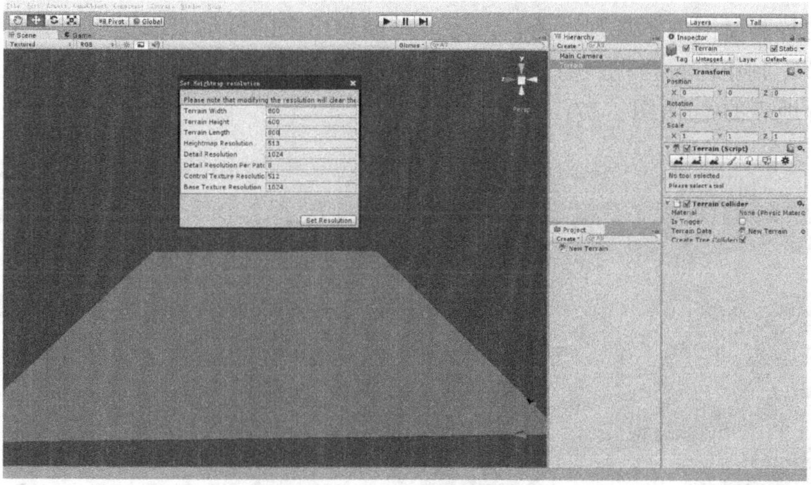

图 2-25　创建地图区块

在地图区块创建完成后，通常会针对区块导入一张黑白地势高度图。黑白地势高度图是指利用黑白灰像素来定位地形起伏高度的地势图，通过导入地势图，可以创建出大致的地形，便于从宏观上把握地形的整体区域结构、位置和走势，为下一步绘制地形细节打下基础，相对于直接绘制地形，也节省了大量的制作时间。

地势高度图通常利用 Photoshop 等二维图像软件来绘制，图像中由黑到白的像素变化表示地形凸起的高度变化，图像的尺寸越大，包含的像素越丰富，最后生成的地形细节也就越多(图 2-26)。

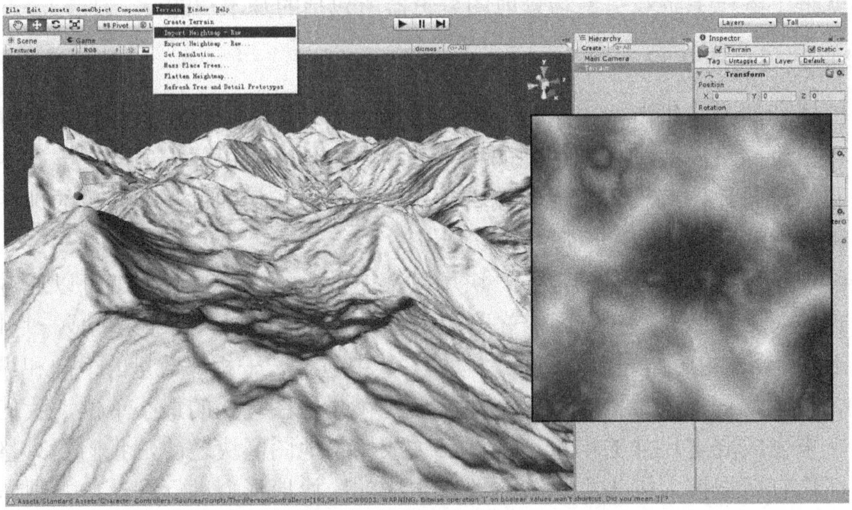

图 2-26　利用地势高度图生成基本的场景地形

由于地势高度图并不规则，所以，还要对创建出来的地形表面进一步编辑，刻画场景地形的细节，制作出符合我们需要的地形结构。这一步通常利用地图编辑器中的各种编辑笔刷来进行地表的绘制(图 2-27)。

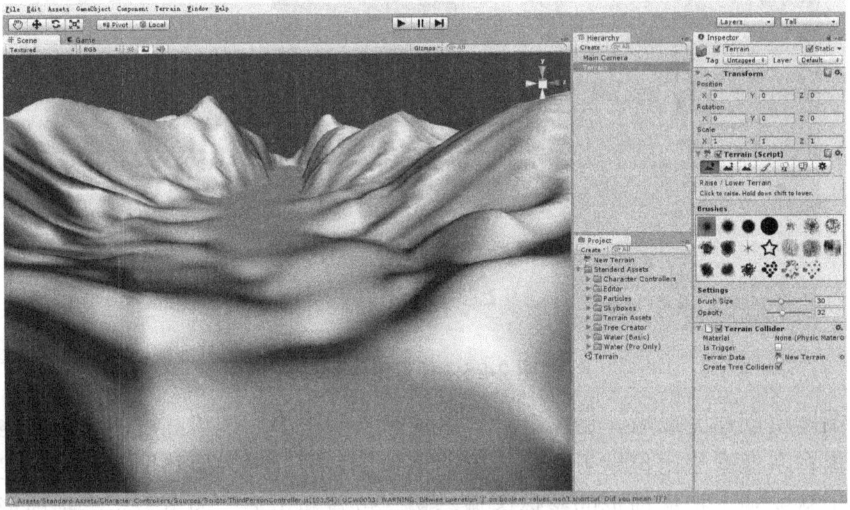

图 2-27　编辑绘制场景地形的细节

引擎地图编辑器的地形编辑功能除了对地形地表的操作外，另一个重要的功能就是地形贴图的绘制。贴图绘制和模型编辑在场景地形制作上是相辅相成的，在模型编辑的同时，还要考虑地形贴图的特点，只有相互配合，才能完成最终场景地形的制作。下面我们就来了解一下地表贴图绘制的流程和基本原理。

从功能上来说，地图编辑器的笔刷分为两种：地形笔刷和材质笔刷，地形笔刷就是上面地表编辑功能中讲到过的，而材质笔刷则用于场景地表贴图的绘制。在地图编辑器中包含一个地表材质库，我们可以将自己制作的贴图导入其中，之后，可以在场景地图编辑器中调用这些贴图来绘制地表。地形贴图必须为四方连续无缝贴图，尺寸通常为 1024×1024 或 512×512 像素。

在前面的内容中讲过，场景地图中的地形区块其实就相当于 3ds Max 软件中的 Plane 模型，上面包含着众多的点、线、面，而地图编辑器绘制地表贴图的原理，恰恰就是利用这些点、线、面。材质笔刷就是将贴图绘制在模型的顶点上，引擎程序通过计算顶点与顶点之间的距离，还可以模拟出羽化的效果，形成地表贴图之间的完美衔接。因为要考虑到硬件和引擎运算的负担，场景地表模型的每一个顶点上不能同时绘制太多的贴图，一般来说，同一顶点上的贴图数量不超过 4 张，不同的游戏引擎在这方面都有不同的要求和限制。

下面我们就简单模拟一下在同一地表区块绘制不同地表贴图的效果。

我们用图 2-28 左侧的贴图来代表地表材质库中的 4 张不同贴图，左上角的沙石地面为地表基本材质，我们要在地表中间绘制出右上角的道路纹理，还要在两侧绘制出两种颜色衔接的草地，图 2-28 右侧就是模拟的最终效果。

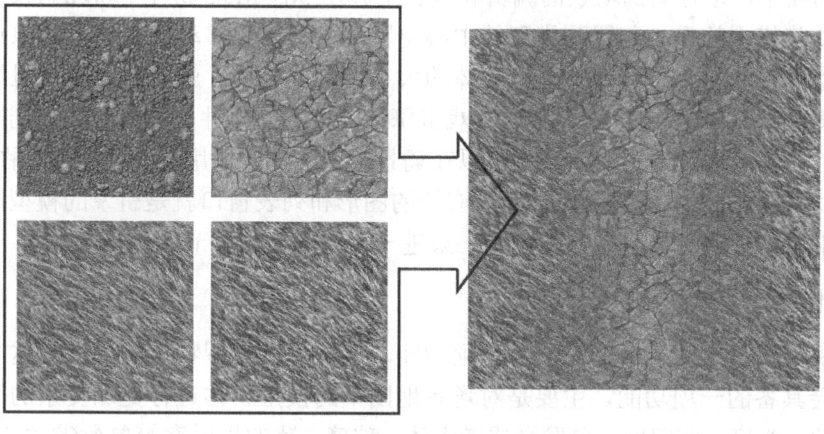

图 2-28 地表贴图绘制原理

具体绘制的方法非常简单，材质笔刷就类似于 Photoshop 中的羽化笔刷，可以调节笔刷的强度、大小范围和贴图的透明度，然后就可以根据地形的起伏，在不同的地表结构上来选择合适的地表贴图来绘制(图 2-29)。

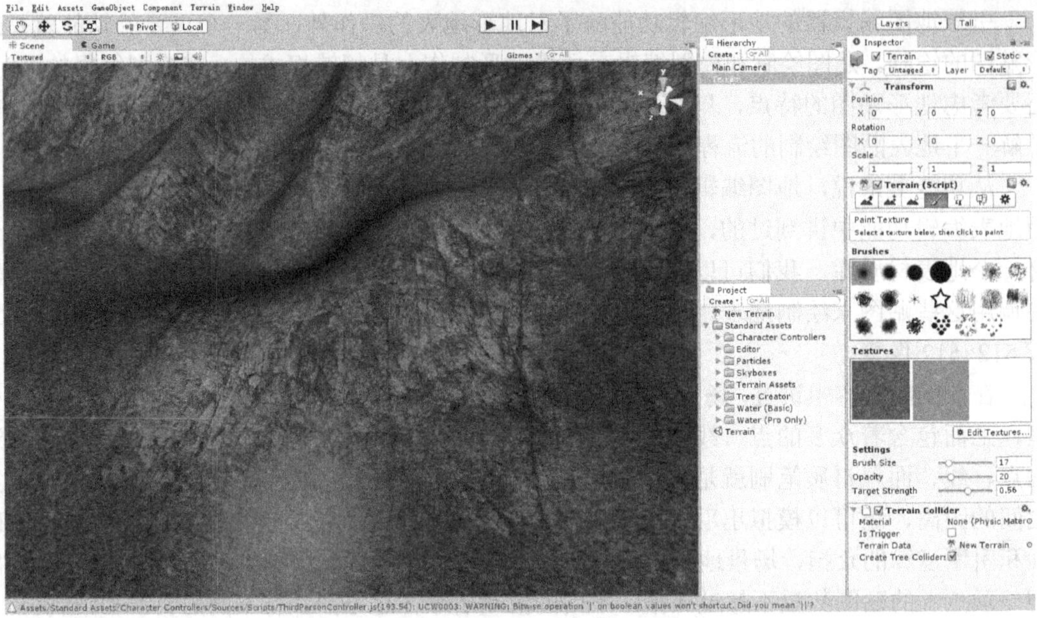

图 2-29　在地图编辑器中绘制地表贴图

2. 模型导入功能

在场景地图编辑器中完成地表的编辑制作后，就需要将三维软件制作的模型元素导入到地图编辑器中，进行局部场景的编辑和整合了。在 3ds Max 软件中将场景模型制作完成后，通常要将模型的重心归置到模型的中心位置，并将模型移动到坐标系的原点，还要根据各种引擎和游戏的要求，调整模型整体的大小比例。之后，就要利用游戏引擎提供的导出工具，将模型从 3ds Max 中导出为游戏引擎特定格式的文件，并将其导入到游戏引擎的模型库中，这样，场景地图编辑器就可以在场景地图中随时调用各种模型了。图 2-30 为虚幻 3 引擎场景地图编辑器的操作界面，右侧的图形和列表窗口就是引擎的模型库，我们可以在场景编辑器中随时调用需要的模型，来进一步完成局部细节的场景制作。

3. 物体属性编辑设置

游戏引擎场景地图编辑器的另外一项功能，就是设置模型物体的属性，这通常是高级游戏引擎会具备的一项功能，主要是对场景地图中的模型物体进行更加复杂的属性设置，比如模型的反光度、透明度、自发光或者水体、玻璃、冰的折射率等参数(图 2-31)。这些具体参数的设置，与 3ds Max 材质管理器中材质球上的参数设置方法和原理基本相同，通过这些高级的模型物体属性设置，可以让游戏场景更加真实、自然，同时，也能体现游戏引擎的先进程度。

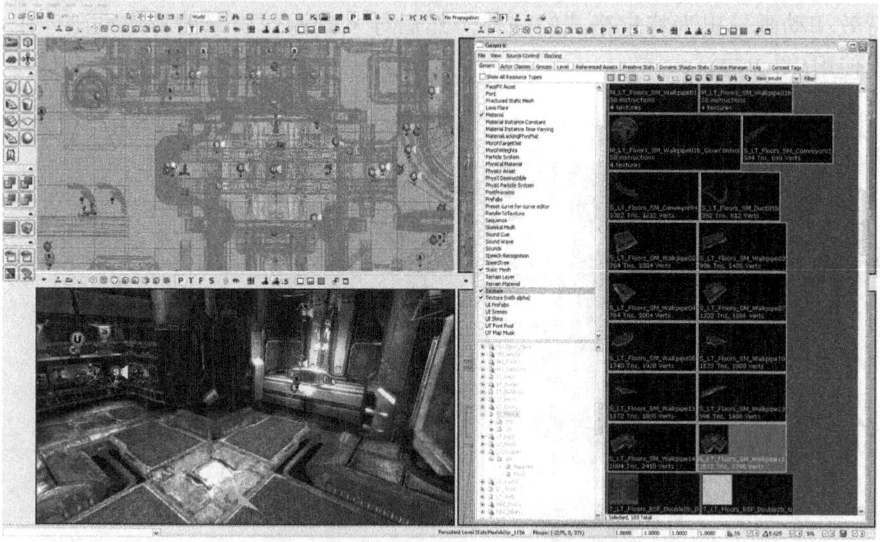

图 2-30　虚幻 3 引擎场景地图编辑器

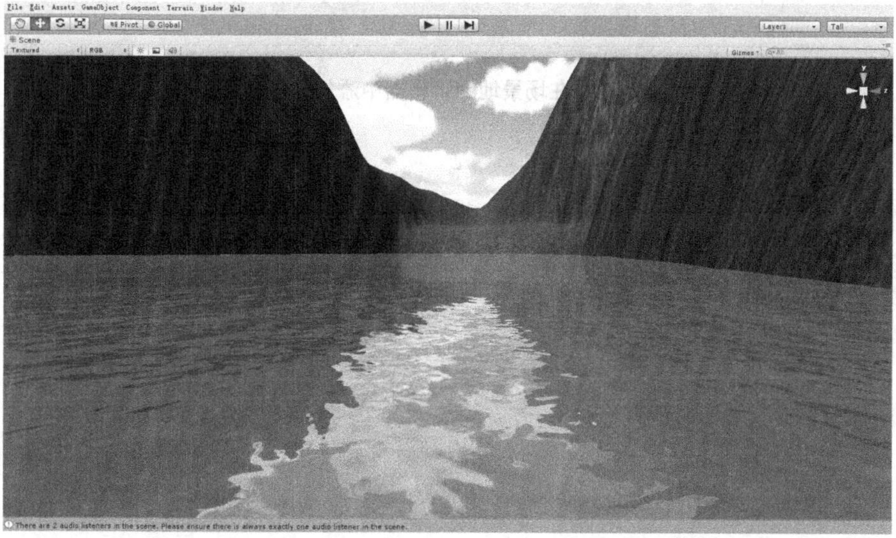

图 2-31　在场景地图编辑器中设置水面的反射和折射属性

4. 添加场景粒子特效及动画

当场景地图的制作大致完成后，通常需要进一步修饰和润色，最基本的手段就是添加粒子特效和场景动画，这些也是在场景地图编辑器中完成的。其实，粒子特效和场景动画的编辑和制作并不是在场景地图编辑器中来进行的，游戏引擎通常会包含专门的特效及动画编辑器工具，其制作部分都是在专属编辑器中完成的。之后，与模型的操作原理相同，需要把特效和动画导出为特定格式的文件，然后导入到游戏引擎的特效动画库中，以供地图编辑器使用(图 2-32)。

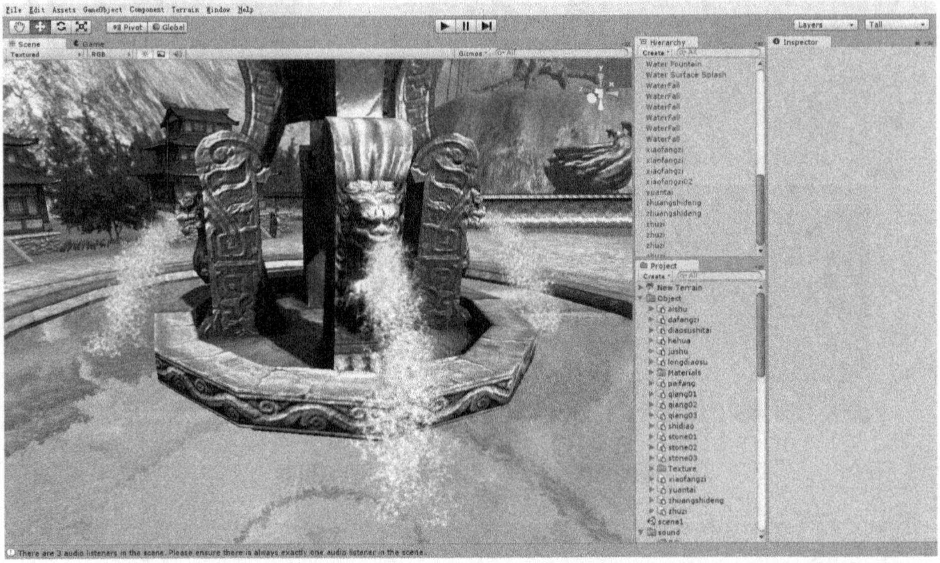

图 2-32　在场景地图编辑器中添加粒子特效

第三章

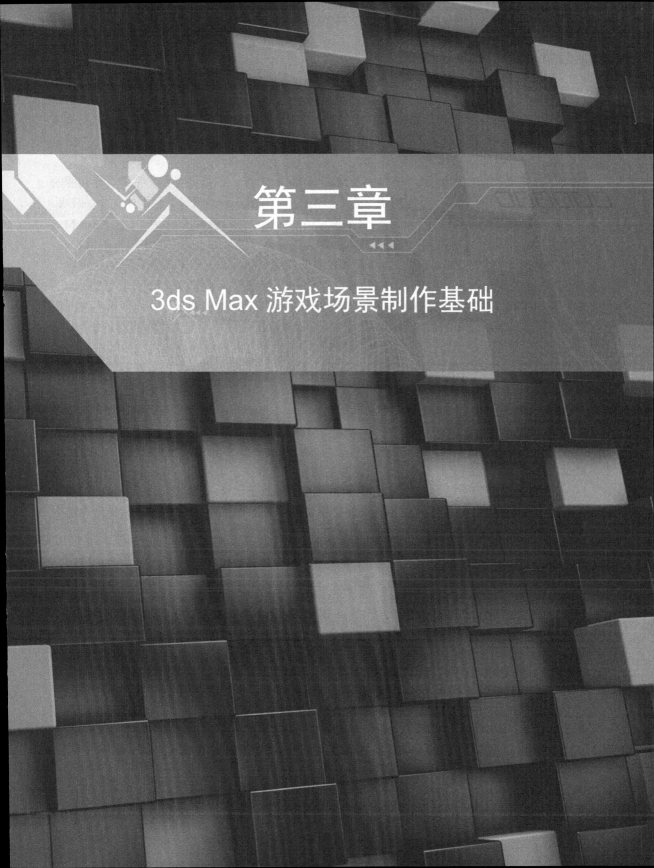

3ds Max 游戏场景制作基础

3ds Max 全称为 3D Studio Max，是 Autodesk 公司开发的基于 PC 系统的三维动画渲染和制作软件，其前身是基于 DOS 操作系统的 3D Studio 系列软件，在 Windows NT 出现以前，工业级的 CG 制作都是被 SGI 图形工作站所垄断的，3D Studio Max + Windows NT 组合的出现，一下子降低了 CG 制作的门槛。

作为最元老级的三维设计软件，3ds Max 与 Maya 一样，都是具有独立完整设计功能的三维制作软件。3ds Max 广泛应用于广告、影视、工业设计、建筑设计、多媒体制作、游戏、辅助教学以及工程可视化等领域。相对来说，虽然在影视、广告、工业设计方面，3ds Max 的优势可能并没有那么明显，但由于其堆栈操作的简单便捷，加上强大的多边形编辑功能，使得 3ds Max 在建筑设计方面显示出得天独厚的优势。Autodesk 公司最为完善的建筑设计解决方案——Autodesk Building Design Suite 建筑设计套件中，选择 3ds Max 作为主要的三维设计制作软件，由此可见 3ds Max 在三维建筑制作领域的优势和地位，而在国内发展相对比较成熟的建筑效果图和建筑动画制作中，3ds Max 的使用率更是占据了绝对的优势。

在前面章节中提到过，由于游戏引擎和程序接口等方面的原因，国内大多数游戏公司选择 3ds Max 作为主要的游戏三维设计软件，实际上，对于三维游戏场景的美术制作者来说，3ds Max 的确是最佳的首选软件。

自从 2005 年收购 Maya 软件的生产商 Alias 后，Autodesk 公司成为全球最大的三维设计和工程软件公司。在进一步加强 Maya 整体功能的同时，Autodesk 公司并没有停止对 3ds Max 的研究与开发，从 3ds Max 1.0 开始，到经典的 3ds Max 7.0、8.0、9.0，再到最新的 3ds Max 2015，每一代的更新都在强化旧有的系统和不断增加强大的新功能，同时，还整合了 Maya 软件的部分优秀理念，力求让 3ds Max 成为世界上最为专业和强大的三维设计制作软件。在本章的内容中，我们将带领读者详细了解 3ds Max 软件的操作，以及在模型和贴图制作方面的具体流程和方法技巧。

3.1 3ds Max 软件的基础操作

3.1.1 3ds Max 软件的安装

首先，我们登录 Autodesk 的官方网站，从上面下载 3ds Max 的最新版安装程序(网址是 http://www.autodesk.com.cn/products/autodesk-3ds-max/free-trial)。

随着 Windows 64 位操作系统的面市，3ds Max 软件从 9.0 开始，分为 32 位和 64 位两种软件版本，用户可以根据自己的电脑硬件配置和操作系统，自行选择安装适合的版本。

以下为 3ds Max 最新版软件对于计算机硬件和操作系统的配置要求。

- 操作系统：Windows 7 SP1(建议 Windows 8 以上的操作系统)。
- CPU：64 位 Intel 或 AMD 多核处理器。

- 图形硬件：与软件相兼容的 3D 图形显卡。
- 内存：4GB 以上的 RAM(建议 8GB)。
- 磁盘空间：4.5GB 的可用磁盘空间，用于安装。
- 控制设备：标准键盘和三键鼠标。

与其他图形设计类软件一样，3ds Max 软件的安装程序也采用了人性化、便捷化的流程，整体的安装步骤和方法十分简单。下面我们以 3ds Max 2012 为例，来了解一下软件的安装过程。

点击 3ds Max 软件安装程序的图标，启动安装程序界面。在弹出的界面窗口中，包含多种按钮选项。

我们选择单击 Install 按钮，开始软件的安装(图 3-1)。

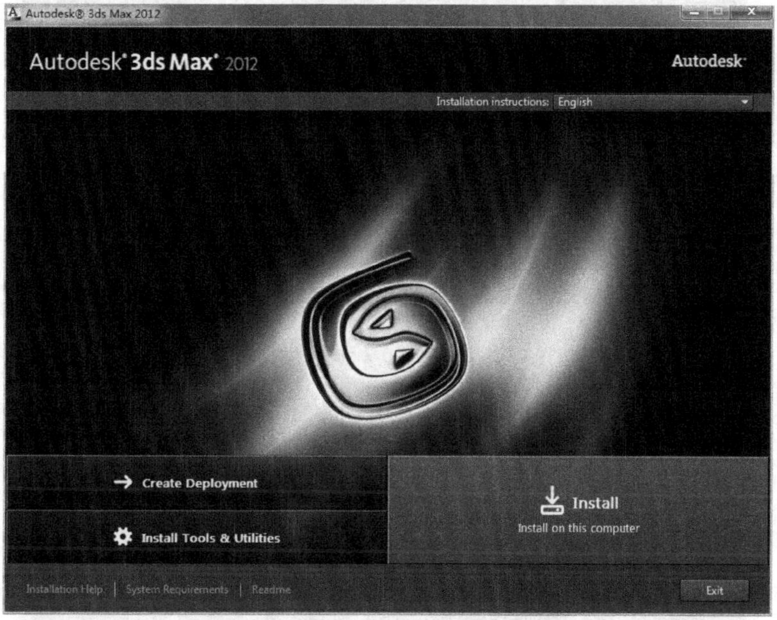

图 3-1 3ds Max 软件安装启动界面

与其他软件的安装一样，接下来会出现“许可及服务协议”的阅读文档界面，选择 I Accept，并单击 Next 按钮，继续软件的安装(图 3-2)。

下一步将出现产品信息界面，这里将选择我们购买产品的注册认证类型，包括 Stand Alone 单机版以及 Network 联机版。对于个人电脑，通常选择 Stand Alone。

接下来是产品信息的注册，需要填写正版软件产品的序列号(Serial Number)以及产品密钥(Key)。如果没有购买正版软件，可以选择 I want to try this product for 30 days 选项，来进行免费试用，期限为 30 天(图 3-3)。

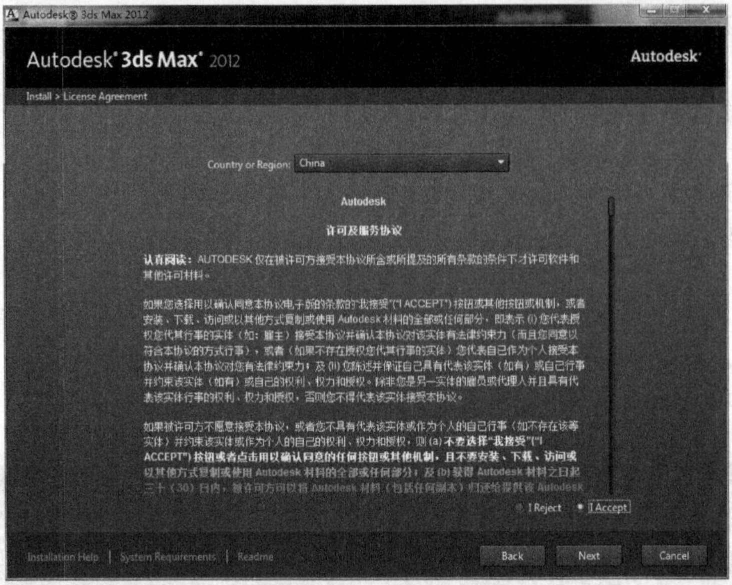

图 3-2 “许可及服务协议”界面

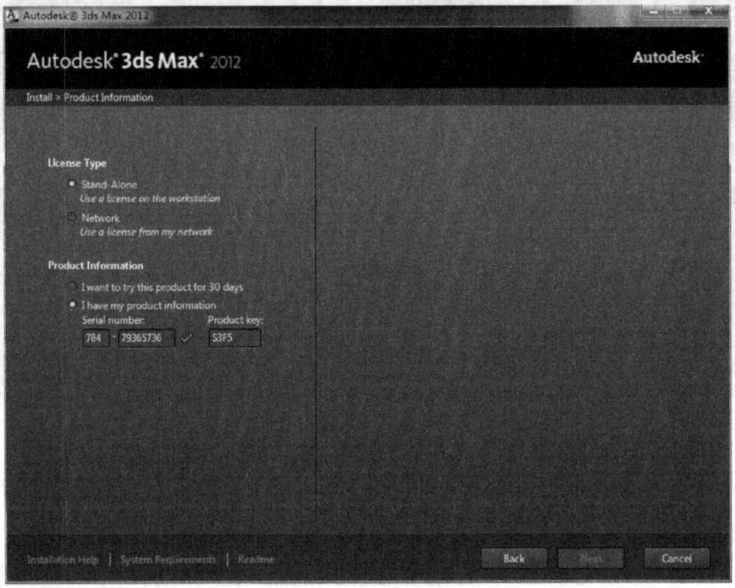

图 3-3 产品信息界面

在接下来的界面中，我们将选择软件安装的路径以及 3ds Max 附带的各种类型的材质库，默认状态下将全部安装，也可以自行选择安装(图 3-4)。然后单击 Install 按钮，就正式激活了软件的安装过程。

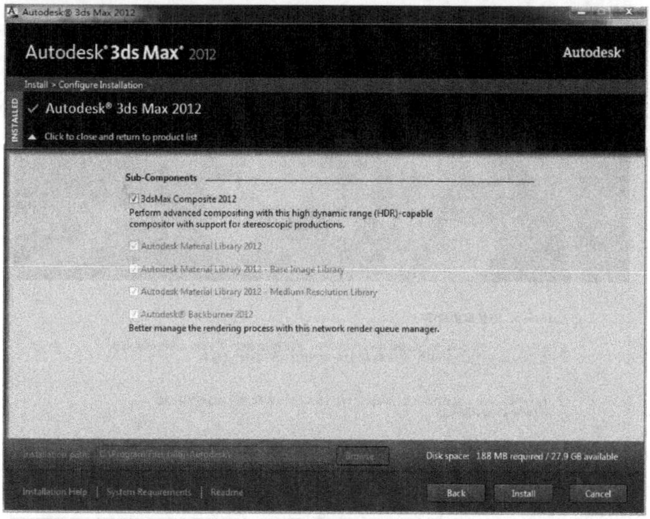

图 3-4　配置安装界面

等软件全部安装完成后，我们点击系统桌面的软件图标，来启动 3ds Max，此时，软件还并不能直接启用，还需要对其进行注册激活。在弹出的界面中，可以选择免费试用或者正版激活，我们单击“激活”按钮(图 3-5)。

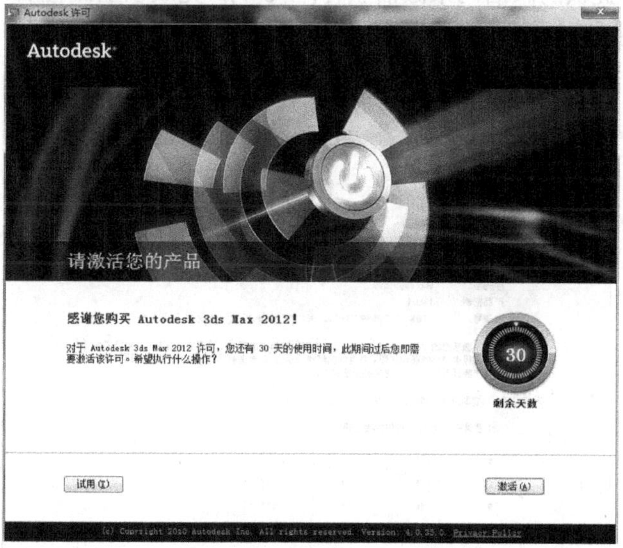

图 3-5　激活界面

在接下来的界面中勾选“我已阅读 Autodesk 隐私保护政策”选项，并单击“继续”按钮(图 3-6)。

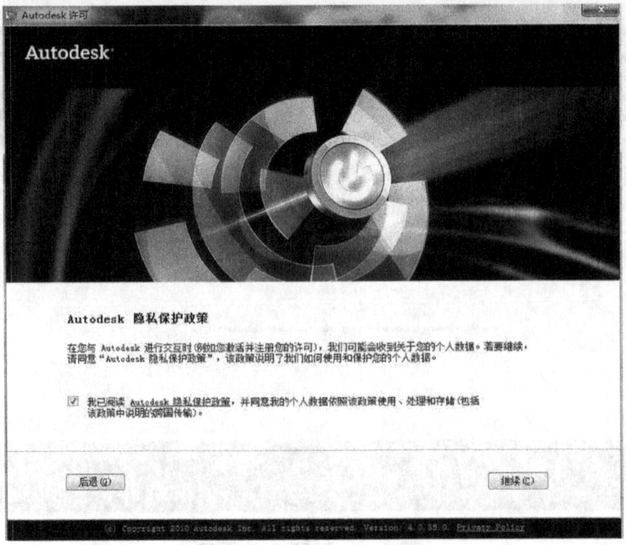

图 3-6　“Autodesk 隐私保护政策”选项界面

接下来，将出现 3ds Max 软件正版注册及激活选项界面，如果是安装正版软件，由于先前我们已经输入了产品序列号及密钥，所以可以直接选择网络连接激活，或者也可以在下方输入 Autodesk 提供的激活码来激活软件(图 3-7)。完成以上流程后，就正式完成了软件所有的安装步骤，接下来，就可以运行 3ds Max 软件并进行各种设计和制作工作了。

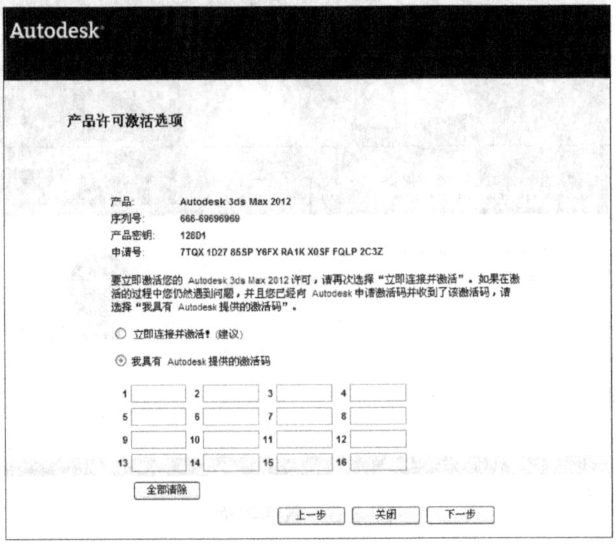

图 3-7　产品许可激活界面

3.1.2　3ds Max 软件主界面讲解

点击图标，启动软件，展开的窗口就是 3ds Max 的操作主界面，3ds Max 的界面从整体来看，主要分为菜单栏、快捷按钮区、快捷工具菜单、工具面板区、动画与视图操作区以及视图区六大部分(图 3-8)。

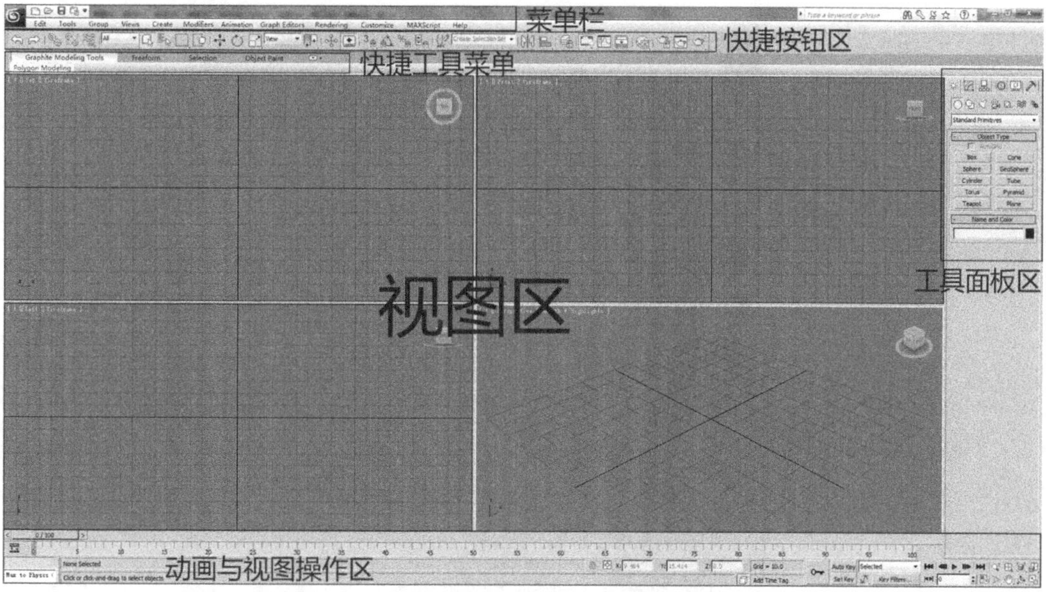

图 3-8　3ds Max 的软件主界面

其中快捷工具菜单，也叫“石墨”工具栏，是在 3ds Max 2010 版本才加入的。在 3ds Max 2010 版本发布的时候，Autodesk 公司同时宣布启动了一项名为 Excalibur 的全新发展计划，简称“XBR 神剑计划”。这是 Autodesk 对于 3ds Max 软件的一项全新的发展重建计划，主要针对 3ds Max 的整体软件内核效能、UI 交互界面以及软件工作流程等进行重大的改进发展与变革，计划通过三个阶段来实施完成，而 3ds Max 2010 就是第一阶段的开始。

3ds Max 2010 版本以后，软件在建模、材质、动画、场景管理以及渲染方面较先前都有了大幅度的变化和提升。其中窗口及 UI 界面较先前的软件版本变化很大，但大多数功能对于三维游戏场景建模来说并不是十分必要的功能，而基本的多边形编辑功能并没有很大的变化，只是在界面和操作方式上做了一定的改动。所以在软件版本的选择上并不一定要用新版，还是要综合考虑个人电脑的配置，实现性能和稳定性的良好协调。

对于三维游戏场景美术制作来说，主界面中最为常用的是快捷按钮区、工具命令面板区以及视图区。菜单栏虽然包含众多的命令，但实际建模操作中用到的很少，菜单栏中常用的几个命令也基本包括在快捷按钮区中，只有 File(文件)和 Group(组)菜单比较常用。

File 菜单就是主界面左上角的 3ds Max Logo 按钮，单击后弹出文件菜单(图 3-9)。文件菜单包括 New(新建场景文件)、Reset(重置场景)、Open(打开场景文件)、Save(储存场景文件)、Save As(另存场景文件)、Import(导入)、Export(导出)、Send to(发送文件)、References(参考)、Manage(项目管理)、Properties(文件属性)等命令。其中，Save As 可以帮助我们在制作大型场景的时候，将当前场景文件进行备存，Import 和 Export 命令可以让模型以不同的文件格式导入和导出。另外，文件菜单右侧会显示我们最近打开过的 3ds Max 文件。

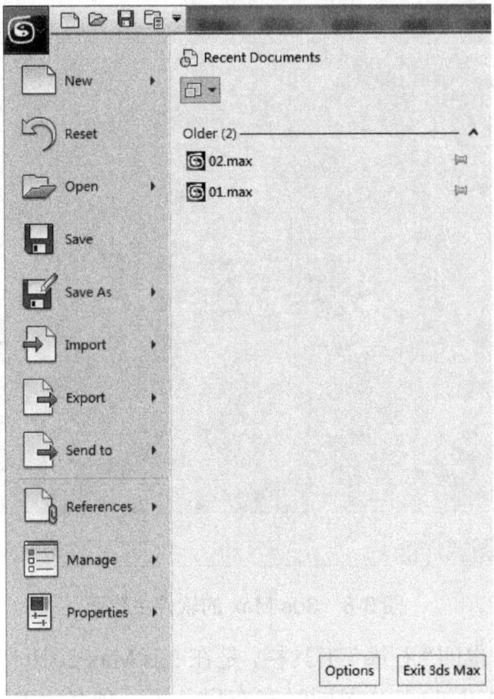

图 3-9　File 文件菜单

3ds Max 菜单栏的第 4 项是 Group 组菜单(图 3-10)，在菜单列表中有 8 项命令，其中前 6 项是常用命令，包括 Group(编组)、Ungroup(解组)、Open(打开组)、Close(关闭组)、Attach(结合)、Detach(分离)等。

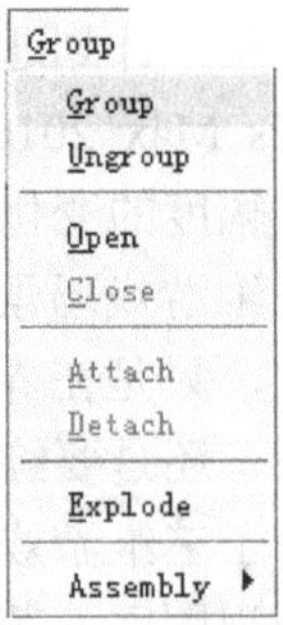

图 3-10　Group 组菜单

Group(编组)：选中想要编辑成组的所有模型物体，选择 Group 命令就可以将其编辑成组。所谓的组，就是指模型物体的集合，成组后的模型物体将变为一个整体，遵循整体命令操作。

Ungroup(解组)：与 Group 命令恰恰相反，是将选中的编组解体的操作命令。

Open(打开组)：如果在模型编辑成组以后还想要对其中的个

体进行操作，那么就可以利用这个命令。组被打开以后，模型集合周围会出现一个粉红色的边框，这时，就可以对其中的个体模型进行编辑操作了。

Close(关闭组)：与 Open 命令相反，是将已经打开的组关闭的操作命令。

Attach(结合进组)：如果想要把一个模型加入已经存在的组，可以利用这个命令。具体操作为，选中想要进组的模型物体，单击 Attach 命令，然后单击组或者组周围的粉红色边框，这样，模型物体就加入到了已存在的编组中。

Detach(分离出组)：与 Attach 命令相反，是将模型物体从组中分离的操作命令。首先需要将组打开，选中想要分离出组的模型物体，然后单击 Detach 命令，这样，模型物体就从组中分离出去了。

Explode(炸组)和 Assembly(组装)：在游戏制作中很少使用，这里不做过多讲解。编组命令在制作大型场景的时候非常有用，可以更加方便地对场景中的大量模型物体进行整体和局部操作。接下来，我们针对快捷按钮区的每一组按钮进行详细讲解。

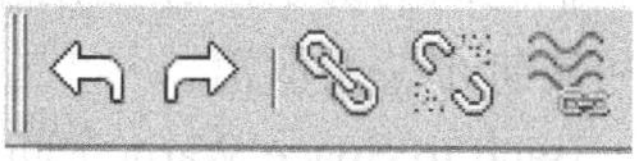

图 3-11 撤消与物体绑定按钮组

1. 撤消与物体绑定按钮组(图 3-11)

Undo(撤消)按钮：这个按钮用来取消刚刚进行的上一步操作，当自己感觉操作有误，想返回前一步操作的时候，可以执行这个命令，快捷键是 Ctrl+Z。Max 默认的撤消步数为 20 步，其实这个数值是可以设置的，在菜单栏的“自定义(Customize)”栏中选择最后一项“参考设置(Preferences)”选项，在“常规(General)”选项栏下的第一项“撤消场景步数(Scene Undo Levels)”中，即可设置自己想要的数值(图 3-12)。

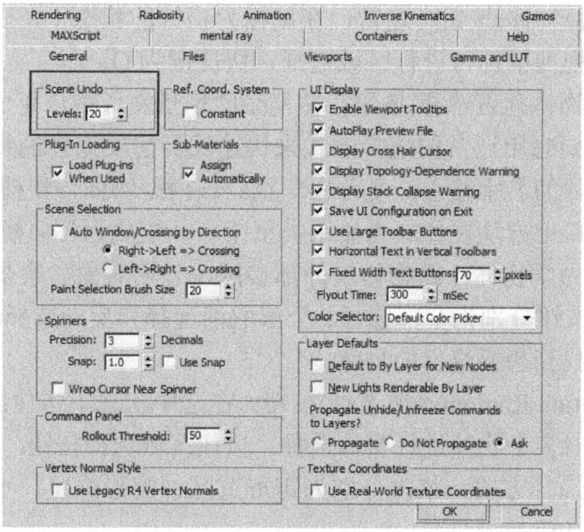

图 3-12 设置撤消步数

Redo(取消撤消)按钮：当执行撤消命令后，想取消撤消操作并返回最后一步操作时，执行此命令，快捷键为 Ctrl+Y。

Select and Link(物体选择和绑定)按钮：假设在场景中有 A 物体和 B 物体，想要让 B 成为 A 的附属物体，并且在 A 进行移动、旋转、缩放的时候 B 也随之进行，那么就要用到此命令。具体操作为，先选中 B 物体，单击绑定按钮，然后将鼠标移动到 B 物体上，出现绑定图标，以鼠标左键按住，拖拽到 A 物体上，即完成绑定操作。此时，B 物体成为 A 物体的子级物体，同样，A 就成为 B 的父级物体，在层级关系列表中也可查看。父级物体能影响子物体，反之则不可。

这项命令在游戏场景制作中十分重要，比如在一个复合场景建筑中，把一座宫殿和它附属的回廊、阙楼以及相关建筑绑定到一起，对于场景的整体操作将变得十分方便快捷，“成组(Group)”命令也有异曲同工的作用。

Unlink Selection(取消绑定)按钮：假设 A 物体和 B 物体之间存在绑定关系，如果想要取消它们之间的绑定，则应用此命令。具体操作为：同时选中 A 物体和 B 物体，单击此按钮，就可将绑定关系取消。

Band to Space Warp(空间绑定)按钮：主要针对 Max 的空间和力学系统，在游戏场景制作中较少会涉及，所以这里不做详细讲解。

2. 选择物体按钮组(图 3-13)

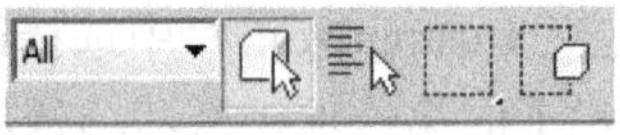

图 3-13　选择物体按钮组

Select Object(选择物体)按钮：通常，在鼠标为指针的状态下，就是物体选择模式，单个点击为单体选择，拖拽鼠标可进行区域选择，快捷键为 Q。

Select by Name(物体列表选择)按钮：在复杂的场景文件中，可能包含几十、上百甚至几百个的模型物体，要想用通常的选择方式来快速找到想要选择的物体，几乎不可能。通过物体列表将所选物体的名字输入，便可立即找到该模型物体，快捷键为 H。

物体列表选择窗口上方从左往右为显示类型工具，依次为几何模型、二维曲线、灯光、摄像机、辅助物体、力学物体、组物体、外部参照、骨骼对象、容器、被冻结物体以及隐藏物体，右侧的三个按钮分别为全部选择、全部取消选择和反向选择(图 3-14)。通过分类选择，可以更加快速地找到想要选择的物体。

Rectangular Selection Region(区域选择)按钮：在选中状态下按住鼠标左键并拖动，即可出现区域选择框，能对多个物体进行整体选择。按住区域选择按钮，会出现按钮下拉列表，可以选择不同的区域选择方式，依次分别为矩形选区、圆形选区、不规则直线选区、曲线选区和笔刷选区(图 3-15)。

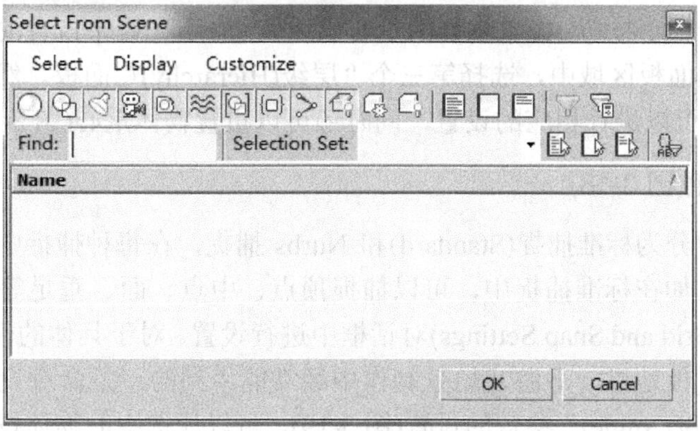

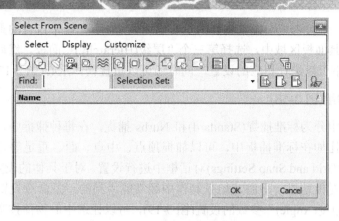

图 3-14　物体列表选择窗口

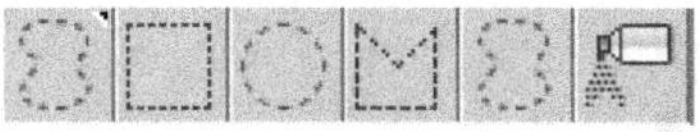

图 3-15　不同的区域选择方式

Window/Crossing(半选/全选模式)按钮：默认状态下为半选模式，即与选框接触到就可以被选中。单击该按钮，会进入全选模式，在全选模式下，物体必须全部纳入到选框内才能被选中。

3. 物体基本操作与中心设置按钮组(图 3-16)

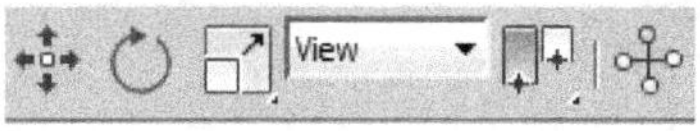

图 3-16　物体基本操作与中心设置按钮组

Move(移动)按钮：选择物体，单击此按钮，便可在 X、Y、Z 三个轴向上完成物体的位移操作，快捷键为 W。

Rotate(旋转)按钮：选择物体，单击此按钮，便可在 X、Y、Z 三个轴向上完成物体的旋转操作，快捷键为 E。

Scale(缩放)按钮：选择物体，单击此按钮，便可在 X、Y、Z 三个轴向上完成物体的缩放操作，快捷键为 R。

以上三种操作是 3ds Max 中模型物体最基本的三种操作方式，也是最常用的操作命令。在按钮上右击，可以调出参数设置窗口，通过数值控制的方式对模型物体进行更为精确的移动、旋转和缩放操作。

Use Pivot Point Center(中心设置)按钮：单击按钮，会出现下拉按钮列表，分别为将全部选择物体的中心设定为物体各自重心的中心点，将全部物体中心设定为整体区域中心，将全部物体中心设定为参考坐标系原点。

这里涉及到一个小技巧，如果物体的重心出现偏差，不在原来自身的重心位置怎么办？在主界面右侧工具面板区域中，选择第三个“层级(Hierarchy)”面板，然后在第一个标签栏“重心(Pivot)”下可以进行相应的设置，同时还可以重置物体重心(图 3-17)。

4. 捕捉按钮组(图 3-18)

捕捉(Snaps)中分为标准捕捉(Standard)和 Nurbs 捕捉，在每种捕捉中，都可以捕捉到一些特定的元素，比如在标准捕捉中，可以捕捉顶点、中点、面、垂足等元素，这些可以在栅格和捕捉设置(Grid and Snap Settings)对话框中进行设置。对于具体的设置，这里不做过多讲解。这里只针对性地讲一下游戏场景制作中经常能用到的一条命令设置——按设定角度旋转。通过对“角度(Angle)”参数的设置(图 3-19)，可以让选中的物体按事先设定角度的倍数进行旋转操作，这对于模型操作中的大幅度旋转和精确旋转非常有用。

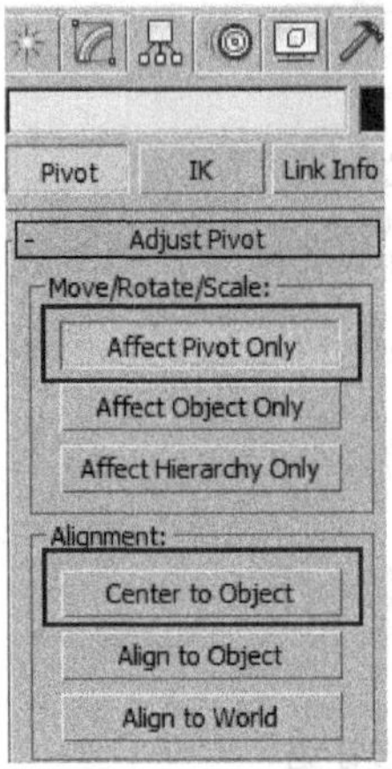

图 3-17　物体重心的设置

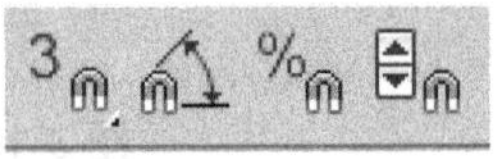

图 3-18　捕捉按钮组

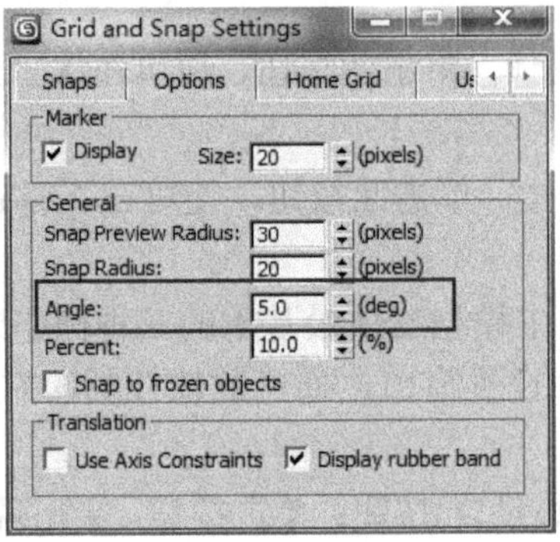

图 3-19　设定按角度旋转

5. 镜像、对齐、层级、石墨工具、动画编辑、材质及渲染按钮组(图 3-20)

Mirror(镜像)按钮：将选择的物体进行镜像复制，选择物体，单击此按钮后，会出现镜像设置对话框(图 3-21)，可以设置镜像的“参考轴向(Mirror Axis)”、“镜像偏移(Offset)”以及“克隆方式(Clone Selection)”等。在克隆方式中，如果选择第一项“不进行克隆(No Clone)”，那么，最终将选择的物体进行镜像后不会保留原物体。如果想要对多个物体进行整体镜像操作，可以将全部物体编辑成组后再进行镜像操作。

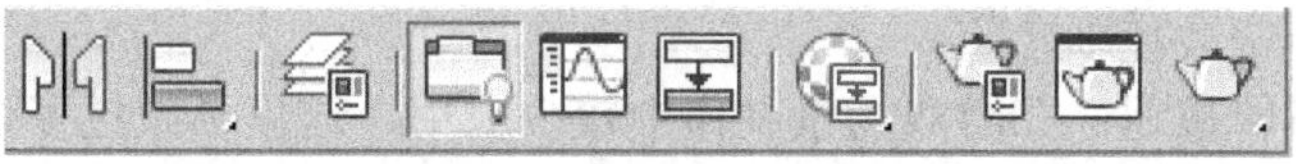

图 3-20　镜像、对齐、层级、石墨工具、动画编辑、材质及渲染按钮组

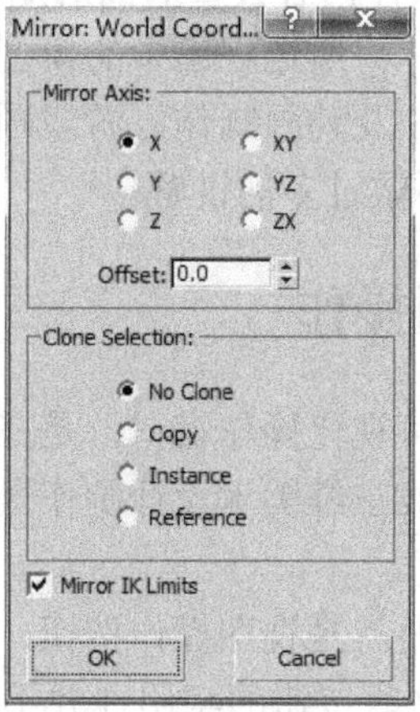

图 3-21　镜像设置对话框

Align(对齐)按钮：假如有 A 物体和 B 物体，选择 A 物体然后单击“对齐”按钮，在 B 物体上单击，便会出现对齐设置对话框，可以设置对齐轴向和对齐方式(图 3-22)。

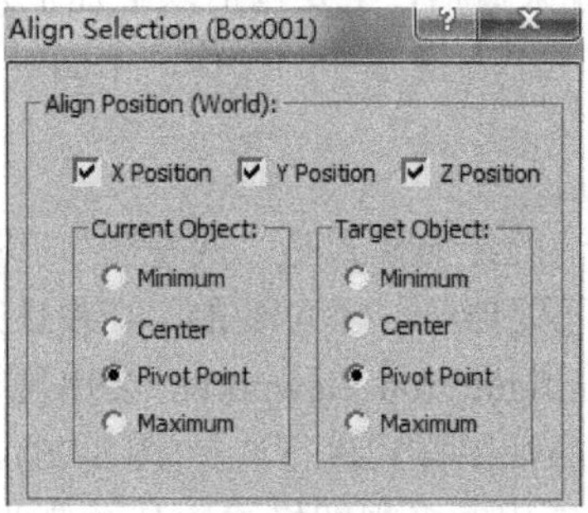

图 3-22　对齐设置对话框

在第一栏“对齐位置(Align Position)”框中，上面三个复选框分别为按照 X、Y、Z 三个相应轴向进行对齐操作，下面的 Current Object 为当前选中物体，Target Object 为目标对齐物体，具体的选框中分别按照不同的对齐方式进行对齐操作，常用的为“Pivot Point(重心点)”对齐。

Graphite Modeling Tools(石墨工具)：用来显示和关闭石墨快捷工具菜单，这是 3ds Max 2010 版本后加入的新功能，主要目的是以更加快捷直观的操作方式来进行模型编辑和制作，其中的命令和参数与堆栈参数编辑面板中的一致，所以这里不做过多讲解，具体内容在后面的模型制作章节中会详细介绍。

层级及动画编辑按钮：在游戏场景制作中较少应用，这里不做过多讲解。

Material Editor(材质编辑器)按钮：此按钮用来开启材质编辑器，对模型物体的材质和贴图进行相关设置，快捷键为 M。具体内容会在后面的贴图制作章节中详细讲解。

Quick Render(快速渲染)按钮：将所选视图中的模型物体用渲染器进行快速预渲染，快捷键为 Shift+Q。这里主要用于 CG 及动画制作，游戏画面一般采用游戏引擎即时渲染的方式，所以对渲染方面的设置这里不做过多的讲解。

3.1.3 3ds Max 软件视图操作

视图作为 3ds Max 软件中的可视化操作窗口，是三维制作中最主要的工作区域，熟练掌握 3ds Max 视图操作是日后游戏三维美术设计制作最基础的能力，而操作的熟练程度也直接影响着项目的工作效率和进度。

在 3ds Max 软件界面的右下角就是视图操作按钮，按钮不多，却涵盖了几乎所有的视图基本操作，但在实际制作中，这些按钮的实用性并不大，因为如果仅靠按钮来完成视图操作，那么整体制作效率将大大降低。在实际三维设计和制作中，更多的是用每个按钮相应的快捷键来代替单击按钮的操作，能熟练运用快捷键来操作 3ds Max 软件，也是对游戏三维美术师的基本要求之一。

3ds Max 视图操作，从宏观来概括，主要包括以下几个方面：视图选择与快速切换、单视图窗口的基本操作，以及视图中右键菜单的操作，下面针对这几个方面做详细的讲解。

1. 视图选择与快速切换

3ds Max 软件中，视图默认的经典模式是“四视图”，即顶视图、正视图、侧视图和透视图。但这种四视图的模式并不是唯一、不可变的，在视图左上角的“+”字上单击，会出现下拉菜单，选中最后一项 Configuration Viewports，会出现视图设置窗口，在 Layout(布局)标签栏下就可以针对自己喜欢的视图样式进行选择(图 3-23)。

在游戏场景制作中，最为常用的多视图格式还是经典四视图模式，因为在这种模式下不仅能显示透视或用户视图窗口，还能显示 Top、Front、Left 等不同视角的视图窗口，让模型的操作更加便捷、精确。在选定好的多视图模式中，把鼠标移动到视图框体边缘，可以自由拖动调整各视图之间的大小，如果想要恢复原来的设置，只需要把鼠标移动到所有分视图框体交界处，在出现移动符号后，右击 Reset Layout(重置布局)即可。

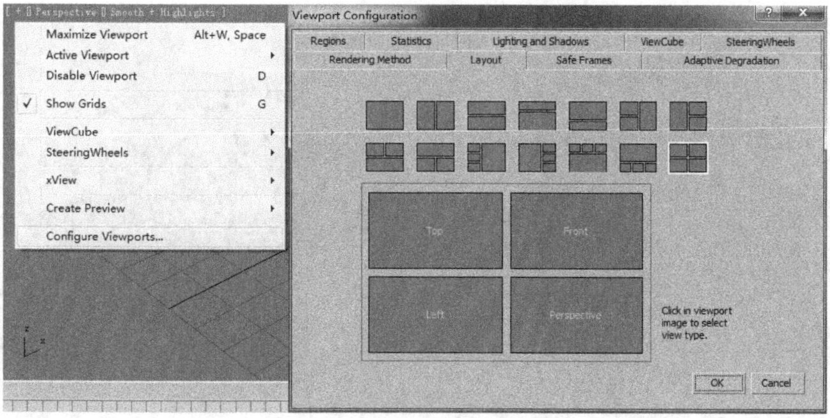

图 3-23　视图布局设置

下面简单介绍一下不同的视图角度：经典四视图中的 Top 视图是指从模型顶部正上方俯视的视角，也称为顶视图；Front 视图是指从模型正前方观察的视角，也称为正视图；Left 视图是指从模型正侧面观察的视角，也称为侧视图；Perspective 视图也就是透视图，是以透视角度来观察模型的视角(图 3-24)。除此以外，常见的视图还包括 Bottom(底视图)、Back(背视图)、Right(右视图)等，分别是顶视图、正视图和侧视图的反向视图。

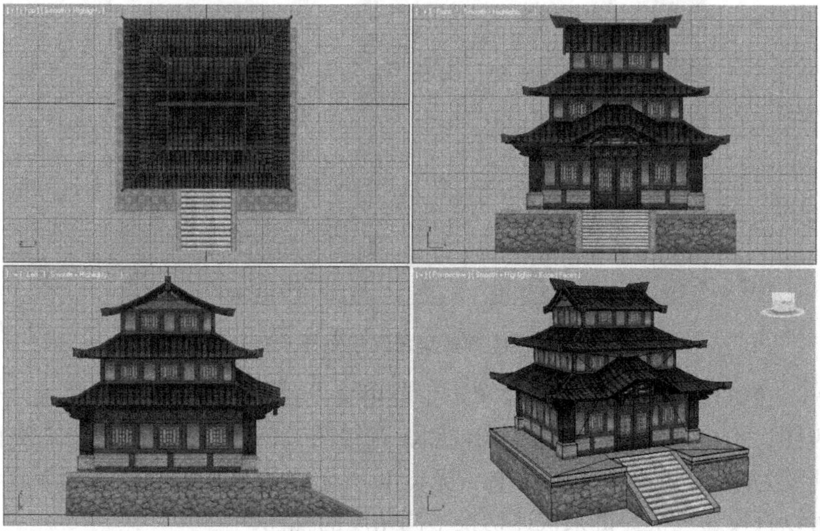

图 3-24　经典四视图模式

实际的模型制作中，透视图并不是最为适合的显示视图，最常用的通常为 Orthographic (用户视图)，它与透视图最大的区别是，用户视图中的模型物体没有透视关系，这样更利于在编辑和制作模型时对物体的观察(图 3-25)。

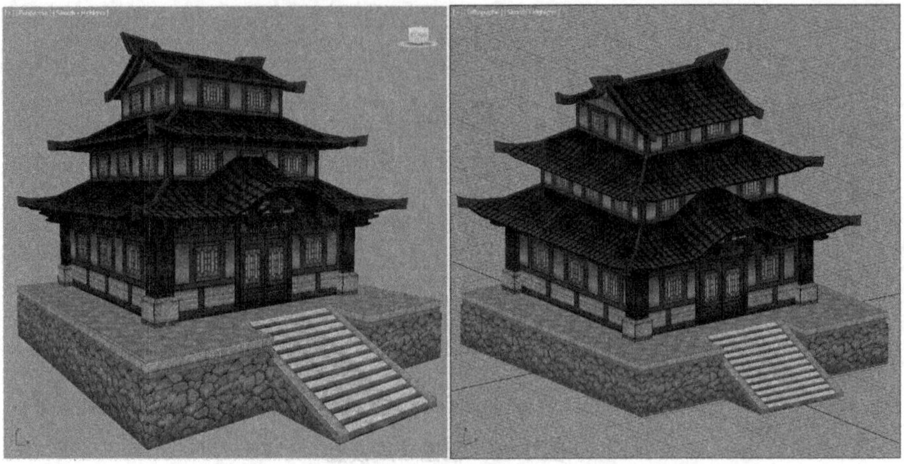

图 3-25　透视图(左)与用户视图(右)的对比

在视图左上角“+”号的右侧有两个选项，用鼠标点击，可以显示菜单选项(图 3-26)。

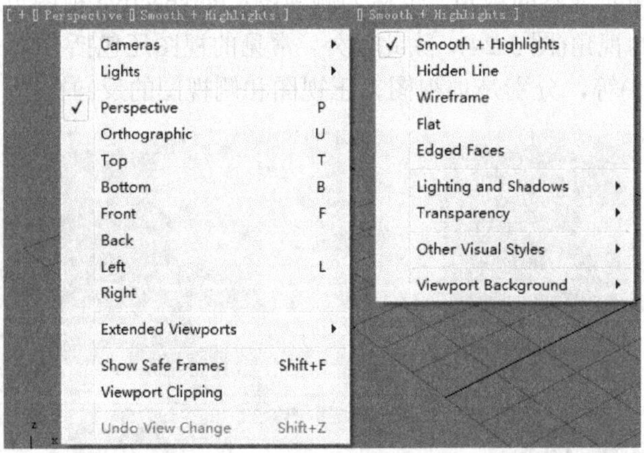

图 3-26　视图模式菜单和视图显示模式菜单

图 3-26 左侧的菜单是视图模式菜单，主要用来设置当前视图窗口的模式，包括摄像机视图、透视图、用户视图、顶视图、底视图、正视图、背视图、左视图、右视图等，分别对应的快捷键为(无)、P、U、T、B、F、(无)、L、(无)。在选中的当前视图下或者单视图模式下，都可以直接通过快捷键来快速切换不同角度的视图。

多视图和单视图切换的默认快捷键为 ALT+W，当然，所有的快捷键都是可以设置的，作者本人更愿意把这个快捷键设定为空格(Space)键。

在多视图模式下，要想选择不同角度的视图，只需要单击相应的视图即可，被选中的视图周围将出现黄色边框。这里涉及到一个实用技巧：在复杂的包含众多模型的场景文件中，如果当前正选择了一个模型物体，而同时想要切换视图角度，如果直接左击其他视图，在视图被选中的同时，也会丢失对模型的选择。如何避免这个问题？其实很简单，只需要右击想要选择的视图即可，这样，既不会丢失模型的选中状态，同时还能激活想要切换的视图窗口，这是在实际软件操作中经常用到的一个技巧。

图 3-26 右侧的菜单是视图显示模式菜单，主要用来切换当前视窗模型物体的显示方式，包括 5 种显示模式：光滑高光模式(Smooth+Highlights)、屏蔽线框模式(Hidden Line)、线框模式(Wireframe)、自发光模式(Flat)，以及线面模式(Edged Faces)。

Smooth+Highlights 模式是模型物体的默认标准显示方式，在这种模式下，模型受 3ds Max 场景中内置灯光的光影影响；在 Smooth+Highlights 模式下，可以同步激活 Edged Faces 模式，这样可以同时显示模型的线框；Wireframe 模式就是隐藏模型实体，只显示模型线框的显示模式。

不同模式可以通过快捷键来进行切换，F3 键可以切换到“线框模式”，F4 键可以激活“线面模式”。通过合理的显示模式的切换与选择，可以更加方便模型的制作。图 3-27 分别为这三种模式的显示方式。

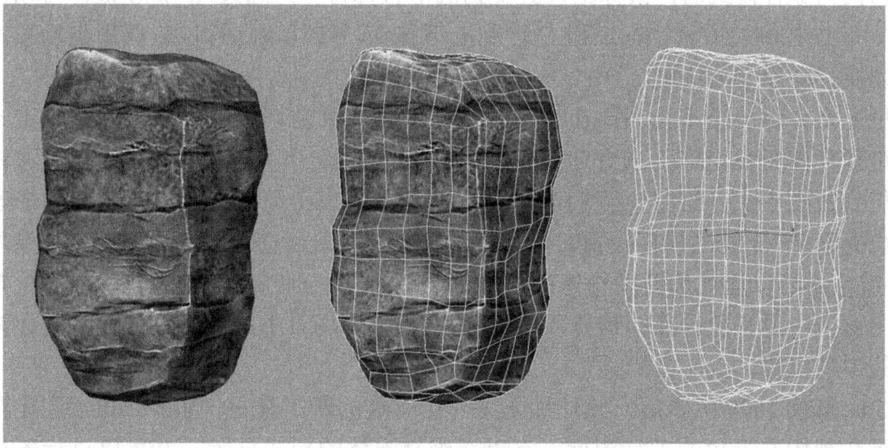

图 3-27　光滑高光模式、线面模式和线框模式

在 3ds Max 9.0 以后，软件又加入了 Hidden Line 和 Flat 模式，这是两种特殊的显示模式。Flat 模式类似于模型自发光的显示效果，而 Hidden Line 模式类似于叠加了线框的 Flat 模式，在没有贴图的情况下，模型显示为带有线框的自发光灰色，添加贴图后，同时显示贴图和模型线框。这两种显示模式对于三维游戏制作非常有用，尤其是 Hidden Line 模式，可以极大地提高即时渲染和显示的速度。

2. 单视图窗口的基本操作

单视图窗口的基本操作主要包括视图焦距推拉、视图角度转变、视图平移操作等。视图焦距推拉主要用于视图整体操作与精确操作、宏观操作与微观操作的转变；视图推进可以进行更加精细的模型调整和制作；视图拉出可以对整体模型场景进行整体调整和操作，快捷键操作为“Ctrl+Alt+鼠标中键按下并拖动”，在实际操作中，更为快捷的操作方式可以用鼠标滚轮来实现，滚轮往前滚动为视图推进，滚轮往后滚动为视图拉出。

视图角度转变主要用于模型制作时进行不同角度的视图旋转，方便从各个角度和方位对模型进行操作。具体操作方法为：同时按住 Alt 键与鼠标中键，然后滑动鼠标，进行不同方向的转动操作。右下角的视图操作按钮中，还可以设置不同轴向基点的旋转，最为常用的是 Arc Rotate Subobject，是以选中物体为旋转轴向基点进行视图旋转的。

视图平移操作方便在视图中进行不同模型间的查看与选择，按住鼠标中键，就可以进行上下左右不同方位的平移操作。在 3ds Max 右下角的视图操作按钮中按住 Pan View 按钮，可以切换为 Walk Through(穿行模式)，这是 3ds Max 8.0 后增加的功能，这个功能对于游戏制作，尤其是三维场景制作，十分有用。将制作好的三维游戏场景切换到透视图，然后通过穿行模式，可以以第一人称视角的方式身临其境地感受游戏场景的整体氛围，从而进一步发现场景制作中存在的问题，方便之后的修改。

在切换为穿行模式后，鼠标指针会变为圆形目标符号，通过 W 和 S 键，可以控制前后移动，A 和 D 控制左右移动，E 和 C 控制上下移动，转动鼠标可以查看周围场景，通过 Q 键可以切换行动速度的快慢。

这里还要介绍一个小技巧：在一个大型复杂的场景制作文件中，当我们选定一个模型后，要进行视图平移操作，或者通过模型选择列表选择了一个模型物体，想快速将所选的模型归位到视图中央，这时，我们可以通过一个操作来实现视图中模型物体的快速归位，那就是快捷键 Z。无论当前视图窗口与所选的模型物体处于怎样的位置关系，只要敲击键盘上的 Z 键，都可以让被选模型物体在第一时间迅速移动到当前视图窗口的中间位置。如果当前视图窗口中没有被选择的物体，这时 Z 键将整个场景中的所有物体作为整体显示在视图屏幕的中间位置。

在 3ds Max 2009 版本后，软件加入了一个有趣的新工具——ViewCube(视图盒)，这是一个显示在视图右上角的工具图标，它以三维立方体的形式显示，并可以进行各种角度的旋转操作(图 3-28)。盒子的不同面代表了不同的视图模式，通过鼠标点击，可以快速切换各种角度的视图，点击盒子左上角的房屋图标，可以将视图重置到透视图坐标原点的位置。

另外，在单视图和多视图切换时，特别是切换到用户视图后，再切回透视图，经常会发现透视角度会发生改变。这里的视野角度是可以设定的，通过视图左上角“+”菜单的 Configure Viewports 命令，在 Rendering Method 标签栏右下角可以用具体数值来设定视野角度，通常默认的标准角度为 45°(图 3-29)。

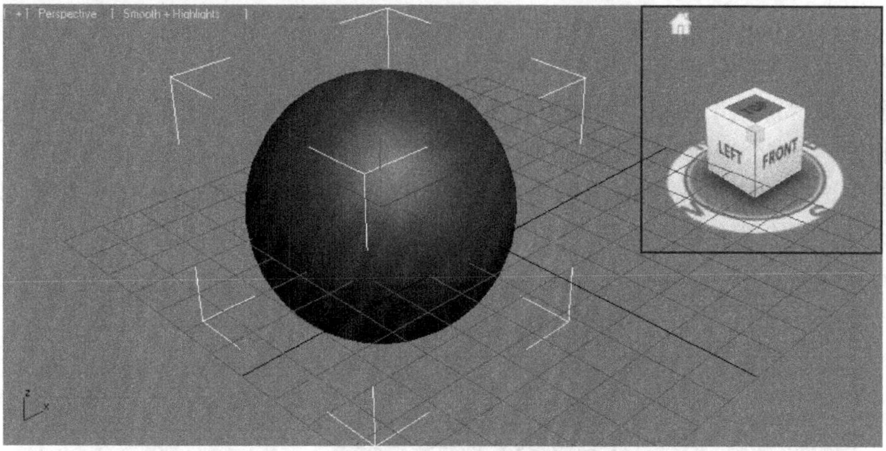

图 3-28　ViewCube 视图盒

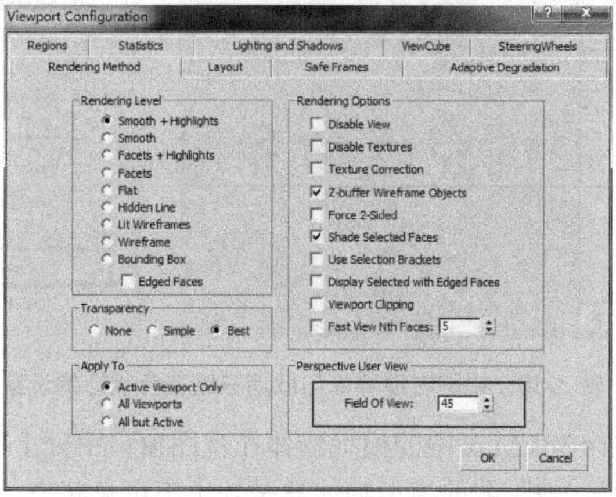

图 3-29　视野透视程度的设定

3. 视图中右键菜单的操作

3ds Max 的视图操作除了上面介绍的基本操作外，还有一个很重要的部分，就是视图中右键菜单的操作。在 3ds Max 视图中的任意位置用鼠标右键单击，都会出现一个灰色的多命令菜单，这个菜单中的许多命令设置对于三维模型的制作有着重要的作用。这个菜单中的命令通常都是针对被选择的物体对象的，如果场景中没有被选择的物体模型，那这些命令将无法独立执行。这个菜单包括上下两大部分：Display(显示)和 Transform(变形)，下面针对这两部分中重要的命令进行详细讲解。

在 Display 菜单中，最重要就是“冻结”和“隐藏”这两组命令，这是游戏场景制作中经常使用的命令。所谓“冻结”，就是将 3ds Max 中的模型物体锁定为不可操作状态，被“冻结”后的模型物体仍然显示在视图窗口中，但无法对其进行任何命令和操作。

Freeze Selection 是指将被选择的模型物体进行“冻结”操作。Unfreeze All 是指将所有被“冻结”的模型物体取消“冻结”状态。

通常，被“冻结”的模型物体都会变为灰色，并且会隐藏贴图显示，由于灰色与视图背景色相同，经常会造成制作上的不便。这里其实是可以设置的，在 3ds Max 右侧的 Display 显示面板中，Display Properties 显示属性一栏里有一个 Show Frozen in Gray 选项，只需要取消这个选项，便会避免被“冻结”的模型物体变为灰色状态(图 3-30)。

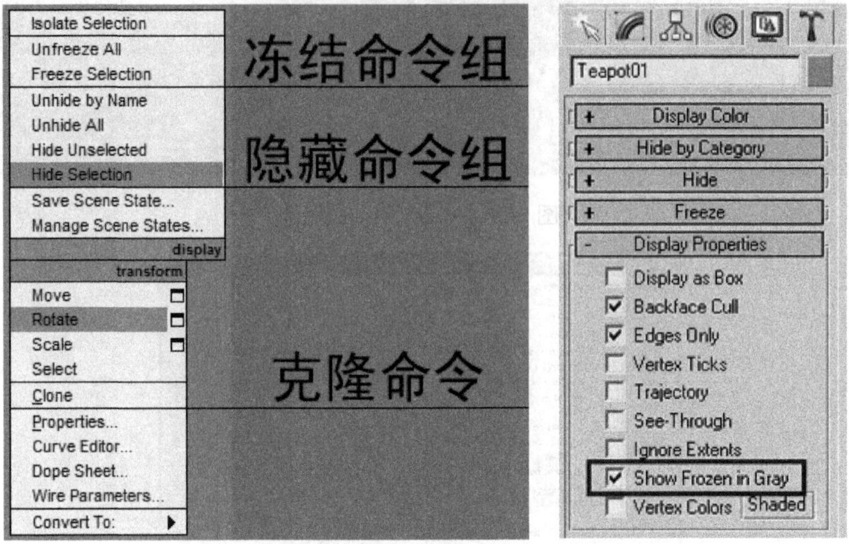

图 3-30　视图右键菜单与取消冻结灰色状态的设置

所谓“隐藏”，就是让 3ds Max 中的模型物体在视图窗口中处于暂时消失不可见的状态，“隐藏”不等于“删除”，被隐藏的模型物体只是处于不可见状态，但并没有在根本上从场景文件中消失，在执行相关操作后，可以取消其隐藏状态。隐藏命令在游戏场景制作中是最常用的命令之一，因为在复杂的三维模型场景文件中，制作某个模型的时候，经常会被其他模型阻挡视线，尤其是包含众多模型物体的大型场景文件。而隐藏命令恰恰避免了这些问题，让模型制作变得更加方便。

Hide Selection 是指将被选择的模型物体进行隐藏操作；Hide Unselected 是指将被选择模型以外的所有物体进行隐藏操作；Unhide All 是指将场景中的所有模型物体取消隐藏状态；Unhide by Name 是指通过模型名称选择列表将模型物体取消隐藏状态。

这里还要介绍一个小技巧，在场景制作中，如果有其他模型物体阻挡操作视线，除了刚刚介绍的隐藏命令外，还有一种方法能避免这种情况：选中阻挡视线的模型物体，按快捷键 Alt+X，被选中的模型就变为半透明状态，这样，不仅不会影响模型的制作，还能观察到前后模型之间的关系(图 3-31)。

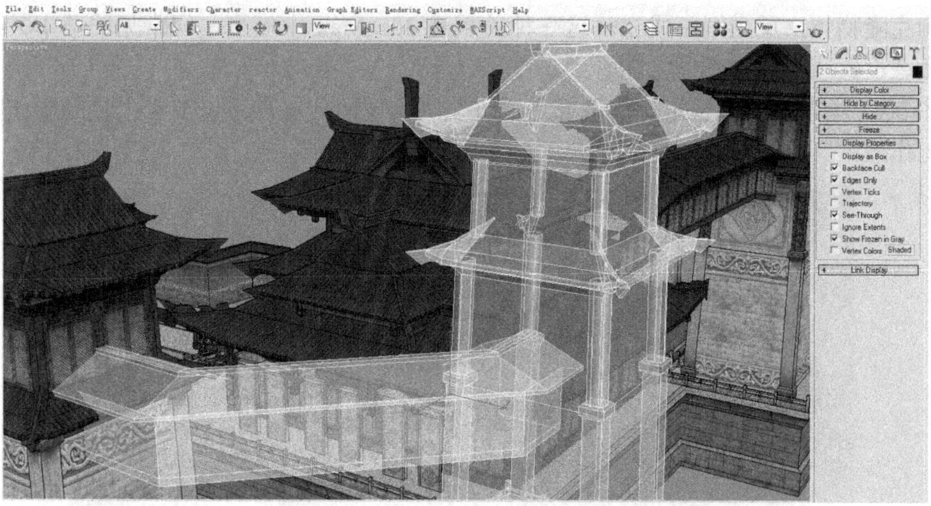

图 3-31 将模型以透明状态显示

在 Transform 菜单中，除了包含移动、旋转、缩放、选择、克隆等基本的模型操作外，还包括物体属性、曲线编辑、动画编辑、关联设置、塌陷等一些高级命令设置。针对模型物体的移动、旋转、缩放、选择，前面已经讲解过；这里着重了解一下 Clone(克隆)命令。

所谓“克隆”，就是指将一个模型物体复制为多个个体的过程，快捷键为 Ctrl+V。对被选择的模型物体单纯地单击 Clone 命令或者按 Ctrl+V，是将该模型进行原地克隆的操作，而选择模型物体后按住，Shift 键并用鼠标移动、选择、缩放该模型，则是将该模型进行等单位的克隆操作，在拖动鼠标松开鼠标左键后，会弹出设置对话框(图 3-32)，然后在下方的 Name 文本框中可以输入克隆的序列名称。

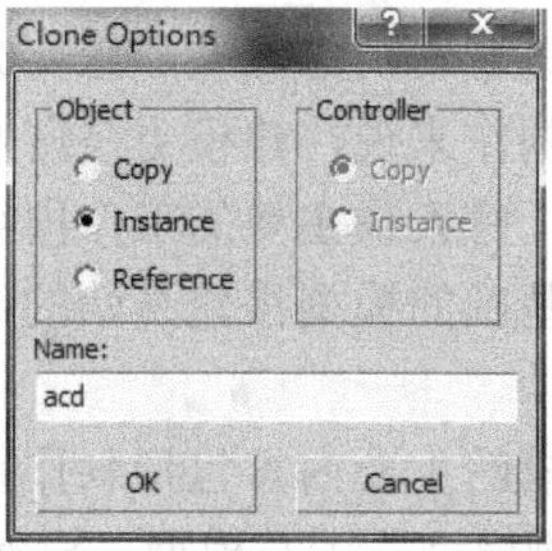

图 3-32 克隆设置对话框

克隆后的对象物体与被克隆物体之间存在三种关系：Copy(复制)、Instance(实例)和 Reference(引用)。Copy 是指克隆物体和被克隆物体间没有任何关联关系，改变其中任何一方，对另一方都没有影响；Instance 是指克隆操作后，改变克隆物体的设置参数，被克隆物体也随之改变，反之亦然；Reference 是指克隆操作后，通过改变被克隆物体的设置参数可以影响克隆物体，反之则不成立。这三种关系是 3ds Max 中模型之间常见的基本关系，在很多命令设置或窗口中都经常能看到。

图 3-33 场景中的大量帐篷模型都是通过复制实现的，这样可以节省大量的制作时间，提高工作效率。

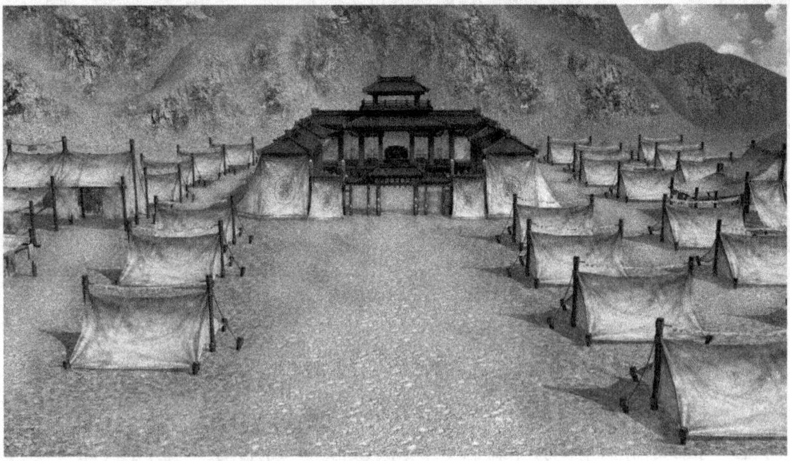

图 3-33 利用克隆命令制作的场景

3.2 3ds Max 模型的创建与编辑

建模是 3ds Max 软件的基础和核心功能，三维制作的各种工作任务都是在所创建模型的基础上完成的，无论在动画还是游戏制作领域，想要完成最终作品，首先要解决的问题就是建模。具体到三维网络游戏制作来说，建模更是游戏项目美术制作部分的核心工作内容，尤其是三维场景美术设计师，每天最主要的工作内容就是与模型打交道，无论多么宏大壮观的场景，都是一砖一瓦从基础的模型搭建开始的。所以，走向游戏美术师之路的第一步就是建模。

在三维游戏场景制作中，建模的主要内容包括制作单体建筑模型、复合建筑模型、场景道具模型、雕塑模型、自然植物模型、山石模型、自然地理环境模型等。

场景模型的制作方式与生物类角色建模有所不同，游戏场景中的大多数模型不需要严格按照模型一体化的原则来创建。

在场景建模中，允许不同多边形模型物体之间相互交叉，就是这个“交叉”的概念，让游戏场景建模变得更加灵活多变，在结构表现上不会受多边形编辑的限制，可以自由组合、搭配与衔接(图 3-34)。

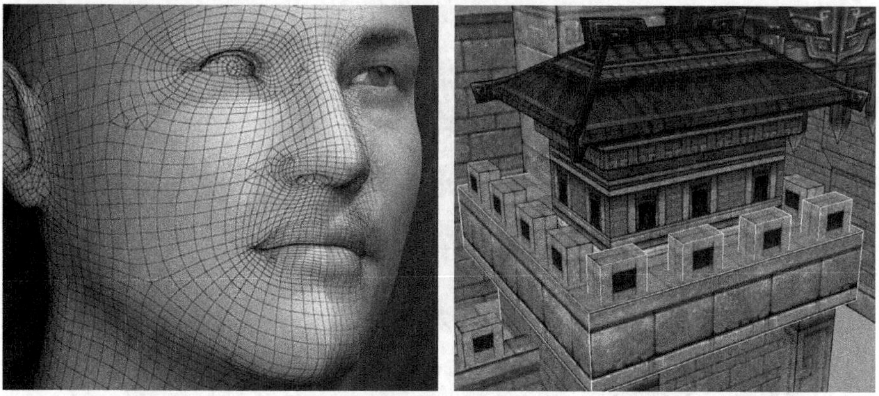

图 3-34　相对于角色建模而言场景建模允许模型面间的穿插

场景建模与生物建模的区别很大，一部分是受贴图方式的影响，生物模型之所以要遵循模型一体化创建的原则，是因为在游戏制作中，生物模型必须保证用尽量少的贴图张数，在贴图赋予模型之前，调整 UV 分布的时候，就必须把整个模型的 UV 线均匀平展在一张贴图内，这样才能保证最终模型贴图的准确。而场景建模则恰好相反，场景模型的贴图大多是利用循环贴图，不需要把 UV 都平展到一张贴图中，每一部分结构或每一块几何体都可以选择不同的贴图来赋予，所以无论模型怎样穿插衔接，都不会有太大的影响。

3ds Max 的建模技术博大精深、内容繁杂，这里我们没有必要面面俱到，而是有选择性地着重讲解与三维游戏场景制作相关的建模知识，从基本操作入手，循序渐进地学习三维游戏场景模型的制作。

3.2.1　几何体模型的创建

在 3ds Max 右侧的工具命令面板中，Create 创建面板下的第一项 Geometry 就是主要用来创建几何体模型的命令面板，其中，下拉菜单的第一项 Standard Primitives 用来创建基础几何体模型，下面列举 3ds Max 所能创建的一些基本几何体模型(图 3-35)。

- Box：立方体。
- Cone：圆锥体。
- Sphere：球体。
- Geosphere：三角面球体。
- Cylinder：圆柱体。
- Tube：管状体。
- Torus：圆环体。
- Pyramid：角锥体。
- Plane：平面。

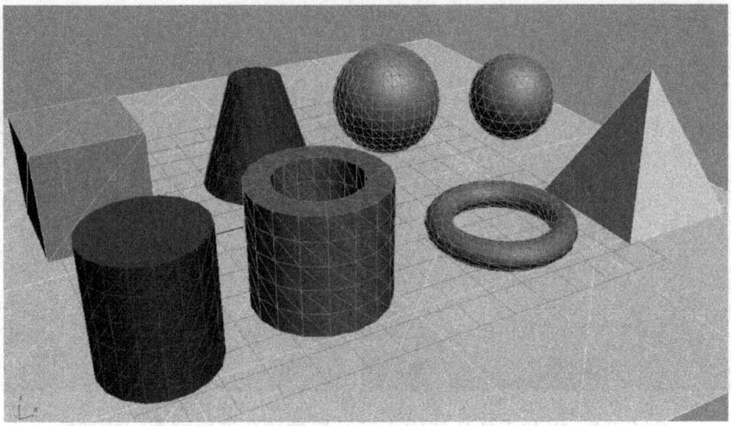

图 3-35　3ds Max 创建的基础几何体模型

以鼠标点击，选择想要创建的几何体，在视图中用鼠标拖拽，就可以完成模型的创建，在拖拽过程中点击鼠标右键，可以随时取消创建。创建完成后，切换到工具命令面板的Modify(修改)面板，可以对创建出的几何模型进行参数设置，包括长、宽、高、半径、角度、分段数等。在修改面板和创建面板中都能对几何体模型的名称进行修改，名称后面的色块用来设置几何体的边框颜色。

在 Geometry 面板下拉菜单中，第二项是 Extended Primitives，用来创建扩展几何体模型，扩展几何体模型的结构相对复杂(图 3-36)，可调参数也更多。其实，大多数情况下，扩展几何体模型使用的机会比较少，因为这些模型都可以通过基础几何体进行多边形编辑而得到。这里只介绍几个常用的扩展几何体模型：ChamferBox(倒角立方体)、ChamferCylinder(倒角圆柱体)、L-Ext 和 C-Ext，尤其是 L-Ext 和 C-Ext，对于场景建筑模型的墙体制作十分快捷方便，可以在短时间内创建出各种不同形态的墙体模型。

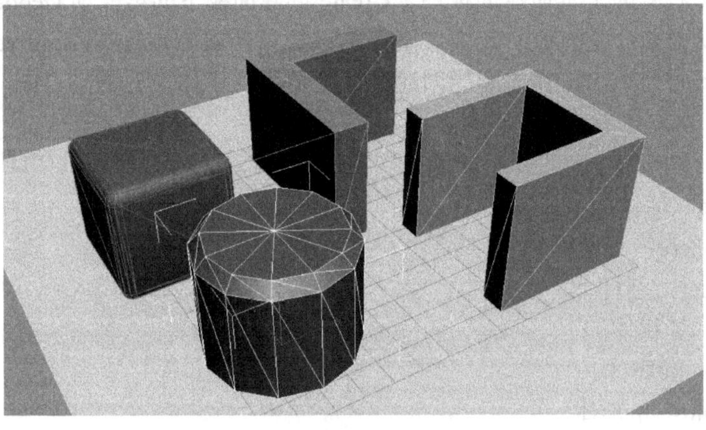

图 3-36　常用的扩展几何体模型

另外，这里还要特别介绍一组模型，那就是 Geometry 面板下拉菜单中的最后一项 Stair(楼梯)。在 Stair 面板中，能够创建 4 种不同形态类型的楼梯结构，分别为 L Type Stair(L 型楼梯)、Spiral Stair(螺旋楼梯)、Straight Stair(直楼梯)以及 U Type Stair(U 型楼梯)，这些模型对于三维游戏场景中阶梯的制作能起到很大的帮助作用(图 3-37)。

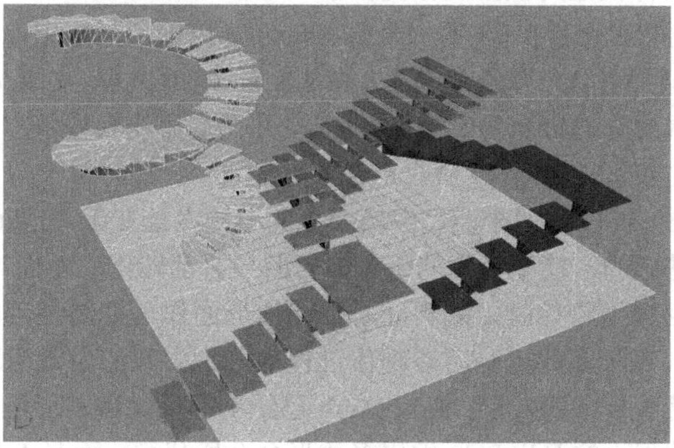

图 3-37　各种楼梯模型的结构

与几何体模型的创建相同，选择相应的楼梯类型，用鼠标在视图窗口中拖拽，就可创建出楼梯模型，然后，在修改面板中可以对其高矮、宽窄、楼梯步幅、楼梯阶数等参数进行详细设置和修改，这些参数设置只要经过简单尝试，便可掌握。这里着重介绍一下楼梯参数中 Type(类型)参数的设置，在 Type 面板框中，有三种模式可以选择，分别为 Open(开放式)、Closed(闭合式)和 Box(盒式)。同一种楼梯结构模型通过不同类型的设置，又可以变化为三种不同的形态，在游戏场景制作中，最为常用的是 Box 类型，在这种模式下，通过多边形编辑，可以制作出游戏场景需要的各种基础阶梯结构(图 3-38)。

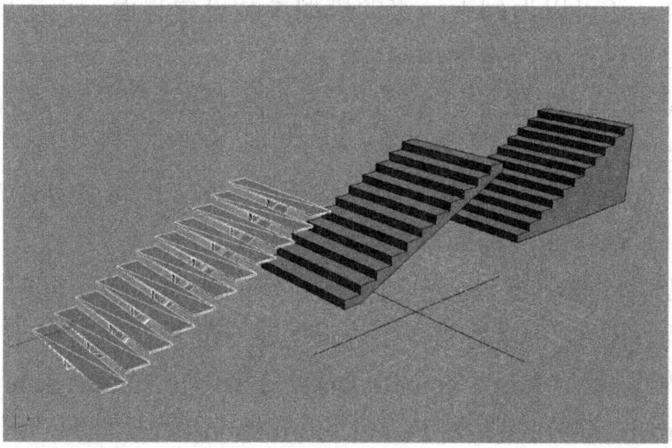

图 3-38　Open、Closed 和 Box 三种不同类型的楼梯结构

3.2.2 多边形模型的编辑

在 3ds Max 中学会创建基础几何体模型，对于真正的模型制作来说，仅仅是第一步，不同形态的基础几何体模型为模型制作提供了一个良好的基础，之后，要通过模型的多边形编辑，才能完成对模型最终的制作。在 3ds Max 6.0 以前的版本中，几何体模型的编辑主要是靠 Edit Mesh(编辑网格)命令来完成的，在 3ds Max 6.0 之后，Autodesk 公司研发出了更加强大的多边形编辑命令 Edit Poly(编辑多边形)，并在之后的软件版本中不断增强和完善该命令，到 3ds Max 8.0 时，Edit Poly 命令已经十分完善。

Edit Mesh 与 Edit Poly 这两个模型编辑命令的不同之处在于，Edit Mesh 编辑模型时是以三角面作为编辑基础的，模型物体的所有编辑面最后都转化三角面，而 Edit Poly 编辑多边形命令在处理几何模型物体时，编辑面是以四边形面作为编辑基础的，而最后也无法自动转化为三角形面。在早期的电脑游戏制作过程中，大多数的游戏引擎技术支持的模型都为三角面模型，而随着技术的发展，Edit Mesh 已经不能满足游戏三维制作中对于模型编辑的需要，之后逐渐被强大的 Edit Poly 编辑多边形命令所代替，而且 Edit Poly 物体还可以与 Edit Mesh 进行自由转换，以应对各种不同的需要。

对于模型物体转换为编辑多边形模式，可以通过以下三种方法。

(1) 在视图窗口中，对模型物体点击鼠标右键，从弹出的视图菜单中选择 Convert to Editable Poly(转换为可编辑的多边形)命令，即可将模型物体转换为 Edit Poly。

(2) 在 3ds Max 界面右侧修改面板的堆栈窗口中对需要的模型物体单击右键，然后选择 Convert to Editable Poly 命令，也可将模型物体转换为 Edit Poly。

(3) 在堆栈窗口中可以对想要编辑的模型直接添加 Edit Poly 命令，同样可让模型物体进入多边形编辑模式，这种方式相对于前面两种来说有所不同。对于添加 Edit Poly 命令后的模型，在编辑的时候，还可以返回上一级的模型参数设置界面，而上面两种方法则不可以，所以第三种方法相对来说更有一定的灵活性。

在多边形编辑模式下，共有 5 个层级，分别是 Vertex(点)、Edge(线)、Border(边界)、Polygon(面)和 Element(元素)。

每个多边形从“点”、“线”、“面”到整体互相配合，共同围绕着为多边形编辑而服务，通过不同层级的操作，最终完成模型整体的搭建制作。

在进入每个层级后，菜单窗口会出现不同层级的专属面板，同时，所有层级还共享统一的多边形编辑面板。图 3-39 就是编辑多边形的命令面板，包括以下几部分：Selection(选择)、Soft Selection(软选择)、Edit Geometry(编辑几何体)、Subdivision Surface(细分表面)、Subdivision Displacement(细分位移)和 Paint Deformation(绘制变形)，下面，我们将针对每个层级，详细讲解模型编辑中常用的命令。

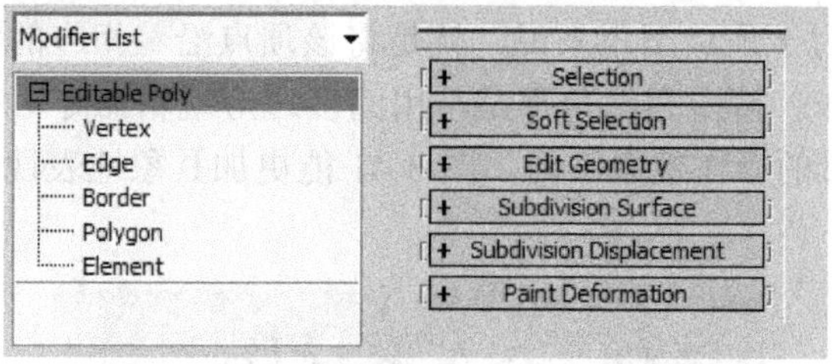

图 3-39 多边形编辑中的层级和各种命令

1. Vertex 点层级

点层级下的 Selection 选择面板中，有一个重要的命令选项 Ignore backfacing(忽略背面)，当点选这个选项的时候，在视图中选择模型可编辑点的时候，将会忽略所有当前视图背面的点，此选项命令在其他层级中也同样适用。

Edit Vertices(编辑顶点)命令面板是点层级下独有的命令面板，其中大多数命令都是常用的编辑多边形命令(图 3-40)。

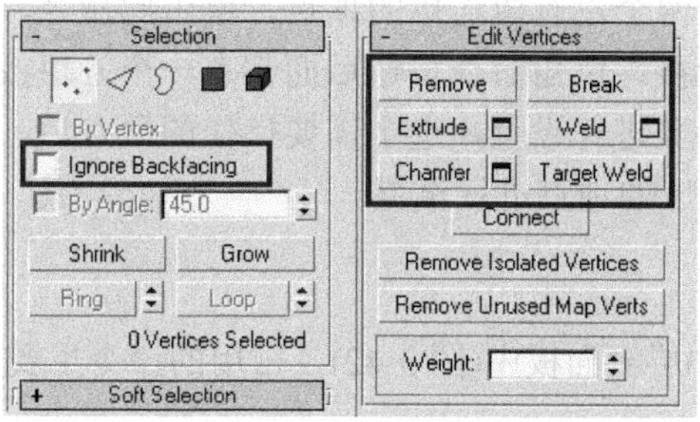

图 3-40 Edit Vertices 面板中的常用命令

Remove(移除)：当模型物体上有需要移除的顶点时，选中顶点，执行此命令。Remove(移除)不等于 Delete(删除)，当移除顶点后，该模型顶点周围的面还将存在，而删除命令则是将选中的顶点连同顶点周围的面一起删除。

Break(打散)：选中顶点，执行此命令后，该顶点会被打散为多个顶点，打散的顶点个数与打散前该顶点链接的边数有关。

Extrude(挤压)：挤压是多边形编辑中常用的编辑命令，而对于点层级的挤压，简单地说，就是将该顶点以突出的方式挤出到模型以外。

Weld(焊接)：这个命令与打散命令刚好相反，是将不同的顶点结合在一起的操作，选中想要焊接的顶点，设定焊接的范围，然后单击焊接命令，不同的顶点就被结合到了一起。

Target Weld(目标焊接)：此命令的操作方式是，首先单击此命令，出现鼠标图形，然后依次用鼠标点选想要焊接的顶点，这两个顶点就被焊接到了一起。要注意的是，焊接的顶点之间必须有边相连接，而对于类似四边形面，对角线上的顶点是无法焊接到一起的。

Chamfer(倒角)：对于顶点倒角来说，就是将该顶点沿着相应的实线边以分散的方式形成新的多边形面的操作。挤压和倒角都是常用的多边形编辑命令，在多个层级下都包含这两个命令，但每个层级的操作效果不同，图 3-41 能更加具象地表现点层级下挤压、焊接和倒角命令的作用效果。

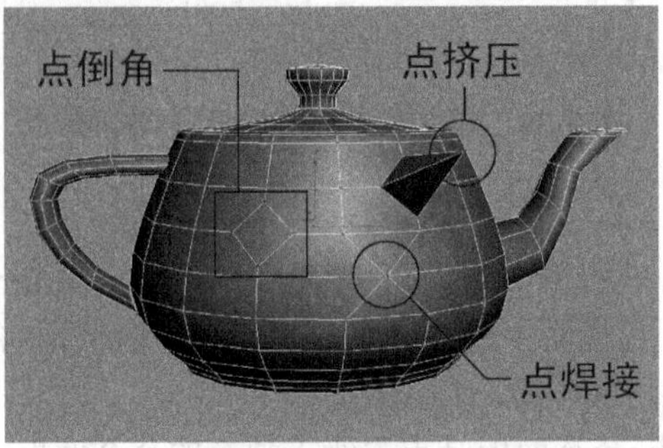

图 3-41　点层级下挤压、倒角和焊接的效果

Connect(连接)：选中两个没有边连接的顶点，单击此命令，则会在两个顶点之间形成新的实线边。在挤压、焊接、倒角命令按钮后面都有一个方块按钮，这表示该命令存在子级菜单，可以对相应的参数进行设置，选中需要操作的顶点后，单击此方块按钮，就可以通过参数设置的方式对相应的顶点进行设置。

2. Edge 边层级

在 Edit Edges(编辑边)层级面板中(图 3-42)，常用的命令主要有以下几个。

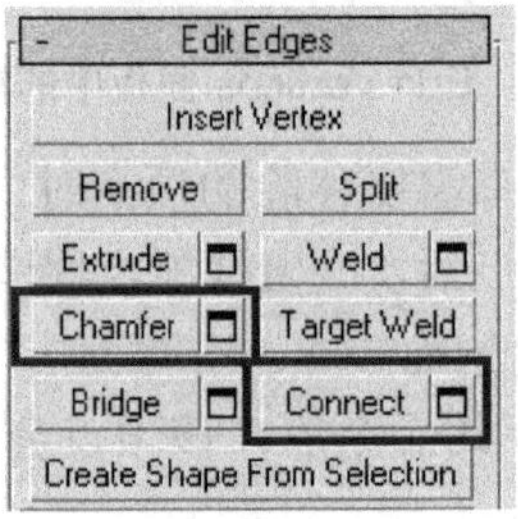

图 3-42　Edit Edges 层级面板

Remove(移除)：将被选中的边从模型物体上移除的操作，与前面讲过的相同，移除并不会将边周围的面删除。

Extrude(挤压)：在边层级下，挤压命令的操作效果几乎等同于点层级下的挤压命令。

Chamfer(倒角)：对于边的倒角来说，就是将选中的边沿相应的线面扩散为多条平行边的操作，线边的倒角才是我们通常意义上的多边形倒角，通过边的倒角，可以让模型物体面与面之间形成圆滑的转折关系。

Connect(连接)：对于边的连接来说，就是在选中边线之间形成多条平行的边线，边层级下的倒角和连接命令也是多边形模型物体常用的布线命令之一。图 3-43 中，更加具象地表现出边层级下挤压、倒角和连接命令的具体操作效果。

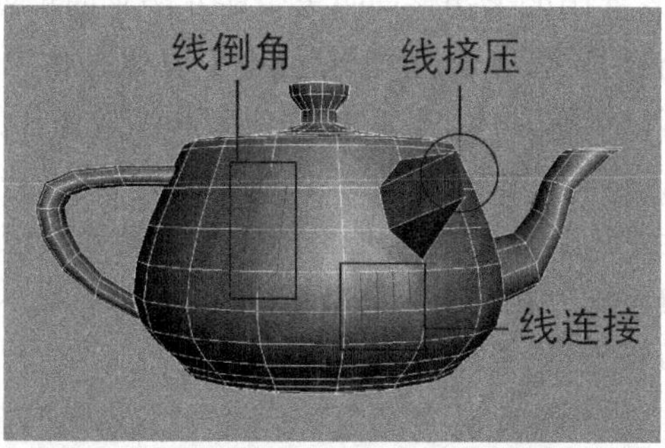

图 3-43　边层级下挤压、倒角和连接的效果

Insert Vertex(插入顶点)：在边层级下，可以通过此命令，在任意模型物体的实线边上添加插入一个顶点，这个命令与后面要介绍的共用编辑菜单下的 Cut(切割)命令一样，都是多边形模型物体加点添线的重要手段。

3. Border 边界层级

所谓的模型 Border，主要是指在可编辑的多边形模型物体中那些没有完全处于多边形面之间的实线边。通常来说，Border 层级菜单较少应用，菜单里面只有一个命令需要讲解，那就是 Cap(封盖)命令。这个命令主要用于给模型中的 Border 封闭加面，通常，在执行此命令后，还要对新加的模型面进行重新布线和编辑(图 3-44)。

4. Polygon 多边形面层级

Polygon 层级面板中，大多数命令也是多边形模型编辑中最常用的编辑命令(图 3-45)。

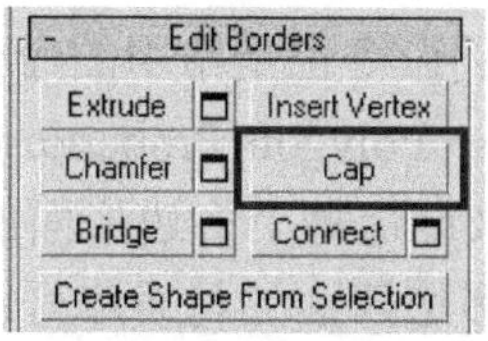

图 3-44　Border 面板中最常用的 Cap 命令

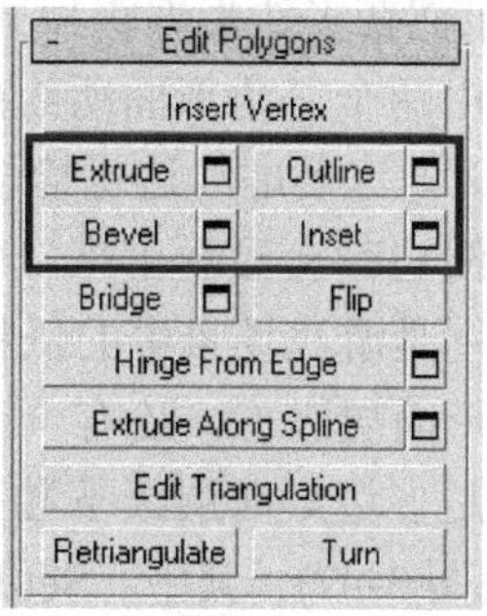

图 3-45　Edit Polygons 层级面板

Extrude(挤压)：在多边形面层级的挤压，就是将面沿一定方向挤出的操作，单击后面的

方块按钮，在弹出的菜单中可以设定挤出的方向，分为三种类型：Group(整体挤出)；Local Normal(沿自身法线方向整体挤出)；By Polygon(按照不同的多边形面分别挤出)，这三种操作方法在 3ds Max 的很多操作中都能经常看到。

Outline(轮廓)：是指将选中的多边形面沿着它所在的平面扩展或收缩的操作。

Bevel(倒角)：这个命令是多边形面的倒角命令，具体是将多边形面挤出，再进行缩放操作，后面的方块按钮可以设置具体挤出的操作类型和缩放操作的参数。

Inset(插入)：将选中的多边形面按照所在平面向内收缩产生一个新的多边形面的操作，后面的方块按钮可以设定插入操作的方式是整体插入还是分别按多边形面插入，通常，插入命令要配合挤压和倒角命令一起使用。图 3-46 更加直观地表示了多边形面层级中挤压、轮廓、倒角和插入命令的效果。

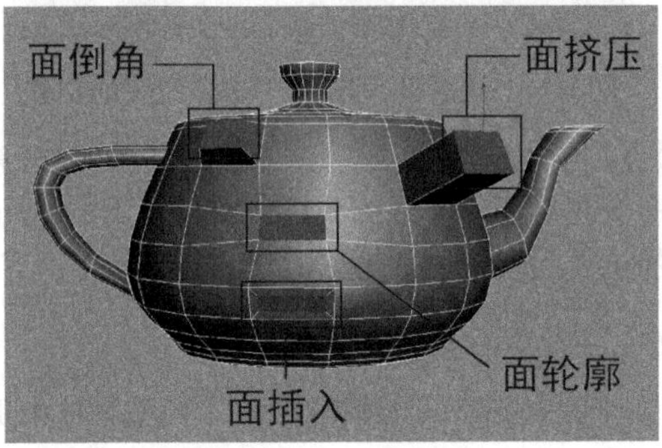

图 3-46　面层级下挤压、轮廓、倒角和插入的效果

Flip(翻转)：将选中的多边形面进行翻转法线的操作，在 3ds Max 中，法线是指物体在视图窗口中可见性的方向指示，物体法线朝向我们，则代表该物体在视图中为可见，相反则为不可见。

另外，这个层级菜单中还需要介绍的是 Turn(反转)命令，这个命令不同于刚才介绍的 Flip 命令。虽然在多边形编辑模式中是以四边形的面作为编辑基础，但其实，每一个四边形的面仍然是由两个三角形面所组成，但划分三角形面的边是作为虚线边隐藏存在的，当我们调整顶点时，这条虚线边也恰恰作为隐藏的转折边。当用鼠标单击 Turn(反转)命令时，所有隐藏的虚线边都会显示出来，然后用鼠标点击虚线边，就会使之反转方向，对于有些模型物体，特别是游戏场景中的低精度模型来说，Turn(反转)命令也是常用的命令之一。

在多边形面层级下，还有一个十分重要的命令面板——Polygon Properties(多边形属性)面板，这也是多边形面层级下独有的设置面板，主要用来设定每个多边形面的材质序号和光滑组序号(图 3-47)。其中，Set ID 是用来设置当前选中多边形面的材质序号；Select ID 是通过选择材质序号来选择该序号材质所对应的多边形面；Smoothing Groups 窗口中的数字方块按钮用来设定当前选择多边形面的光滑组序号(图 3-48)。

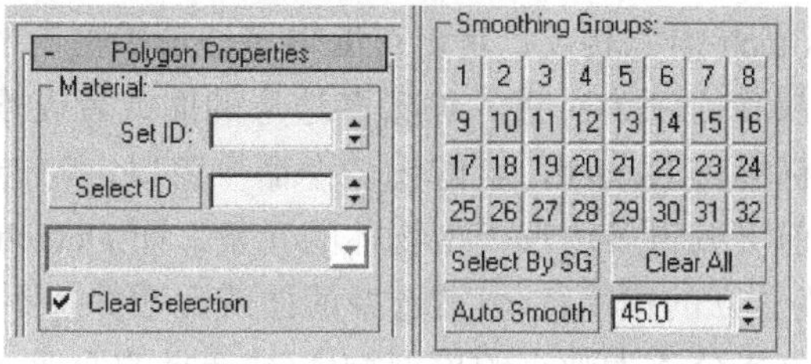

图 3-47　Polygon Properties 面板

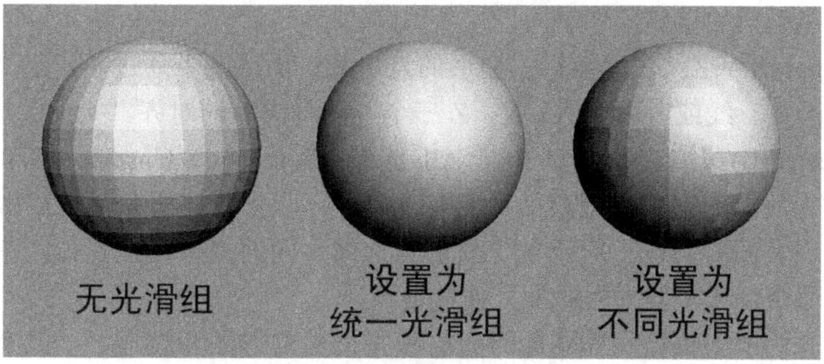

图 3-48　模型光滑组的不同设置效果

编辑多边形的第五个层级面板为 Element 元素层级，这个层级主要用来整体选取被编辑的多边形模型物体，此层级面板中的命令在游戏场景制作中较少用到，所以这里不做详细讲解。以上就是多边形编辑模式下所有层级独立面板的详细讲解，下面来介绍一下所有层级都共用的 Edit Geometry(编辑几何体)面板(图 3-49)。这个命令面板看似复杂，但其实在游戏场景模型制作中，常用的命令并不是很多，下面讲解一下编辑几何体面板中常用的命令。

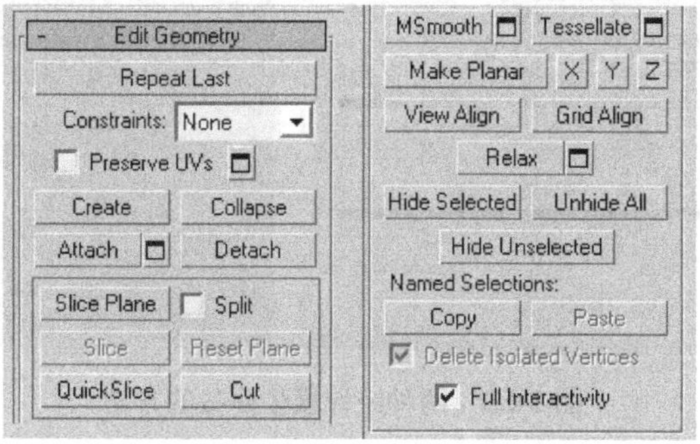

图 3-49　Edit Geometry 面板

Attach(结合)：将不同的多边形模型物体结合为一个可编辑多边形物体的操作。具体操作为：先单击 Attach 命令，然后点击选择想要被结合的模型物体，这样，被选择的模型物体就被结合到先前的可编辑多边形的模型下。

Detach(分离)：与 Attach 恰好相反，是将可编辑多边形模型下的面或者元素分离成独立模型物体的操作。具体操作方法为：进入编辑多边形的面或者元素层级下，选择想要分离的面或元素，然后以鼠标单击 Detach，会弹出一个命令窗口，勾选 Detach to Element 是将被选择的面分离成为当前可编辑多边形模型物体的元素，而 Detach as Clone 是指将被选择的面或元素克隆，分离为独立的模型物体(被选择的面或元素保持不变)，如果什么都不勾选，则将被选择的面或元素直接分离为独立的模型物体(被选择的面或元素从原模型上删除)。

Cut(切割)：是指在可编辑的多边形模型物体上直接切割，绘制新的实线边的操作，这是模型重新布线编辑的重要操作手段。

Make Planar X/Y/Z：在可编辑多边形的点、线、面层级下通过单击这个命令，可以实现模型被选中的点、线或者面在 X、Y、Z 三个不同轴向上的对齐。

Hide Selected(隐藏被选择)、Unhide All(显示所有)、Hide Unselected(隐藏被选择以外)这三个命令与先前视图窗口右键菜单中的完全一样，只不过这里是用来隐藏或显示不同层级下的点、线或者面的操作。对于包含众多点、线、面的复杂模型物体，有时，往往需要用隐藏和显示命令，让模型制作更加方便快捷。

最后再来介绍一下模型制作中即时查看模型面数的方法和技巧，一共有两种方法。第一种方法可以利用 Polygon Counter(多边形统计)工具来进行查看，在 3ds Max 命令面板最后一项的工具面板中，可以通过 Configure Button Sets(快捷工具按钮设定)来找到 Polygon Counter 工具。Polygon Counter 是一个非常好用的多边形面数计数工具，其中，Selected Objects 显示当前所选择的多边形面数，All Objects 显示场景文件中所有模型的多边形面数。下面的 Count Triangles 和 Count Polygons 用来切换显示多边形的三角面和四边面。另一种方法，我们可以在当前激活的视图中启动 Statistics 计数统计工具(图 3-50)，快捷键为 7。

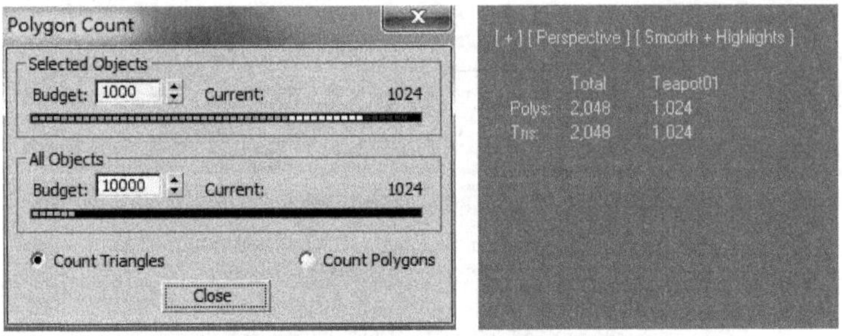

图 3-50　两种统计模型面数的方法

Statistics 可以即时地对场景中模型的点、线、面进行计数统计，但这种即时运算统计非常消耗硬件，所以通常不建议在视图中一直处于开启状态。

三维游戏场景的最大特点就是真实性，所谓的真实性，就是指在三维游戏中，玩家可以从各个角度去观察游戏场景中的模型和各种美术元素。

三维引擎为我们营造了一个 360° 的真实感官世界，在模型制作的过程中，我们要时刻记住这个概念，保证模型从各个角度都要具备模型结构和贴图细节的完整度，在制作中，要通过视图多方位旋转来观察模型，避免漏洞和错误的产生。

另外，在游戏模型制作初期，最容易出现的问题就是模型中会存在大量“废面”，要善于利用多边形计数工具，及时查看模型的面数，随时提醒自己不断修改和整理模型，保证模型面数的精简。对于游戏中玩家视角以外的模型面，尤其是模型底部或者紧贴在一起的内侧的模型面，都可以进行删除。

除了模型面数的简化外，在多边形模型的编辑和制作中，还要注意避免产生四边形以上的模型面，尤其是在切割和添加边线的时候，要及时利用 Connect 命令连接顶点。对于游戏模型来说，自身的多边形面可以是三角面或者四边面，但如果出现四边以上的多边形面，在之后导入游戏引擎后，会出现模型的错误问题，所以要极力避免这种情况的发生。

3.3　三维模型贴图的制作

对于三维游戏美术师来说，仅利用 3ds Max 完成模型的制作是远远不够的，三维模型的制作只是开始，是之后工作流程的基础。如果把三维制作比喻为绘画的话，那么模型的制作只相当于绘画的初步线稿，后面还要为作品增加颜色，而在三维设计制作过程中，上色的部分就是 UV、材质及贴图的工作。

在三维游戏场景制作中，贴图比模型显得更加重要，由于游戏引擎显示及硬件负载的限制，游戏场景模型对于模型面数的要求十分严格，模型在不能增加面数的前提下，还要尽可能地展现物体的结构和细节，这就必须依靠贴图来表现。由于场景建筑模型不同于生物模型，不可能把所有的 UV 网格都平展到一张贴图上，所以，如何用少量的贴图去完成大面积模型的整体贴图工作，就需要三维美术师来把握和控制，这种能力也是三维美术师必须具备的职业水平。在本节内容中，我们将详细学习模型 UV 的设置、游戏材质及贴图的理论和制作方法。

3.3.1　3ds Max UVW 贴图坐标技术

在 3ds Max 中，默认状态下的模型物体，想要正确显示贴图材质，必须先对其“贴图坐标(UVW Coordinates)”进行设置。所谓的“贴图坐标”，就是模型物体确定自身贴图位置关系的一种参数，通过正确地设定，让模型与贴图之间建立相应的关联关系，保证贴图材质正确地投射到模型物体表面。

模型在 3ds Max 中的三维坐标用 X、Y、Z 来表示，而贴图坐标则使用 U、V、W 与其对应，如果把位图的垂直方向设定为 V，水平方向设定为 U，那么它的贴图像素坐标就可以用 U 和 V 来确定在模型物体表面的位置了。在 3ds Max 的创建面板中建立基本几何体模型，在创建的时候，系统会为其自动生成相应的贴图坐标关系，例如，当我们创建一个 Box 模型并为其添加一张位图的时候，它的 6 个面会自动显示出这张位图。但对于一些模型，尤其是利用 Edit Poly 编辑制作的多边形模型，由于自身不具备正确的贴图坐标参数，这就需要我们为其设置和修改 UVW 贴图坐标。

关于模型贴图坐标的设置和修改，通常会用到两个关键的命令：UVW Map 和 Unwrap UVW，这两条命令都可以在堆栈命令下拉列表里找到。这个看似简单的功能，需要我们花费相当多的时间和精力，并且需要在平时的实际制作中不断总结、归纳经验和技巧。下面，我们来详细学习 UVW Map 和 Unwrap UVW 这两个修改器的具体参数设置和操作方法。

1. UVW Map 指定贴图坐标修改器

UVW Map 修改器的界面基本参数设置包括 Mapping(投影方式)、Channel(通道)、Alignment(调整)和 Display(显示)这 4 个部分，其中最常用的是 Mapping 和 Alignment。在堆栈窗口中添加 UVW Map 修改器后，可以用鼠标点击前面的"+"，展开 Gizmo 分支，进入 Gizmo 层级后，可以对其进行移动、旋转、缩放等调整，对 Gizmo 线框的编辑操作同样会影响模型贴图坐标的位置关系和贴图的投射方式。

在 Mapping 面板中，包含了贴图对于模型物体的 7 种投射方式和相关参数设置(图 3-51)，这 7 种投影类型分别是 Planar(平面)、Cylindrical(圆柱)、Spherical(球形)、Shrink Wrap(收缩包裹)、Box(立方体)、Face(面贴图)以及 XYZ to UVW。下面的参数用于调节 Gizmo 的尺寸和贴图的平铺次数，在实际制作中并不常用。这里需要掌握的是能够根据不同形态的模型物体选择出合适的贴图投射方式，以方便之后展开贴图坐标的操作。下面针对每种投影方式来了解其原理和具体的应用方法。

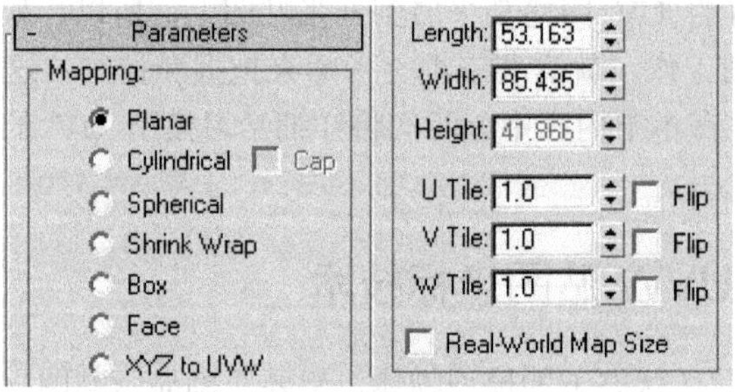

图 3-51　Mapping 面板中的 7 种投影方式

Planar(平面贴图)：将贴图以平面的方式映射到模型物体表面，它的投影平面就是 Gizmo 的平面，所以通过调整 Gizmo 平面，就能确定贴图在模型上的贴图坐标位置。平面映射适用于纵向位移较小的平面模型物体，在游戏场景制作中，这是最常用的贴图投射方式，一般是在可编辑多边形的面层级下选择想要贴图的表面，然后添加 UVW Mapping 修改器，选择平面投影方式，并在 Unwrap UVW 修改器中调整贴图位置。

Cylindrical(圆柱贴图)：将贴图沿着圆柱体侧面映射到模型物体表面，它将贴图沿着圆柱的四周进行包裹，最终，圆柱立面左侧边界和右侧边界相交在一起。相交的这个贴图接缝也是可以控制的，点击进入 Gizmo 层级，可以看到 Gizmo 线框上有一条绿线，这就是控制贴图接缝的标记，通过旋转 Gizmo 线框，可以控制接缝在模型上的位置。Cylindrical 后面有一个 Cap 选项，如果激活，则圆柱的顶面和底面将分别使用 Planar 的投影方式。在游戏场景制作中，大多数建筑模型的柱子或者类似的柱形结构的贴图坐标方式都是用 Cylindrical 来实现的。

Spherical(球面贴图)：将贴图沿球体内表面映射到模型物体表面，其实，球面贴图与柱形贴图类型相似，贴图的左端和右端同样在模型物体表面形成一个接缝，同时，贴图上下边界分别在球体两极收缩成两个点，与地球仪十分类似。为角色脸部模型贴图时，通常使用球面贴图。

Planar、Cylindrical 和 Spherical 贴图方式如图 3-52 所示。

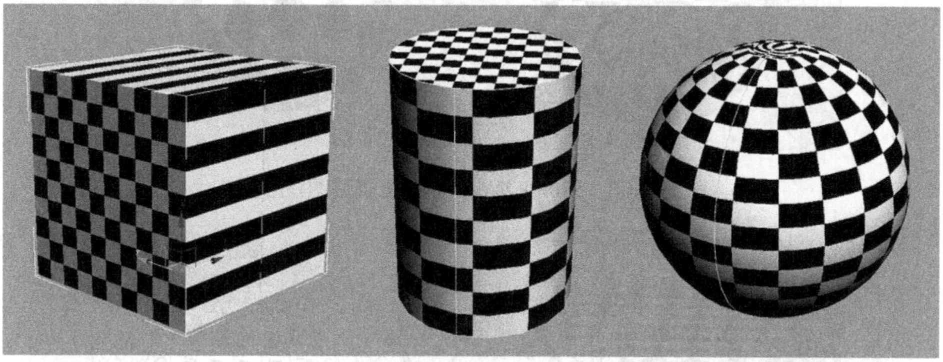

图 3-52　Planar、Cylindrical 和 Spherical 贴图方式

Shrink Wrap(收缩包裹贴图)：将贴图包裹在模型物体表面，并且将所有的角拉到一个点上，这是唯一一种不会产生贴图接缝的投影类型，也正因为这样，模型表面的大部分贴图会产生比较严重的拉伸和变形(图 3-53)。由于这种局限性，多数情况下，使用它的物体只能显示贴图形变较小的那部分，而“极点”那一端必须被隐藏起来。在游戏场景制作中，包裹贴图有时还是相当有用的，例如，制作石头这类模型的时候，使用别的贴图投影类型都会产生接缝或者一个以上的极点，而使用收缩包裹投影类型，就完全解决了这个问题，即使存在一个相交的“极点”，只要把它隐藏在石头的底部就可以了。

Box(立方体贴图)：按 6 个垂直空间平面将贴图分别映射到模型物体表面，对于规则的几何模型物体，这种贴图投影类型会十分方便、快捷，比如场景模型中的墙面、方形柱子，或者类似的盒式结构的模型。

Face(面贴图)：为模型物体的所有几何面同时应用平面贴图，这种贴图投影方式与材质编辑器 Shader Basic Parameters 参数中的 Face Map 作用相同(图 3-54)。

XYZ to UVW 贴图投射类型在游戏场景制作中较少使用，这里不做过多的讲解。

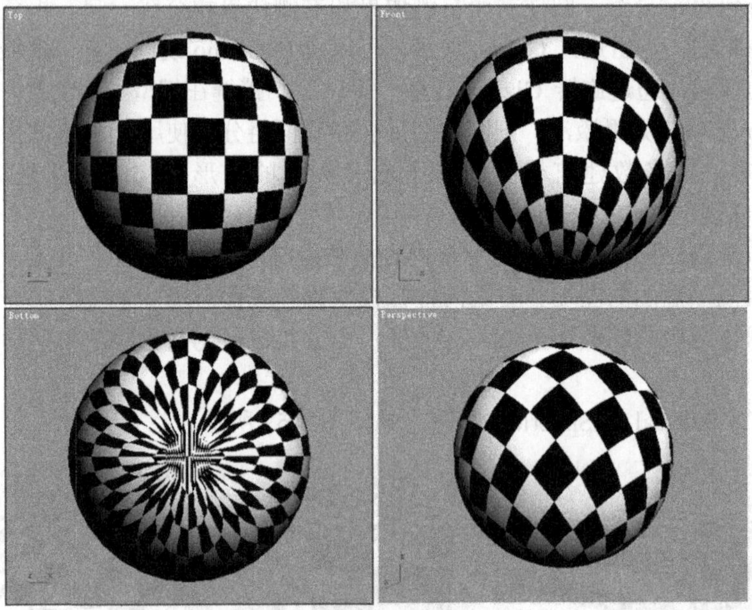

图 3-53　Shrink Wrap(收缩包裹贴图)方式

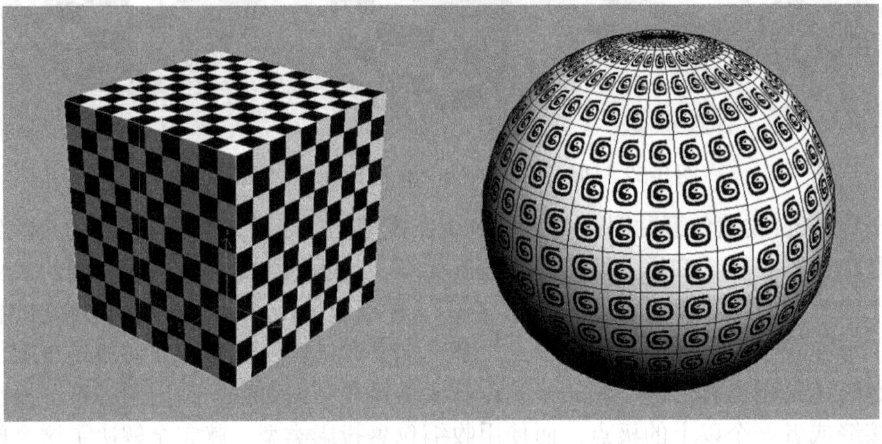

图 3-54　Box 和 Face 贴图方式

Alignment(调整)工具面板中提供了 8 个工具，用来调整贴图在模型物体上的位置关系，正确合理地使用这些工具，在实际制作中往往能获得事半功倍的效果(图 3-55)。

面板顶部的 X、Y、Z 用于控制 Gizmo 的方向，这里所指的方向，是物体的自身坐标方向，也就是 Local Coordinate System(自身坐标系统)模式下物体的坐标方向，通过 X、Y、Z 之间的切换，能够快速改变贴图的投射方向。

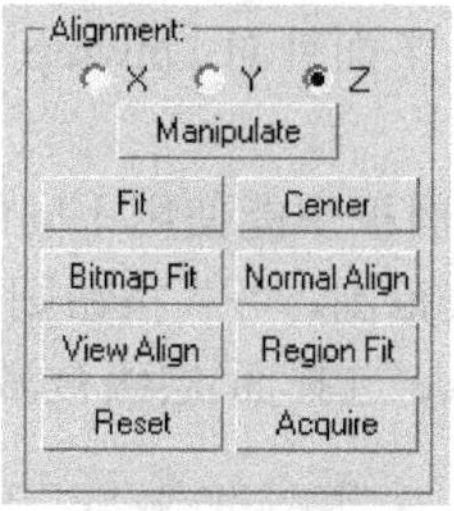

图 3-55 Alignment(调整)工具面板

Fit(适配)：自动调整 Gizmo 的大小，使其尺寸与模型物体相匹配。

Center(置中)：将 Gizmo 的位置对齐到模型物体的中心。这里的“中心”是指模型物体的几何中心，而不是它的 Pivot(轴心)。

Bitmap Fit(位图适配)：将 Gizmo 的长宽比例调整为指定位图的长宽比例。使用 Planar 投影类型的时候，经常遇到位图没有按照原始比例显示的情况，如果靠调节 Gizmo 的尺寸，则比较麻烦，这时，可以使用这个工具，只要选中已使用的位图，Gizmo 就自动改变其长宽比例与其匹配。

Normal Align(法线对齐)：将 Gizmo 与指定面的法线垂直，也就是与指定面平行。

View Align(视图对齐)：将 Gizmo 平面与当前的视图平行对齐。

Region Fit(范围适配)：在视图上拉出一个范围，来确定贴图坐标。

Reset(复位)：恢复贴图坐标的初始设置。

Acquire(获取)：将其他物体的贴图坐标设置引入到当前模型物体中。

2. Unwrap UVW 展开贴图坐标修改器

在了解了 UVW 贴图坐标的相关知识后，我们可以用 UVW Map 修改器来为模型物体指定基本的贴图映射方式，这对于模型的贴图工作来说还只是第一步。UVW Map 修改器定义的贴图投射方式只能从整体上为模型赋予贴图坐标，对于更加精确的贴图坐标的修改却无能为力，要想解决这个问题，必须通过 Unwrap UVW 展开贴图坐标修改器来实现。

Unwrap UVW 修改器是 3ds Max 中内置的一个功能强大的模型贴图坐标编辑系统，通过这个修改器，可以更加精确地编辑多边形模型点线面的贴图坐标分布，尤其是对于生物体模型和场景雕塑模型等结构较为复杂的多边形模型，必须用到 Unwrap UVW 修改器。

在 3ds Max 修改面板的堆栈菜单列表中，可以找到 Unwrap UVW 修改器，Unwrap UVW 修改器的参数窗口主要包括 Selection Parameters(选择参数)、Parameters(参数)和 Map Parameters(贴图参数)三部分，在 Parameters 面板下，还包括一个 Edit UVWs 编辑器。总地来看，Unwrap UVW 修改器十分复杂，包含众多的命令和编辑面板，对于初学上手操作有一定的困难。其实，对于游戏三维制作来说，只需要了解掌握修改器中一些重要的命令参数即可，不需要做到全盘精通，游戏场景中建筑模型的结构都比较规则，所以，对于 Unwrap

UVW 修改器的操作将会更加容易，下面针对 Unwrap UVW 修改器不同的参数面板进行详细讲解。

Selection Parameters(选择参数)面板中能使用不同的方式快速地选择需要编辑的模型部分(图 3-56)。“+”按钮可以扩大选集范围，“-”按钮则是减小选集范围。这里要注意，只有当 Unwrap UVW 修改器的 Select Face(选择面)层级被激活时，选择工具才有效。

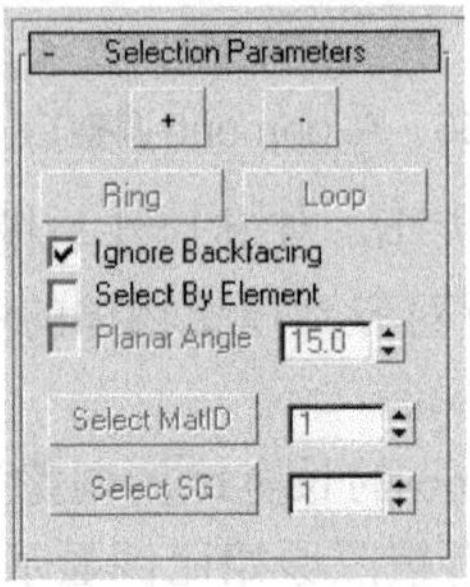

图 3-56　Selection Parameters(选择参数)面板

Ignore Backfacing(忽略背面)：选择时，忽略模型物体背面的点、线、面等对象。

Select by Element(选择元素)：选择时，以模型物体元素单元为单位进行选择操作。

Planar Angle(平面角度)：这个参数命令默认是关闭的，它提供了一个数值设定，这个数值指的是面的相交角度，当这个命令被激活后，选择模型物体某个面或者某些面的时候，与这个面成一定角度内的所有相邻面都会被自动选择。

Select MatID(选择材质 ID)：通过模型物体的贴图材质 ID 编号来选择。

Select SG(选择光滑组)：通过模型物体的光滑组来进行选择。

Parameters(参数)面板最主要的是用来打开 UV 编辑器，同时，还可以对已经设置完成的模型 UV 进行存储(图 3-57)。

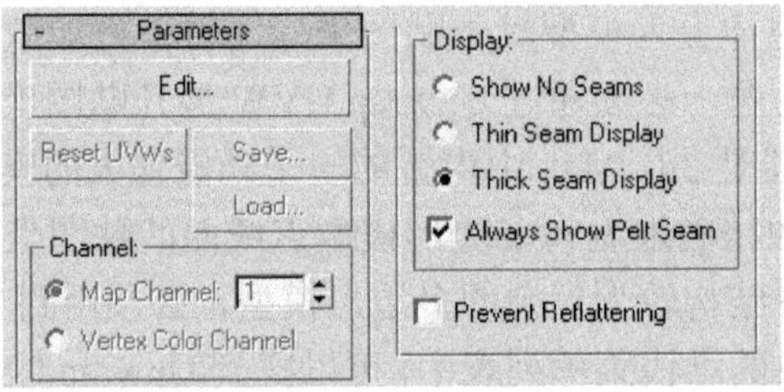

图 3-57　Parameters(参数)面板

Edit(编辑)：用来打开 Edit UVWs 编辑窗口，对于其具体参数设置，下面将会介绍。

Reset UVWs(重置 UVW)：放弃已经编辑好的 UVW，使其回到初始状态，这也就意味着先前的全部操作都将丢失，所以一般不使用这个按钮。

Save(保存)：将当前编辑的 UVW 保存为“.UVW”格式的文件，对于复制的模型物体，可以通过载入文件来直接完成 UVW 的编辑。其实，在游戏场景的制作中，我们通常会选择另外一种方式来操作，单击模型堆栈窗口中的 Unwrap UVW 修改器，然后按住鼠标左键，直接拖拽这个修改器到视图窗口中复制出的模型物体上，松开鼠标左键，即可完成操作，这种拖拽修改器的操作方式在其他很多地方也会用到。

Load(载入)：载入“.UVW”格式的文件，如果两个模型物体不同，则此命令无效。

Channel(通道)：包括 Map Channel(贴图通道)与 Vertex Color Channel(顶点色通道)两个选项，在游戏场景制作中并不常用。

Display(显示)：使用 Unwrap UVW 修改器后，模型物体的贴图坐标表面会出现一条绿色的线，这就是展开贴图坐标的缝合线，这里的选项就是用来设置缝合线显示方式的，从上到下依次为不显示缝合线、显示较细的缝合线、显示较粗的缝合线、始终显示缝合线。

Map Parameters(贴图参数)面板看似十分复杂，但其实常用的命令并不多(图 3-58)。在面板上半部分的按钮中，包括 5 种贴图映射方式和 7 种贴图坐标对齐方式，由于这些命令操作一般都可以在 UVW Map 修改器中完成，所以这里较少用到。

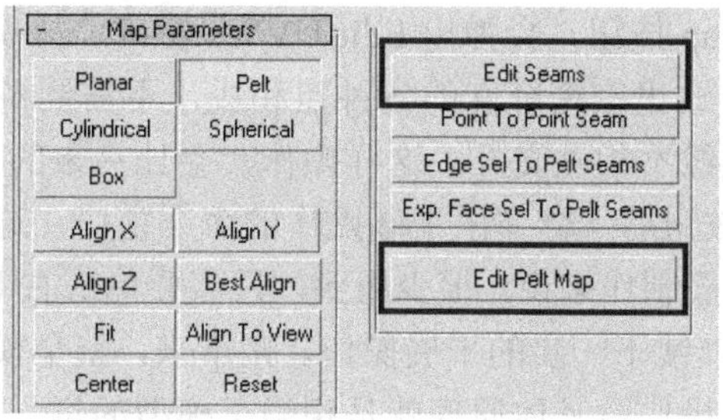

图 3-58　Map Parameters(贴图参数)面板

这里需要着重讲到的是 Pelt(剥皮)工具，这个工具常用在游戏场景雕塑模型和生物模型的制作中。Pelt 的含义就是指把模型物体的表面剥开，并将其贴图坐标平展的一种贴图映射方式，这是 UVW Map 修改器中没有的一种贴图映射方式，相较其他的贴图映射方式来说，相对复杂，适合结构复杂的模型物体，下面来具体讲解操作流程。

总体来说，Pelt 平展贴图坐标的流程分为三大步：第一，重新定义编辑缝合线；第二，选择想要编辑的模型物体或者模型面，单击 Pelt 按钮，选择合适的平展对齐方式；第三，单击 Edit Pelt Map 按钮，对选择对象进行平展操作。

图 3-59 中的模型为一个场景石柱模型，模型上的绿线为原始的缝合线，进入 Unwrap UVW 修改器的 Edge 层级后，单击 Map Parameters 面板中的 Edit Seams 按钮，就可以对模型重新定义缝合线了。在 Edit Seams 按钮激活状态下，用鼠标点击模型物体上的边线，就会使之变为蓝色，蓝色的线就是新的缝合线路经，按住键盘上的 Ctrl 键，再单击边线，就是取消蓝色缝合线。我们在定义和编辑新的缝合线的时候，通常会在 Parameters(参数)设置中选择隐藏绿色缝合线，重新定义编辑好的缝合线如图 3-59 中间模型的蓝线所示。

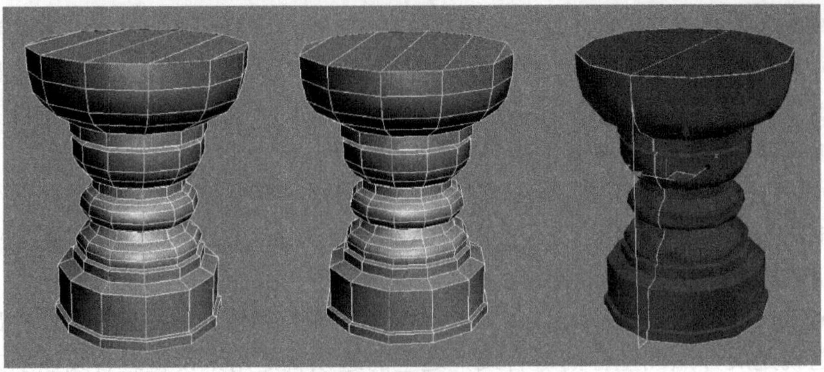

图 3-59　重新定义缝合线并选择展开平面

然后进入 Unwrap UVW 修改器的 Face 层级，选择想要平展的模型物体或者模型面，然后单击 Pelt 按钮，会出现类似于 UVW Map 修改器中的 Gizmo 平面，这时选择 Map Parameters 面板中合适的展开对齐方式，如图 3-59 的右侧图所示。

然后单击 Edit Pelt Map 按钮，会弹出 Edit UVWs 窗口，从模型 UV 坐标每一个点上都会引申出一条虚线，对于这里密密麻麻的各种点和线，不需要精确调整，只需要遵循一条原则：尽可能地让这些虚线不相互交叉，这样操作，会让后来的 UV 平展更加便捷。

单击 Edit Pelt Map 按钮后，会弹出平展操作的命令窗口，这个命令窗口中包含许多工具和命令，但对于平时一般制作来说，很少用到。只需要单击右下角的 Simulate Pelt Pulling (模拟拉皮)按钮，就可以继续下一步的平展操作。接下来，整个模型的贴图坐标将会按照一定的力度和方向进行平展操作，具体原理就是相当于模型的每一个 UV 顶点，将沿着引申出来的虚线方向进行均匀的拉拽，形成贴图坐标分布网格(图 3-60)。

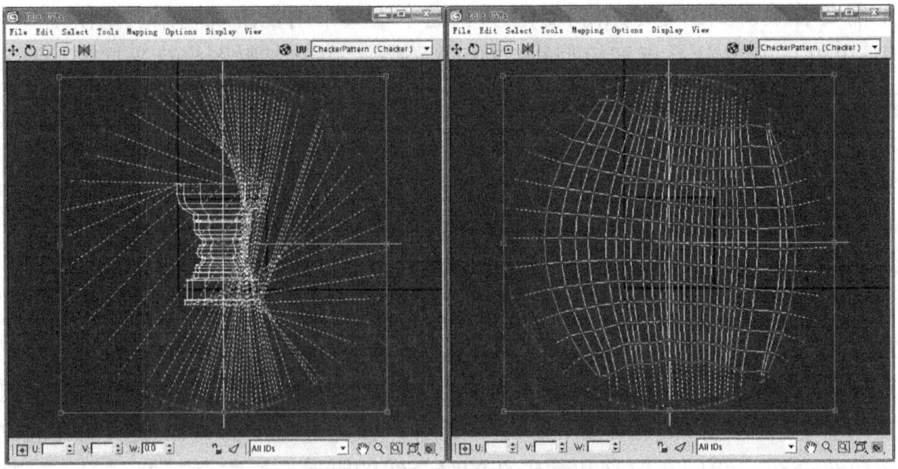

图 3-60　利用 Pelt 命令展平模型 UV

之后，我们需要对 UV 网格进行顶点的调整和编辑，编辑的原则，就是让网格尽量均匀地分布，这样，最后当贴图添加到模型物体表面时，才不会出现较大的拉伸和撕裂现象。我们可以单击 UV 编辑器视图窗口上方的棋盘格显示按钮，来查看模型 UV 的分布状况，当黑白色方格在模型表面均匀分布，没有较大变形和拉伸的状态时，就说明模型的 UV 是均匀分布的(图 3-61)。

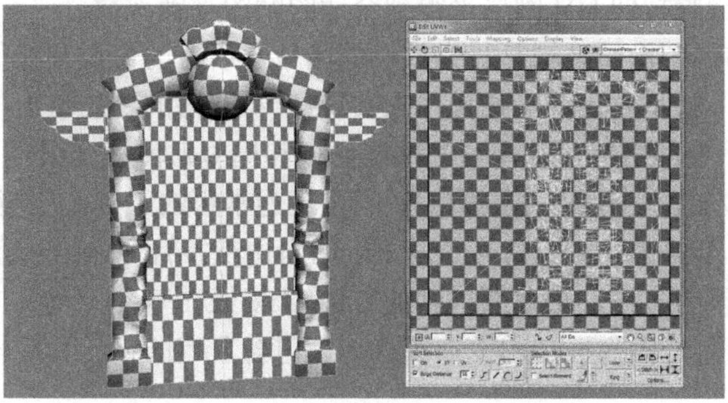

图 3-61　利用黑白棋盘格来查看 UV 分布

3. UVW 编辑器

图 3-62 中，就是 Edit UVWs 编辑器的操作窗口，从上到下依次包括菜单栏、操作按钮、视图区和层级选择面板 4 个部分。虽然看似复杂，但其实，在游戏制作中常用的命令却不多，图中红框标识的区域基本涵盖了常用的命令和操作，下面具体讲解各操作命令。

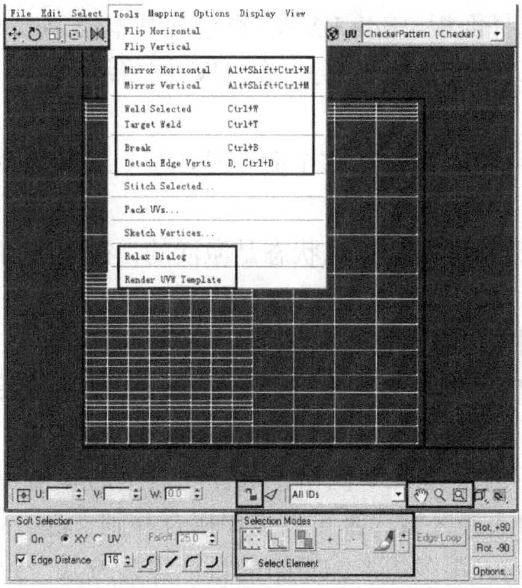

图 3-62　UVW 编辑器视图窗口

首先来看视图区域，在模型物体 UV 网格线的底下，是贴图的显示区域，在中间的深蓝色正方形边框就是模型物体贴图坐标的边界，任何超出边界的 UV 网格都会被重复贴图，类似增加贴图的平铺次数。一般对于场景雕塑模型、场景物件模型，或者生物体模型来说，UV 网格都不要超出蓝色边界，这样才能在贴图区域内正确绘制模型贴图，但对于大多数的游戏场景建筑模型来说，UV 网格通常都是要超出边界，因为场景建筑模型的贴图大多为循环贴图，可以通过调整拉伸 UV 网格来得到合适的贴图平铺次数。

Edit UVWs 的视图操作区域是最为核心的区域，所有的命令和操作都是要在这个区域中实现，换句话说，就是要通过一切操作来实现 UV 网格的均匀平展，将最初杂乱无序的 UV 网格变为一张平整的网格，让模型的贴图坐标和模型贴图找到最佳的结合点。

在视图区左上方的 5 个按钮是编辑 UV 网格最为常用的工具，从左往右分别为 Move(移动)、Rotate(旋转)、Scale(缩放)、Freeform Mode(自由变换)和 Mirror(镜像)。移动、旋转、缩放以及镜像自然不用多说，跟前面讲到的 3ds Max 操作基本一致。自由变换工具是最为常用的 UV 编辑工具，因为在自由变换模式下，包含所有的移动、旋转和缩放的操作，让操作变得十分便捷。

视图区右下角的按钮是视图操作按钮，包括视图基本的平移和缩放等，在实际操作中，这些按钮的功能用鼠标都能代替，按住鼠标中键或鼠标滚轮拖动视图，为视图平移，滑动鼠标滚轮为视图的缩放操作。在这一排按钮区域正中间，有一个“锁”形的图标按钮，默认状态下是“开锁”图标，如果点击后变为锁定状态，则不能对视图中任何 UV 网格进行编辑操作，因为 3ds Max 对于这个按钮默认的快捷键是“空格”键，在操作中很容易被意外激活，所以这里着重提示一下。

视图区下方是层级选择面板，Edit UVWs 也包含基本的 Vertex(点)、Edge(线)、Face(面)等子物体层级的操作，三种层级各有优势，在 UV 网格编辑中，通过适当的切换，来实现更加快速便捷的操作。

Select Element(选择元素)：当激活这个命令时，对于选取视图中任何一个坐标点，都将会选取整片的 UV 网格。

Sync to Viewport(与视图同步)：默认状态是激活的，在视图窗口中的选择操作会实时显示出来。

“+”按钮是扩大选择范围，“-”按钮是减少选择范围。

在 Edit UVWs 的菜单栏中，需要着重讲解的是 Tool(工具)菜单，在这个菜单中，包含对 UV 网格镜像、合并、分割和松弛等常用的操作命令。

Weld Selected(焊接所选)：将 UV 网格中选择的点全部焊接到一起，这个合并的条件没有任何限制，即使任意的选择区域，都可以被焊接合并到一起。快捷键是 Ctrl+W。

Target Weld(目标焊接)：跟多边形编辑中的目标焊接方式一致，单击这个命令，选择需要焊接的点，将其拖拽到目标点上，即可完成焊接合并。快捷键是 Ctrl+T。

Break(打断)：在 Vertex 点层级下，打断命令会将一个点分解为若干个新的点，新点的数目取决于这个点共用边面的个数。由于会产生较多的点，所以打断命令更多用于 Edge 和 Face 的层级操作，具有更强的可控性。断开 Edge 时需要注意，如果不与边界相邻，需要选中两个以上的边，Break 命令才会起作用。快捷键是 Ctrl+B。

Detach Edge Verts(分离边点)：与 Break 不同，这个命令是用来分离局部的，它对于单独的点、边不起作用，对面和完全连续的点、边才有效。快捷键是 Ctrl+D。

Relax(松弛)：在先前介绍的 Pelt 操作流程完成后，往往就需要用到 Relax 命令。所谓的 Relax，就是将选中的 UV 网格对象进行“放松”处理，让过于紧密的 UV 坐标变得更加松弛，在一定程度上解决了贴图拉伸问题。

Render UVW Template(渲染 UVW 模板)：这个命令能够将 Edit UVWs 视图中蓝色边界内的 UV 网格渲染为 BMP、JPG 等平面图片文件，以方便在 Photoshop 中绘制贴图。

以上就是关于模型贴图坐标操作的基本内容。下面，我们再总结一下模型 UVWs 编辑的整体流程。

(1) 对模型物体添加 UVW Map 修改器，根据模型，选择合适的贴图投射方式，并调整 Gizmo 的对齐方式。

(2) 为模型物体添加 Unwrap UVW 修改器。

(3) 对于结构简单的模型物体，直接进入 Edit UVWs 进行 UV 网格的调整和编辑。

(4) 对于复杂结构的模型物体，通过 Unwrap UVW 修改器的子层级，重新划分缝合线，并通过 Pelt 平展命令对模型物体的 UV 网格进行编辑。

(5) 在 3ds Max 的堆栈窗口中，将所有修改器塌陷为可编辑的多边形，为模型物体保存已经编辑好的 UVWs 信息。

模型贴图坐标的操作在 3ds Max 软件中是一个比较复杂的部分，对于新手学习来说，有一定的难度，但只要理解其中的核心原理，并掌握关键的操作部分，其实这部分内容并没有想象中的困难。

想要熟练掌握模型贴图坐标的编辑操作技巧，不是一朝一夕的事情，往往需要经过多年的积累，应在每次实践操作中不断总结经验，为自己专业技能的提高打下坚实的基础。

3.3.2 模型贴图的制作

贴图对于游戏模型的意义以及在游戏制作中的作用，在前面的章节中已经多次提到了，这里不再重复介绍。在本小节中，主要对游戏制作中贴图的具体要求进行讲解，并结合具体实例，掌握游戏贴图的制作技巧。

在前面的章节中介绍过，现在大多数游戏公司，尤其是三维网络游戏制作公司，最常用的模型贴图格式为 DDS 格式，这种格式的贴图在游戏中可以随着玩家操控的角色与其他模型物体间的距离来改变贴图自身尺寸，在保证视觉效果的同时，节省了大量的资源。

在三维游戏制作中，贴图的尺寸通常为8×8、16×16、32×32、64×64、128×128、512×512、1024×1024等，一般来说，常用的贴图尺寸是512×512和1024×1024，可能在一些次世代游戏中，还会用到2048×2048的超大尺寸贴图。有时候，为了压缩图片尺寸，节省资源，贴图尺寸不一定是等边的，竖长方形和横长方形也是可以的，例如128×512、1024×512等。

三维网络游戏的制作，其实可以概括为一个“收缩”的过程，考虑到引擎能力，考虑到硬件负荷，考虑到网络带宽，考虑到诸多因素，都不得不迫使我们在游戏制作中必须尽可能地节省资源。

游戏模型不仅要制作成低模，而且在最后导入游戏引擎前，还要进一步删减模型面数。游戏贴图也是如此，作为游戏美术师，要尽一切可能，让贴图尺寸降到最低，把贴图中的所有元素尽可能地堆积到一起，还要尽量减少模型应用的贴图数量(图3-63)。

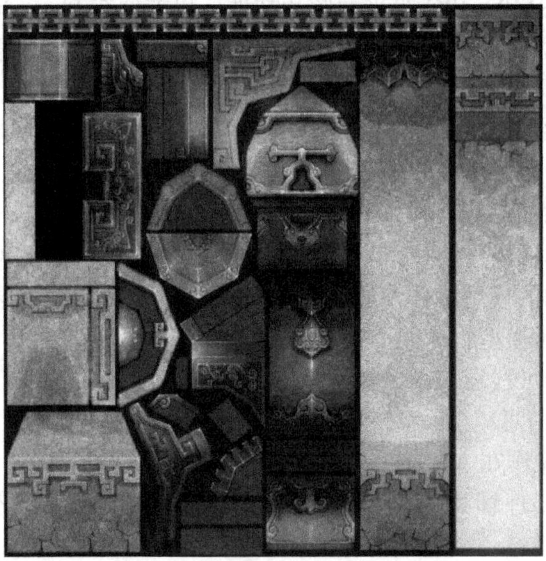

图3-63　这张贴图将所有元素集中到了一起，几乎没有剩余的UV空间

总之，在导入引擎前，所有美术元素都要尽可能地精炼，这就是“收缩”的概念。虽然现在的游戏引擎技术飞速发展，对于资源的限制逐渐放宽，但节约资源的理念应该是每一位三维游戏美术师所奉行的基本原则。

对于要导入游戏引擎的模型，其命名都必须用英文，不能出现中文字符。在实际游戏项目制作中，模型的名称要与对应的材质球和贴图命名统一，以便于查找和管理。模型的命名通常包括前缀、名称和后缀三部分，例如，建筑模型可以命名为JZ_Starfloor_01，不同模型之间不能出现重名。

与模型命名一样，材质和贴图的命名同样不能出现中文字符。模型、材质与贴图的名称要统一，不同贴图不能出现重名现象，贴图的命名同样包含前缀、名称和后缀，例如

jz_Stone01_D。在实际游戏项目制作中，不同的后缀名指代不同的贴图类型，通常来说，_D 表示 Diffuse 贴图，_B 表示凹凸贴图，_N 表示法线贴图，_S 代表高光贴图，_AL 表示带有 Alpha 通道的贴图。不同的游戏引擎和不同的游戏制作公司，在贴图格式和命名上都有各自的具体要求，这里无法一一具体介绍。如果是在日常的练习或个人作品中，其实，贴图格式储存为 TGA 或者 JPG 就可以了，下面来介绍几种常用的贴图形式。

通常，三维游戏场景模型常见的贴图形式有两种：拼接贴图和循环贴图。拼接贴图是指在模型制作完成后将模型的全部 UV 平展到一张或多张贴图上，拼接贴图多用来制作雕塑、场景道具以及特殊的建筑元素等。一般来说，拼接贴图用 1024×1024 尺寸的贴图就足够，但对于体积庞大、细节过于复杂的模型，也可以将模型拆分为不同部分，并将 UV 平展到多张贴图上。

在游戏场景制作中，尤其是建筑模型中，更多是利用循环贴图。循环贴图不需要将模型 UV 平展后再绘制贴图，可以在模型制作时同步绘制贴图，然后用模型中不同面的 UV 坐标去对应贴图中的元素。相对于拼接贴图，循环贴图更加不受限制，可以重复利用贴图中的元素，对于建筑墙体、地面等结构简单的模型具有更大的优势(图 3-64)。循环贴图的知识在前面章节中已经介绍过，这里不再过多涉及。

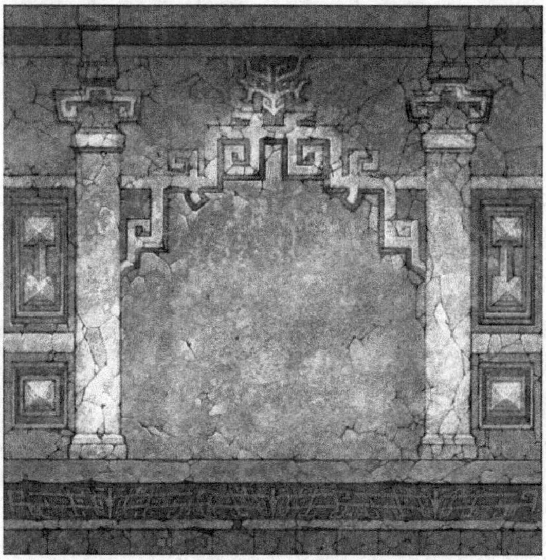

图 3-64　场景建筑墙面模型的循环贴图

接下来，再谈一下游戏贴图的风格。一般来说，游戏贴图风格主要分为写实风格和手绘风格两种，写实风格的贴图一般都是用真实的照片来进行修改的，而手绘风格的贴图主要是靠制作者的美术功底来进行手绘。其实，贴图的美术风格并没有十分严格的界定，只能看是侧重于哪一方面，是偏写实还是偏手绘。写实风格主要用于真实背景的游戏中，手绘风格主要用在Q版卡通游戏中，当然，一些游戏为了标榜独特的视觉效果，也采用偏写实的手绘贴图。贴图的风格并不能真正决定一款游戏的好坏，重要的还是制作的质量，这里只是简单介绍，让读者了解不同贴图所塑造的美术风格。

图3-65左侧是手绘风格的游戏贴图，其中墙面、瓦楞以及各种纹饰等全部由手绘完成，整体风格偏卡通，适合用于Q版游戏。手绘贴图的优点是整体都是用颜色绘制，色块面积比较大，而且过渡柔和，在贴图放大后不会出现明显的贴图拉伸和变形痕迹。图3-65右侧为写实风格的贴图，图片中大多数元素的素材都是取自真实照片，通过Photoshop的修改编辑，形成了适合游戏中使用的贴图，这张贴图同时也是一张二方连续贴图。写实贴图的细节效果和真实感比较强，但如果模型UV处理不当，会造成比较严重的拉伸和变形。

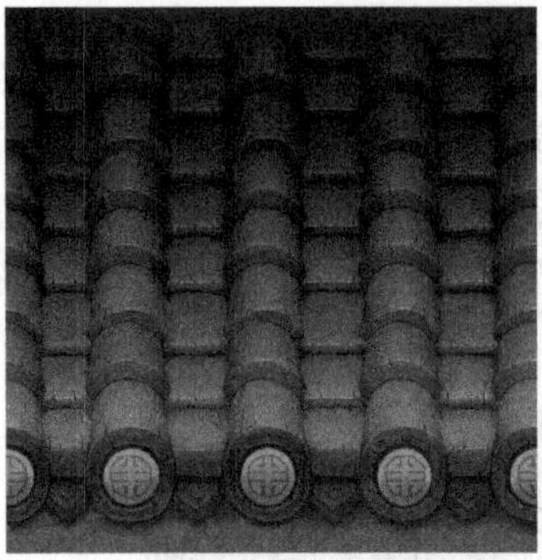
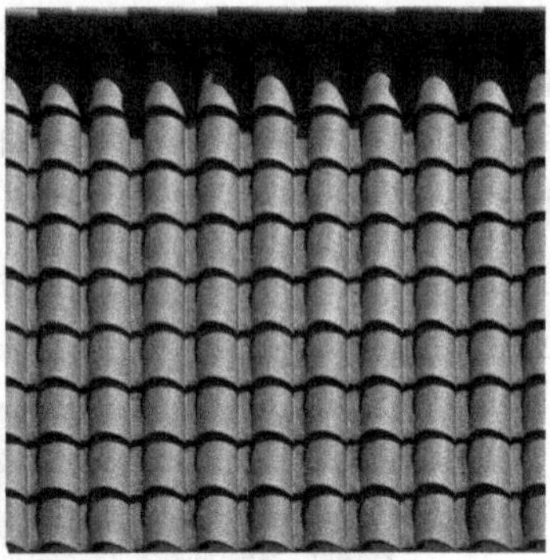

图3-65　手绘贴图与写实贴图

下面我们通过一张金属元素贴图的制作实例，来学习模型贴图的基本绘制流程和方法。首先，在Photoshop中创建新的图层，根据模型UV网格绘制出贴图的底色，铺垫基本的整体明暗关系(图3-66)。然后，在底色的基础上，绘制贴图的纹饰和结构部分(图3-67)。

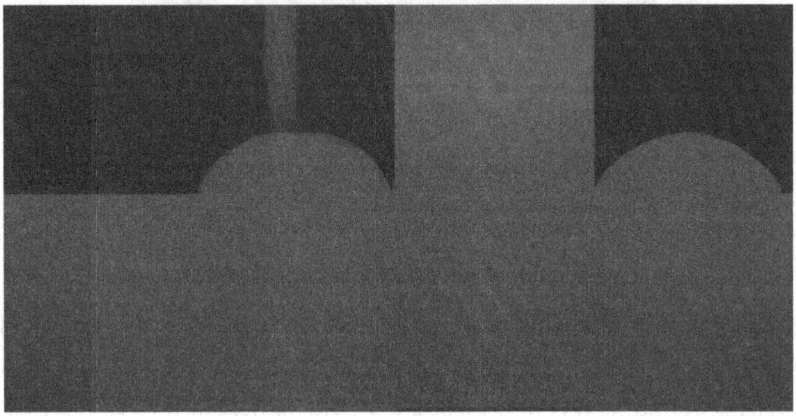

图3-66　绘制贴图的底色

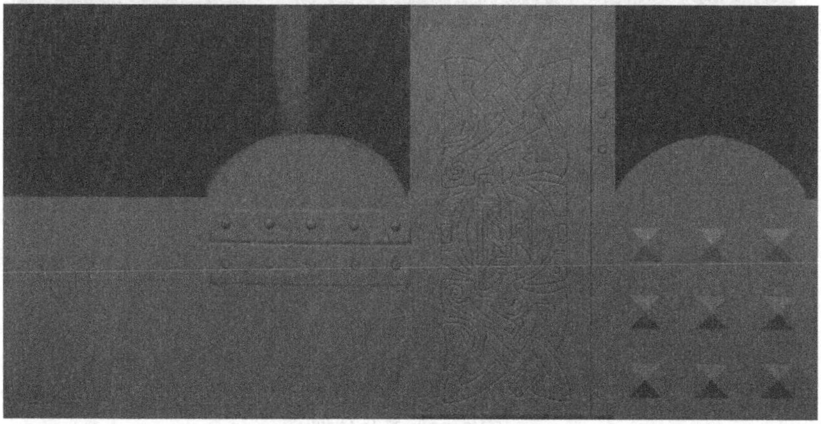

图 3-67 绘制纹饰和结构

接下来，绘制结构的基本阴影，同时，调整整体的明度和对比度(图 3-68)。

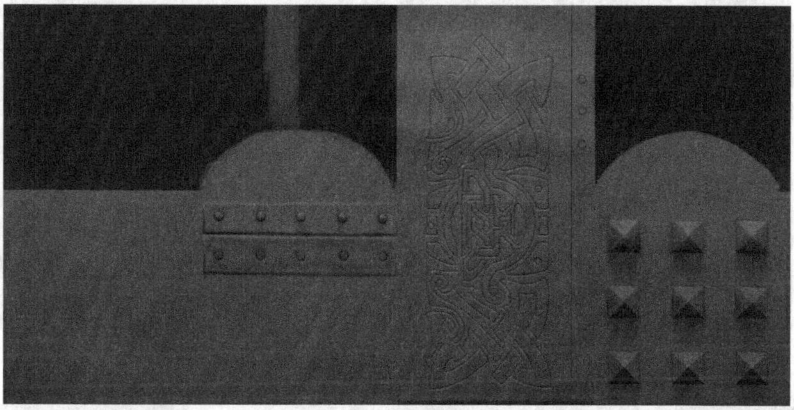

图 3-68 绘制阴影

选用一些肌理丰富的照片材质进行底纹叠加，可以叠加多张不同的材质。图层的叠加方式可以选择 Overlay、Multiply 或者 Softlight，强度可以通过图层透明度来控制(图 3-69)。通过叠加纹理，增强了贴图的真实感和细节，制作出来的贴图就是偏写实风格的贴图。

然后绘制金属的倒角结构，同时，提亮贴图的高光部分(图 3-70)。金属材质的边缘部分会有些细小的倒角，可以单独在一个图层内用亮色绘制，图层的叠加方式可以是 Overlay 或者 Colordodge，强度可以通过图层透明度来控制。接下来，利用色阶或曲线工具，整体调整贴图的对比度，增强金属质感(图 3-71)。

最后，可以用一些特殊的笔刷纹理，在金属表面一些平时不容易被摩擦到的地方，绘制一些污迹，或者类似金属氧化的痕迹，以增强贴图的细节和真实感。这样，就完成了贴图的绘制(图 3-72)。

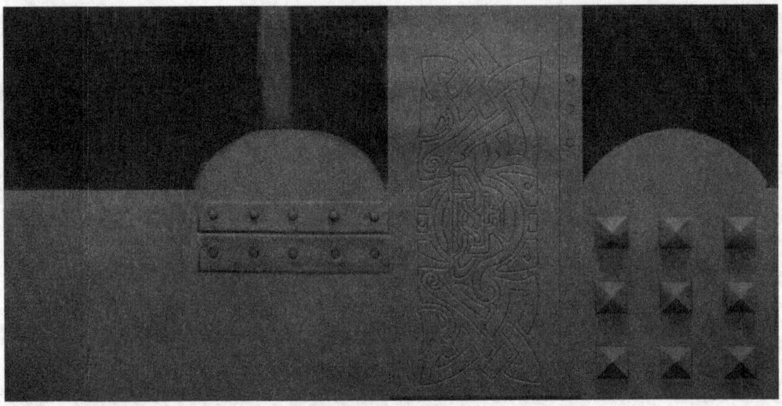

图 3-69　叠加纹理

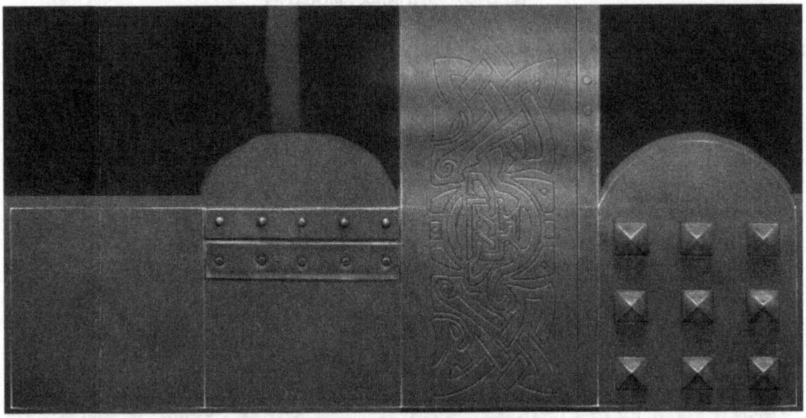

图 3-70　绘制高光

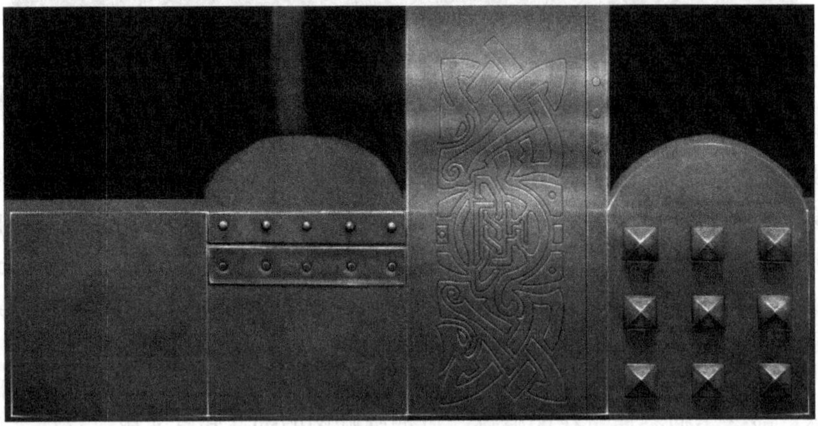

图 3-71　调整对比度

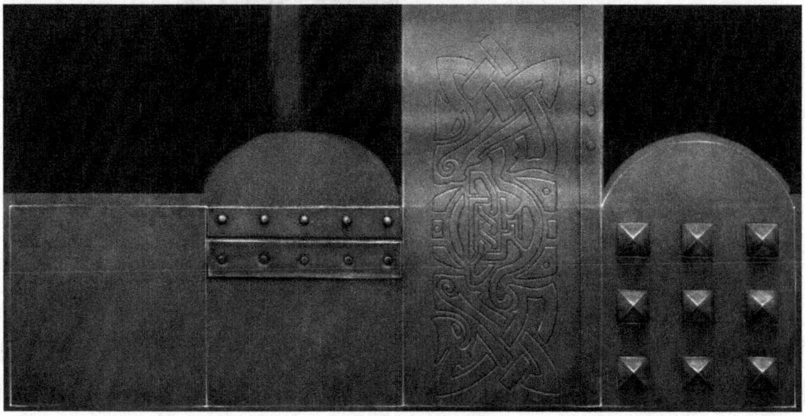

图 3-72 绘制污渍

制作完成的贴图要通过材质编辑器添加到材质球上，然后才能赋给模型。在 3ds Max 的工具按钮栏，单击材质编辑器按钮，或者按键盘上的 M 键，可以打开 Material Editor(材质编辑器)。材质编辑器的内容复杂，并且功能强大，然而，对于游戏制作来说，这里应用的部分却十分简单，因为游戏中的模型材质效果都是通过游戏引擎中的设置来实现的，材质编辑器里的参数设定并不能影响游戏实际场景中模型的材质效果。在三维模型制作时，我们仅仅利用材质编辑器将贴图添加到材质球的贴图通道上。普通的模型贴图只需要在 Maps(贴图通道)的 Diffuse Color(固有色)通道中添加一张位图(Bitmap)即可，如果游戏引擎支持高光和法线贴图(Normal Map)，那么，可以在 Specular Level(高光级别)和 Bump(凹凸)通道中添加高光和法线贴图(图 3-73)。

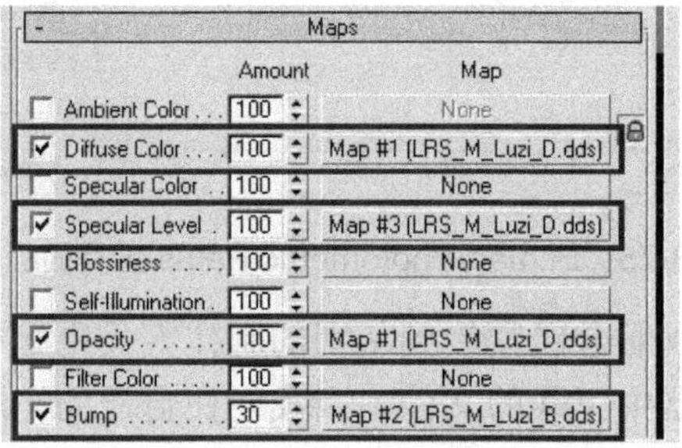

图 3-73 常用的材质球贴图通道

除此以外，在游戏模型贴图中，还有一种特殊的类型，就是透明贴图。所谓透明贴图，就是带有不透明通道的贴图，也称为 Alpha 贴图。例如，游戏制作中的植物模型的叶片、建筑模型中栏杆等复杂结构以及生物模型的毛发等，都必须用透明贴图来实现。图 3-74 左边就是透明贴图，右边就是它的不透明通道，在不透明通道中，白色部分为可见，黑色部分为不可见，这样，最后在游戏场景中就实现了带有镂空效果的树叶。

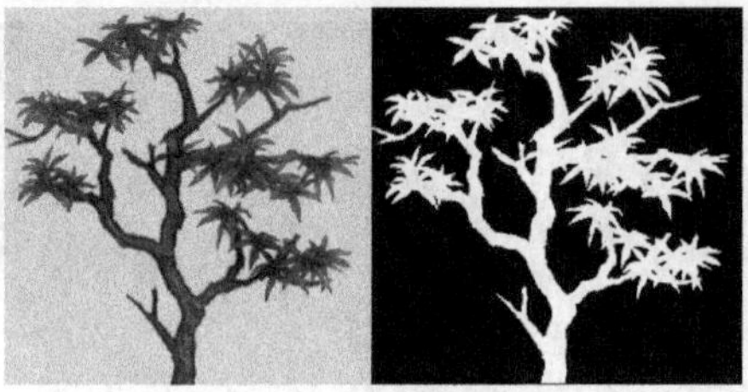

图 3-74　Alpha 贴图的效果

通常，在实际制作中，我们会在 Photoshop 中将图片的不透明通道直接作为 Alpha 通道保存到图片中，然后将贴图添加到材质球的 Diffuse Color 和 Opacity(透明度)通道中。要注意，只将贴图添加到 Opacity 通道还不能实现镂空的效果，必须要进入此通道下的贴图层级，将 Mono Channel Output(通道输出)设定为 Alpha 模式，这样，贴图在导入到游戏引擎后，就会实现镂空效果。关于 Alpha 贴图，会在后面的章节中详细讲解。

最后再来为读者介绍一下 3ds Max 中关于贴图方面的常用工具以及实际操作中常见的问题和解决技巧。在 3ds Max 命令面板的最后一项工具面板中，在工具列表中可以找到 Bitmap/Photometric Paths(贴图路径)工具(图 3-75)，这个工具可以方便我们在游戏制作中快速指定材质球所包含的所有贴图路径。

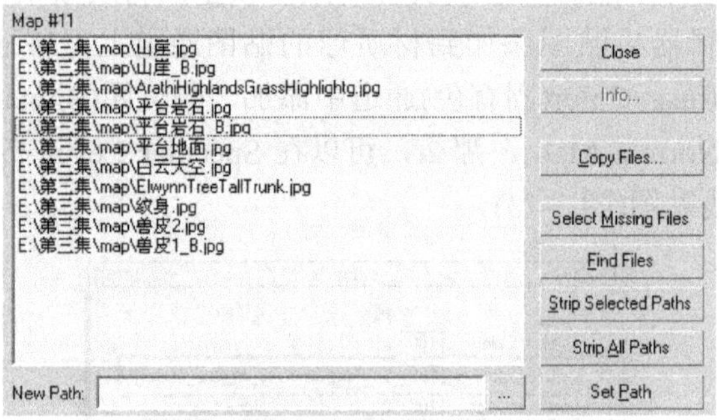

图 3-75　Bitmap/Photometric Paths 工具面板窗口

在项目制作过程中，我们会经常接到从别的制作人员电脑中传输过来的游戏场景制作文件，或者是从公司服务器中下载的文件。当我们在自己的电脑上打开这些文件的时候，有时会发现模型的贴图不能正常显示，其实，大多数情况下，并不是因为贴图本身的问题，而是因为文件中材质球所包含的贴图路径发生了改变。如果单纯用手工去修改贴图路径，操作将变得十分繁琐，这时，如果用 Bitmap/Photometric Paths 工具，将会非常简单方便。

点击 Bitmap/Photometric Paths 工具，单击 Edit Resources 按钮，会弹出一个面板窗口。右侧的按钮 Close 可关闭面板；Info 按钮可以查看所选中的贴图；Copy Files 按钮可以将所选的贴图复制到指定的路径或文件夹中；Select Missing Files 按钮可以选中所有丢失路径的贴图；Find Files 可以显示本地贴图和丢失贴图的信息；Strip Selected Paths 按钮可取消所选贴图之前指定的贴图路径；Strip All Paths 按钮可取消所有贴图之前指定的贴图路径；New Path 和 Set Path 用来设定新的贴图路径。

当我们打开从别人电脑上获得的制作文件时，如果发现贴图不能正常显示，那么可以通过 Bitmap/Photometric Paths Editor，单击 Select Missing Files 按钮，首先查找并选中丢失路径的贴图，然后在 New Path 中输入当前文件贴图所在的文件夹路径，并通过 Set Path 将路径重新指定，这样，场景文件中的模型就可以正确显示贴图了。

在电脑上首次装入 3ds Max 软件后，打开模型文件，可能会发现原本清晰的贴图变得非常模糊，遇到这种情况，并不是贴图的问题，也不是场景文件的问题，是需要对 3ds Max 的驱动显示进行设置。从 3ds Max 的菜单栏中选择 Customize(自定义)→Preferences 命令，在弹出的窗口中选择 Viewports(视图设置)，然后通过面板下方的 Display Drivers(显示驱动)来进行设定。Choose Driver 可选择显示驱动模式，这里要根据计算机自身显卡的配置来选择。Configure Driver 可对显示模式进行详细设置，单击后会弹出面板窗口(图 3-76)。

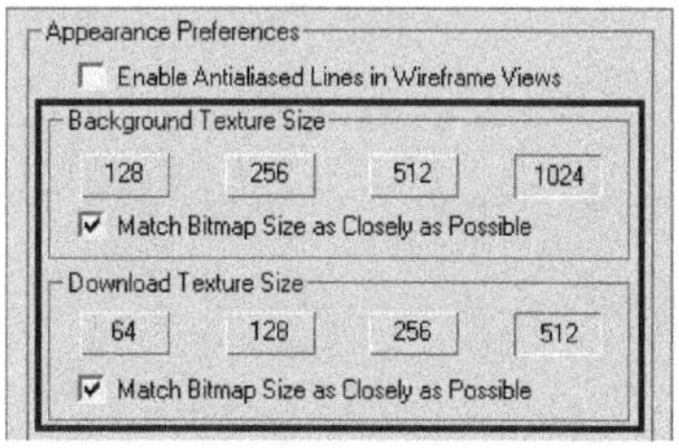

图 3-76　对软件显示模式进行设置

将 Background Texture Size(背景贴图尺寸)和 Download Texture Size(下载贴图尺寸)分别设置为最大的 1024 和 512 格式，并分别勾选 Match Bitmap Size as Closely as Possible(尽可能接近匹配贴图尺寸)，然后单击“保存”按钮，并关闭 3ds Max 软件，当再次启动 3ds Max 的时候，贴图就可以清晰地显示了。

第四章

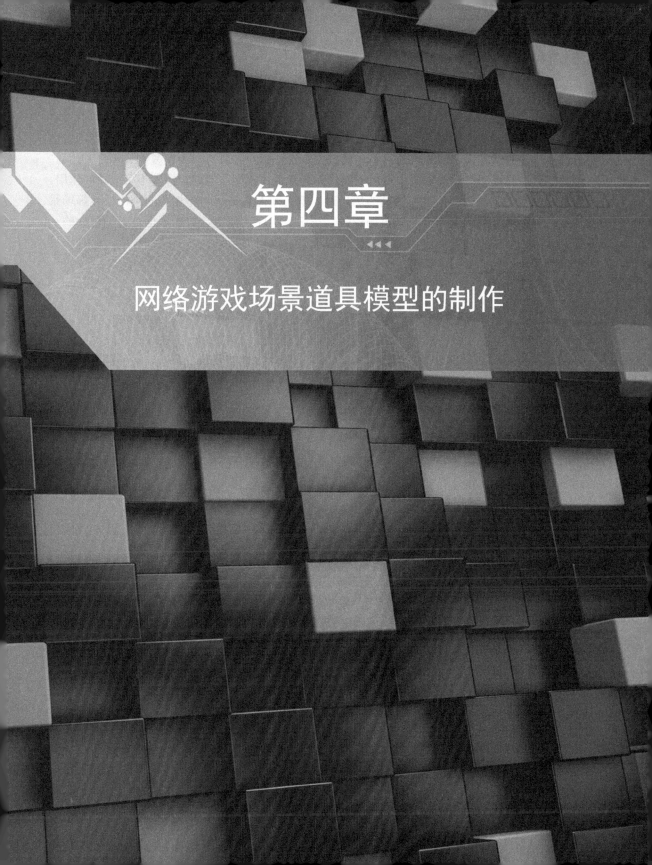

网络游戏场景道具模型的制作

场景道具模型是指在游戏场景中用于辅助装饰场景的独立模型物件，场景道具模型是构成游戏场景最基本的美术元素之一。比如室内场景中的桌椅板凳，室外场景中的山石草树，大型城市场景中的雕塑、道边护栏、照明灯具、美化装饰等，这些都属于游戏场景道具模型。场景道具模型的特点是：小巧精致带有设计感，并且可以不断复制、循环利用。

场景道具模型在游戏场景中虽然不能作为场景主体模型，但却发挥着不可或缺的作用。比如，当我们制作一个酒馆或驿站的场景时，就必须为其搭配制作相关的桌椅板凳等场景道具。再如，当我们制作一个城市场景时，花坛、路灯、雕塑、护栏等也是必不可少的。在制作的场景中添加适当的场景道具模型，不仅可以增加场景整体的精细程度，而且还可以让场景变得更加真实、自然，符合历史和人文特征(图 4-1)。

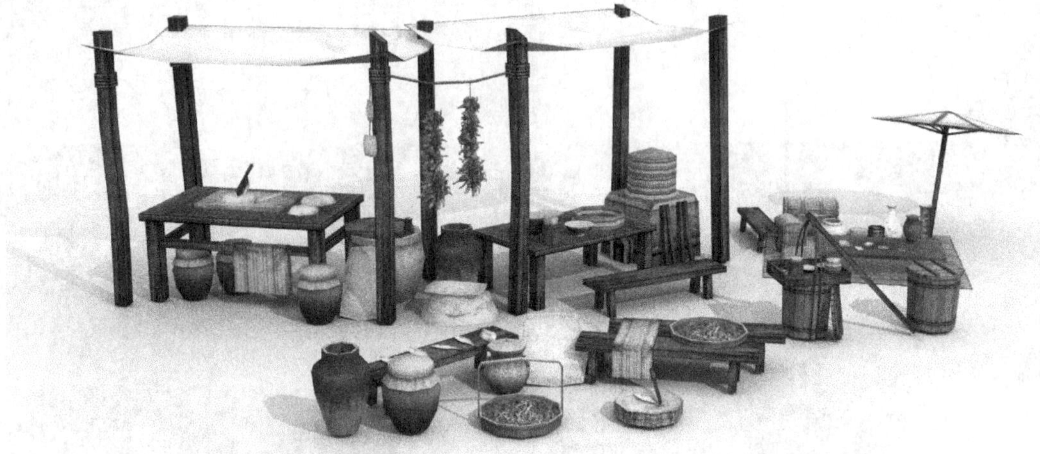

图 4-1　细节丰富的游戏场景道具模型

由于场景道具模型通常要大面积复制使用，为了降低硬件负担，增加游戏整体的流畅度，场景道具模型必须在保证结构的基础上尽可能降低模型面数，结构细节主要通过贴图来表现，这样才能保证模型在游戏场景中被充分利用。

在本章的内容中，通过两个具有代表性的场景道具模型制作实例，带领读者学习网络游戏场景道具模型的制作流程和技巧。

4.1　游戏场景道具模型实例的制作(一)

在本节的内容中，我们将学习如何制作网游中常见的一种场景道具模型——告示牌。告示牌在网络游戏中通常作为一种交互元件，多用于系统对游戏玩家发布各种任务，或者让玩家查询游戏中的一些内容信息，玩家通过点击告示牌模型，可以触发 UI 交互界面窗口。

图 4-2 是本节实例模型的最终效果。告示牌模型的整体结构类似于中国古代的牌坊建筑，整体来看分为顶部、立柱支撑结构、牌板和底座 4 部分，在制作的时候，我们也将按照这样一种结构顺序进行。虽然模型在游戏场景中的尺寸不大，但作为游戏中大量应用的模型元素，要求局部细节十分丰富和精致，同时，为了保证模型面数的要求，这些细节都需要后期通过贴图来表现。在了解了模型的基本特点后，下面正式开始模型的制作。

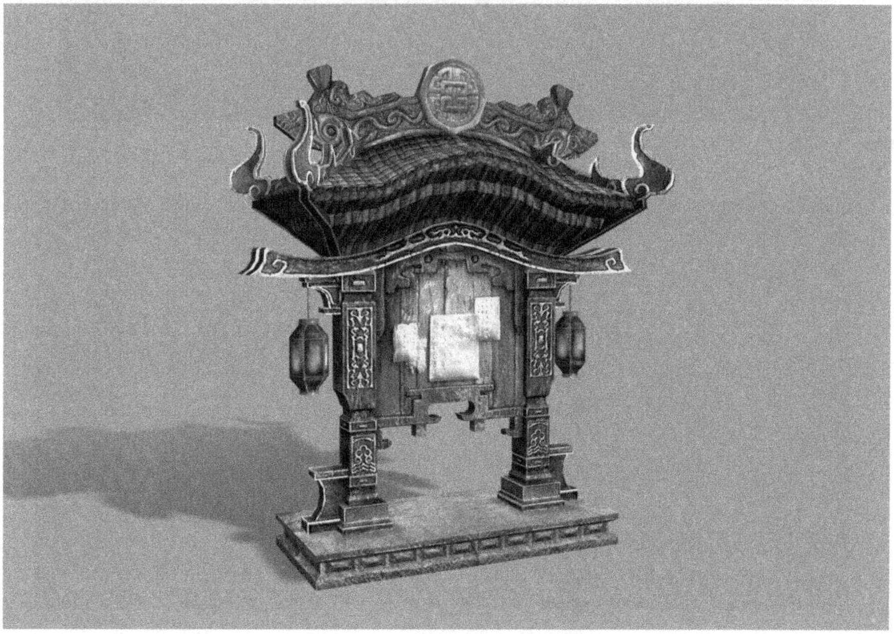

图 4-2　告示牌模型的效果

首先制作顶部正上方的正脊结构，由于是两边对称的结构，所以我们只需要制作一侧的模型即可，另一侧通过镜像复制来完成。在 3ds Max 视图中创建一个 Box 基础几何体模型，设置适合的分段数(Seg)并将其转换为可编辑的多边形(图 4-3)。

进入多边形编辑面板，在点层级下，调整多边形顶点的位置，将 Box 模型编辑成图 4-4 中的形态。然后进入面层级面板，选中上方中间的两个多边形面，利用 Extrude 命令将其挤出(图 4-5)，并调整顶点，将模型制作成如图 4-6 所示。

进入编辑多边形边层级，选择顶部的两组边线，然后利用 Connect 命令，细分出新的边线(图 4-7)，同时注意连接顶点，避免出现 4 边以上的多边形面。然后调整点线，进一步细化模型结构，将多边形模型制作成图 4-8 中的形态。最后通过镜像复制，得到另一侧的模型，将两侧模型通过 Attach 命令结合到一起，并将对称的顶点进行焊接，这样，顶部正脊的模型结构就制作完成了(图 4-9)。

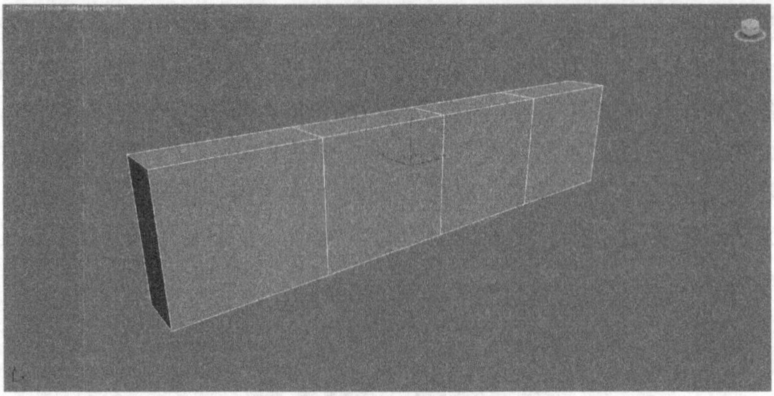

图 4-3　创建 Box 模型

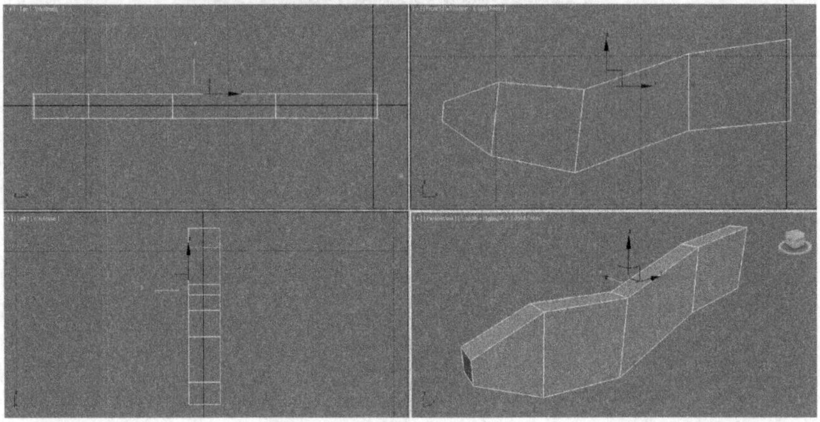

图 4-4　调整顶点

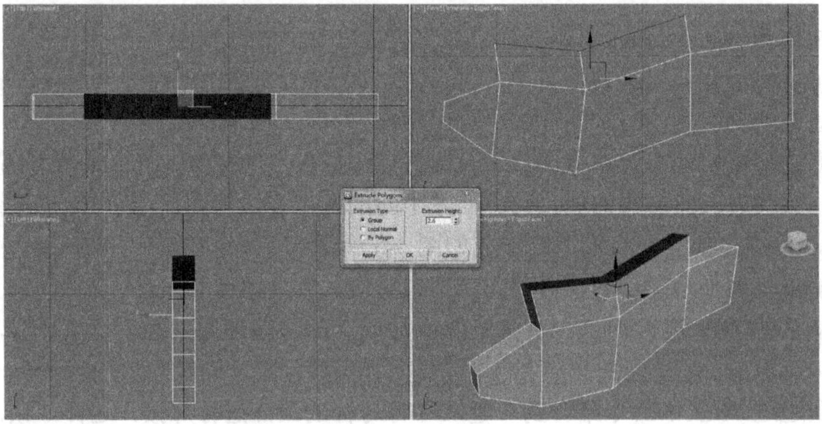

图 4-5　利用 Extrude 命令挤出面

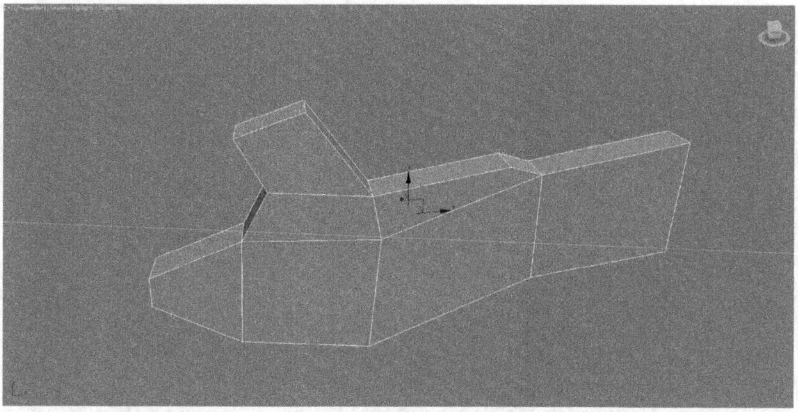

图 4-6　调整和编辑模型

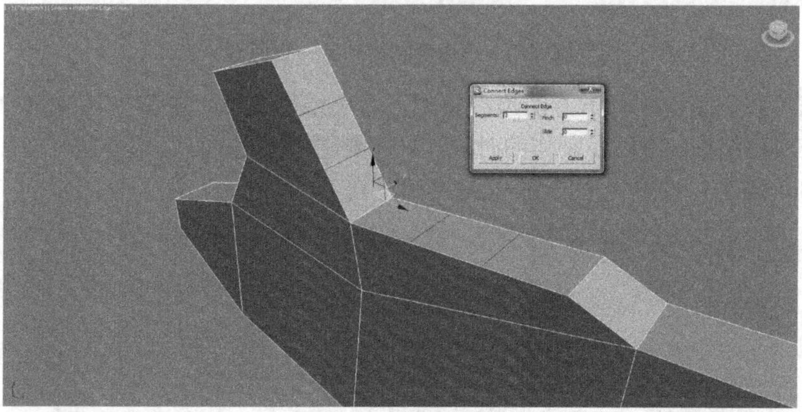

图 4-7　细分边线

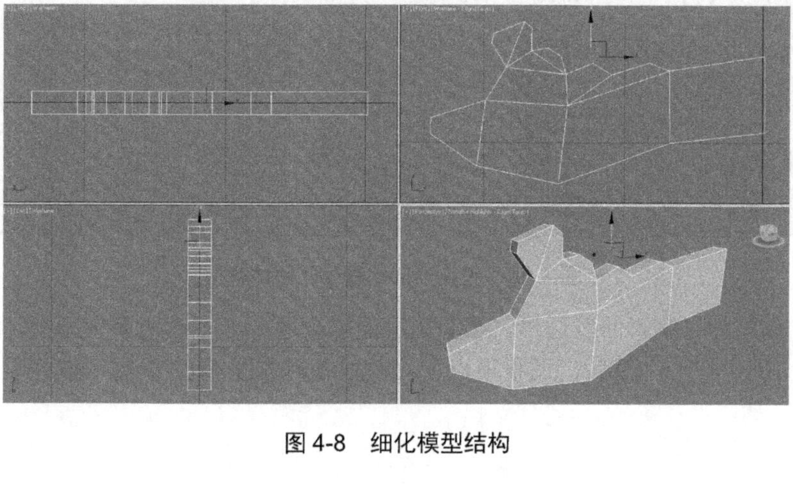

图 4-8　细化模型结构

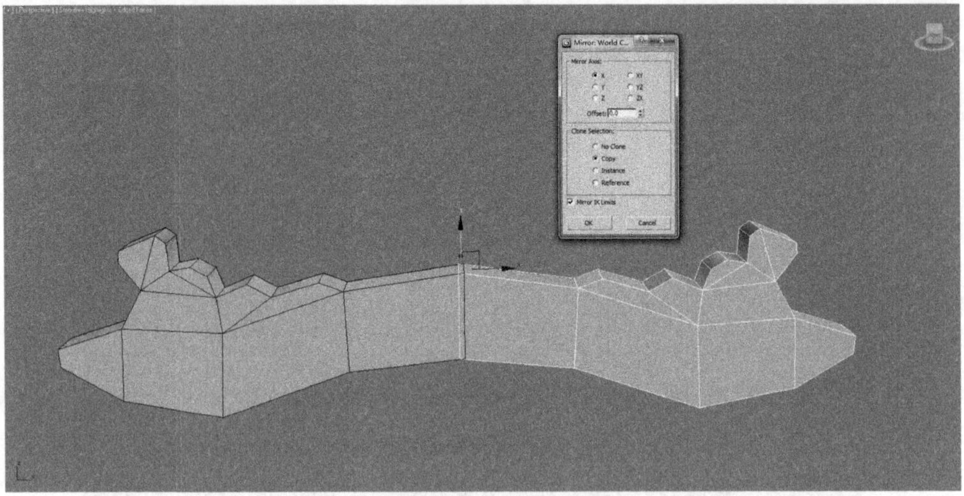

图 4-9　镜像复制得到另一侧模型

接下来，我们制作正脊下方的顶部模型，这个结构类似于中国古代建筑的房顶结构，由于整体是对称结构，所以在制作的时候，只需要制作模型的 1/4 部分即可。首先在视图中创建一个 Box 模型，设置合适的分段(图 4-10)。

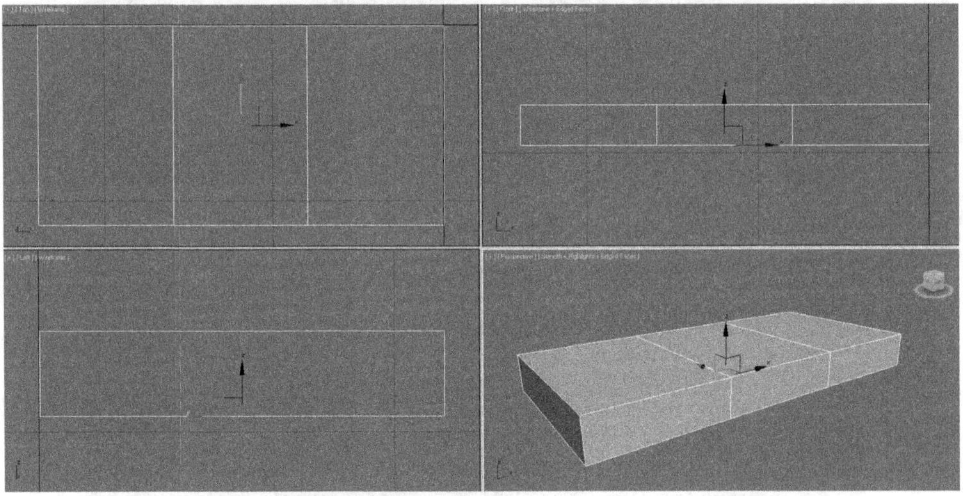

图 4-10　创建顶部的基础几何体模型

将 Box 塌陷为可编辑的多边形，在多边形面层级选中上方的所有模型面，利用 Extrude 命令将其挤出(图 4-11)，然后，调整顶点，将模型编辑成图 4-12 中的形态。

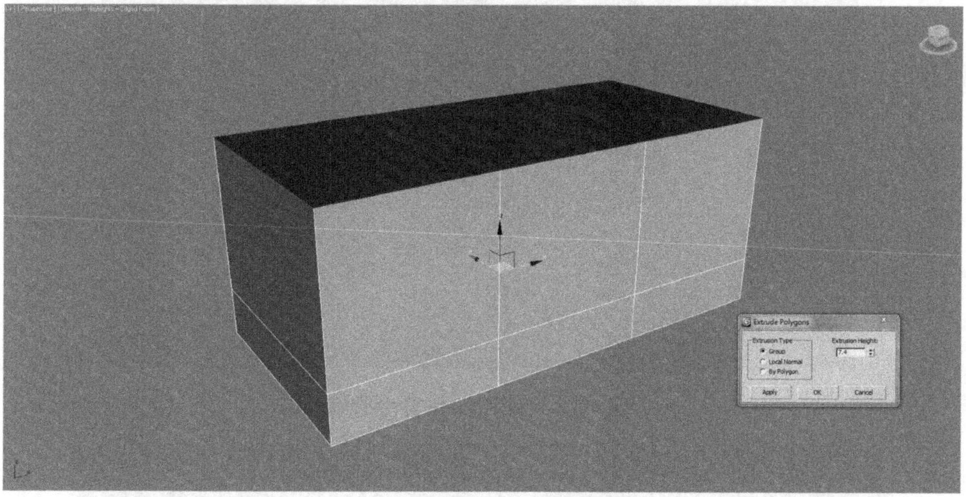

图 4-11　利用 Extrude 命令挤出

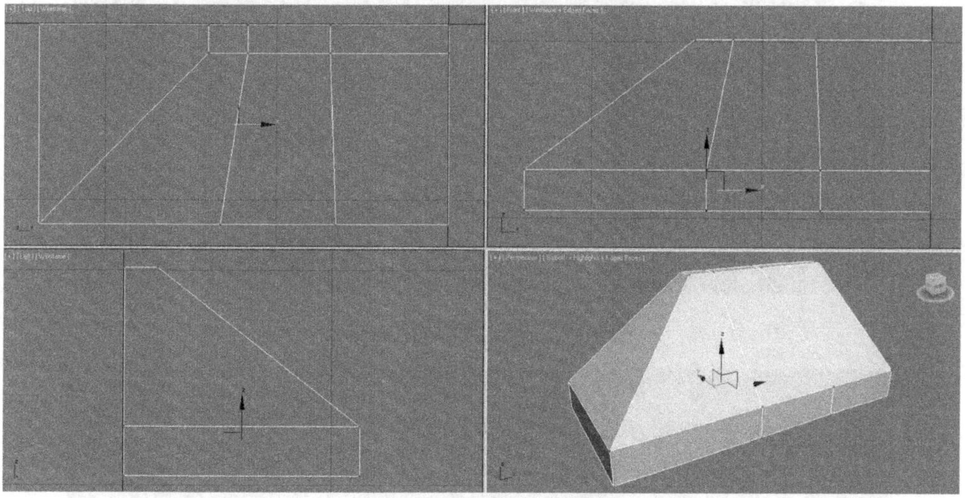

图 4-12　调整模型形态

接下来，选中底部的模型面，利用 Inset 命令进行收缩(图 4-13)，同时利用 Extrude 命令将模型面挤出(图 4-14)。然后重复上面的操作，继续利用 Inset 和 Extrude 命令，将模型制作成图 4-15 中的形态。

然后进入多边形点层级，调整模型各顶点，进一步编辑模型形态，将其制作出图 4-16 那样的拱顶结构。此时，顶部的 1/4 模型结构就完成了。

接下来，通过镜像复制，完成其他 3/4 部分，并用 Attach 命令将模型结合到一起，并焊接结合处的顶点，所完成的顶部模型如图 4-17 所示。

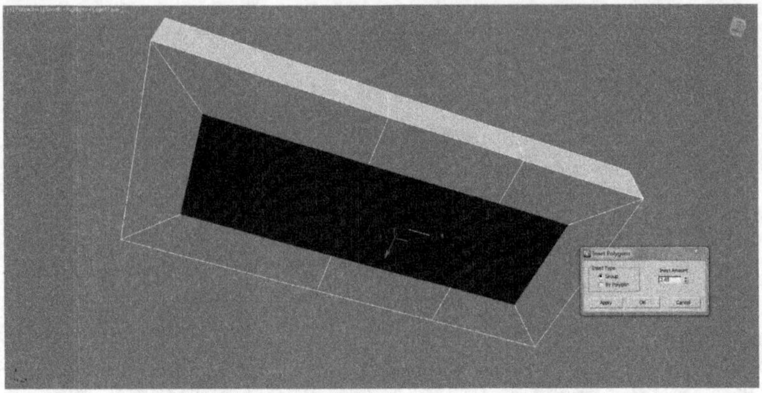

图 4-13　利用 Inset 命令收缩

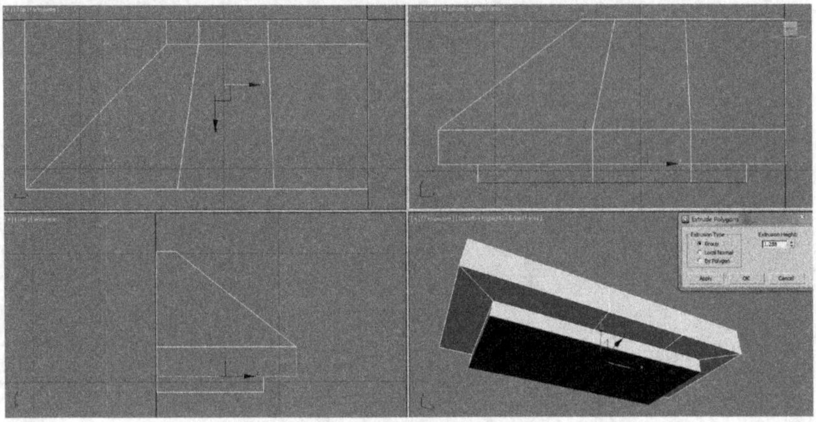

图 4-14　将收缩的模型面挤出

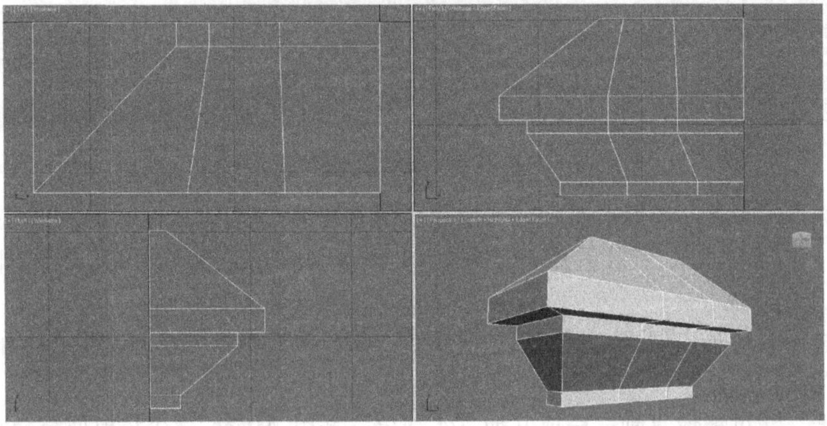

图 4-15　制作出顶部模型的基本形态

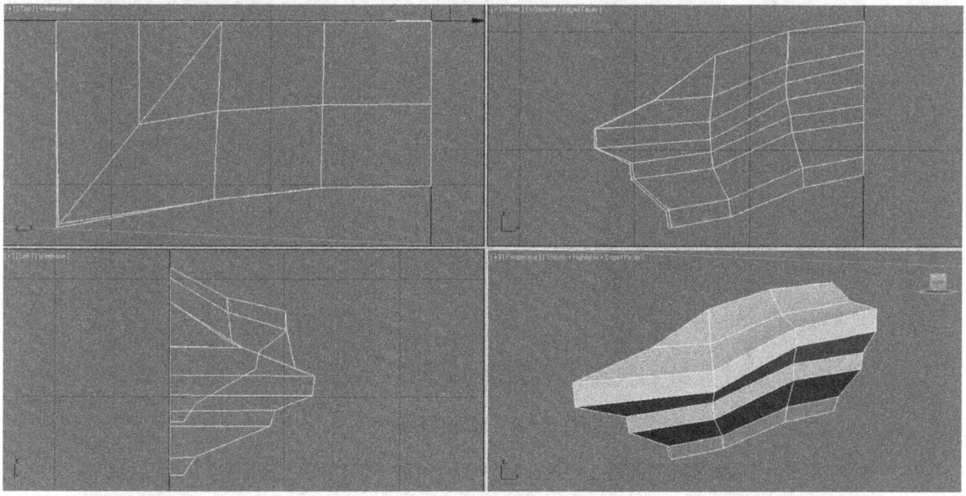

图 4-16　进一步调整和编辑模型

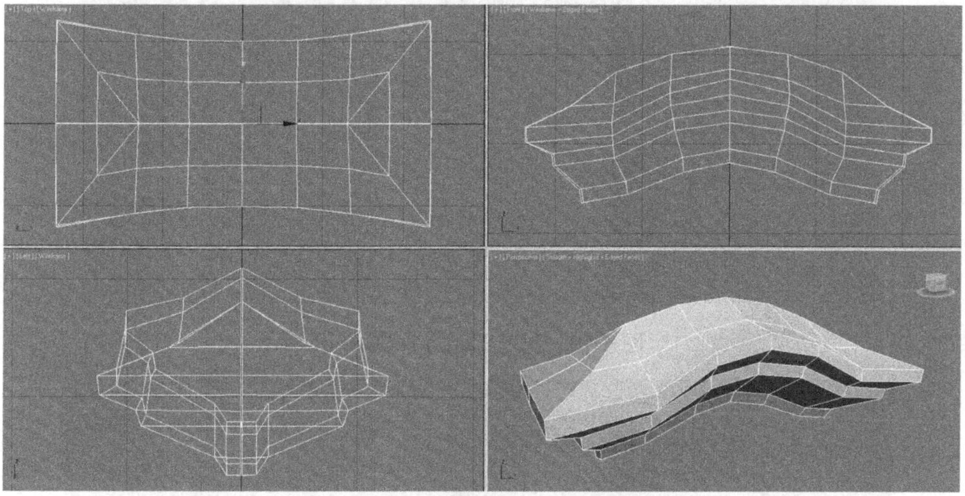

图 4-17　利用镜像复制完成顶部模型

然后，我们开始制作顶部四角的侧脊模型结构，首先在正视图中利用创建面板中的样条线工具进行绘制，勾勒出侧脊结构的外部轮廓(图 4-18)。然后在堆栈窗口中添加 Extrude 修改器命令，将其挤出，制作成几何体模型(图 4-19)。将模型塌陷为可编辑的多边形，利用 Connect 命令连接顶点，划分模型中的几何面，并将其限制为三角面或四边面(图 4-20)。

将制作完成的侧脊模型放置在屋顶的一角(图 4-21)，将侧脊模型的轴心点(Pivot)对齐到顶部模型的中心位置，然后通过镜像复制，完成其他 3 条侧脊模型(图 4-22)。接下来，利用与制作侧脊模型相同的方法制作出顶部下方的横梁结构(图 4-23)。

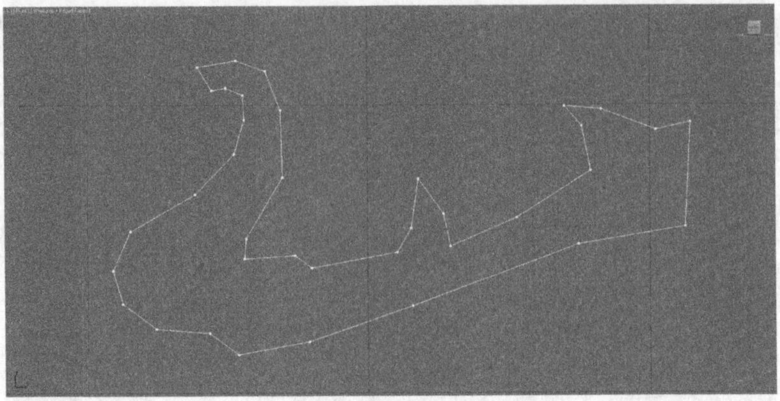

图 4-18　绘制样条线

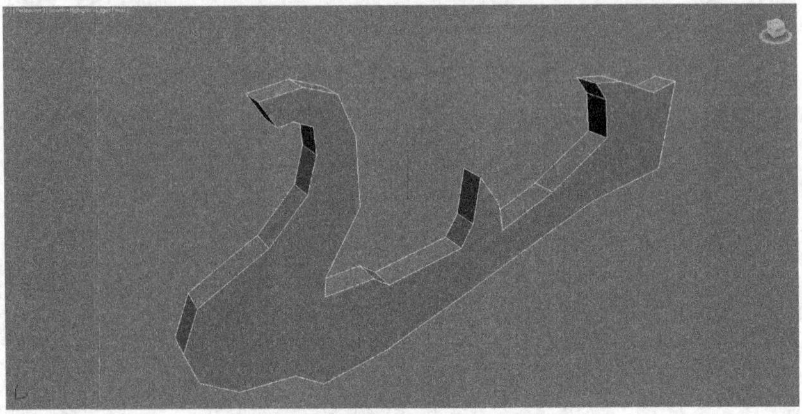

图 4-19　利用 Extrude 命令挤出

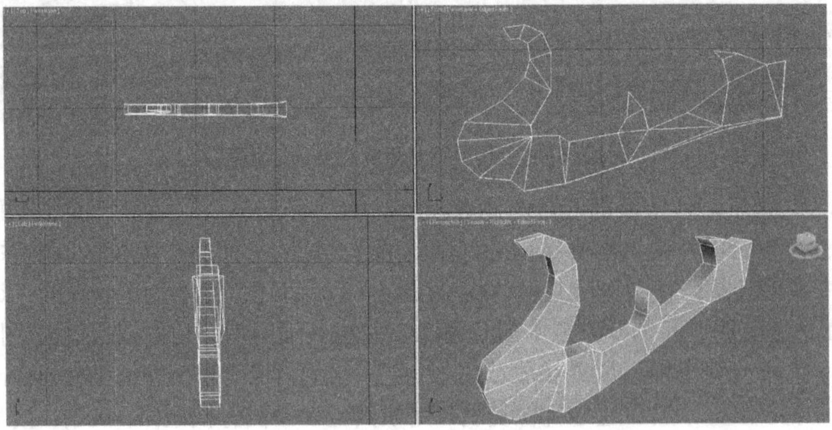

图 4-20　连接顶点并划分几何面

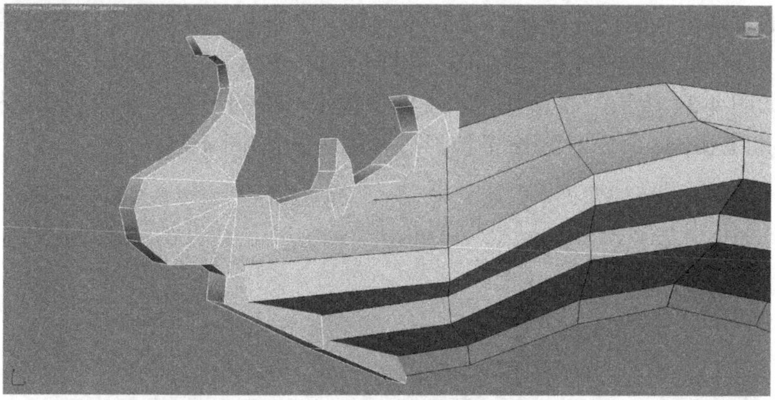

图 4-21　放置侧脊模型

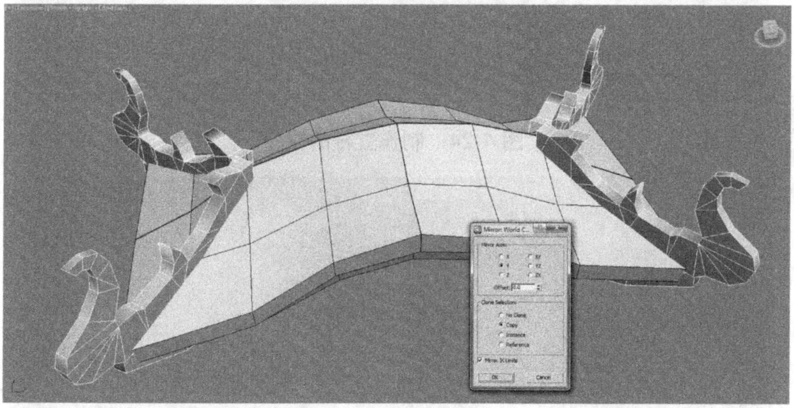

图 4-22　镜像复制

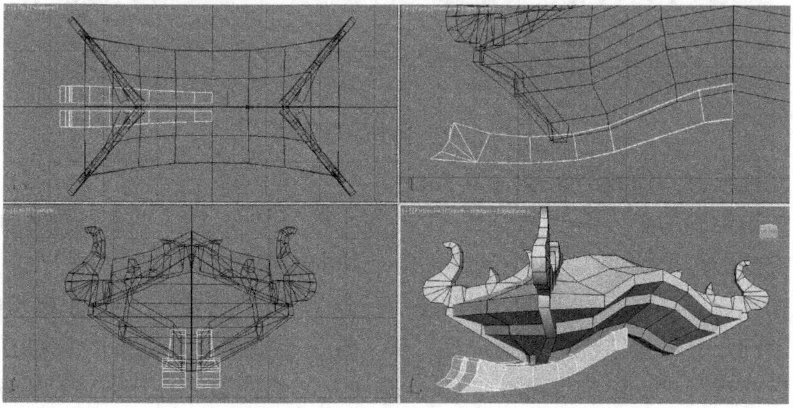

图 4-23　制作顶部下方的横梁结构

在顶部的整体模型制作完成后，我们开始制作顶部下方两侧的支撑立柱结构。

首先制作立柱底部的底座模型结构，同样是通过 Box 模型和编辑多边形命令来制作，获得的效果如图 4-24 所示，注意观察四视图中模型结构的形态。然后制作立柱模型，主要是利用 Inset 和 Extrude 命令对 Box 多边形进行编辑制作(图 4-25)。

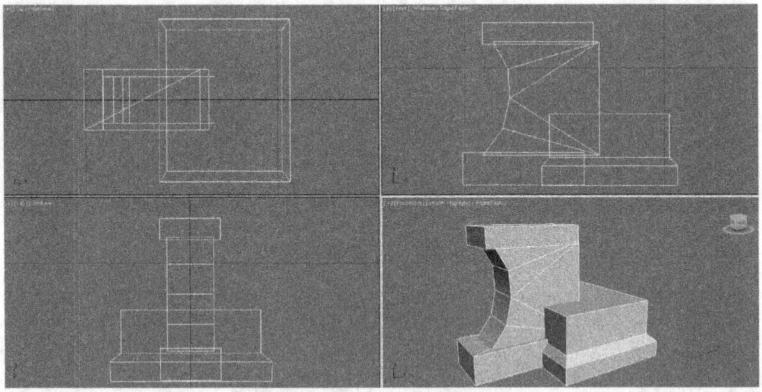

图 4-24　制作立柱的底座

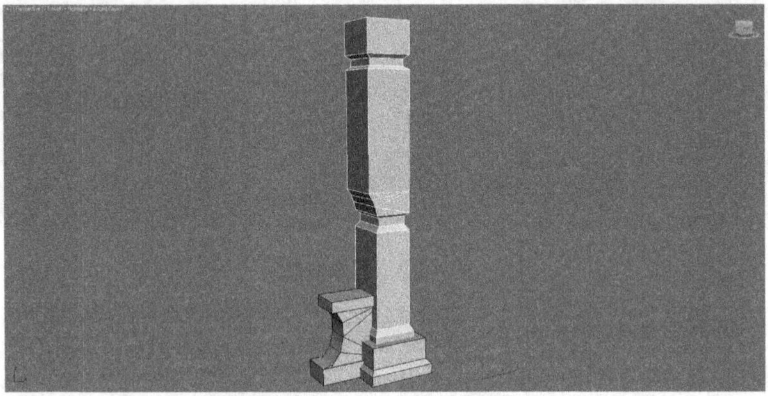

图 4-25　制作立柱模型

最后在立柱上方添加装饰结构(图 4-26)。

然后制作出中间的牌板模型，以及下方的底座模型(图 4-27)，然后制作添加两侧的灯笼装饰以及上方的圆盘装饰(图 4-28)，这样，告示牌的模型部分就全部制作完成了。

模型制作完成后，剩下的就是模型贴图的工作了，首先要拆分和编辑模型的贴图坐标，这里我们以顶部正脊模型结构为例来进行讲解。选中正脊模型，将整体添加 UVW Map 修改器，投射方式选择 Planar。然后添加 Unwrap UVW 修改器，打开 UV 编辑器，由于是左右对称的结构，所以我们选中对称一侧的 UV 网格顶点，将其镜像翻转到另一侧，这样就完成了正脊模型前后贴图坐标的拆解(图 4-29)。

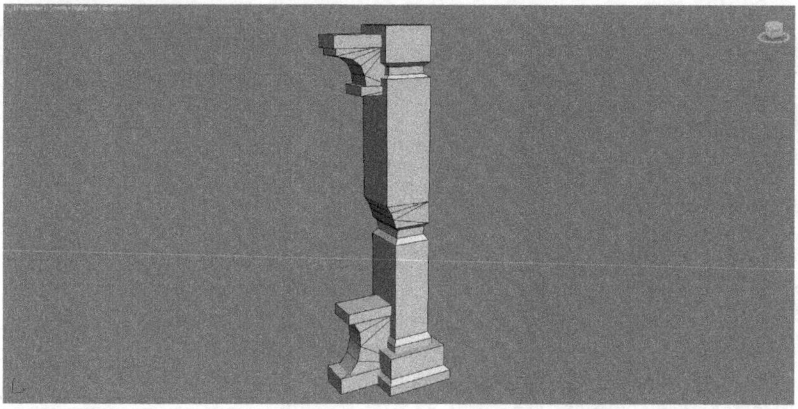

图 4-26　添加上方的装饰结构

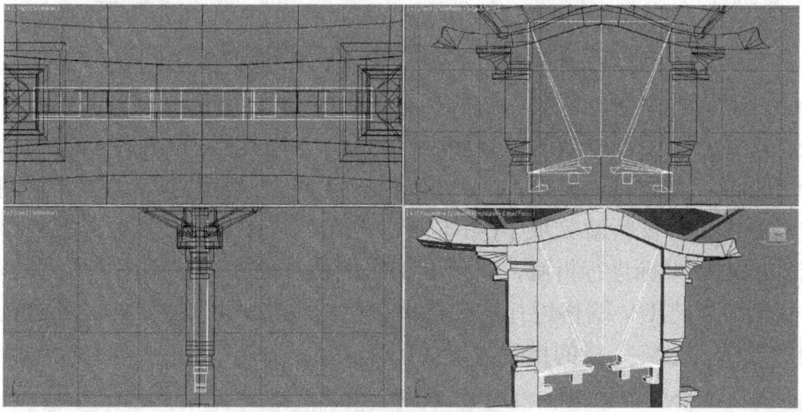

图 4-27　制作牌板结构

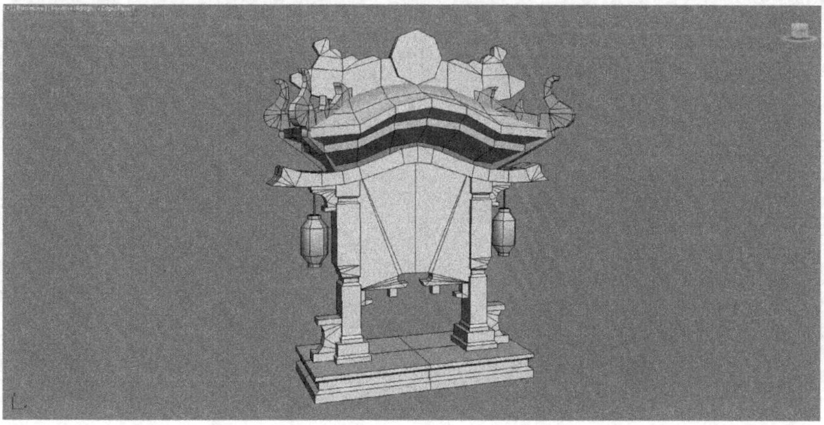

图 4-28　制作完成的告示牌模型效果

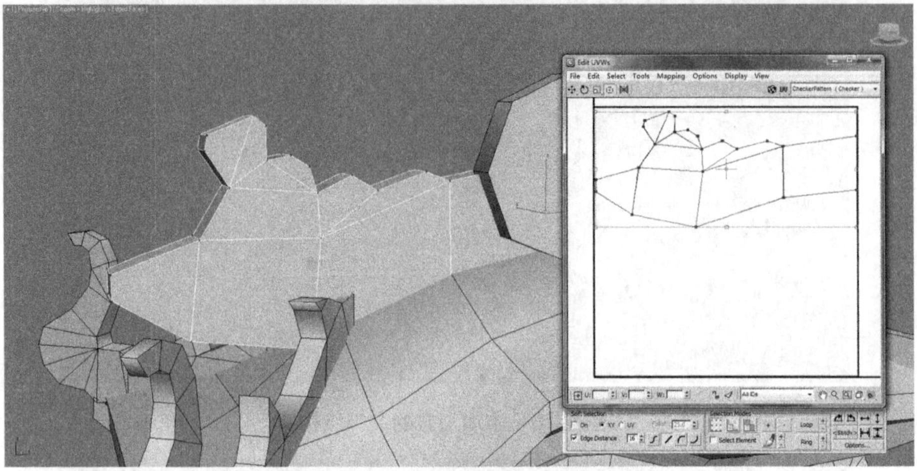

图 4-29　拆分正脊模型的贴图坐标

接下来，将正脊模型进行塌陷，这样拆分的 UV 网格信息就得到了保持。然后进入多边形面层级，选择正脊模型侧边的模型面(图 4-30)，并为其添加 UVW Map 修改器，投射方式依然选择 Planar，添加 Unwrap UVW 修改器，打开 UV 编辑器，调整 UV 网格，这样正脊模型侧边的贴图坐标就拆解完成了(图 4-31)。利用同样的方法，我们可以将整个告示牌模型的所有结构的 UV 坐标进行拆解，将所有 UV 网格分布在一张贴图内，最终如图 4-32 所示。之后，我们可以将 UV 网格进行渲染输出，然后将 UV 网格图片导入到 Photoshop 软件中进行贴图的绘制，最终完成的模型效果如图 4-33 所示。

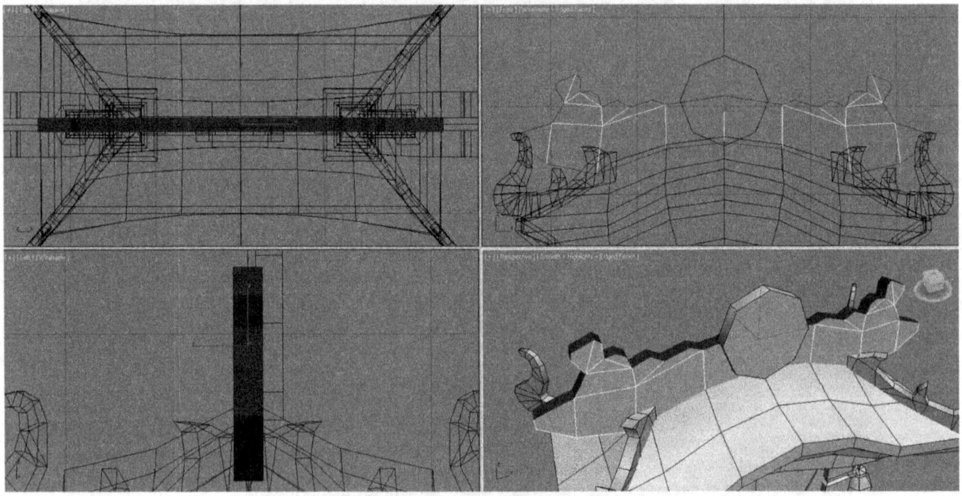

图 4-30　选择侧边模型面

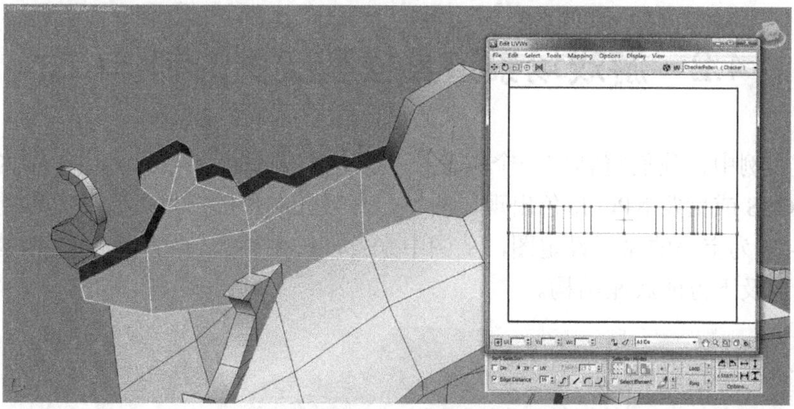

图 4-31　拆解正脊侧边 UV 坐标

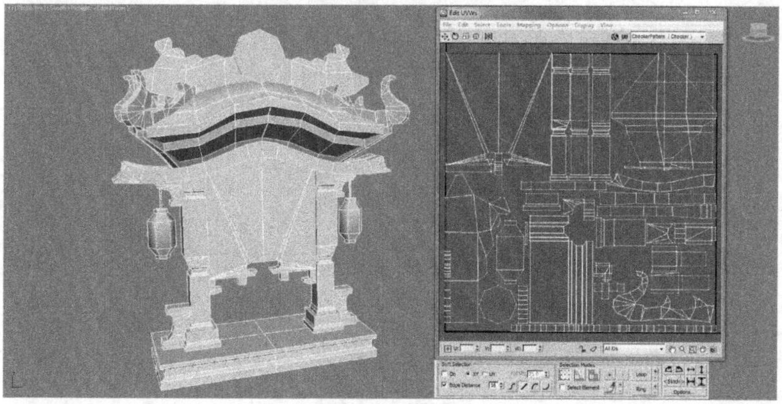

图 4-32　拆分模型所有 UV 坐标

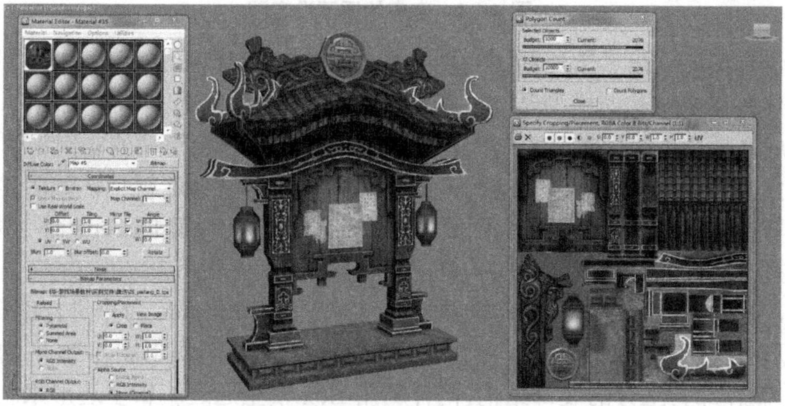

图 4-33　最终完成的模型效果

4.2 游戏场景道具模型实例的制作(二)

在本节实例中，我们将制作一个宝座模型，这类场景道具模型多用于室内场景中，通常伴随着BOSS或重要NPC角色出现，所以，一般在制作的时候，会将其做得比较华丽和精致。图4-34为宝座的原画设定图，从图中来看，模型整体分为三部分：座椅结构、两侧的虎形扶手以及下方的底座结构。

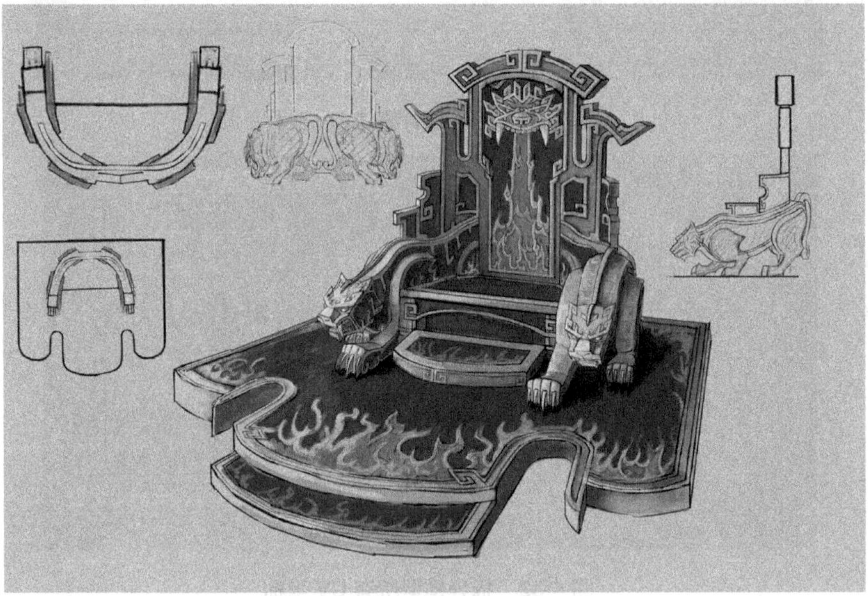

图4-34 宝座的原画设定图

同时，设定图还给出了宝座的顶视图、侧视图以及背视图，方便在制作的时候进行参照。宝座整体是完全对称的模型结构，所以我们在制作的时候，只需要制作一侧的模型，另一侧在完成之后利用镜像对称复制即可。下面我们正式开始模型的实例制作。

首先制作宝座座椅靠背的模型结构，在视图中创建一个Box模型，如图4-35所示。将Box模型塌陷为可编辑多边形，选中侧面下方的多边形面，利用Extrude命令进行挤出，然后继续利用挤出命令编辑模型，如图4-36所示。

接下来，制作靠背侧面上方的装饰结构，同样是利用Extrude命令进行编辑，先制作出基本的模型形态(图4-37)。然后进一步细化编辑模型结构，制作出图4-38中的模型形态。

接下来，制作靠背上方的装饰结构，同样利用Box模型通过编辑多边形来制作(图4-39)，在靠背下方制作出座面和脚踏模型结构(图4-40)。

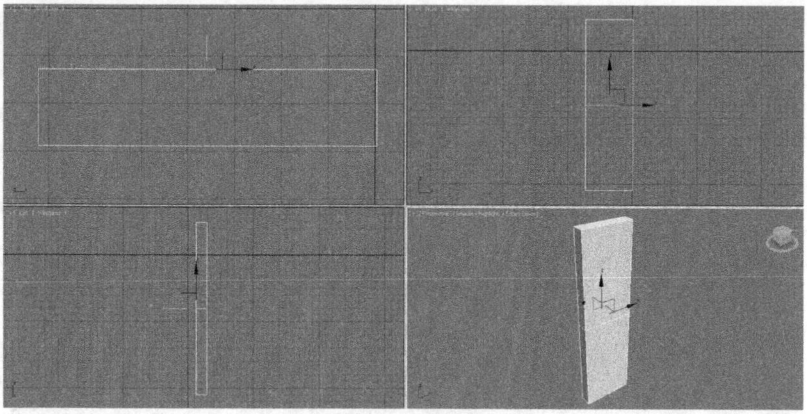

图 4-35　创建 Box 模型

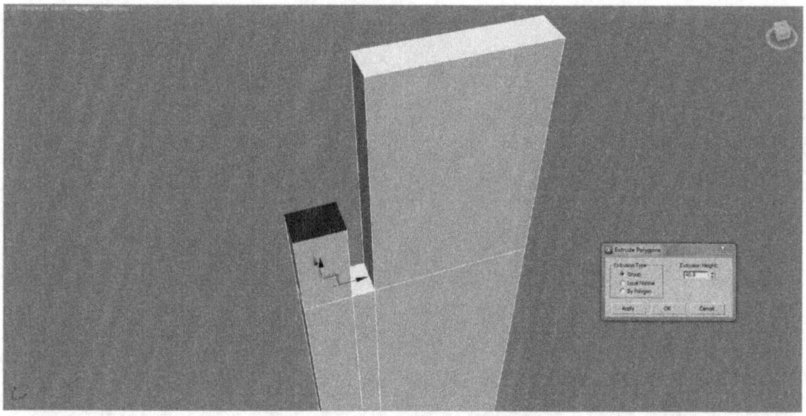

图 4-36　Extrude 挤出模型

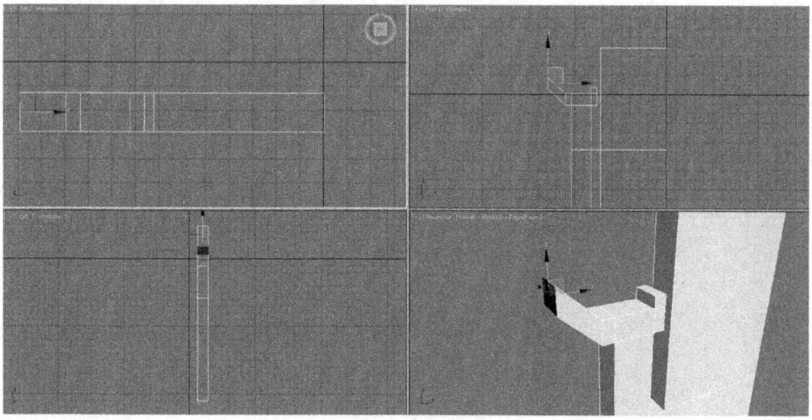

图 4-37　编辑模型

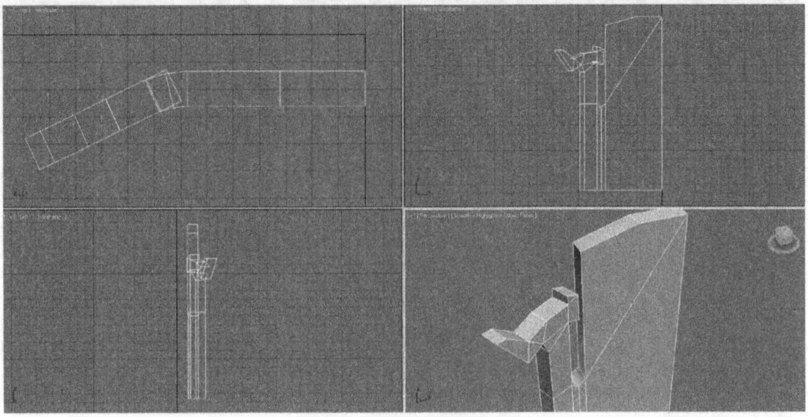

图 4-38　细化模型

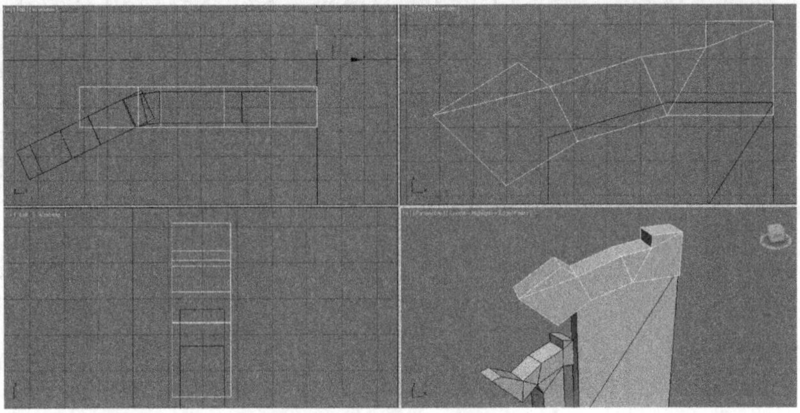

图 4-39　制作装饰结构

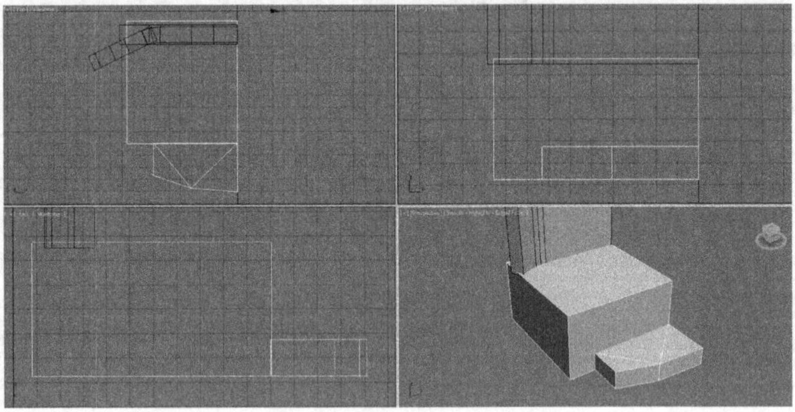

图 4-40　制作座面和脚踏结构

然后我们开始制作座椅两侧的虎形扶手。首先来制作虎头结构，在视图中创建一个长宽高分段数为 2 的 Box 模型，通过编辑多边形，制作出基本的头部形态(图 4-41)。利用 Connect、Cut 等命令添加分段布线，细化模型结构，利用边线勾勒出虎头眼部和嘴部的结构(图 4-42)。

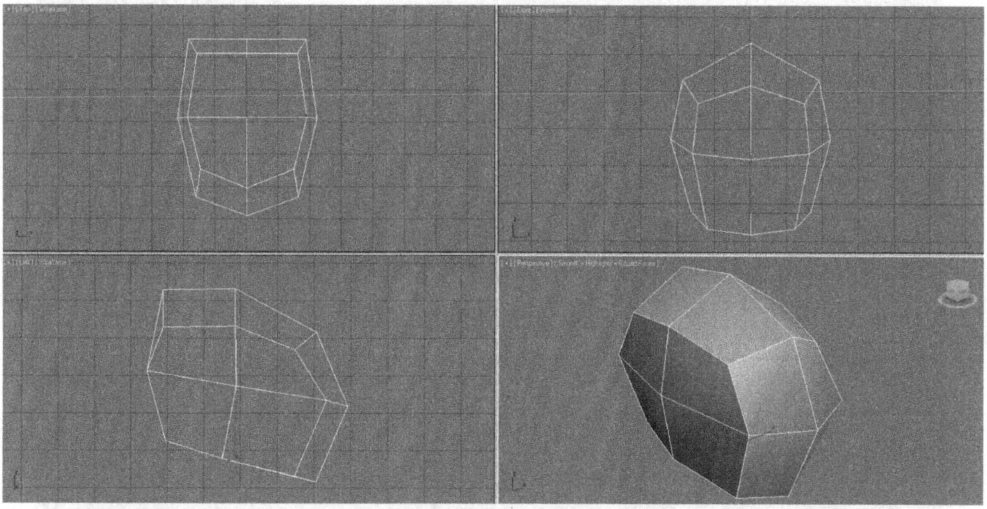

图 4-41 创建 Box 模型

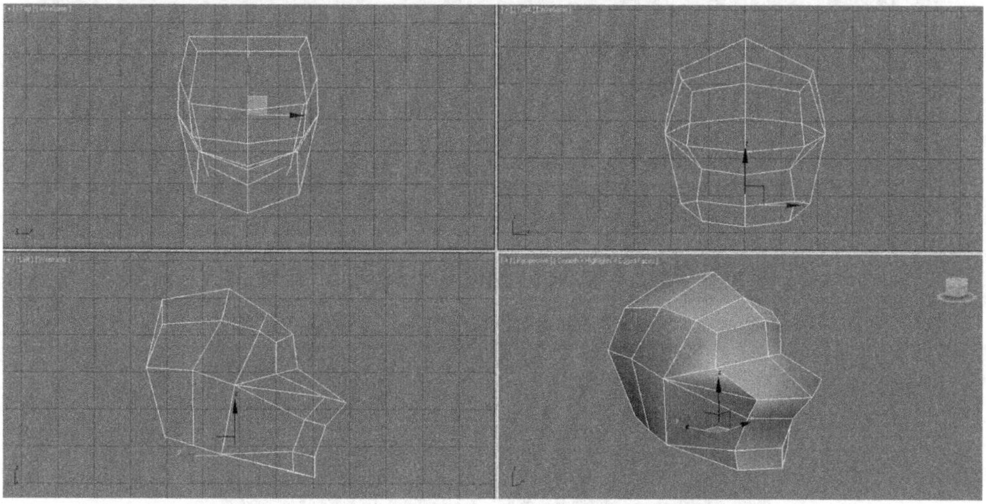

图 4-42 添加布线

接下来，进一步细化编辑模型，让模型各结构更加清晰，如图 4-43、4-44 所示。最后添加耳朵和牙齿的模型结构，这样，虎头模型就制作完成了(图 4-45)。

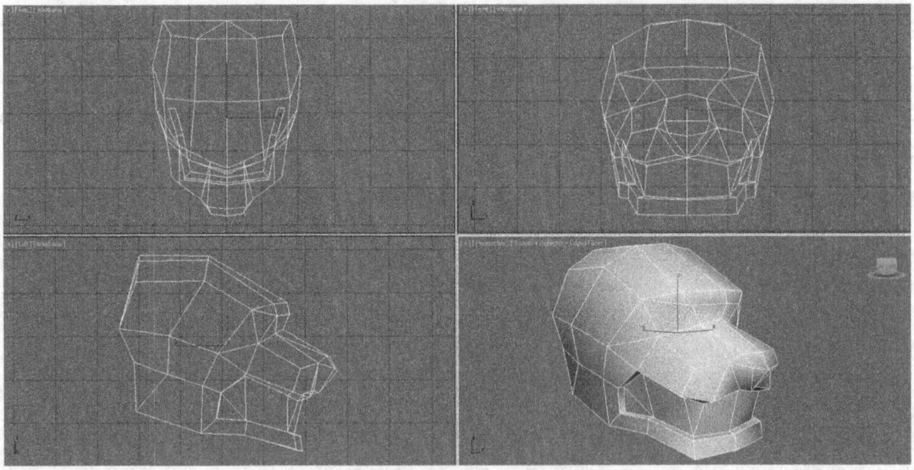

图 4-43　细化模型结构

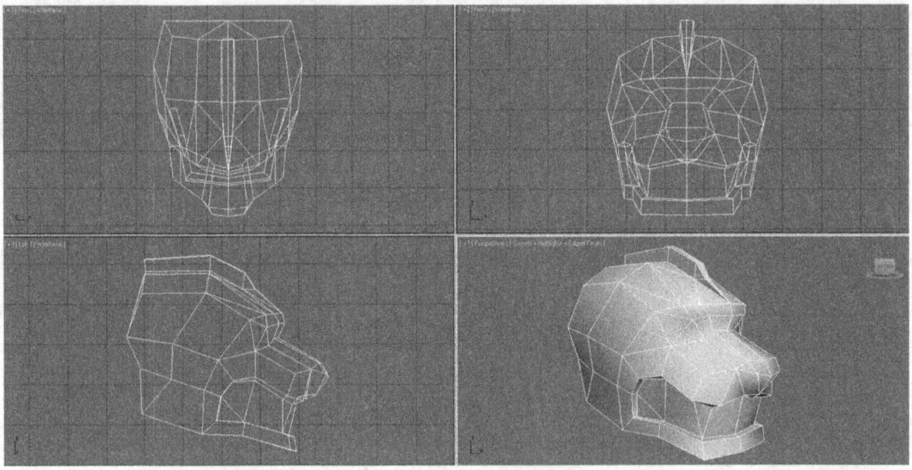

图 4-44　细化模型结构

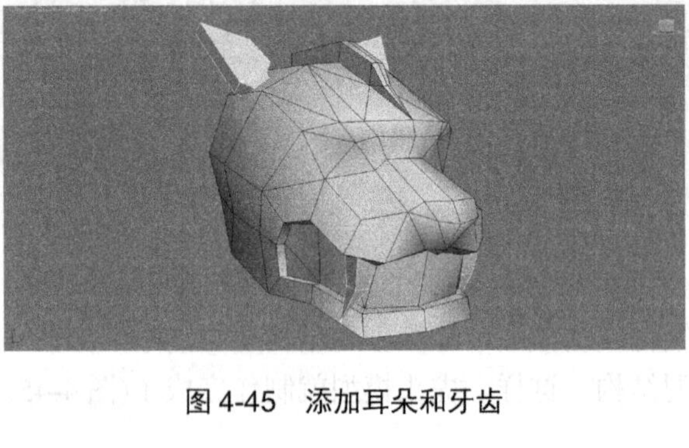

图 4-45　添加耳朵和牙齿

接下来制作老虎的躯干部分，在正视图中绘制，创建样条线，勾勒出躯干和尾巴的基本轮廓(图 4-46)。

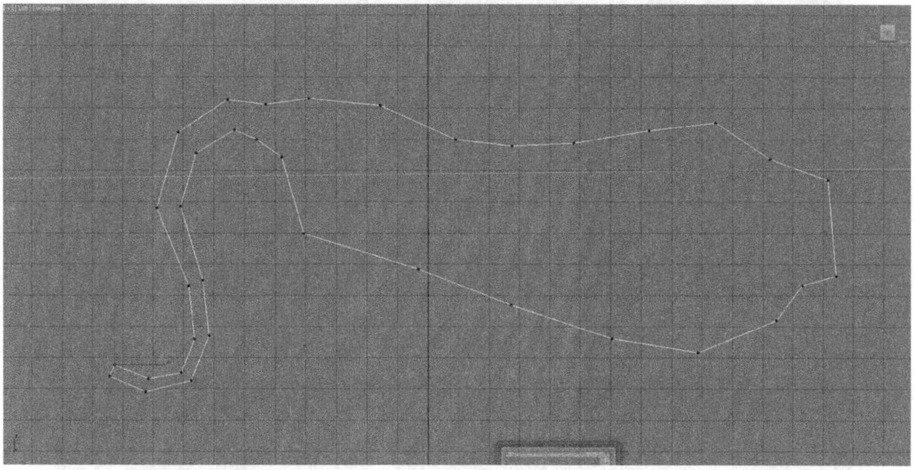

图 4-46 绘制样条线

在堆栈窗口中添加 Extrude 修改器命令，将样条线整体挤出为多边形模型(图 4-47)。

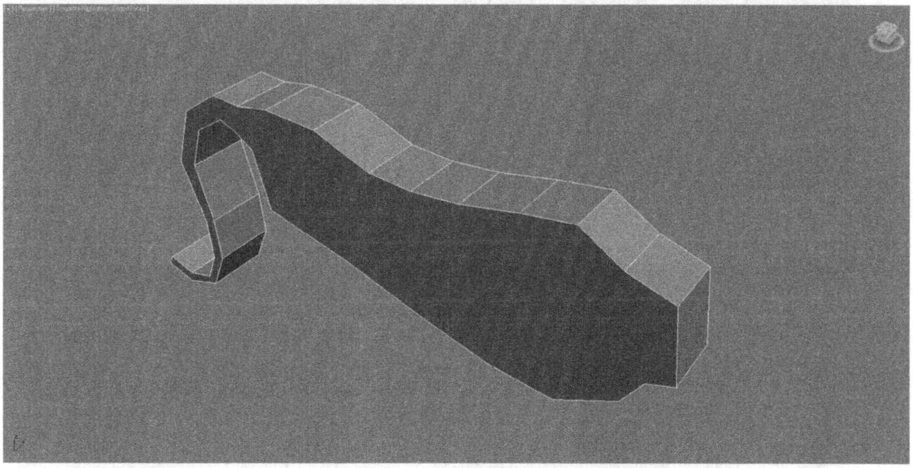

图 4-47 挤出模型

将模型塌陷为可编辑的多边形，进入边层级，选中侧面的所有边线，通过 Connect 命令添加分段(图 4-48)。

然后连接侧面的顶点，并进一步编辑细化模型，完成躯干部分的制作(图 4-49)。

利用同样的方法制作四肢的模型结构，如图 4-50 所示。然后将完成的所有模型结构拼装到一起，利用 Attach 命令整体结合，图 4-51 是制作完成后的模型效果。

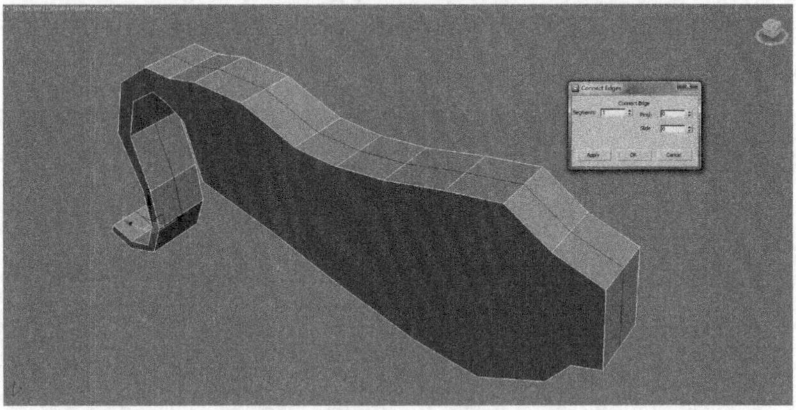

图 4-48　添加分段

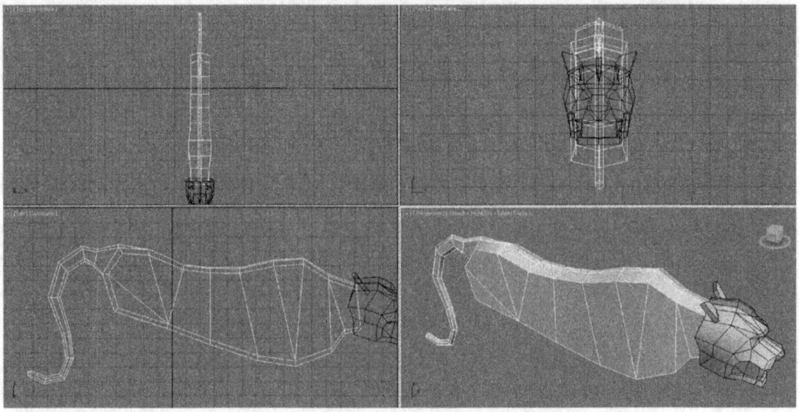

图 4-49　细化模型

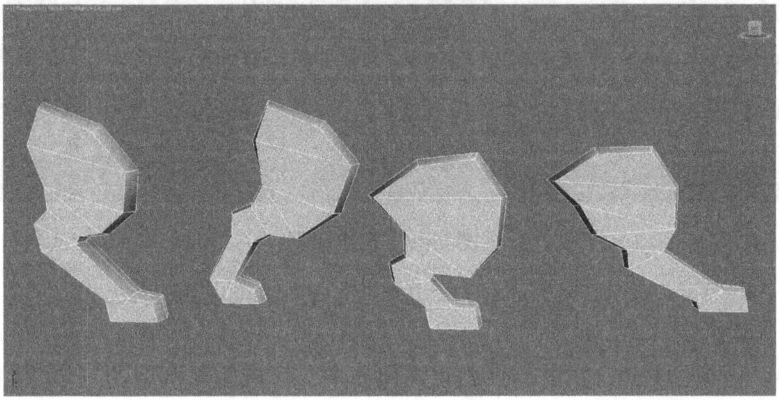

图 4-50　制作四肢结构

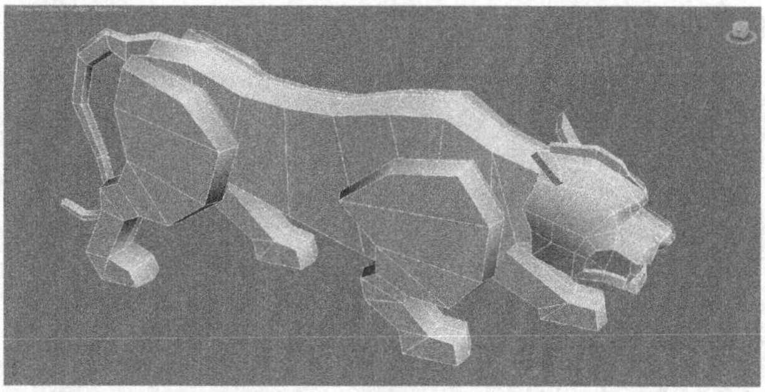

图 4-51　拼装模型

接下来，我们将虎形扶手放置在座椅一侧，然后将躯干模型中间进行弯曲处理，这样可以让其与座椅部分结合得更加紧密(图 4-52)。

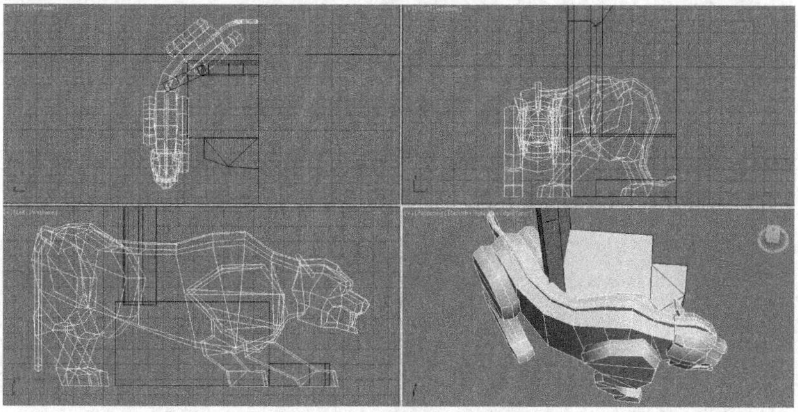

图 4-52　拼接虎形扶手

在虎形扶手与座椅靠背之间制作和添加装饰结构，如图 4-53 所示。

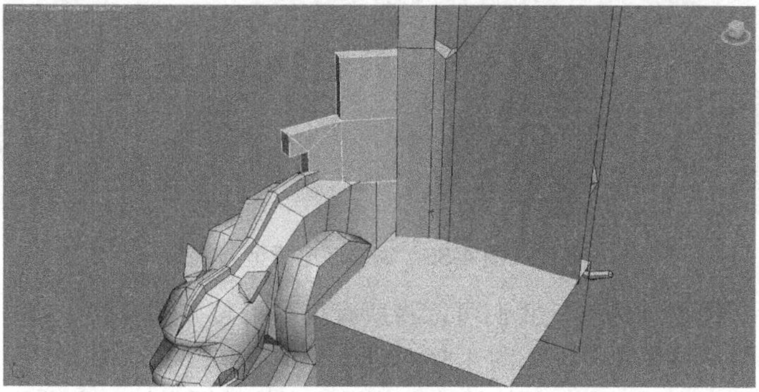

图 4-53　制作装饰结构

最后制作宝座的底座模型结构，在顶视图中绘制样条线，勾勒底座的外部轮廓(图 4-54)。

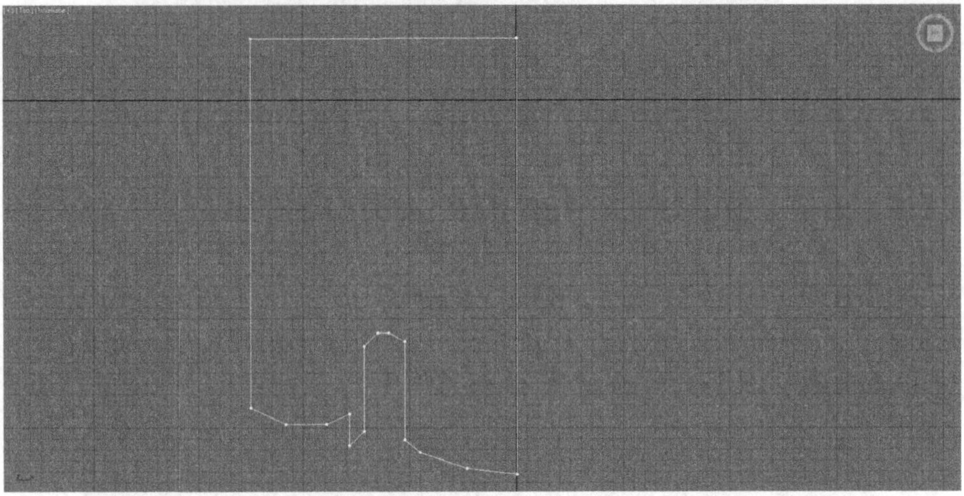

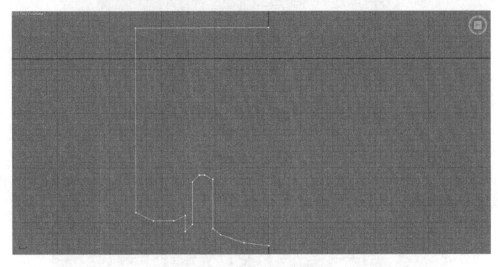

图 4-54　绘制底座轮廓样条线

添加 Extrude 修改器命令并将其塌陷为可编辑的多边形，利用 Connect 和 Cut 等命令连接多边形顶点，添加分段布线(图 4-55)。

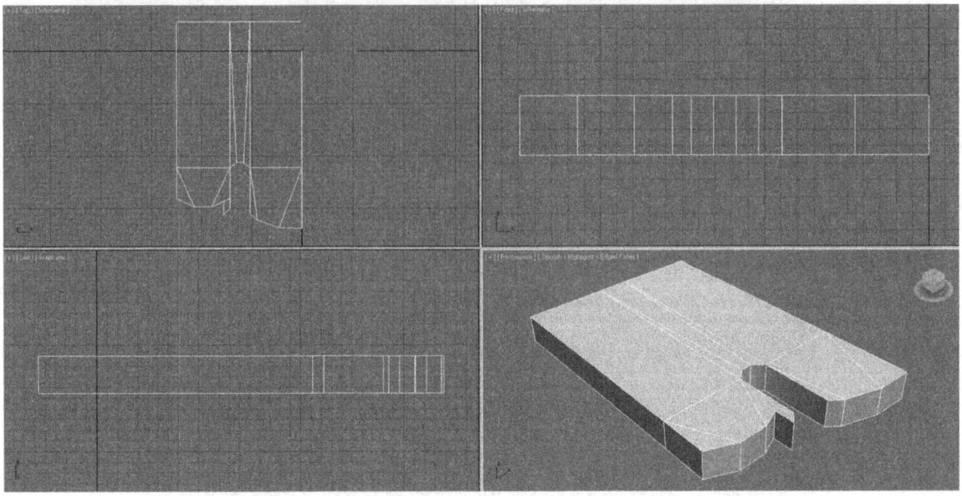

图 4-55　编辑底座模型

完成以上所有模型结构后，我们可以将所有模型拼装并结合到一起，利用镜像复制命令，可以得到模型的整体效果，如图 4-56 所示。

模型部分制作完成后，我们开始拆分和编辑模型的贴图坐标。由于是完全对称的结构，为了节省时间，我们在实际制作的时候，可以将对称的一侧模型删除，只拆分一侧的模型

UV 即可，最后利用镜像复制，可以将贴图坐标信息完全复制保留。

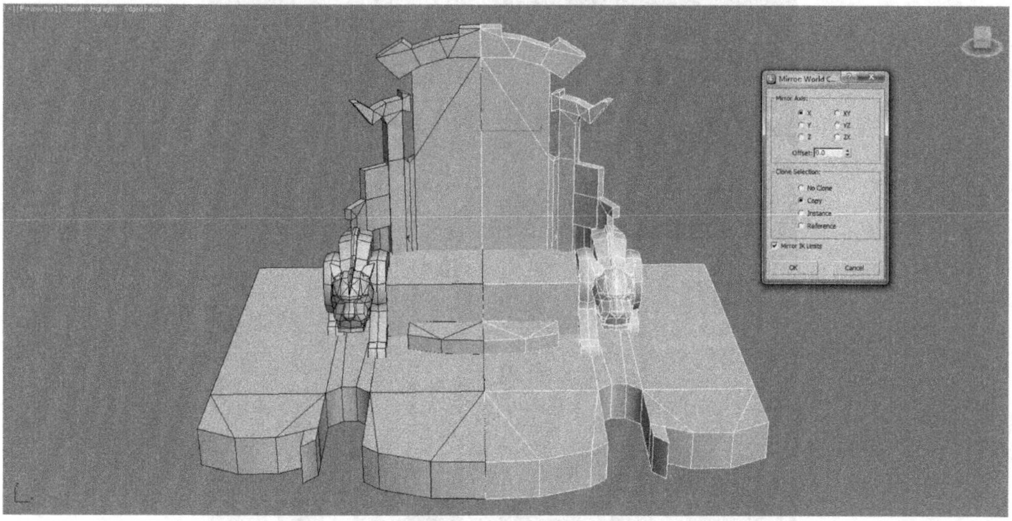

图 4-56　镜像复制

这里我们将模型全部的 UV 都平展到一张贴图上，左上角是虎形扶手的 UV，右上角为宝座靠背的 UV，左下角是座面和脚踏的 UV，右下角是底座结构的 UV(图 4-57)。

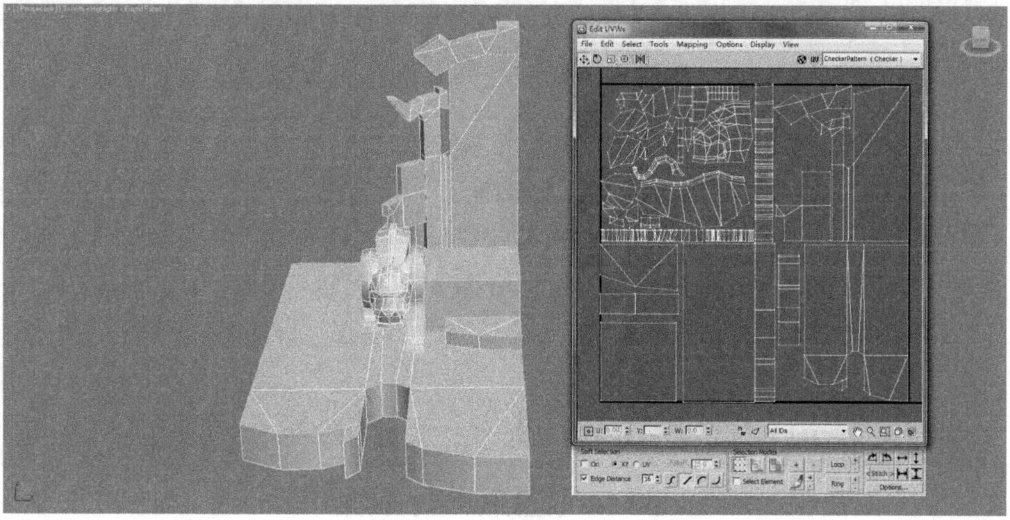

图 4-57　拆分模型 UV

接下来，将 UV 网格图导出，通过 Photoshop 软件来绘制模型贴图，如图 4-58 所示。然后将贴图添加到模型上，图 4-59 是模型最终完成的效果。

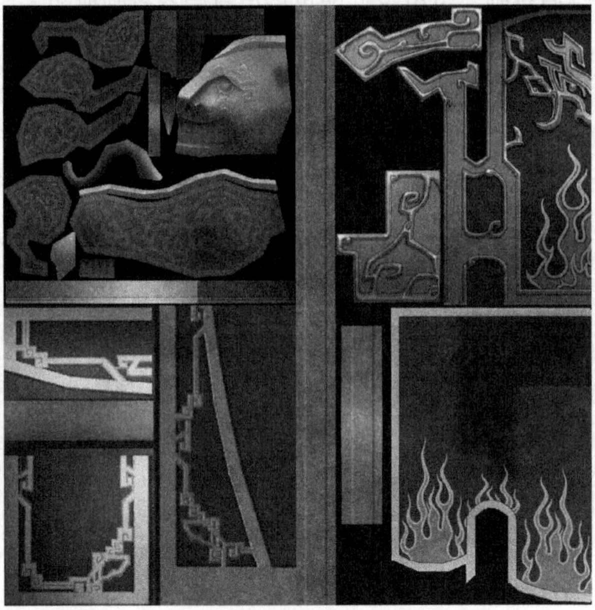

图 4-58　绘制模型贴图

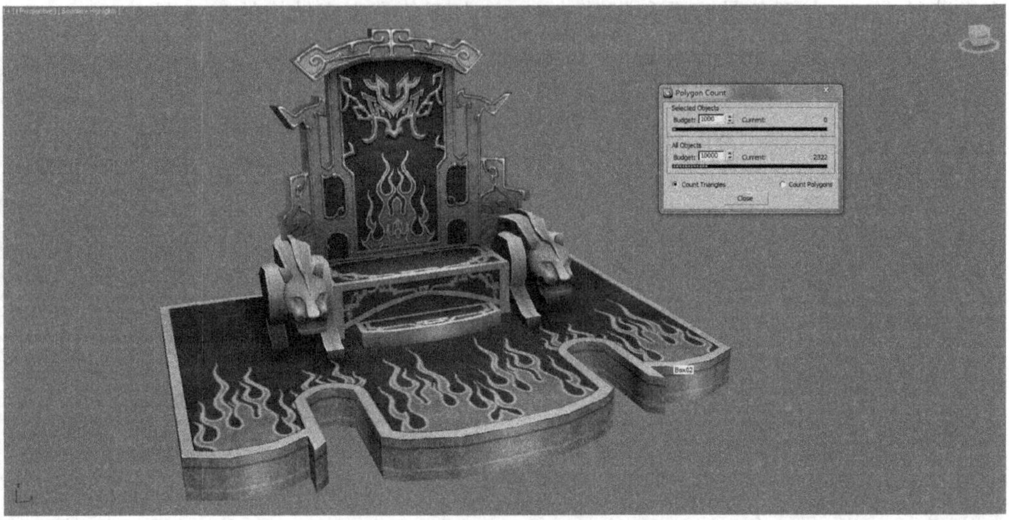

图 4-59　模型完成后的最终效果

第五章

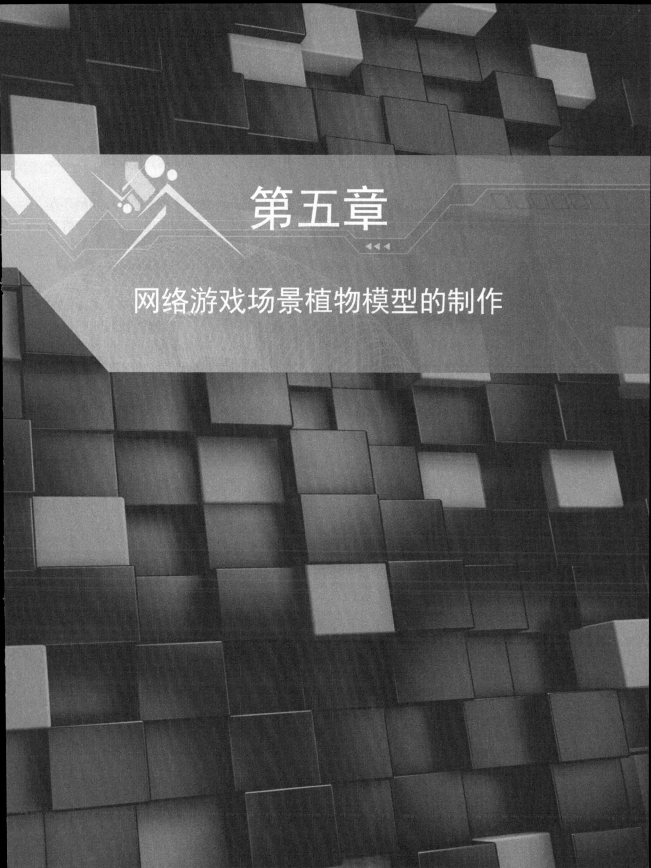

网络游戏场景植物模型的制作

自然生态场景是三维网络游戏中的重要构成部分，游戏中的野外场景在大多数情况下就是在营造自然的环境氛围。除去天空、远山这些在游戏中距离玩家较远的自然元素外，在地表生态环境中，最主要的表现元素就是植物。植物模型可以解决野外场景过于空旷，缺少主体表现元素的弱点，同时，野外地图场景中的植物模型还能够起到修饰场景色彩的作用。

自从三维电脑技术诞生以来，三维自然植物模型的制作就是一个重要的课题和研究方向，这不仅局限于电脑游戏制作领域，电脑动画设计领域也一直没有停止在这方面的研究和探索。著名的植物生成插件 SpeedTree 最早就是用于电脑动画和建筑动画中的，随着硬件技术和游戏技术的发展，SpeedTree 才被逐渐引入游戏制作领域，最终被 Unreal 引擎收编，成为其专属的制作模块。

在早期的三维游戏中，游戏场景基本设定在室内，很少有野外场景的出现，即使是野外场景，也很难见到植物模型，只有在远景才会出现植物的影子，早期的三维技术还很难解决自然环境中植物模型的制作问题。在 3D 加速显卡出现后，伴随电脑硬件的支持，三维技术有了较大的进步和发展，这时的很多游戏都有野外场景的出现，同时也会看到越来越多的三维植物模型，但这些模型与现在的相比，仍然十分简陋。直到后期，不透明贴图技术的出现，才从真正意义上解决了三维游戏中植物模型的制作问题(图 5-1)。

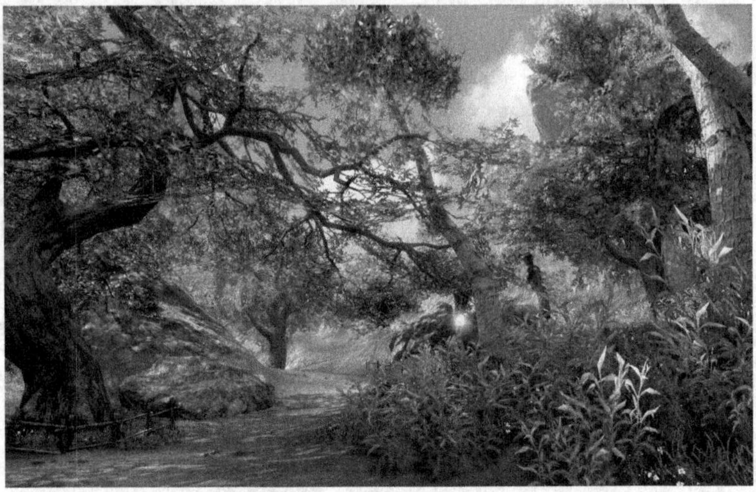

图 5-1　游戏场景中利用 Alpha 技术制作的植物模型

在如今的游戏研发领域中，植物模型的制作仍然是三维场景美术师需要不断研究的课题，在业内有一句行话叫：“盖得好十座楼，不如插好一棵树”，由此便能看出植物模型对于三维制作人员技术和能力的要求。在许多大型游戏制作公司的应聘考试中，制作植物模型成为经常涉及的选题，往往通过简单的“一棵树”就能够清楚地看出应聘者能力水平的高低。要掌握植物模型的制作要领，并非一朝一夕，也没有什么捷径可走，最好的“捷径”

就是练习，从一草一木开始，通过自己脚踏实地的努力去总结经验技巧，最终建立起自己独立的制作体系。

在本章内容中，将分别从游戏植物模型的特点、种类和制作方法，来学习植物模型的基础理论知识，同时，通过实例的制作，来进一步了解植物模型制作的流程和技巧。

5.1　三维植物模型制作理论

5.1.1　植物模型的特点

如同我们在制作场景建筑模型的时候要抓住建筑的结构特点一样，要想将三维野外场景植物模型制作得生动自然，我们也必须抓住植物模型的特点。对于场景植物模型来说，其特点主要从结构和形态两方面来看，所谓结构，主要指自然植物的共性结构特征，而形态，就是指不同植物在不同环境下所表现出的独特生长姿态。只要抓住植物这两方面的特点，我们就能将自然界千姿万态的花草树木植入到虚拟世界中。

我们以自然界中的树木为例，来看植物的结构特征，从图 5-2 的左侧图中我们可以看出，树木作为自然界中的木本植物，主要由两大部分构成：树干和树叶，而树干又可以细分为主干、枝干和根系。以树木所在的地平面为基点，向下延伸出植物的根系，向上延伸出植物的主干，随着主干的延伸，逐渐细分出主枝干，主枝干继续延伸，细分出更细的枝干，在这些枝干末端生长出树叶，这就是自然界中树木的基本结构特征。

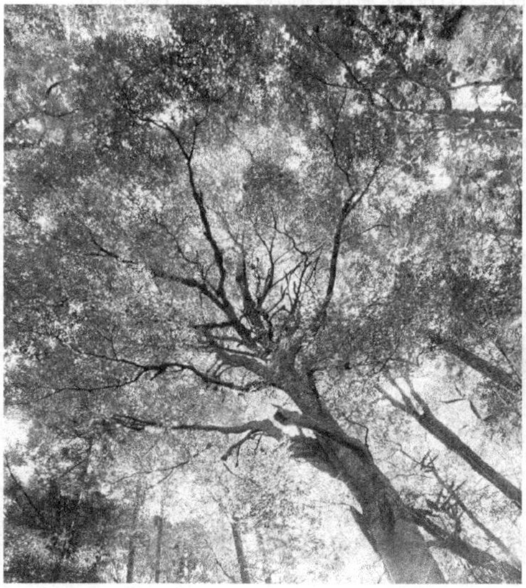

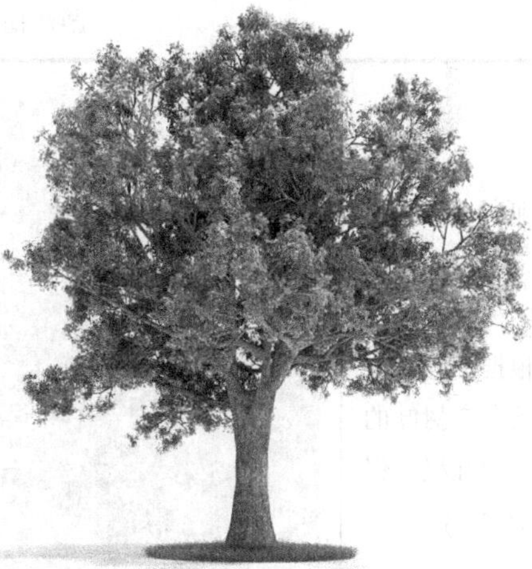

图 5-2　自然界中的树木与高精度树木模型

图 5-2 的右侧图是一棵树木的高精度模型，从主干到枝干，包括每一片树叶，都是多边形模型实体，显然，这样的模型面数根本无法应用于游戏场景中，即使除去叶片，只制作主干和枝干，这样的工作量也是无法完成的，何况游戏野外场景中要用到大量的植物模型，所以，要利用多边形建模的方式来制作植物模型是不现实的。

现在游戏场景中植物模型的主流制作方法是利用 Alpha 贴图来制作植物的枝干和叶片，在专业领域中，我们称其为“插片法”，在后面的内容中，我们再来详细讲解“插片法”的制作流程。

除了植物的结构特征，我们还必须掌握植物的形态特征，植物形态，就是指不同植物在不同环境下所表现出的独特生长姿态，例如，就绿叶植物来说，温带地区和热带地区的植物在形态上有很大的区别；拿热带地区来说，生长离水域近的植物与沙漠中的植物形态更是各异；而对于热带和寒带地区来说，不同区域植物的形态差异会更大。以上所说都属于区域植物间的形态差异，而对于同一地区，甚至于相邻的两棵植物，可能都会具有各自的形态。作为三维游戏场景美术师，我们必须掌握植物的形态特征，只有这样，才能让虚拟的植物模型散发出自然的生机。

5.1.2 植物模型的种类

三维网络游戏野外地图场景多为自然场景，花草树木这些植物模型通常会充当主体模型，所以，在对野外场景的制作中，会用到大量的三维植物模型，而且根据不同的区域地带，会用到不同种类的模型植物。比如，在雪山场景中会用到雪松，而在沙漠场景中则会用到仙人掌等沙漠植物。下面，我们就把游戏中常用的植物模型做一下归类总结。

游戏植物模型的种类

1. 普通树木，在自然场景中最为广泛应用的树木模型，可以根据不同风格的场景改变树叶的颜色，如红枫、银杏等(图 5-3)	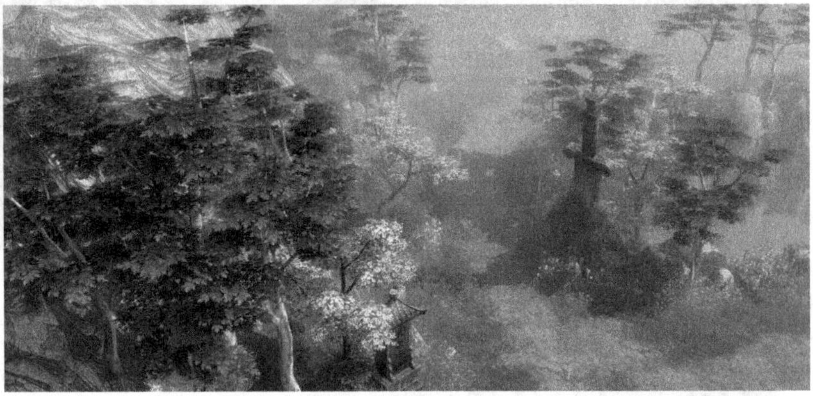 图 5-3　普通树木

续表

2. 各种花草植物，大量应用在地表模型上(图 5-4)	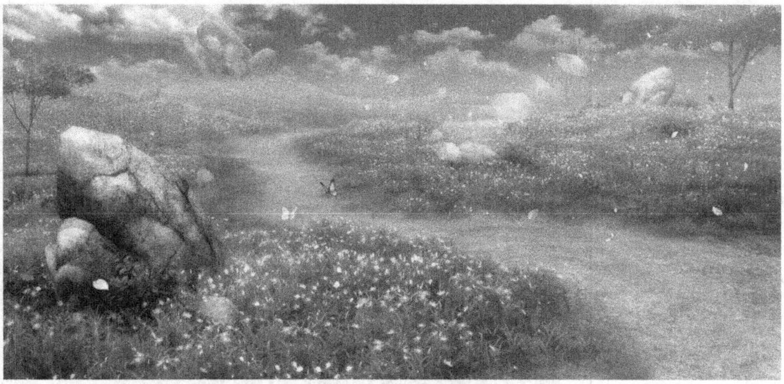 图 5-4 花草植物
3. 灌木，与花草模型穿插使用，也是作为地表低矮植物模型(图 5-5)	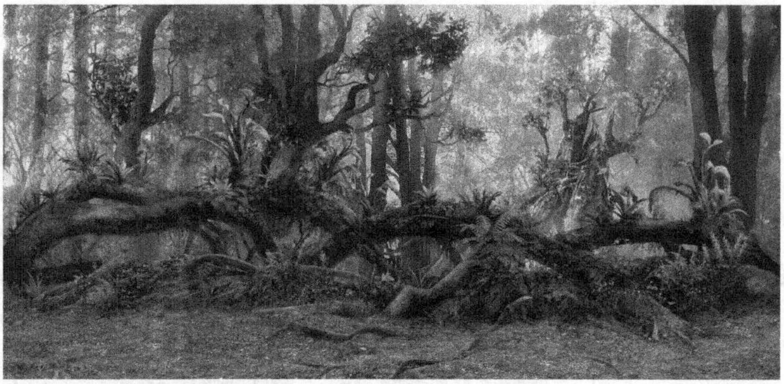 图 5-5 灌木
4. 松树，应用在高原或高山场景中(图 5-6)	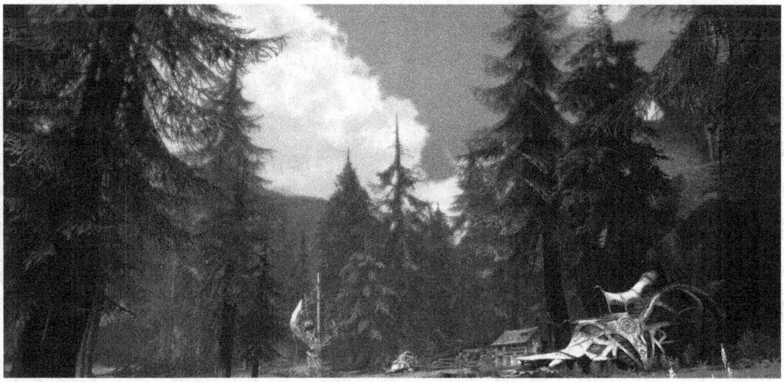 图 5-6 松树

续表

5. 竹子，特殊植物，主要用于大面积竹林的制作(图 5-7)。	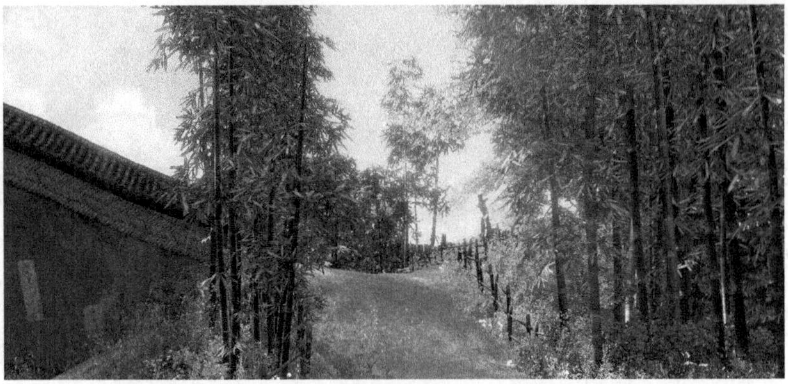 图 5-7　竹子
6. 柳树，多用于江南场景的制作中(图 5-8)	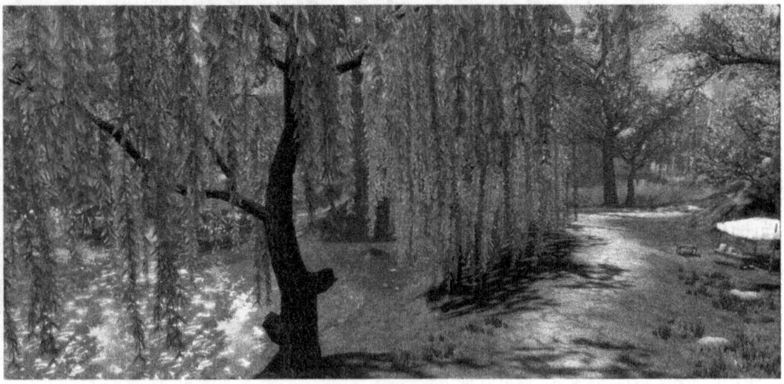 图 5-8　柳树
7. 花树，在野外场景中与普通树木穿插使用，也可以用来制作大面积的花树林，在游戏中较常见的是桃花、梅花等(图 5-9)	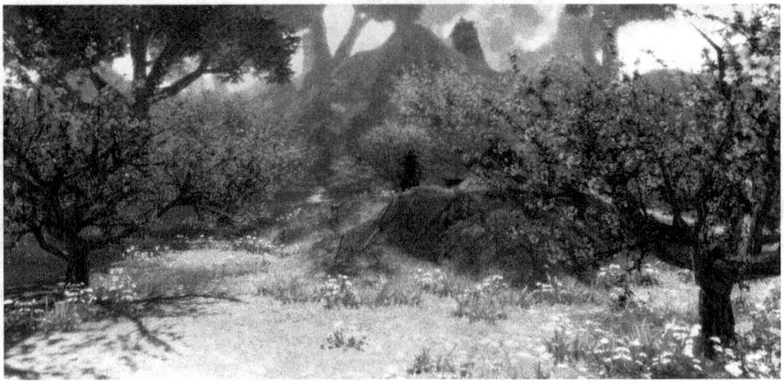 图 5-9　花树

续表

8. 热带植物，多用于热带场景的制作，主要为棕榈科的植物(图 5-10)	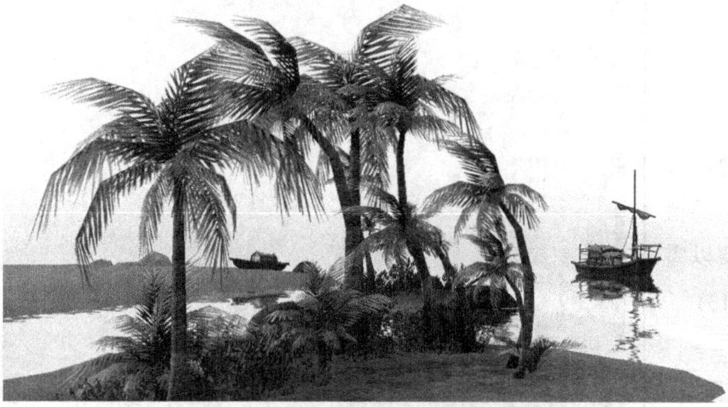 图 5-10　热带植物
9. 巨型树木，通常在标志性场景或独立场景中作为场景主体(图 5-11)	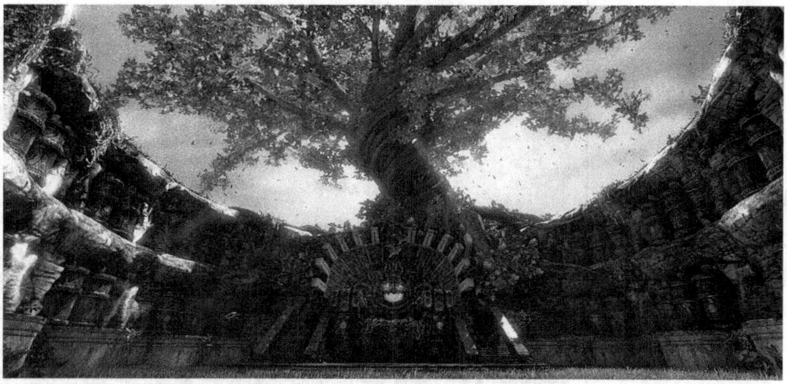 图 5-11　巨型树木
10. 沙漠植物，用于沙漠场景中，常见的为仙人掌、骆驼刺等(图 5-12)	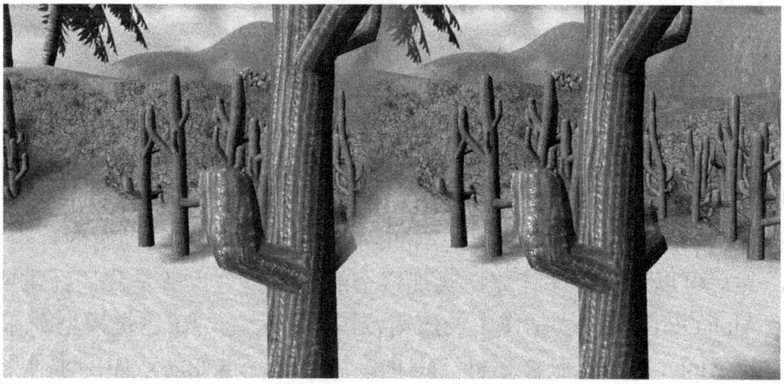 图 5-12　沙漠植物

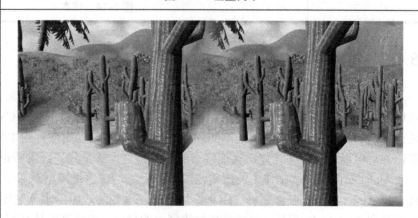

续表

11. 雪景植物，覆雪场景中使用的植物模型，主要以雪松为主(图 5-13)	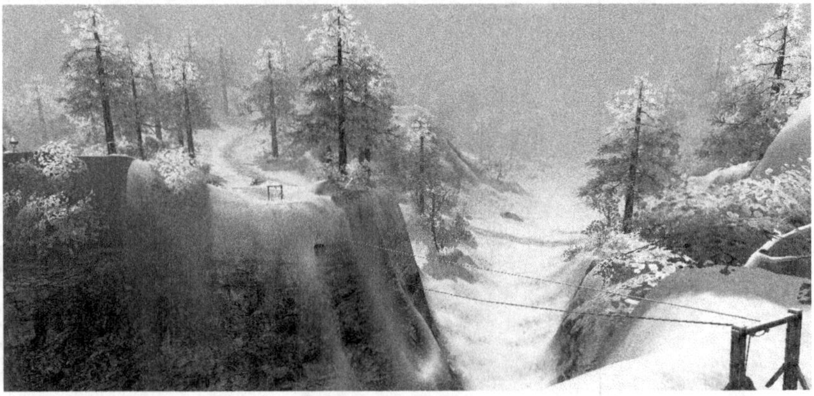 图 5-13　雪景植物
12. 枯木，多用于荒凉场景或恐怖场景中(图 5-14)	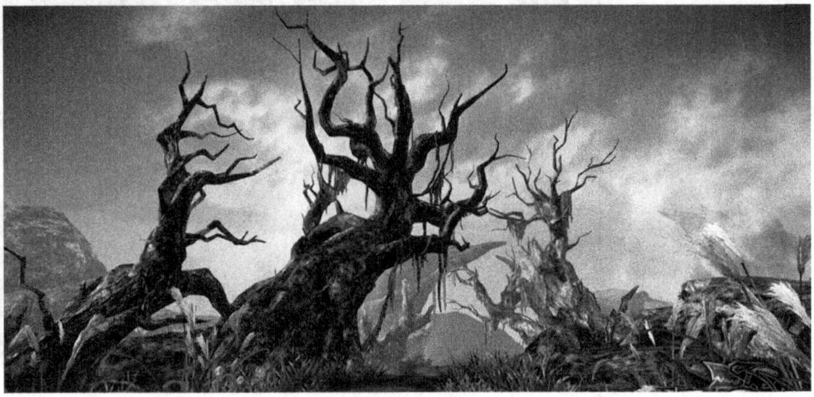 图 5-14　枯木

5.1.3　植物模型的制作方法

在学习植物模型制作原理之前，我们首先来了解 Alpha 贴图的概念。所谓的 Alpha 贴图，也叫作 Opacity Map(不透明度贴图)，是指图片文件的通道信息中除了 CMYK 四色通道以外，还存在 Alpha 黑白通道的图片，Alpha 黑白通道通常是勾勒出图片中主体图像的外部轮廓剪影，然后可以通过程序计算，实现镂空的效果，这也就是我们经常所说的镂空贴图。

Alpha 贴图在游戏制作中的应用范围及其广泛，在建筑模型制作中为了节省模型面数，经常用 Alpha 贴图来制作栏杆、围栏、篱笆等；再如游戏中的水体贴图、粒子特效贴图等，也都是利用的 Alpha 贴图，而场景植物模型中的枝叶、花草等更是必须要应用 Alpha 贴图来实现。下面我们简单介绍一下植物模型 Alpha 贴图的制作方法。

通常，我们在 Photoshop 中绘制植物贴图前，需要在背景图层之上新建一个图层，然后可以在新建的图层中首先绘制植物细节枝干的部分，然后再创建一个新的图层，来绘制植物的树叶部分，最后按住 Ctrl 键来点选树枝和树叶两个图层，随即在通道面板中创建出图片的 Alpha 通道。之后，我们可以根据游戏引擎的要求，将其保存为 TGA 或者.dds 格式的图片文件(图 5-15)。

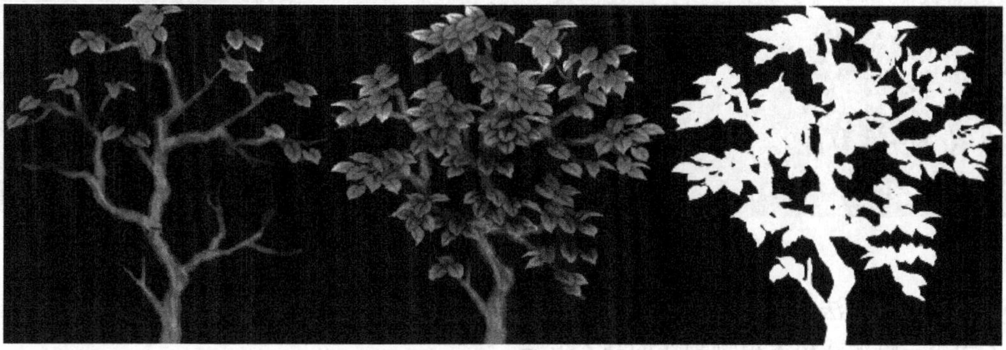

图 5-15 植物模型的 Alpha 贴图

在前面提到，三维游戏场景植物模型主要用“插片法”来制作，所谓的插片法，就是为避免产生过多模型面数，用 Alpha 贴图来制作植物枝干和叶片的方法。

首先需要在 Photoshop 中制作出贴图的 Alpha 通道，并储存为带有通道的不透明贴图格式，然后将贴图添加到 3ds Max 的材质球上，分别需要指定到材质球的 Diffuse 和 Opacity 通道中。如果想要在 3ds Max 的视图中看到镂空效果，就需要进入 Opacity 通道，将 Mono Channel Output 选项设置为 Alpha 模式，将材质球添加到 Plane 面片模型上，就会看到不透明贴图的效果了，这样，当 Plane 模型面对摄像机的时候，就会模拟出非常好的植物叶片效果了。但在实际的三维游戏中，玩家可以从任意视角观察模型，所以当摄像机转到 Plane 侧面的时候，就会出现“穿帮”，这就是插片法需要解决的问题。

图 5-16 左侧就是带有通道的植物贴图，为了解决穿帮的问题，我们可以将 Plane 模型按中轴线旋转复制，并与原来的 Plane 模型成 90°角，同时制作为双面效果，这样，无论摄像机从哪个角度观看，都不会出现先前那样的穿帮现象了，这就是在三维场景植物制作中常用的“十字插片法”。

十字插片法是三维游戏雏形时期用来制作树木的主要方法，但如果将这样的植物模型大面积用在游戏场景中，尤其是近景区域，那整体效果将会十分粗糙。所以现在的三维游戏制作中，类似这样的植物模型通常用于玩家无法靠近的远景区域，或者是用来制作地表的花草植被、低矮灌木等。

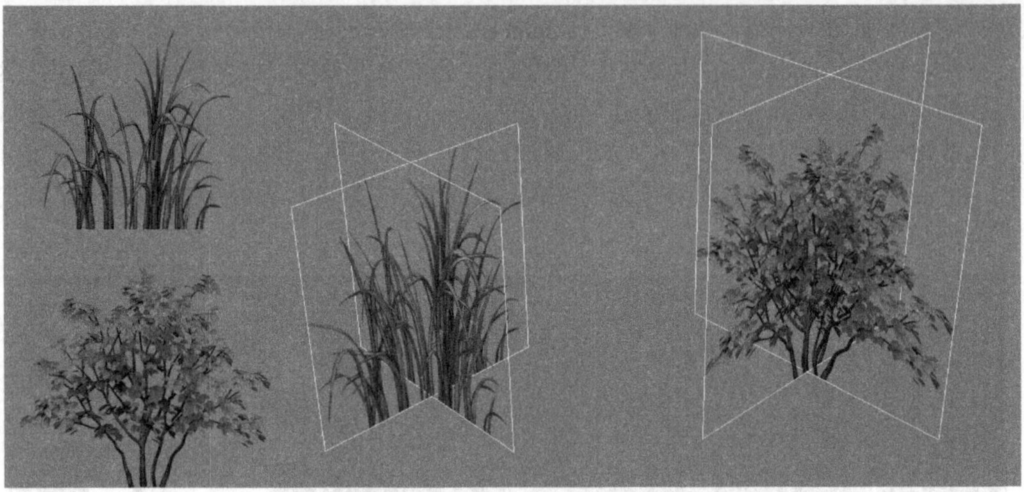

图 5-16　十字插片法

虽然我们无法利用一组十字插片的 Plane 模型作为树木模型，但利用这种原理，却延伸出了当今三维游戏树木植物制作的基本方法。

我们可以绘制一组树木枝干连同树叶的 Alpha 贴图，将其添加到 Plane 模型上，并制作成一组十字插片，然后就可以将这组十字片复制穿插到树木主干上，通过旋转、缩放、复制等操作，最终就制作出了完整的树木模型，如图 5-17 所示。

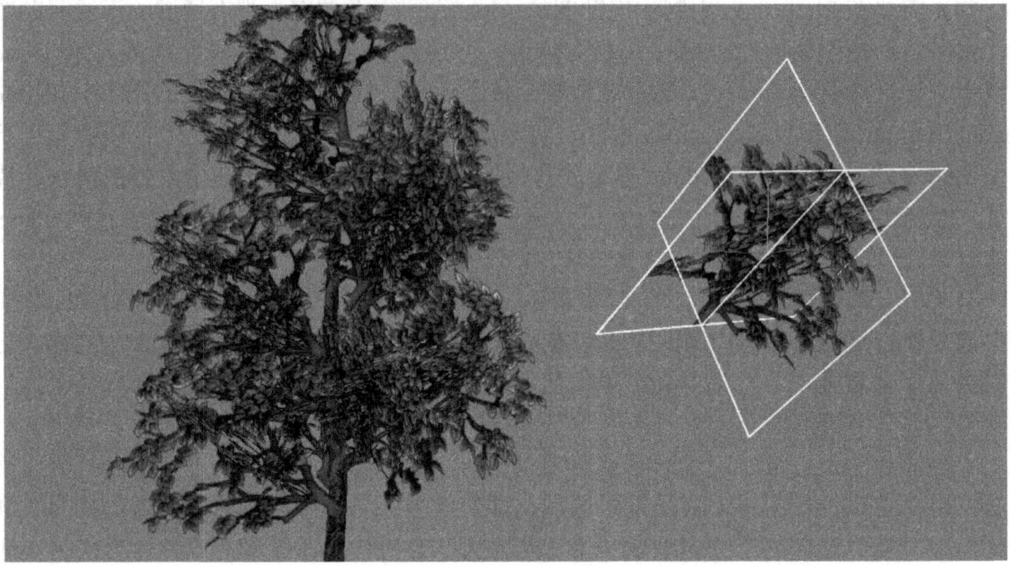

图 5-17　利用十字插片法制作树木的枝叶

利用十字插片法制作的三维树木模型效果非常不错，但是，这种方法仍然有一个缺点，那就是十字插片的模型片结构通常比较大，如果用来制作大型树木，仍然会显得十分粗糙，所以，十字插片法通常用来制作中、小型的树木模型。而像先前在植物分类中提到的巨型树木，我们必须用另一种制作方法——“叠片法”。

叠片法是利用片面模型互相遮挡叠加，来模拟树木植物叶片效果的制作方法，叠片法所用的片面模型通常为横竖分段各为 2 的 Plane 模型，也就是“田”字片，一般需要将 Plane 模型的中心点制作为凸起状，这样做的好处是，从侧面观察也会有厚度的效果，然后需要将 Plane 模型按照树干的分布，利用移动、旋转、缩放、复制等命令层层遮挡叠加，制作出最终的效果，如图 5-18 所示。

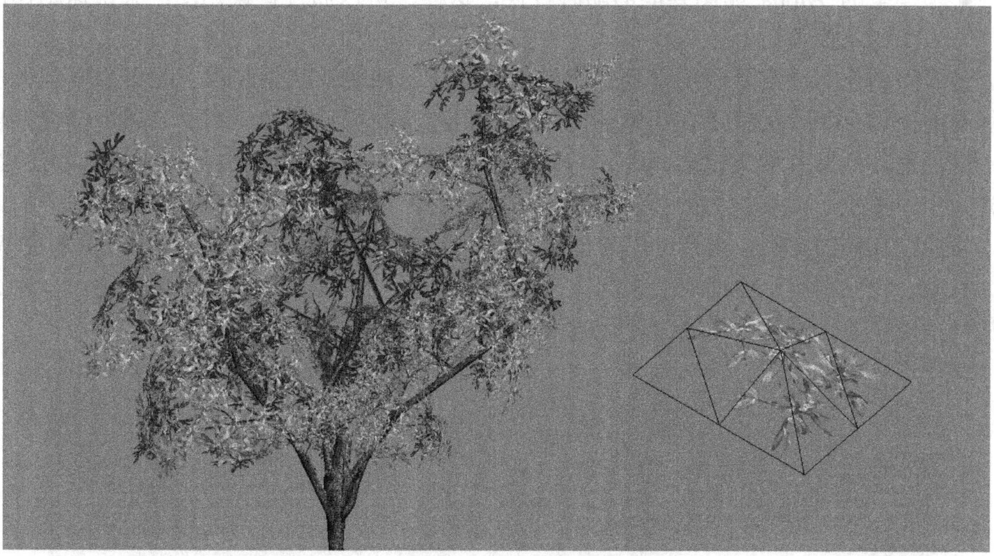

图 5-18　用叠片法制作树木叶片

无论是大型树木模型，还是中小树木模型，都可以用叠片法来制作，叠片数量越多，模型越精细，同时，制作也越复杂。整体来说，叠片法比十字插片法制作难度要高，因为叠片的时候要考虑到各个视角的效果，甚至是顶面。现在次世代游戏中的植物模型通常都用这种方法来制作。

以上介绍的两种方法就是现在三维游戏植物模型的主流制作方法。

除此之外，个别游戏制作中还会用到另一种方法，就是用程序操作来定位植物的叶片，让叶片可以跟随玩家摄像机进行旋转，时刻让 Plane 模型的正面面对摄像机，这种方法的优势是可以制作出叶片随风摆动的动画效果，当然，这些都是利用程序原理制作完成的，这里就不做过多的讲解了。

在下面的章节中，将通过具体的实例，来详细讲解三维植物模型的制作流程和方法。

5.2 植物模型实例的制作(一)

对于网络游戏场景树木模型的制作要注意三点：

- 要严格控制模型面数，因为树木模型要在场景中大面积使用，必须尽可能地节省资源。
- 树木模型的形态不能制作得过于夸张，要保证其普通的特性，模型枝干和叶片要均匀制作，可以通过旋转不同的角度来使用。
- 模型的 Alpha 贴图要能够随时替换，这样，可以通过替换贴图，来快速制作出新的树木模型。

基本的制作方法就是利用前面介绍的十字插片法和叠片法来制作。如果想要制作出效果优秀的植物模型，关键还在于贴图的绘制，贴图绘制得越精细、真实，通道镂空得越精确，最后整体的叶片效果就会越好。植物贴图的绘制需要在日常的制作中不断练习，在随书光盘中，提供了众多优秀的植物贴图，希望能够作为参考帮助读者学习。在本节的内容中，将通过具体的实例，来详细学习如何利用十字插片法和叠片法来制作场景树木模型。

首先，我们利用十字插片法来制作一棵松树模型，在 3ds Max 视图中创建一个六边形圆柱体基础模型，设置合适的分段数(图 5-19)。

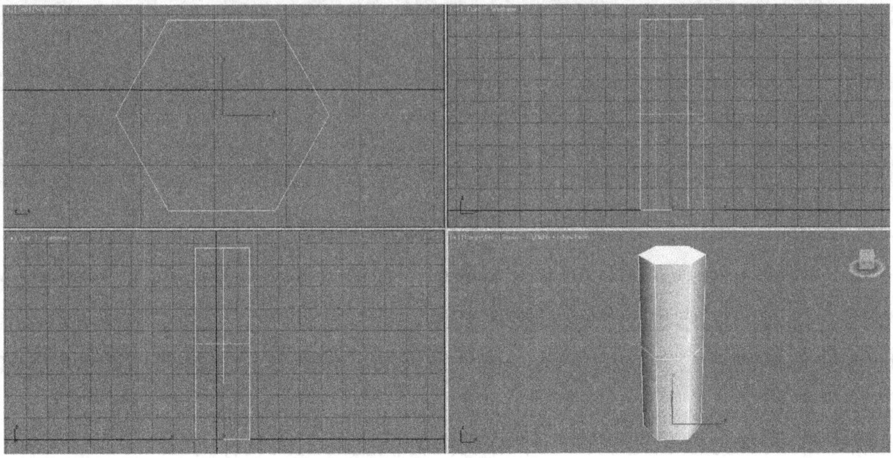

图 5-19　创建圆柱体模型

将圆柱体模型塌陷为可编辑的多边形，通过添加分段，调整点线位置，将其编辑制作成植物的主干(图 5-20)。选中主干中间侧面的模型顶点，利用 Chamfer 命令，制作出新的模型面(图 5-21)。进入多边形面层级，选中刚刚完成的模型面，利用 Extrude 命令挤出，制作出植物侧面的枝干模型(图 5-22)。

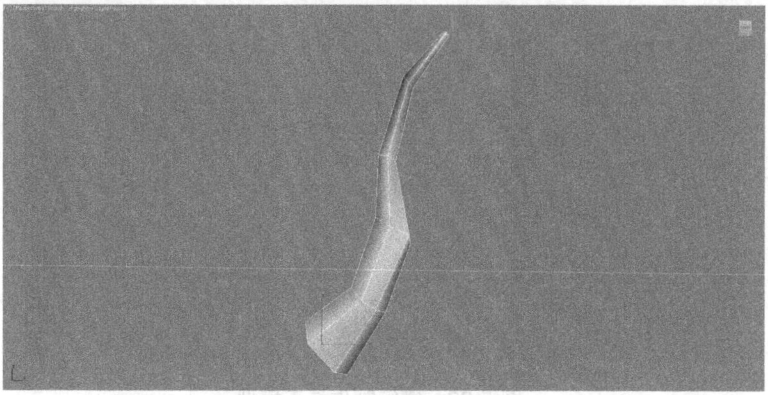

图 5-20　制作植物主干

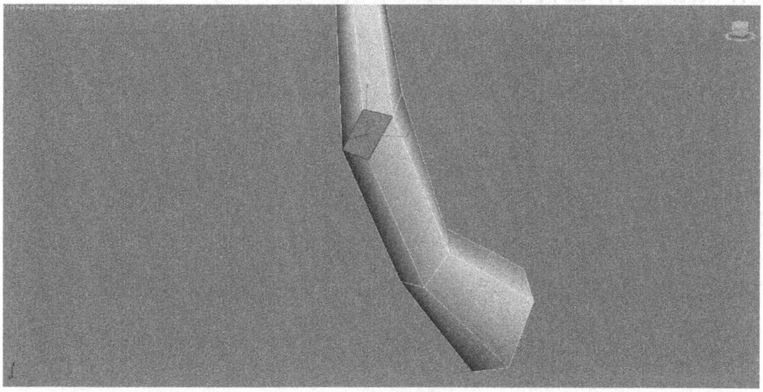

图 5-21　顶点倒角

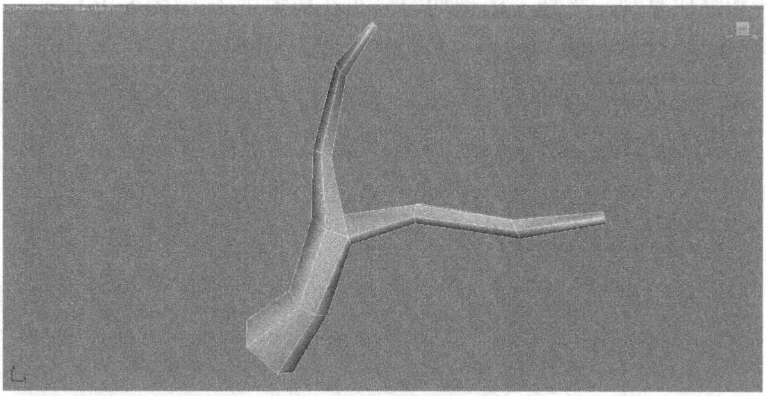

图 5-22　制作侧面枝干模型

利用同样的方法继续制作模型的枝干(图 5-23)。

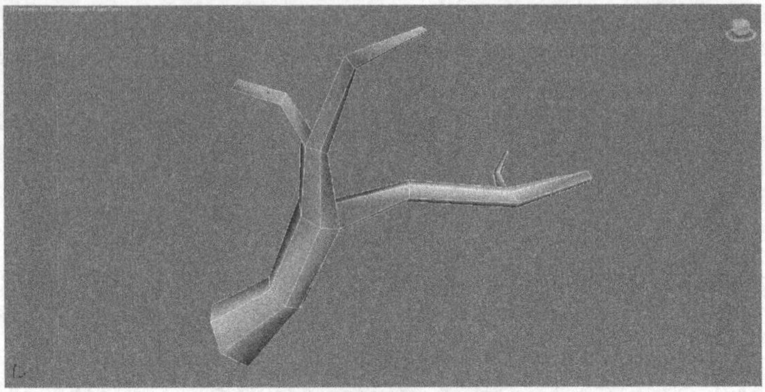

图 5-23 继续制作枝干模型

利用圆柱体模型，制作出树木独立的枝干模型(图 5-24)。

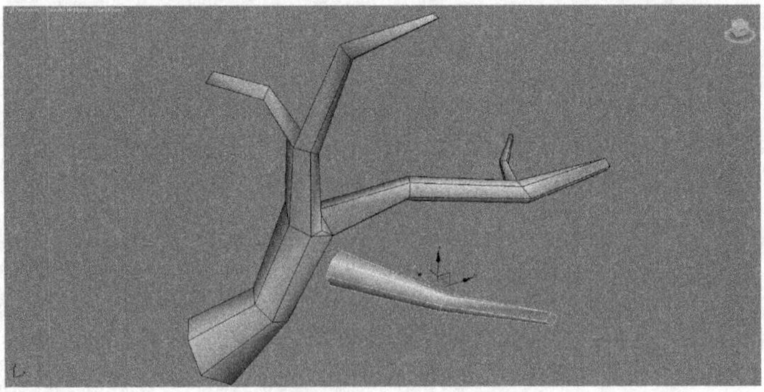

图 5-24 制作独立枝干模型

利用旋转和缩放复制，将枝干模型均匀分布在树木主干上(图 5-25)。

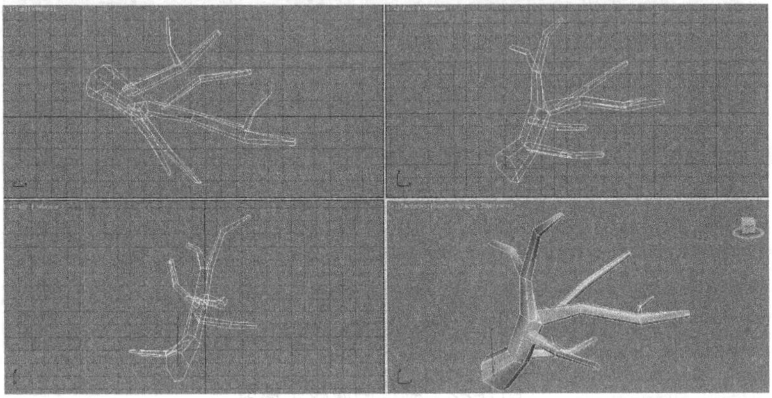

图 5-25 复制分布枝干模型

接下来，我们为模型添加贴图。为了节省贴图数量，我们将树木模型的树皮和枝叶镂空贴图绘制在一张贴图上，树皮部分采用了上下二方连续的形式。因为树干的模型是利用圆柱体模型制作的，所以对于模型的UV，基本不需要太多操作，只要调整一下UV和贴图的整体大小比例即可，另外，可以适当处理下根系与主干附近的贴图接缝。然后将枝叶部分的贴图添加到Plane面片模型上，并利用旋转复制的方式制作出十字插片模型(图5-26)。

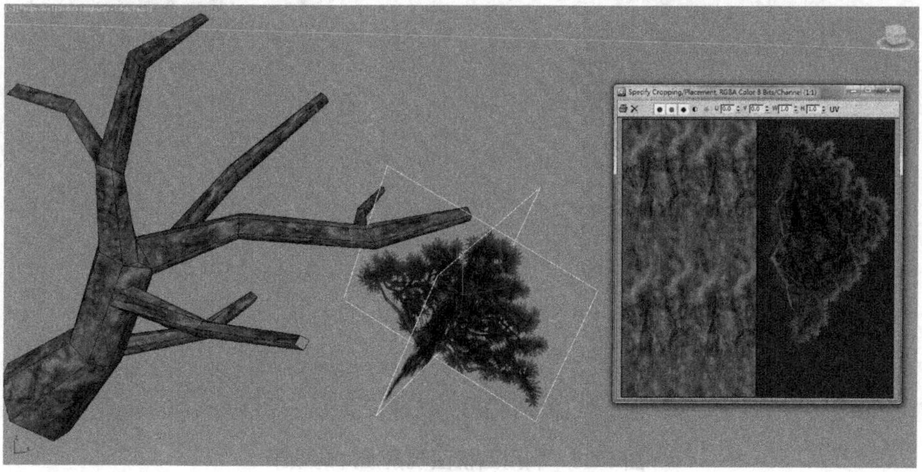

图5-26　为模型添加贴图

然后就是插片的过程了。首先，我们从主干的末端开始插片，将先前制作好的十字片模型调整到图5-27的位置，然后利用旋转和缩放复制命令，制作出相邻的枝叶，保证面片模型中贴图的枝干根部与主干模型尽量接合，这样，一簇松叶的效果就完成了(图5-27)。

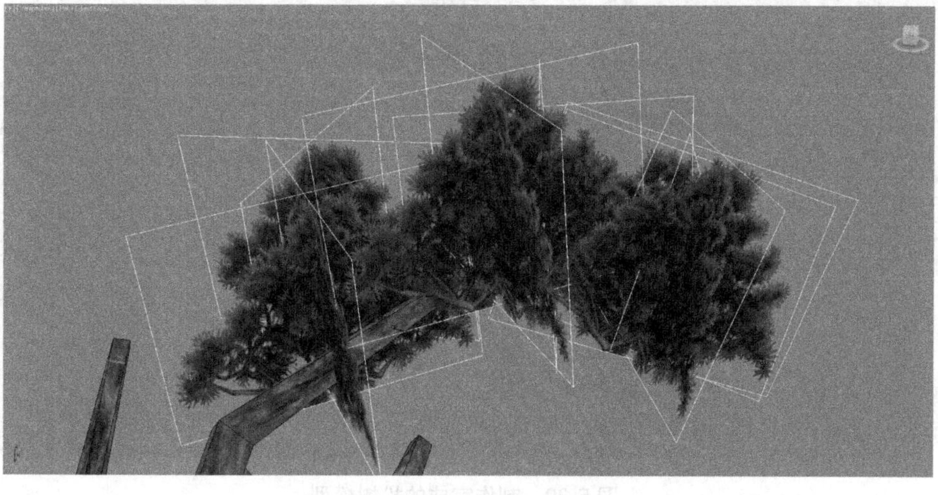

图5-27　制作植物插片

总地来说，十字插片的制作方法还是比较简单的，在插片的时候，要时刻观察四视图，及时调整面片的位置，保证面片模型在各个视角中的形态美观，同时，尽量减少十字片之间的穿插(图 5-28)。

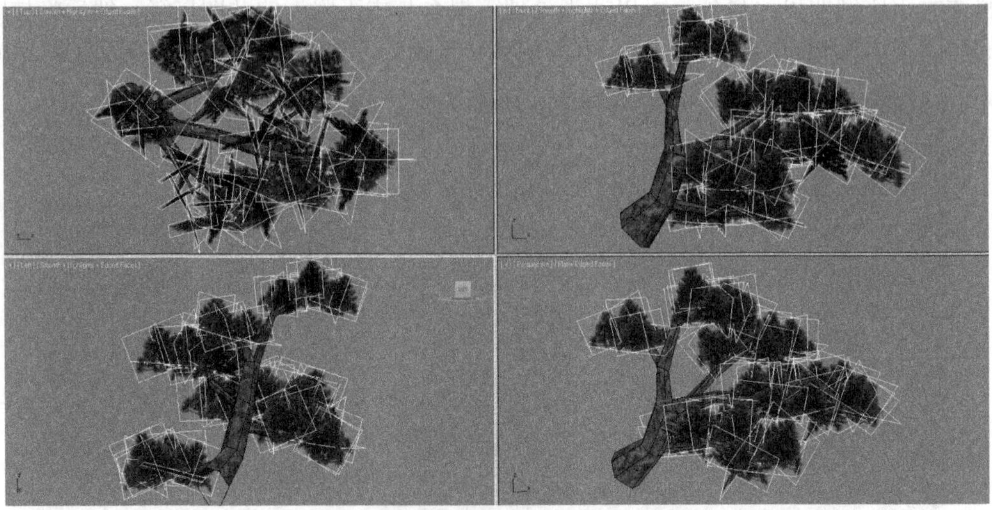

图 5-28　利用四视图观察插片的效果

按照同样的方法，我们就可以完成树木模型整体的插片制作，用各种角度观察视图中的模型效果，保证整体的美观，同时检查有无“穿帮”现象。

图 5-29 就是松树模型的最终完成效果。

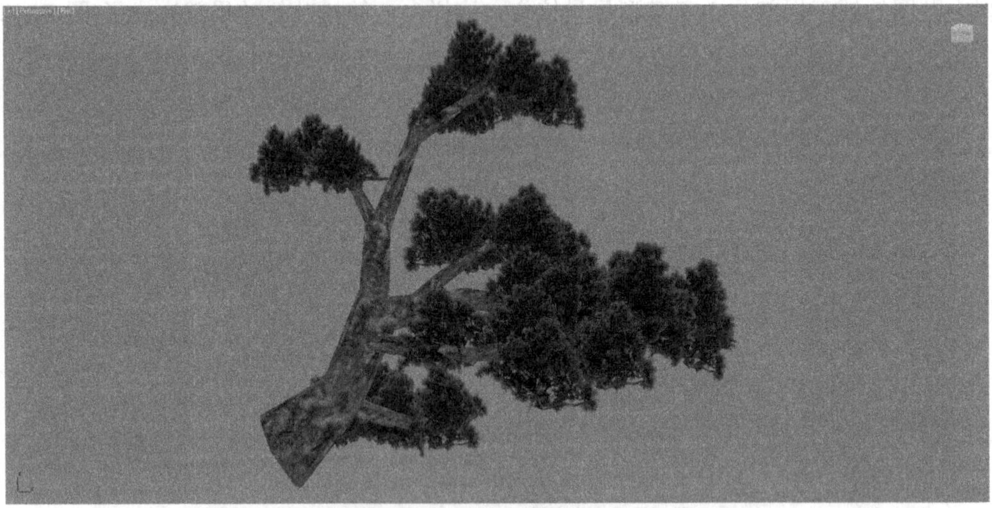

图 5-29　制作完成的松树模型

叠片法也是制作树木模型的常用方法，叠片法通常用于制作大型树木或者高精度的树木模型。与十字插片法相比，叠片法即使从任意角度去观看，也不会发生“穿帮”现象。在次世代游戏的制作中，通常都会应用“叠片法”去制作树木模型。下面我们将用叠片法来制作一棵游戏场景树木的模型。

首先，在视图中创建六边形圆柱体几何模型，作为树木的主干(图 5-30)。

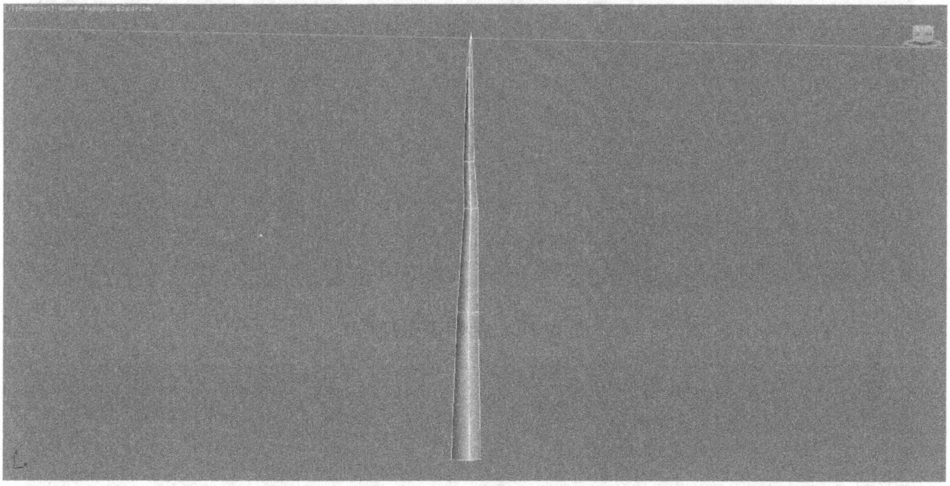

图 5-30　制作主干模型

然后制作树根结构，在圆柱体底部添加新的边线，如图 5-31 所示。

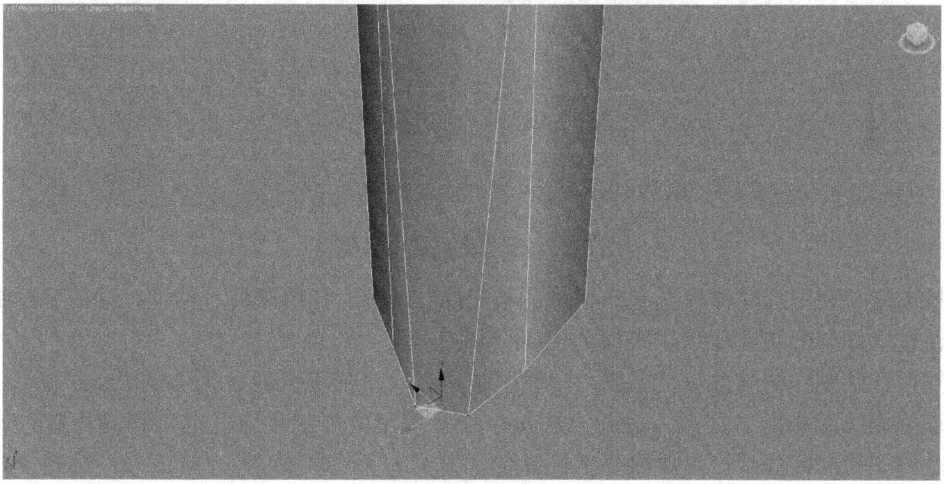

图 5-31　添加布线

然后进一步添加布线，制作出一侧的树根结构(图 5-32)。利用同样方法制作出其他几面的树根模型结构(图 5-33)。

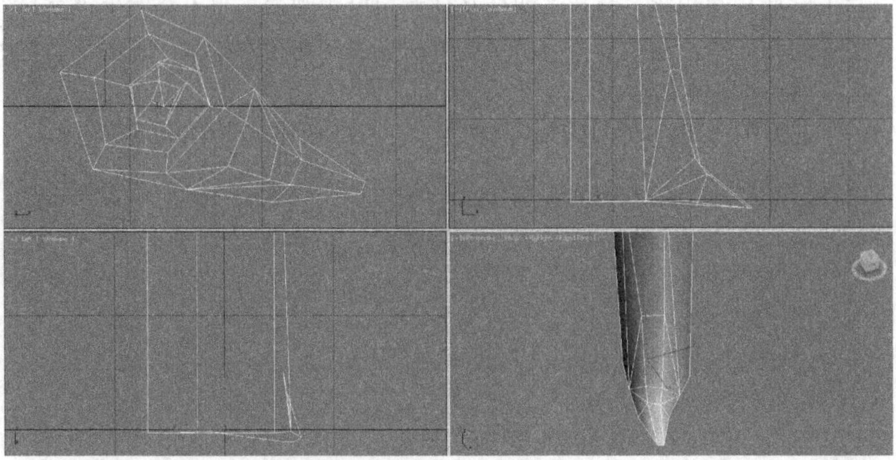

图 5-32　制作树根结构

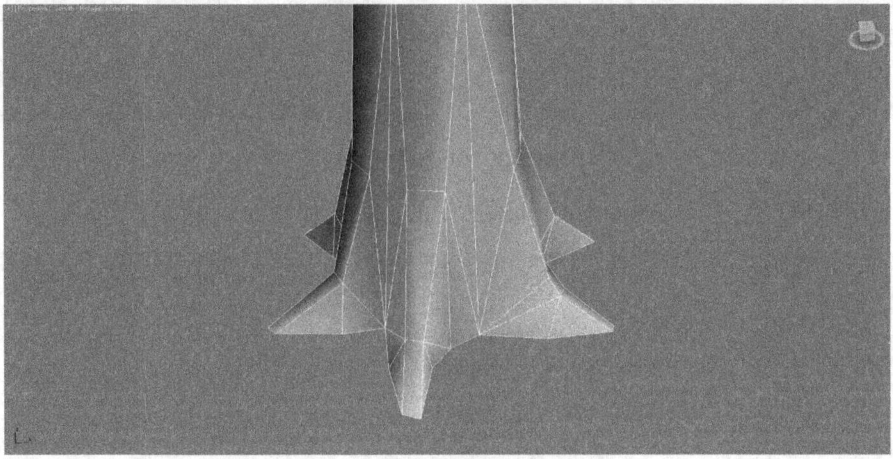

图 5-33　制作完成的树根模型

接下来，利用圆柱体模型制作树木的枝干(图 5-34)。利用旋转、移动、缩放、复制等命令，让枝干均匀分布在树木主干模型上(图 5-35)。

然后开始制作树叶部分，首先，在视图中建立一个横纵分段各为 2 的 Plane 模型，然后将其塌陷为可编辑的多边形，进入点层级，选择模型中心的顶点，向上移动拉起，这样制作，是为了让树叶面片产生厚度，保证从侧面观看也不会“穿帮”。接下来，选择一张带有通道的树叶贴图，添加到面片模型上。同样是树叶贴图，叠片法与十字插片法却有所不同，叠片法利用的 Alpha 贴图通常只绘制出叶片，而不会出现树枝(图 5-36)。

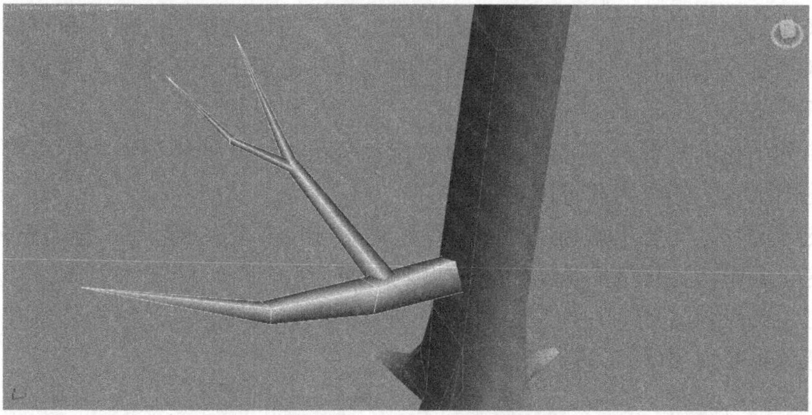

图 5-34　制作枝干模型

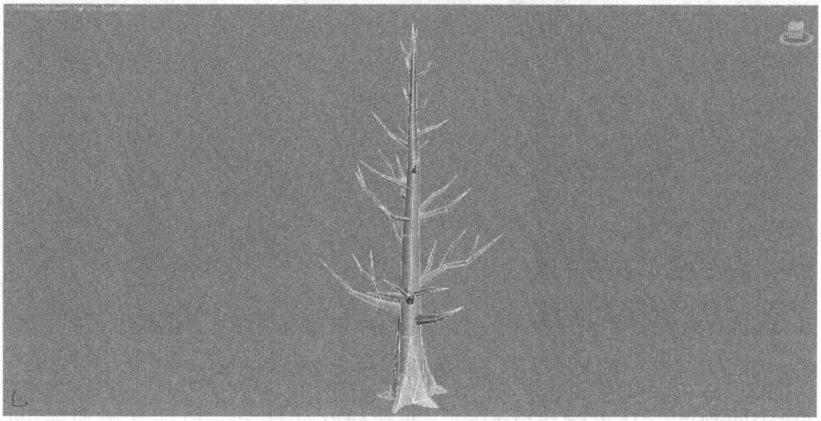

图 5-35　均匀分布的枝干模型

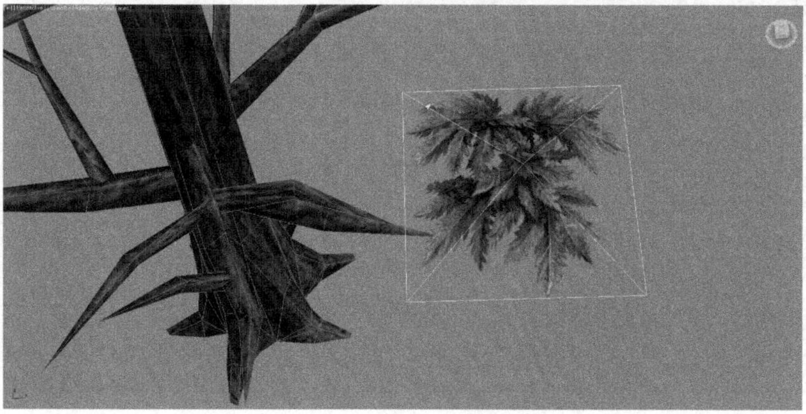

图 5-36　制作树叶面皮

接下来就是插片的过程，这一步，叠片法与十字插片法相同，都是利用移动、旋转、缩放、复制等命令来进行树叶插片。但插片的方式却有所不同，叠片法对于树叶的插片方法有以下三点要求：

- 要利用树叶片面模型将树枝部分尽量包裹覆盖，片面模型不要距离树枝过远，以免出现过大的空当和缝隙。
- 树叶面片之间要尽量相层叠，层叠越密，树叶的层次感越好，模型整体会越精细，这里要平衡好模型面数与视觉效果之间的关系。
- 对于临近位置的面片模型，要尽量利用移动、旋转、缩放等操作将其区别开来，避免重复现象(图 5-37)。

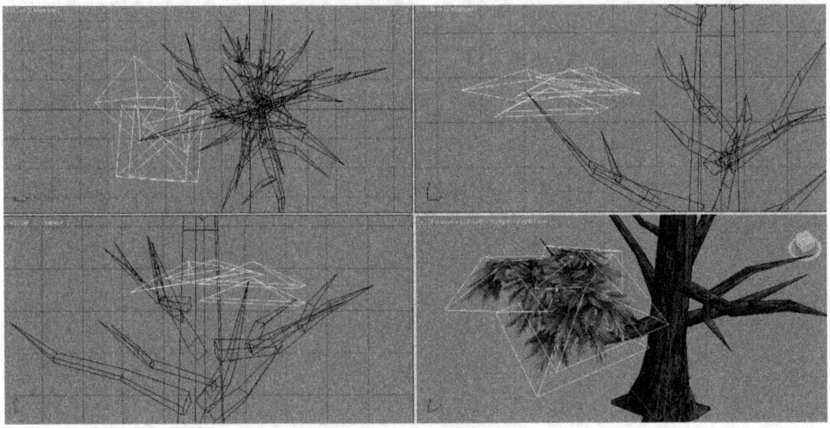

图 5-37　将树叶面片均匀地分布在枝干上

要时刻利用四视图，从不同角度观察、调整树叶的效果，保证其美观性(图 5-38)。

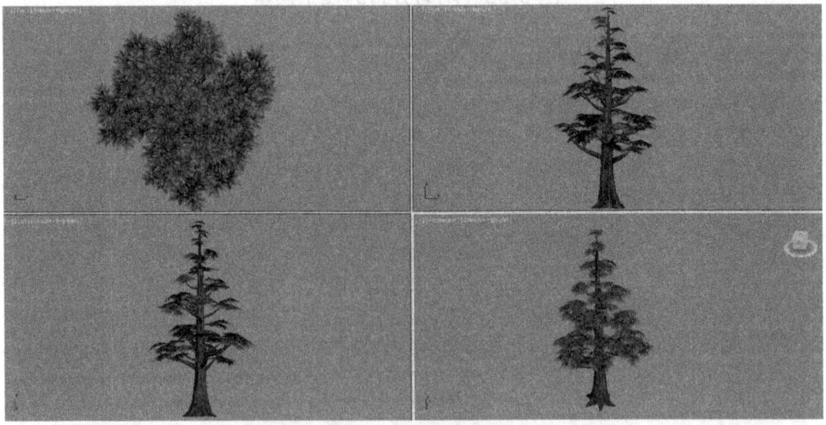

图 5-38　利用四视图观察模型的效果

图 5-39 就是最终模型完成的效果。

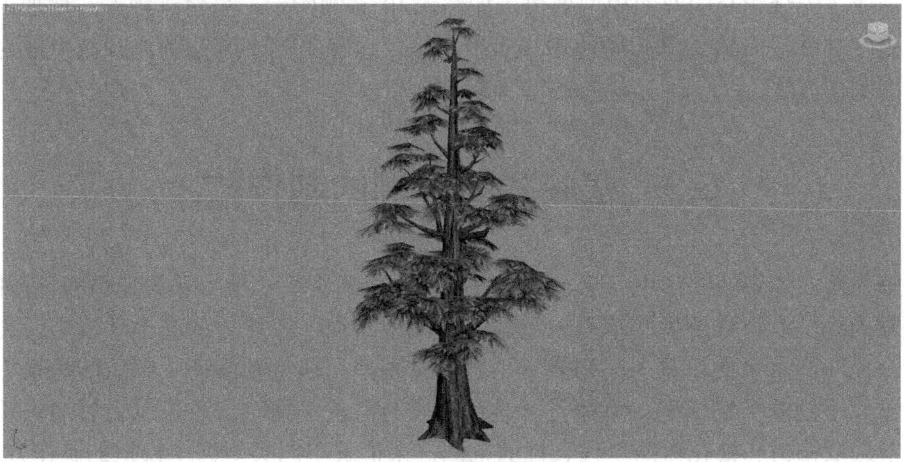

图 5-39　模型的最终效果

最后还需要额外说明的，就是双面贴图的制作方法。植物模型制作完成以后，在导入游戏引擎编辑器之前，三维美术师必须要在 3ds Max 中将植物带有 Alpha 贴图的模型部分处理成双面效果。最简单的方法就是勾选材质球设置中的 2-Sided 选项(图 5-40 左)，这样贴图材质就有双面效果。虽然现在大多数的游戏引擎也支持这种设置，但这却是一种不可取的方法，主要是因为，这种方式会大大加重游戏引擎和硬件的负载，在游戏公司实际项目制作中，不提倡这种做法。

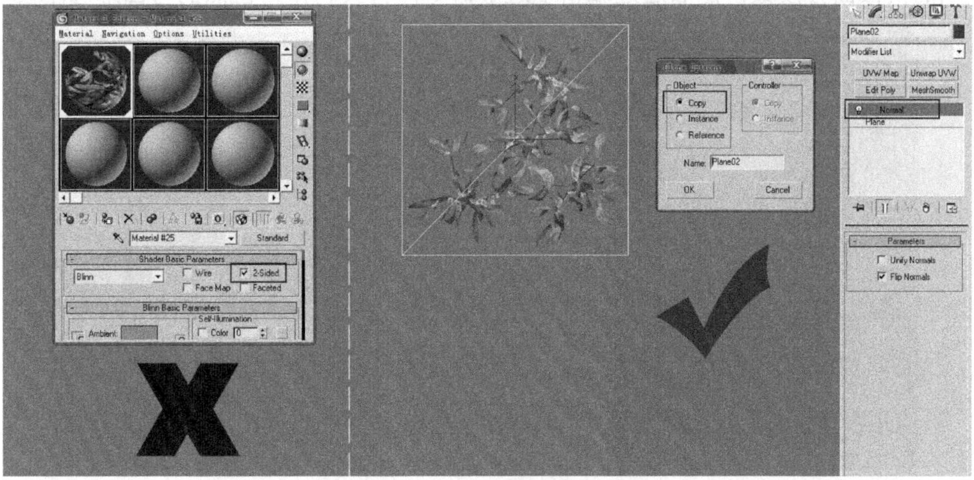

图 5-40　双面贴图的正确制作方法

正确的做法是：选择植物叶片模型，按 Ctrl+V 键原位置复制(Copy)一份模型，然后在堆栈命令列表中为新复制出的模型添加 Normal(法线)命令，对新复制的模型法线进行翻转，这样就形成了无缝相交的双面模型效果，如图 5-40 右侧所示。虽然这种方法增加了模型面数，但是，却并没有给引擎和硬件增加多少负担，这也是当下游戏制作领域中最为通用的双面贴图制作方法。

5.3 植物模型实例的制作(二)

在野外游戏场景的制作中，除了常用的基础植物模型外，根据场景地域和环境的不同，还会经常用到一些特殊的植物模型。就拿树木模型来说，在北方的高山环境中，会用到松树模型；在江南水乡的场景中，则会常用到柳树模型；在特别强调中国风的场景中，还会用到竹子。不同的植物模型一方面符合具体环境的需求，同时，还可以更好地烘托整体氛围。本节选取柳树和梅花树两个代表性的范例，来讲解不同类型树木模型的制作方法。

柳树是游戏场景中常用的树木模型，通常出现在江南地域风格的野外场景中。在早期的三维游戏中，很难见到柳树这种树木形态，这主要由于柳树形态结构的特殊性，柳树除了主干以外，都是由纷繁细长的枝条和柳叶组成的，早期的制作技术很难还原柳树的这种形态特征。但随着计算机硬件技术和游戏制作技术的发展，如今凭借游戏引擎对于不透明贴图的优秀处理能力，我们通过 Alpha 贴图，就能很容易地制作出柳树的枝叶效果。下面来具体讲解柳树模型的制作方法。

首先来制作柳树的主干模型。在 3ds Max 视图中，建立八边形圆柱体的基础模型，设置适当的横截面分段数，然后通过编辑多边形命令，将其制作为自然的弯曲形态(图 5-41)。

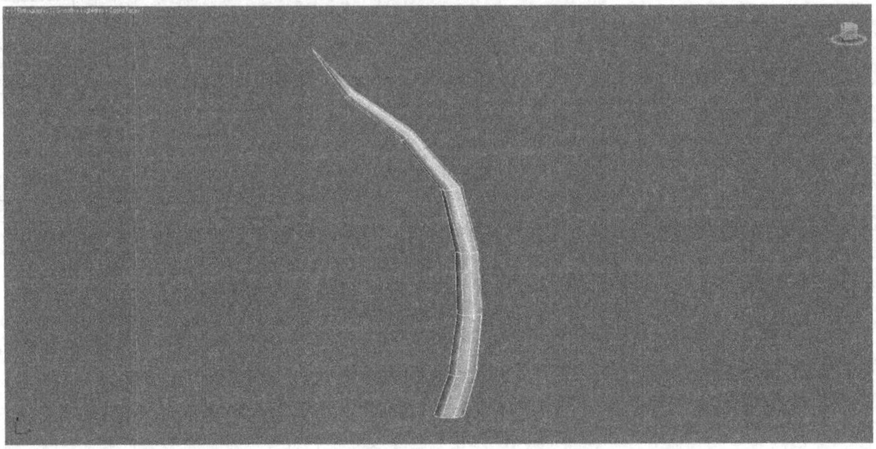

图 5-41　制作植物的主干

对植物模型主干的底部进行多边形编辑，通过 Cut 命令添加边线分段，制作出树根结构(图 5-42)。

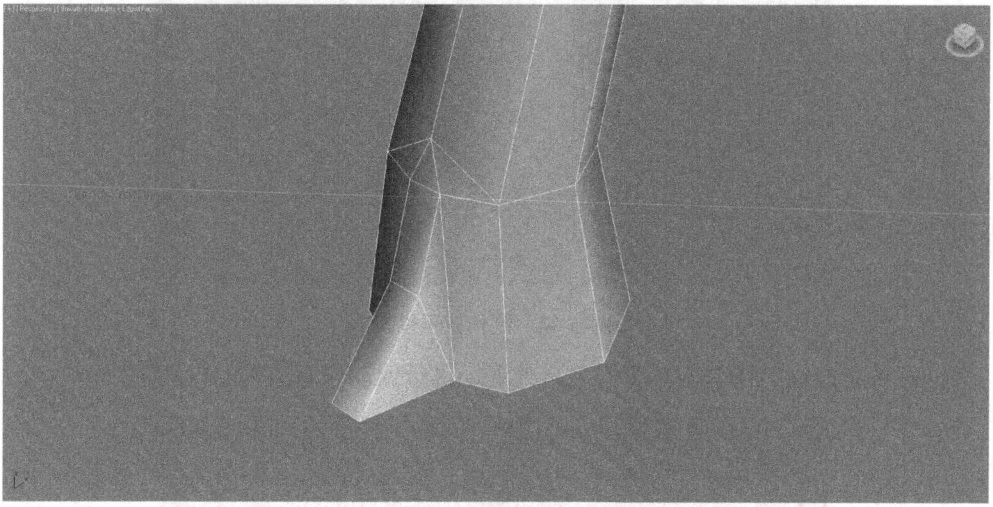

图 5-42　编辑制作树根结构

也可以通过编辑多边形，制作独立的树根分叉，并将其均匀分布在主干根部(图 5-43)。

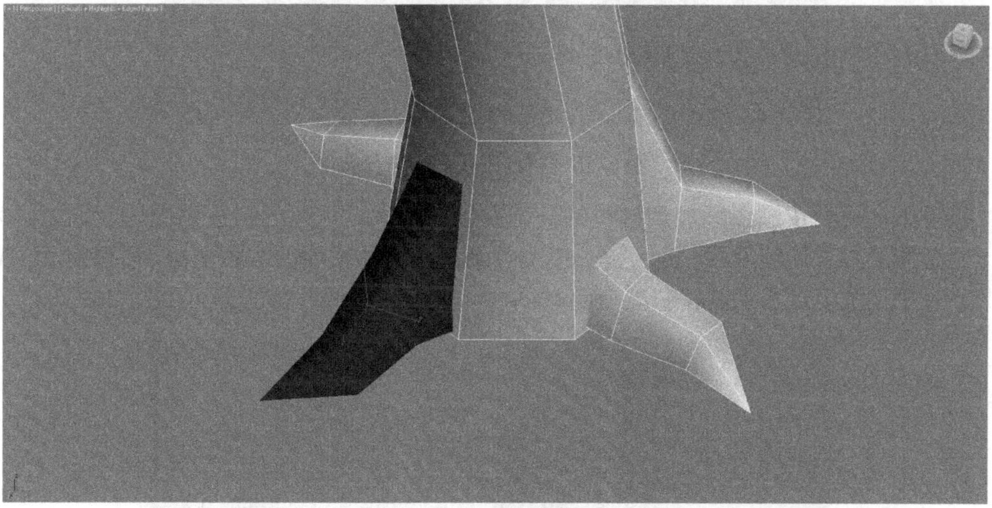

图 5-43　独立的树根结构模型

在视图中创建六边形圆柱体模型，利用编辑多边形命令制作成柳树的枝干，仍然要通过适当的调整，制作出自然弯曲的形态(图 5-44)。我们只需要制作出一根枝干的模型，然后通过旋转、缩放、复制命令，将其分布穿插在主干的各个方向，这样，就完成了柳树主体枝干模型的制作。

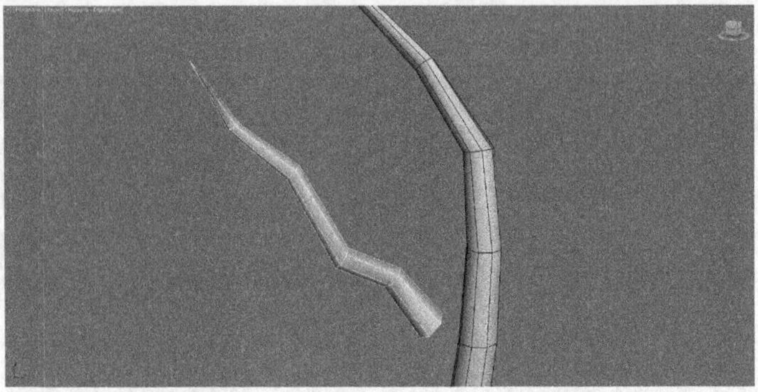

图 5-44　制作枝干模型

要注意各个方位的枝干分布要均匀、美观，尽量保证形态结构的自然(图 5-45)。

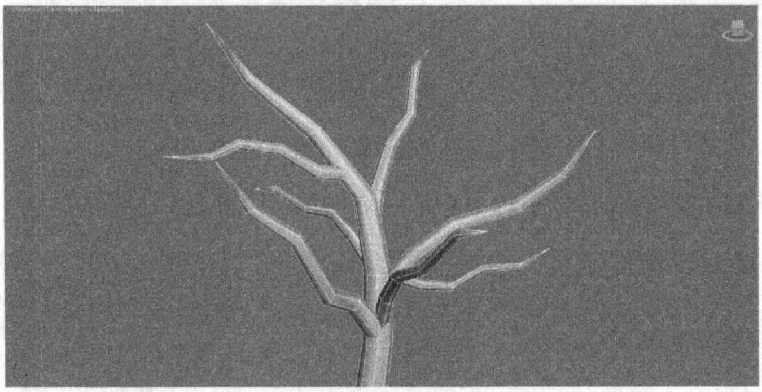

图 5-45　将枝干模型均匀分布

接下来，将树皮贴图添加到柳树的枝干主体模型上，这里的树皮贴图，我们制作为上下无限延伸的二方连续贴图，因为枝干模型继承了圆柱体模型的 UV 坐标，所以对于 UV 的细节，几乎不需要过多调整，只要避免贴图出现过大的拉伸和挤压即可(图 5-46)。

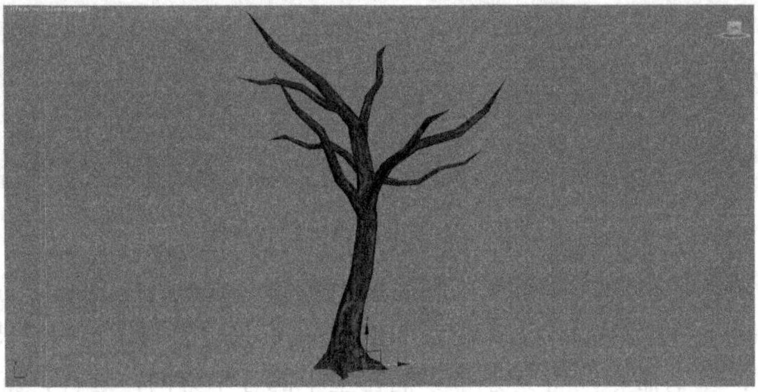

图 5-46　添加树皮贴图

然后，我们来制作柳树的枝叶面皮模型，在视图中，创建一个纵向分段为 3 的 Plane 面片模型，并塌陷为可编辑的多边形，将面片制作成弧形结构(图 5-47)。

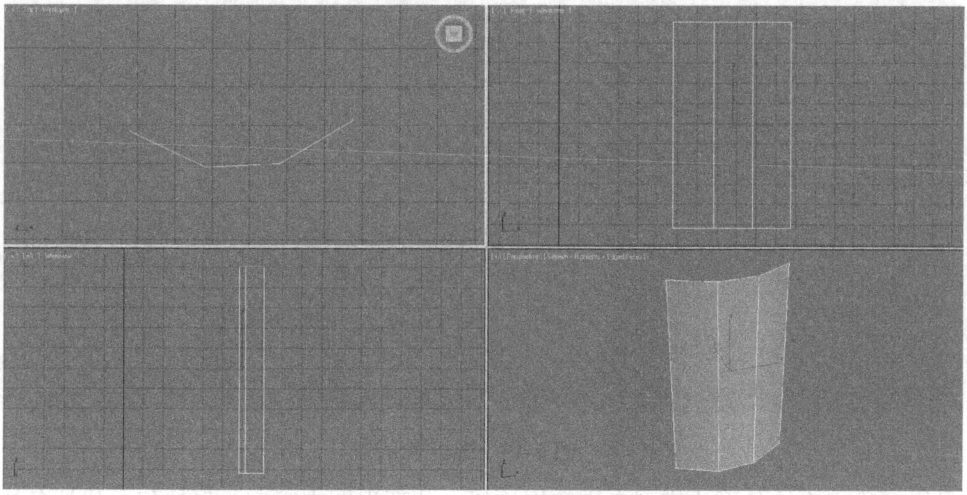

图 5-47　制作面片模型

接下来，将绘制好的柳树枝叶的 Alpha 贴图添加到面片模型上，由于面片有一定弧度，所以在游戏中，当玩家视角在面片侧面时，并不会出现穿帮现象(图 5-48)。

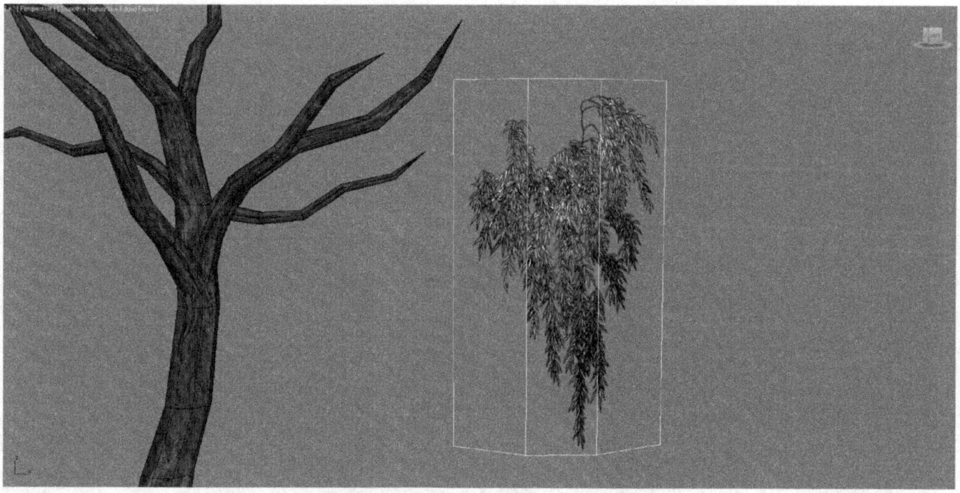

图 5-48　添加枝叶的 Alpha 贴图

之后，就要进行模型插片的工作了，将枝叶面片模型对准柳树的一根枝干进行调整，然后通过缩放、旋转和复制命令，将面片模型沿着枝干模型逐渐分布，要注意旋转面片模型，保证不同角度的观察效果(图 5-49)。

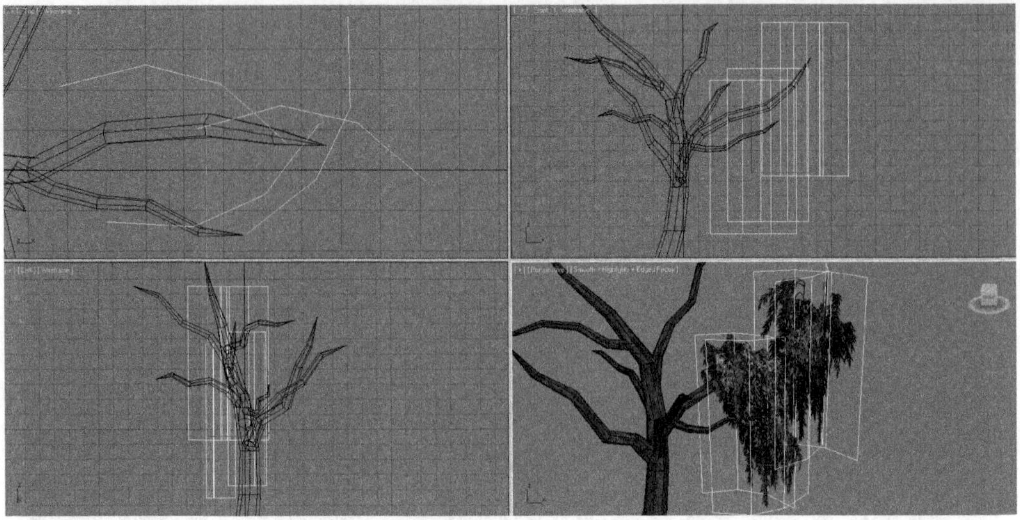

图 5-49 进行插片

最终，我们将枝条面片模型布满整棵柳树。从顶视图来观察，虽然每一片枝条模型都是单一的 Plane 模型，但是从整体的穿插效果来看，仍然是复合十字插片法的基本原理，也可以说，这是一种变相的十字插片法，插片的时候仍然要从各个视图观察整体的效果，保证所有视角下的美观自然(图 5-50)。

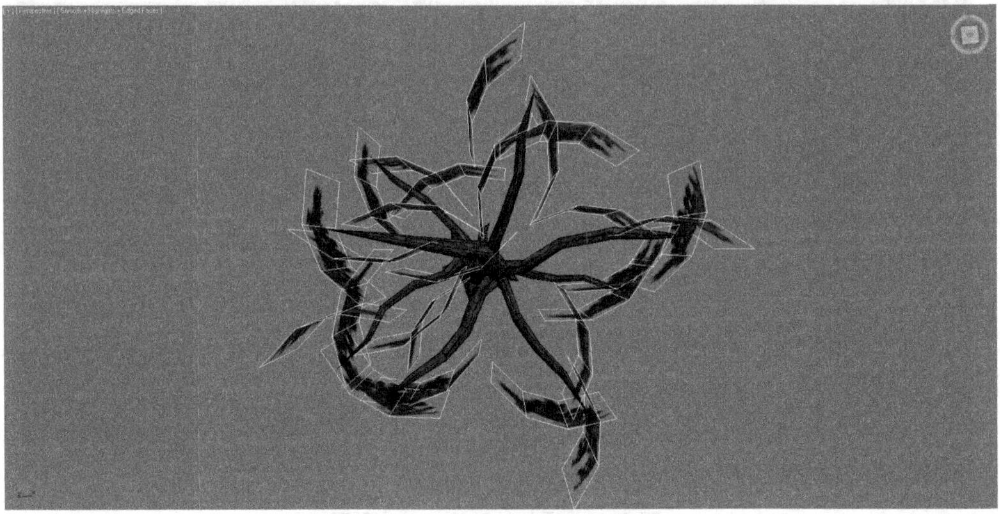

图 5-50 顶视图观察插片效果

图 5-51 为最终完成后的模型效果，虽然模型整体仅用了 800 多面，却将柳树的形态细节和效果很好地展现了出来。

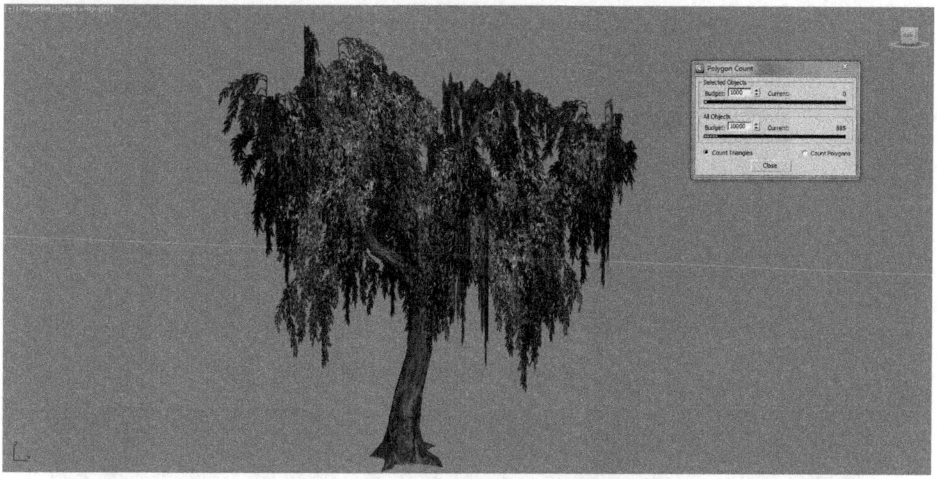

图 5-51　制作完成的柳树模型

花树是野外游戏场景植物模型中一个比较特殊的门类，花树模型通常不会在野外场景中独立使用，一般是在特定的区域大面积种植的，从而营造出一种特有的场景氛围，比如桃花林、梅花林等。花树在造型上都有各自的形态特征，制作上也必须尽可能精简模型的面数。下面我们以梅花树作为实例，来讲解花树模型的基本制作方法。

首先制作出花树模型的主体枝干结构，对于枝干模型的制作，在前面的章节中已有详细介绍，这里就不过多涉及了。需要注意的是花树枝干的结构和形态特点。自然界中的花树通常比较低矮，以横向生长为主，主干与枝干的分叉处离地面近，分叉以上部分呈发散状生长，在制作的时候，要注意枝干的分布以及自然弯曲的形态特点(图 5-52)。

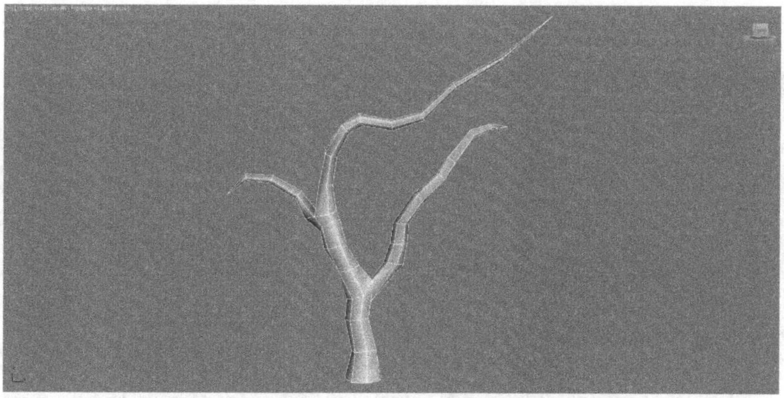

图 5-52　制作主干模型

接下来，我们通过创建四边形圆柱体来编辑制作花树的枝干模型(图 5-53)，然后继续添加细枝，丰富花树主体枝干结构(图 5-54)。

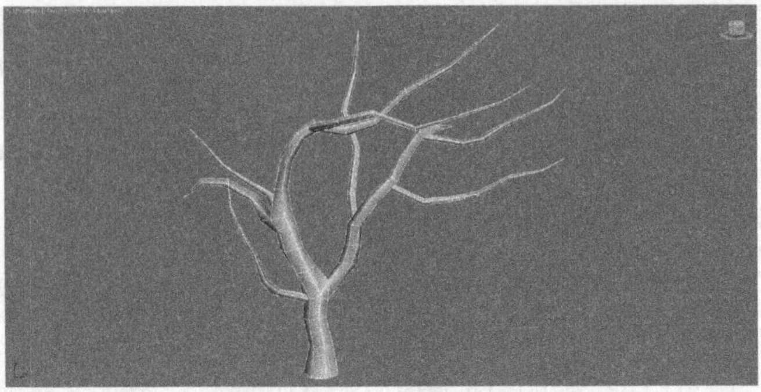

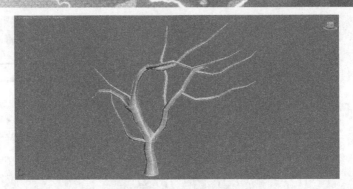

图 5-53　制作枝干模型

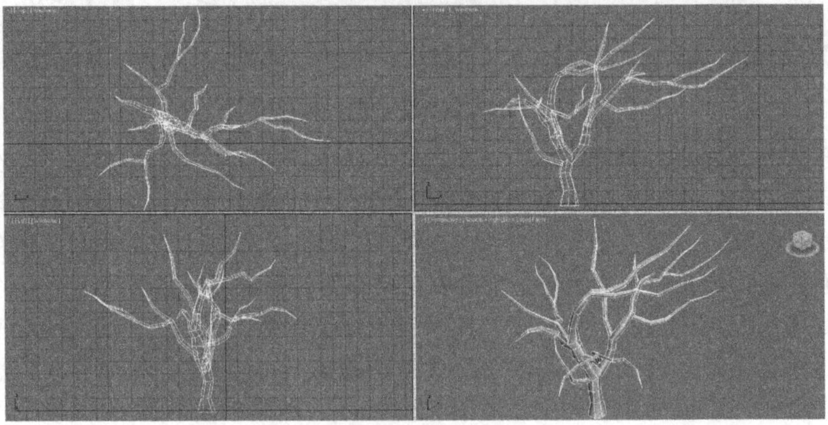

图 5-54　丰富细枝结构

花树枝干模型制作完成后，我们为其添加一张四方连续的树皮贴图(图 5-55)。

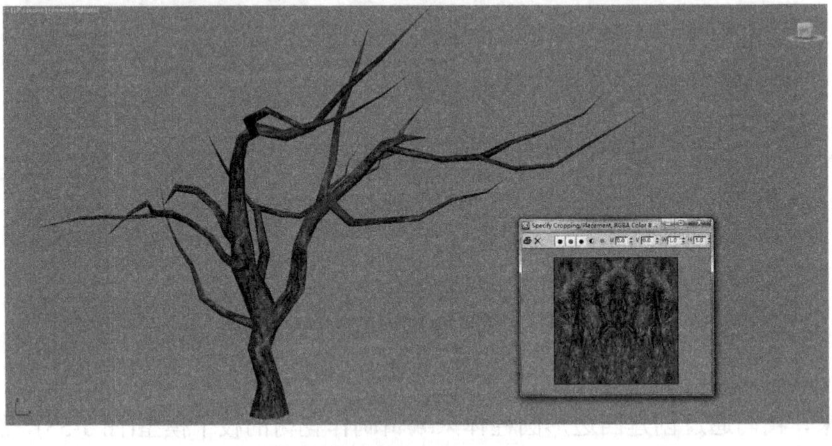

图 5-55　添加树皮贴图

接下来，制作细枝和梅花的插片模型，花树模型的插片方式有些特殊，这里采用叠片法与十字插片法相结合的插片方法。所谓相结合，是指利用了叠片法中的片面模型，同时应用十字插片法的基本插片原理。为了节省面数，我们将方形面片制作成“X”片，将 X 中心顶点凸起，以形成厚度效果，然后将 Alpha 贴图添加到面片模型上，花树的不透明贴图要将细枝干与花的细节都绘制出来(图 5-56)。

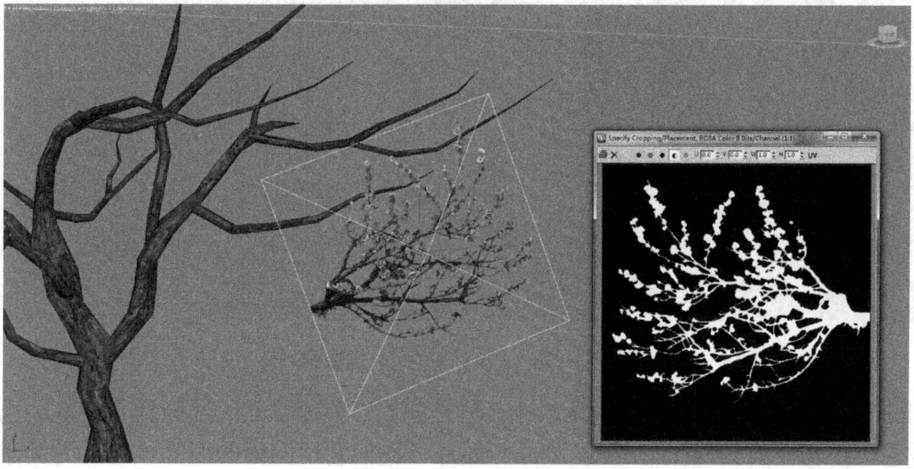

图 5-56　制作面片模型

然后我们开始进行插片，将 Alpha 面片枝叶的根部对齐花树的枝干模型，尽量将其结合紧密(图 5-57)。插片的时候，尽量将面片模型的正面朝向摄像机视角，同时面片模型基本与枝干模型保持水平，注意顶视图和正视图中的插片效果(图 5-58)。

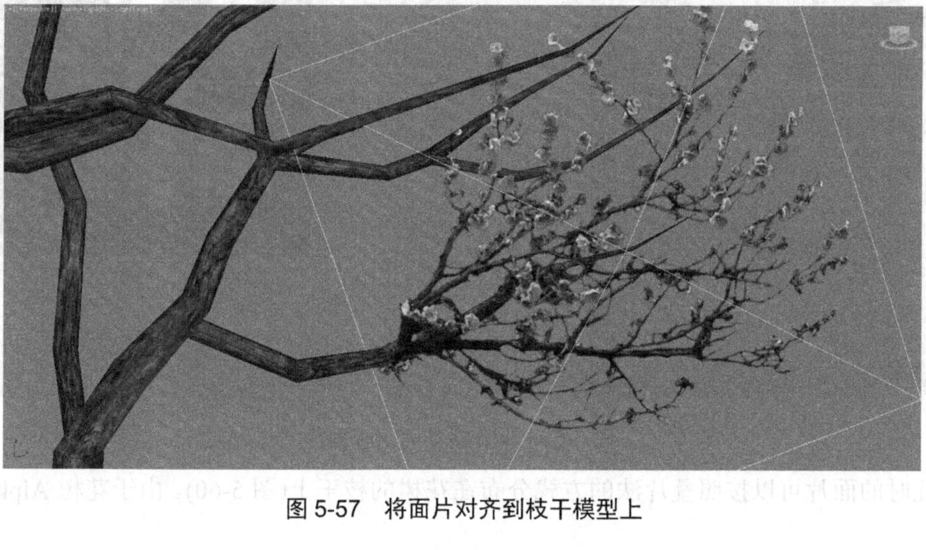

图 5-57　将面片对齐到枝干模型上

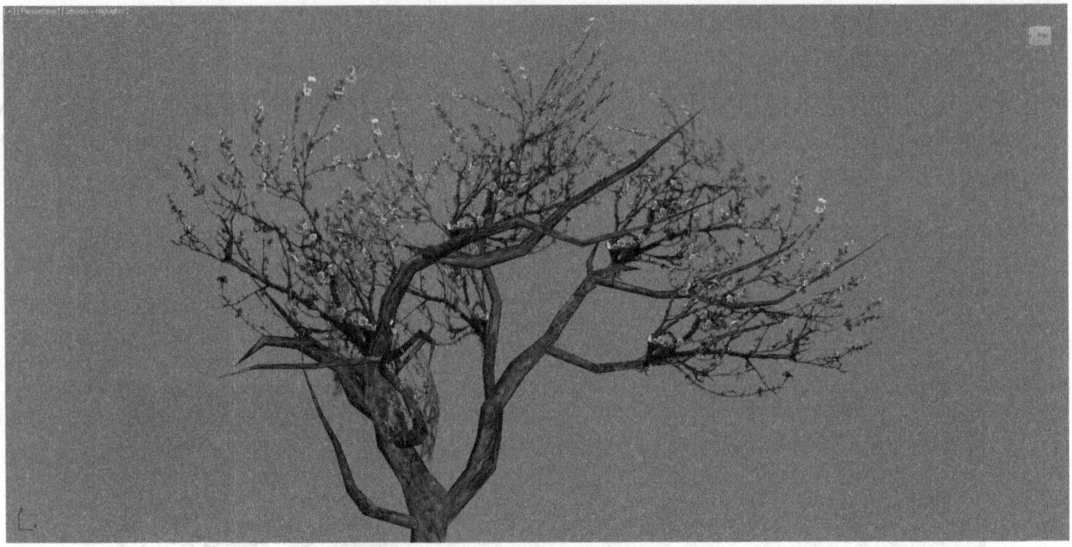

图 5-58 枝叶插片完成的效果

Alpha 贴图树枝上的花绘制得比较小，只是起到了点缀作用，要想让花树呈现出百花齐放的效果，还需要为其制作梅花的 Alpha 面片。我们利用同样的面片模型，为其添加梅花的 Alpha 贴图(图 5-59)。

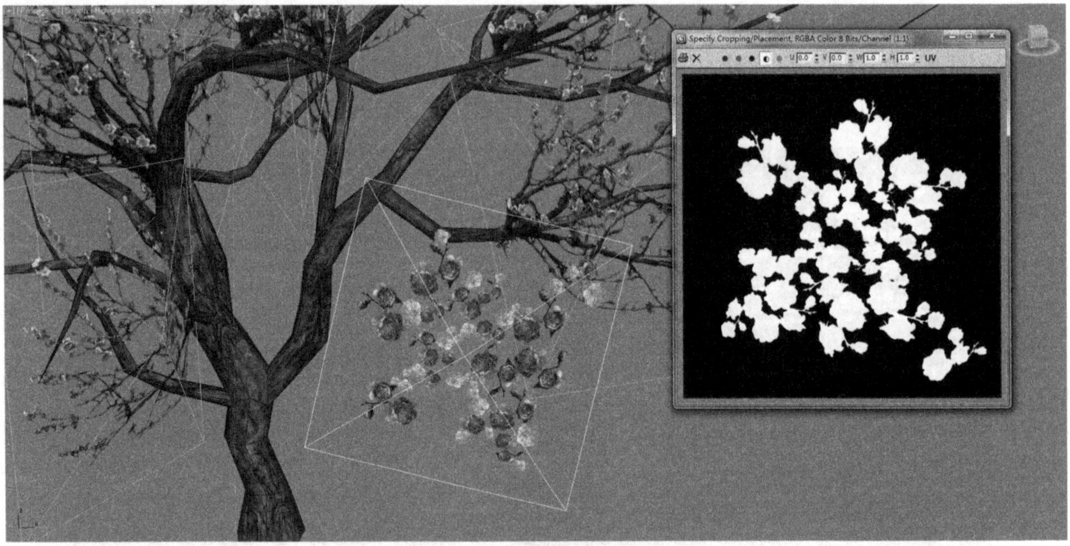

图 5-59 制作梅花 Alpha 面片

此时的面片可以按照叠片法的方式分布在花树的枝干上(图 5-60)。由于花树 Alpha 贴图通常绘制得比较细致，所以可以把面片整体放得比较大，这样不仅节省了大量的模型面数，还实现了非常好的整体效果。图 5-61 是最终的完成效果，模型的面数非常少，完全适合大面积种植的要求。

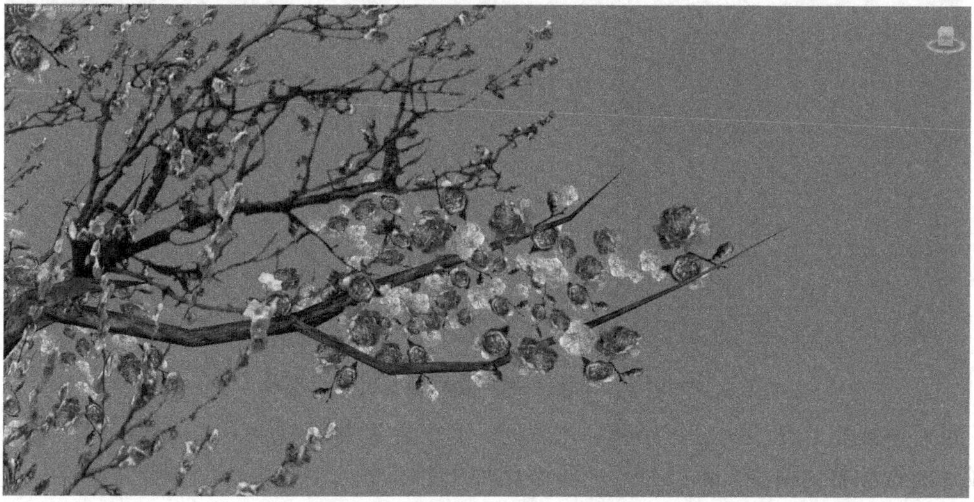

图 5-60　将梅花面片分布到枝干上

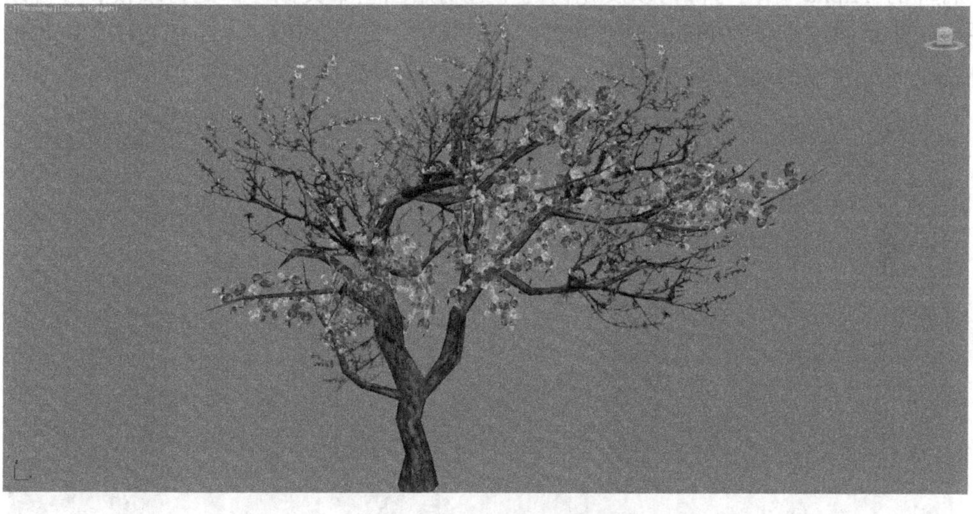

图 5-61　制作完成的花树模型

因为花树面片都是平行于枝干模型的，所以花树模型枝干的形态制作十分关键，它最终直接决定花树整体的形态，要善于利用四视图来把握模型整体，保证各个角度的美观并且没有“穿帮”现象，同时，还要保证不同角度有不同的形态特点，这样，在大面积种植的时候，可以通过旋转模型，来实现整体多样化的效果(图 5-62)。

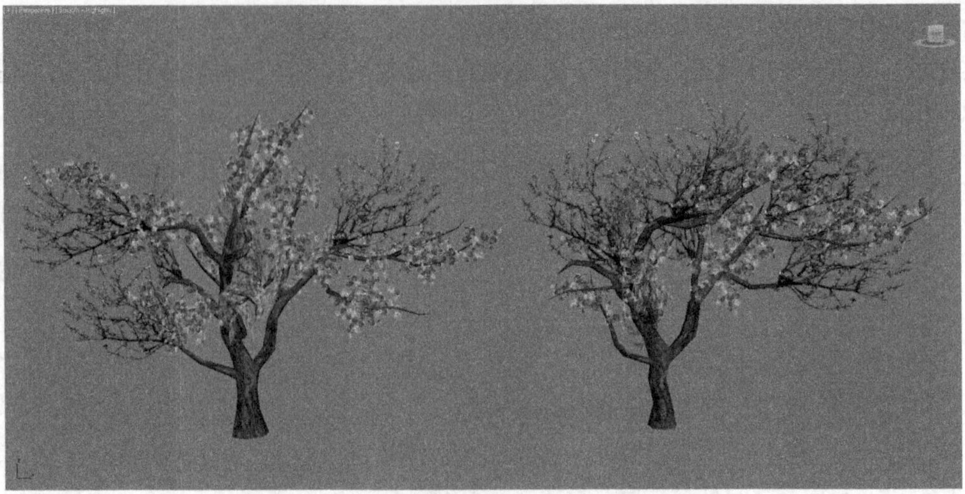

图 5-62　通过旋转模型获得多样化的效果

最后再来简单介绍一下竹子的制作方法。竹子在游戏场景中无法单独使用，通常是制作成片的竹林整体模型。单棵竹子的模型结构十分简单，主要由竹竿和竹叶两部分组成，竹竿通常为细长的四边形或五边形圆柱体模型，竹叶面片可以利用十字插片法来制作。

竹叶的 Alpha 贴图与柳树以及花树的不透明贴图基本类似，都是将细枝和叶片绘制在贴图上，然后通过十字片 Plane 模型来进行插片制作，通常利用“十字插片法”制作的竹子枝叶都是向上生长的姿态(图 5-63)。

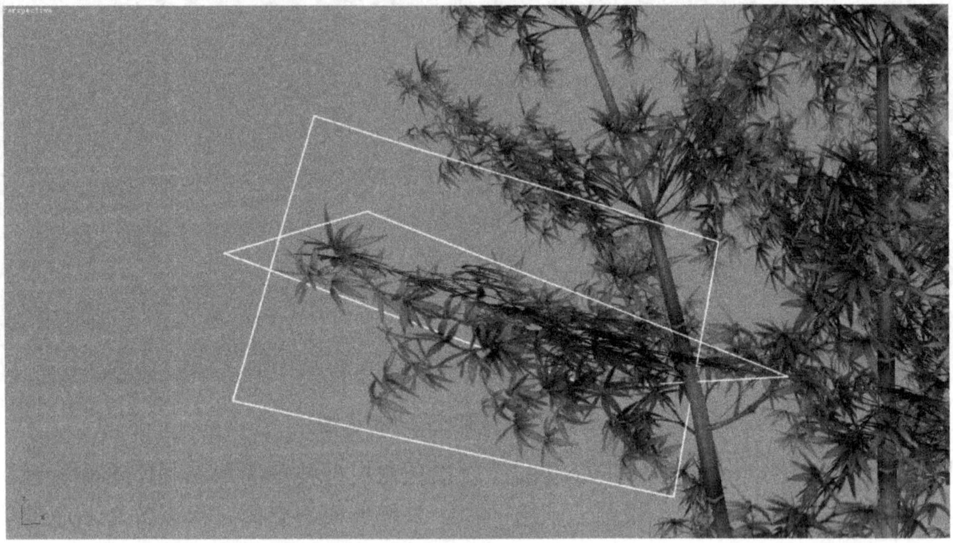

图 5-63　利用十字插片法制作竹叶面片

除了十字插片法外，竹子模型也可以用叠片法来制作，叠片法制作竹子模型更为简单，模型整体忽略了细枝的部分，Alpha 贴图只需要绘制竹叶，然后通过叠片法原理，将树叶层层分布叠加，这样同样可以制作出生动自然的竹子模型(图 5-64)。

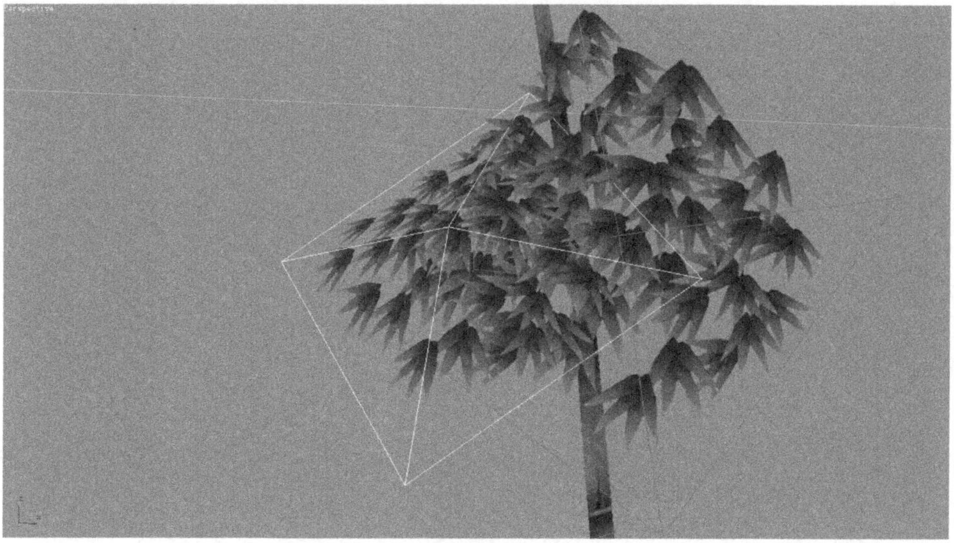

图 5-64　利用叠片法制作竹叶面片

第六章

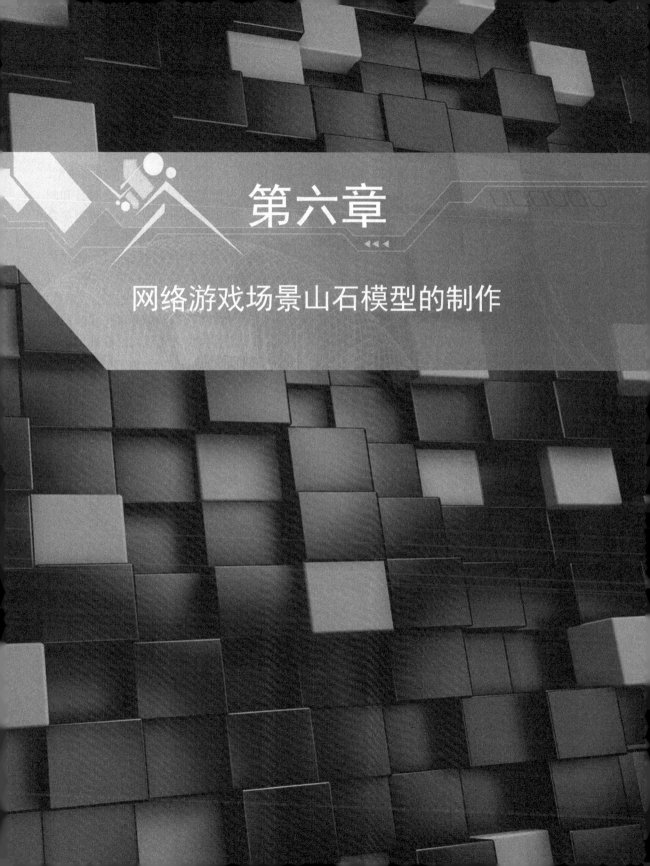

网络游戏场景山石模型的制作

6.1 山石模型的分类

游戏场景中的山石，实际上包含两个概念——山和石。山是指游戏场景中的山体模型，石是指游戏场景中独立存在的岩石模型。游戏场景中的山石模型在整个三维场景设计和制作范畴中是极为重要的一个门类和课题，尤其是在游戏野外场景的制作中，山石模型更是发挥着重要的作用，它与三维植物模型一样，都属于野外场景地表的主体模型。

如图 6-1 中，远处的高山就是山体模型，而近景处的则是我们所指的岩石模型，山体模型在大多数游戏场景中分为两类：一类是作为场景中的远景模型，与引擎编辑器中的地表配合使用，作为整个场景的地形山脉而存在，这类山体模型通常不会与玩家发生互动关系，简单地说，就是玩家不可攀登。另一类则恰恰相反，需要建立与玩家间的互动关系，此时的山体模型，在某种意义上也充当了地表的作用。这两类山体模型并不是对立存在的，往往需要相互配合使用，才能让游戏场景达到更加完整的效果。

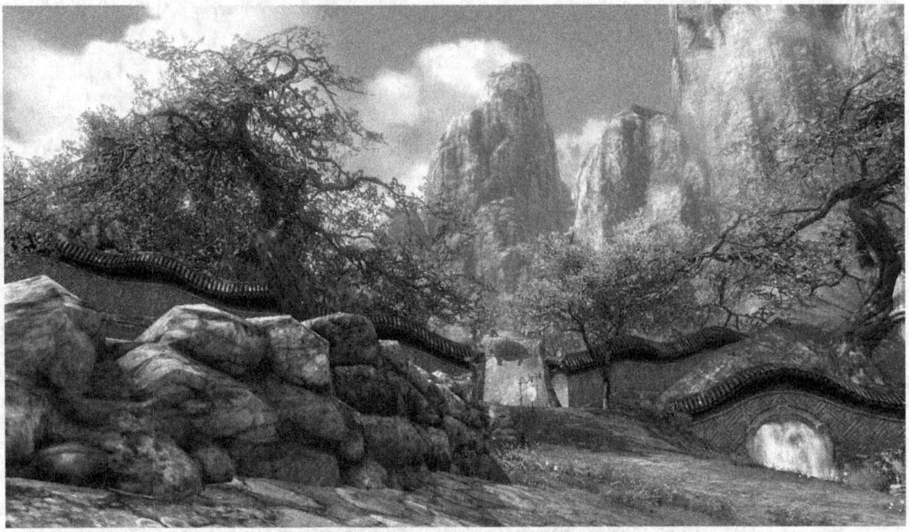

图 6-1 游戏场景中的山体和岩石模型

游戏场景中的岩石模型也可以分为两类：一类是自然场景中的天然岩石模型，另一类是经过人工处理的岩石模型，比如石雕、石刻、雕塑等，前者主要用于游戏野外场景中，后者多用于建筑场景中。其实，从模型作用效果来看，游戏场景岩石模型也属于游戏场景道具模型的范畴，只不过形式和门类比较特殊，所以我们将其单独分类来学习。

山石模型在游戏场景中相对于建筑模型和植物模型来说，可能并不起眼，有时甚至只会存在于边缘角落，但山石模型对于游戏场景整体氛围的烘托功不可没，尤其在游戏的野外场景中，一块岩石的制作水平，甚至摆放位置，都能直接决定场景真实性的表现。下面我们针对游戏场景中常用的山石模型，结合图片，进行分类介绍。

(1) 用于构建场景地形的远景山体模型(图 6-2)。

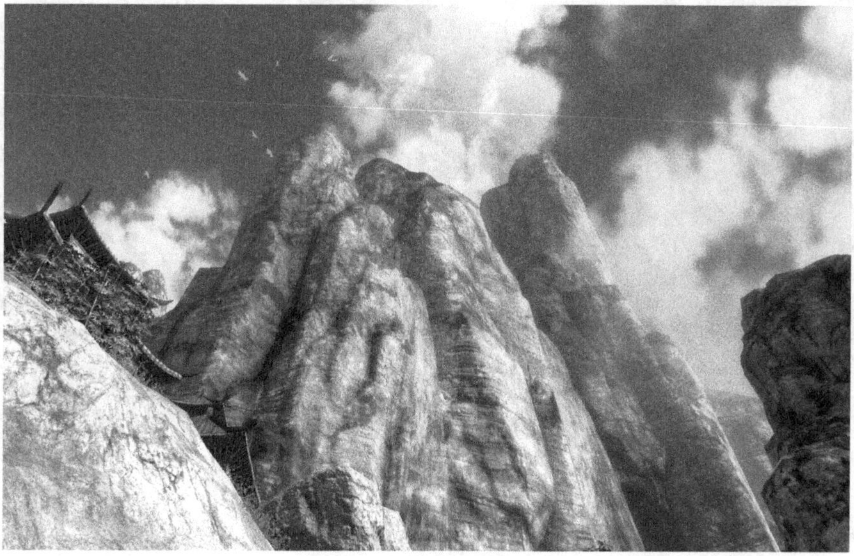

图 6-2　远景山体模型

(2) 作为另类地表的交互山体模型(图 6-3)。

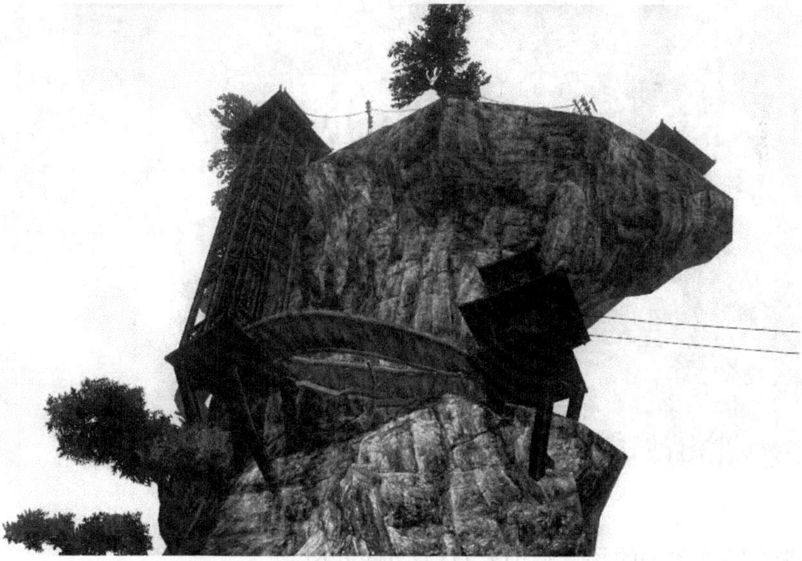

图 6-3　地表山体模型

(3) 野外场景中散布在地表地图中的单体或成组岩石模型(图 6-4)。

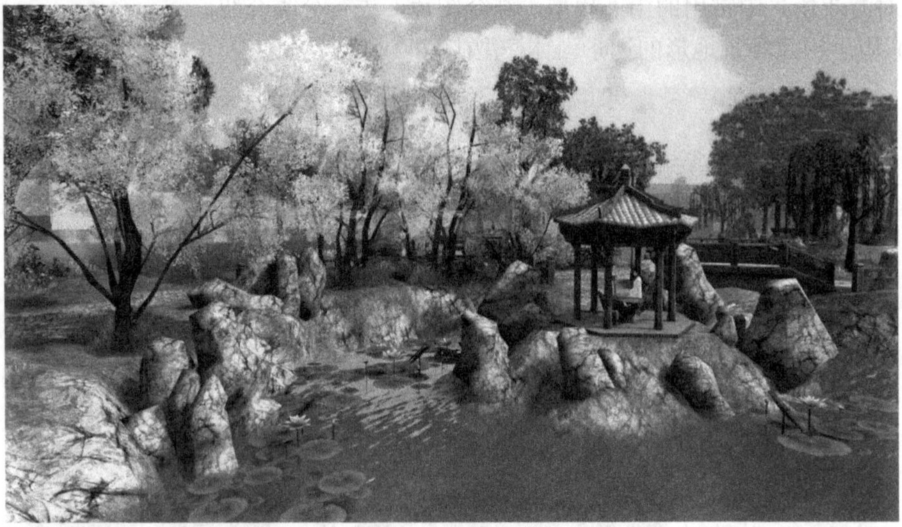

图 6-4　单体岩石模型

(4) 用于城市或园林建筑群中的假山观赏石模型(图 6-5)。

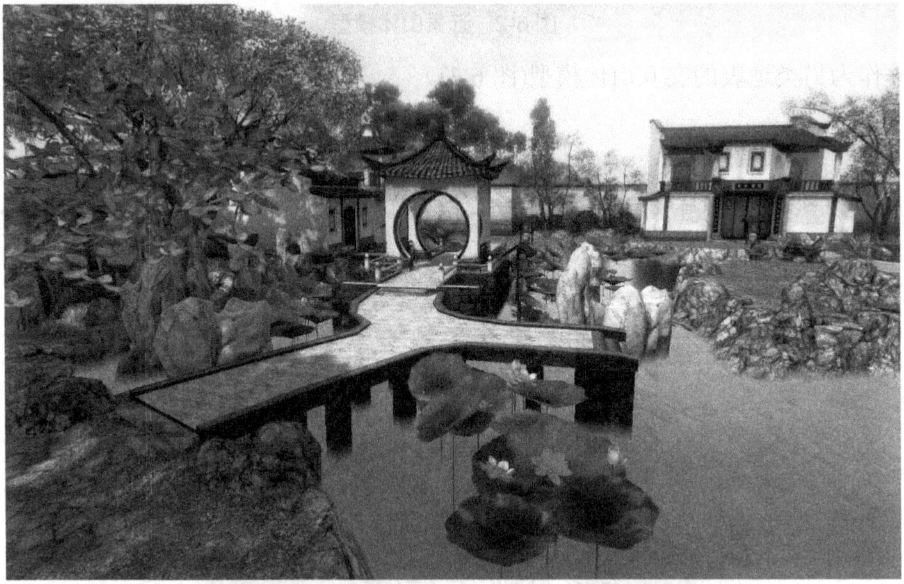

图 6-5　园林假山模型

(5) 带有特殊雕刻的场景装饰岩石模型(图 6-6)。

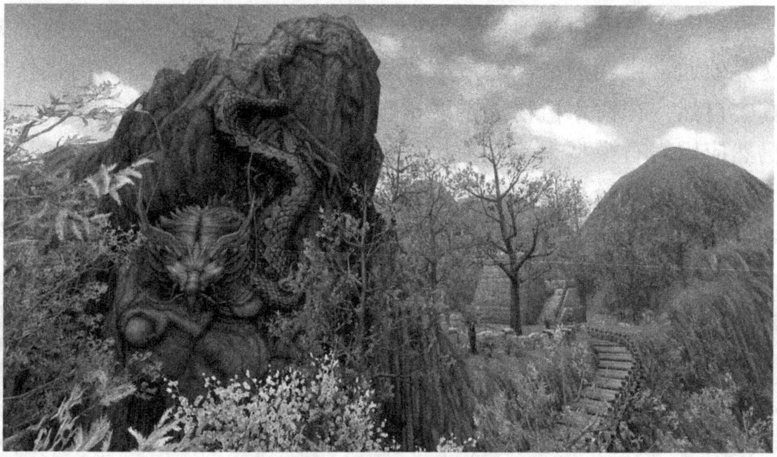

图 6-6　雕刻岩石模型

6.2　岩石模型的制作

在游戏野外场景中，岩石模型最常应用在地表地形起伏的转折处，如图 6-7 中地形凸起的丘陵边缘，通过穿插摆放成组的岩石模型，一方面增加了场景的层次感和细节，另一方面增加了地表起伏转折的多样性变化，近景处散落的小型岩石群组适合穿插散布在路边和道旁，用来增加场景细节和多样性表现。

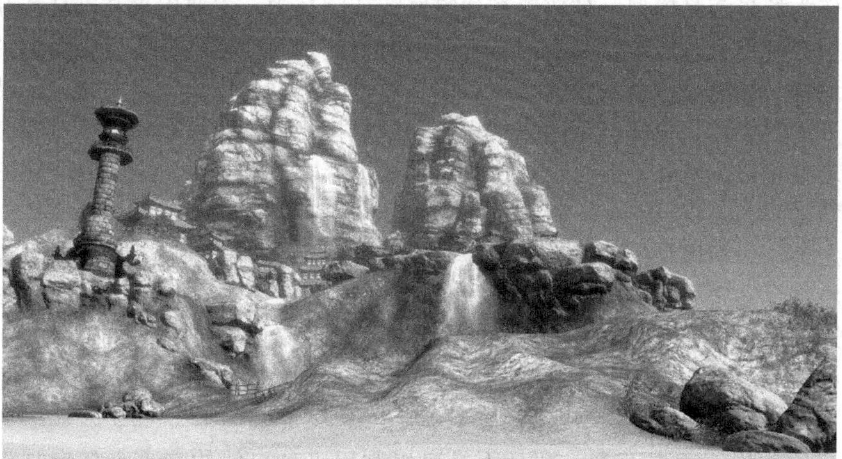

图 6-7　野外地形中的岩石模型

在河塘、水池或者河流与陆地的交界处，也会经常用到岩石模型，地形编辑器制作的地表与水面交界处通常比较圆滑，通过放置岩石模型，起到了很好的衔接作用，让整体场景变得更加真实自然。在树木植物周围通常也会用到岩石模型，尤其是在大型树木模型的周围，这里仍然应用岩石模型来起到衔接作用，通过合理摆放岩石模型，让植物模型在地表不显得过于突兀，同时增加了场景的生机和自然感。衔接是岩石模型最大的作用之一，无论在建筑场景还是在野外场景中，都要根据这个特点，充分地利用好岩石模型(图 6-8)。

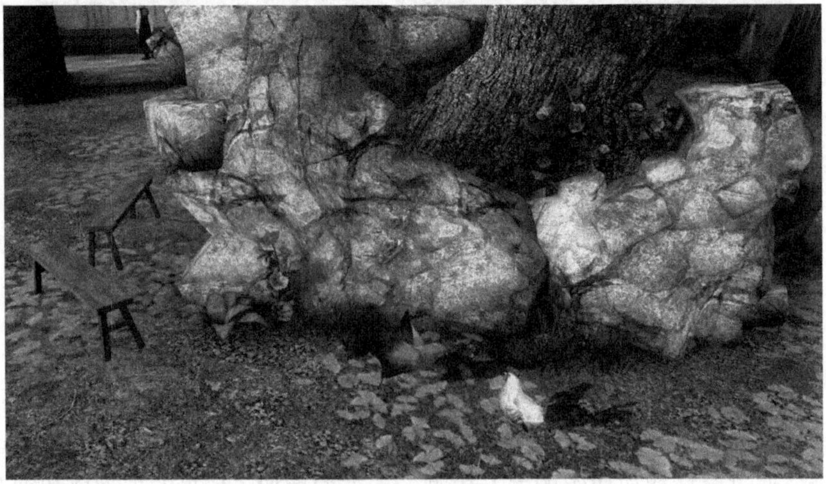

图 6-8　用在树木周围的岩石模型

在建筑场景中，岩石模型的一个最大应用就是作为园林假山或者观赏石，这时，岩石模型通常作为场景道具模型，被放置在建筑庭院或园林中，主要用来装饰环境和场景。这些岩石模型在制作上与通常意义上的岩石模型有所区别，要格外注重模型形态的独特性和多样性，这样，才能显示出场景的特有氛围。石雕、石刻可以算作岩石模型的特殊应用，尤其在野外场景中，会出现巨型的雕刻岩石，这些模型通常会被制作得十分复杂，而应用的环境和场景也极为特殊，有时，更作为主体模型存在于场景中，它们介于山石模型与场景道具模型之间，主要用来烘托场景的特定氛围。

除此之外，岩石模型的另一个特殊应用，就是被用来制作洞窟、地穴等场景，由于这些场景的特性，决定了场景整体都要用岩石模型来制作，很多游戏大型的地下城与副本，都是通过这种形式来表现的，这也可以算作岩石模型的高级应用(图 6-9)。

岩石模型要想制作到位，必须紧紧抓住石头形态和纹理两方面的特征，形态是针对模型来说的，而纹理则指的是模型贴图。

自然界中的岩石千姿万态，那是不是可以利用这种自然的特点来任意制作岩石模型呢？答案是否定的。在三维游戏场景美术制作中，自然不等于随意，尤其对于岩石模型的制作来说，不仅要抓住其自然性，更要保证模型美观的视觉效果。

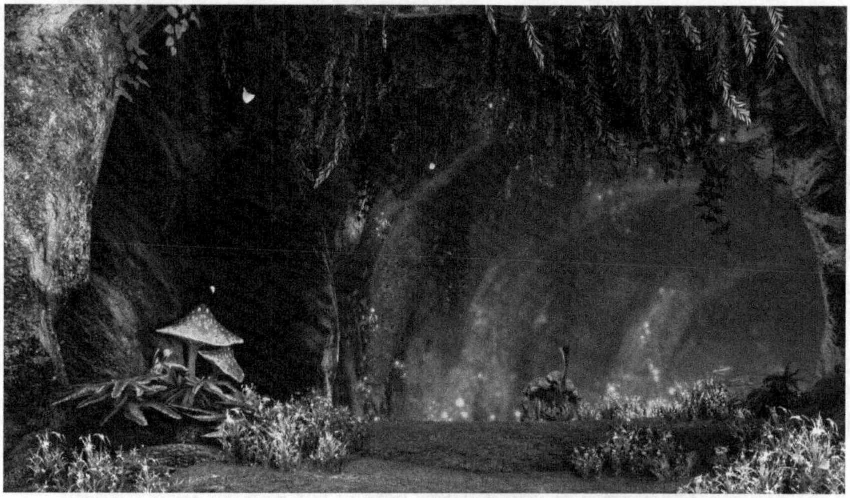

图 6-9　利用岩石模型制作的洞穴场景

对于图 6-10 中的三块岩石模型，我们依次来看，左侧的模型虽然细节丰富，但模型整体过于刻板，缺少岩石的自然形态特征；中间的模型虽然形态自然，但造型过于独特，且缺少细节，很难在游戏场景中大面积使用；右侧的模型形态生动自然、细节丰富，且没有过于显眼的特殊造型，适合在游戏场景中复制使用。

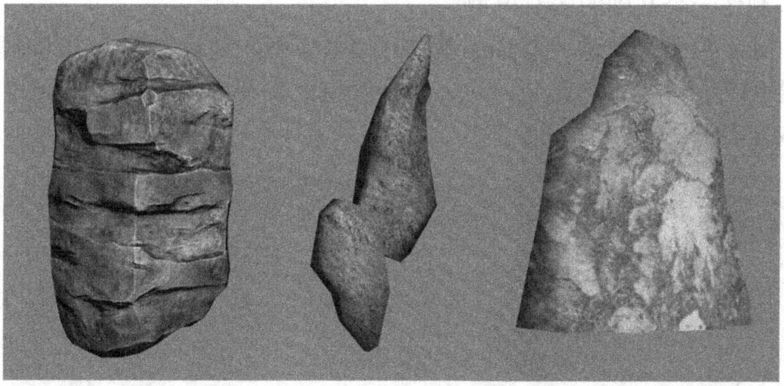

图 6-10　三种不同形态的岩石模型

通过上面的对比，我们来总结一下场景岩石模型在制作时需要注意的几个方面：

- 岩石形态要生动自然且具有美观性。
- 岩石整体造型要匀称，具有体量感，同时，外形不宜过于特殊。
- 在保证上面两点的前提下，权衡把握模型面数与制作细节之间的最佳平衡点。

下面图 6-11 中的岩石模型可以作为这三点总结的范例参考。岩石造型生动美观、体量感强，尽量利用贴图来增加细节纹理。

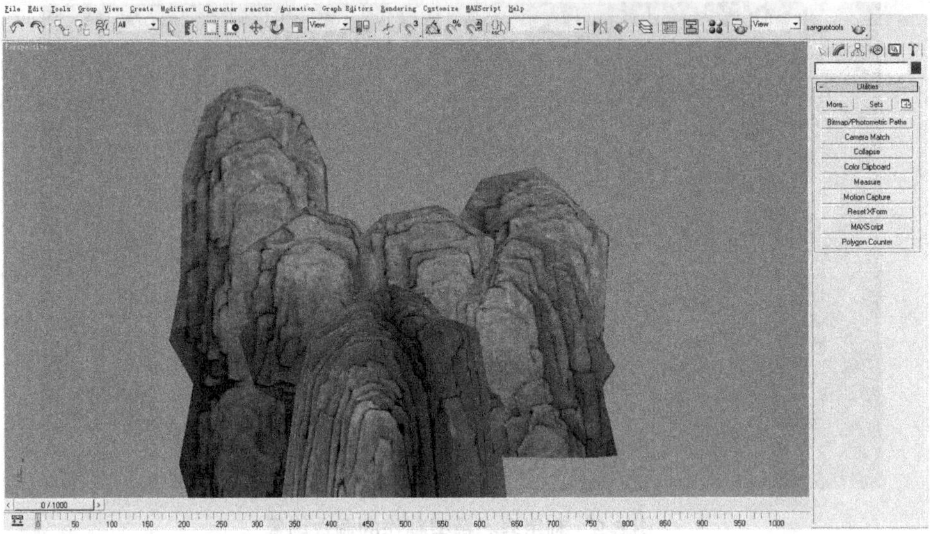

图 6-11　适合游戏场景使用的岩石模型

岩石模型的制作也是通过几何模型的多边形编辑来完成的，相对于植物模型、建筑模型、场景道具模型来说，可能岩石模型的制作过程最为简单，所以，在模型多边形编辑制作的部分没有太多需要讲解的，在这里，只针对岩石模型制作中的一些小技巧来讲解说明，下面我们先来制作一个基础的岩石模型。

先在 3ds Max 视图中创建一个 Box 基础几何体模型，并设置好合适的分段数(图 6-12)。将 Box 模型塌陷为可编辑的多边形，进入点层级模式，利用 3ds Max 的正视图调整模型的外轮廓，形成岩石的基本外形(图 6-13)。

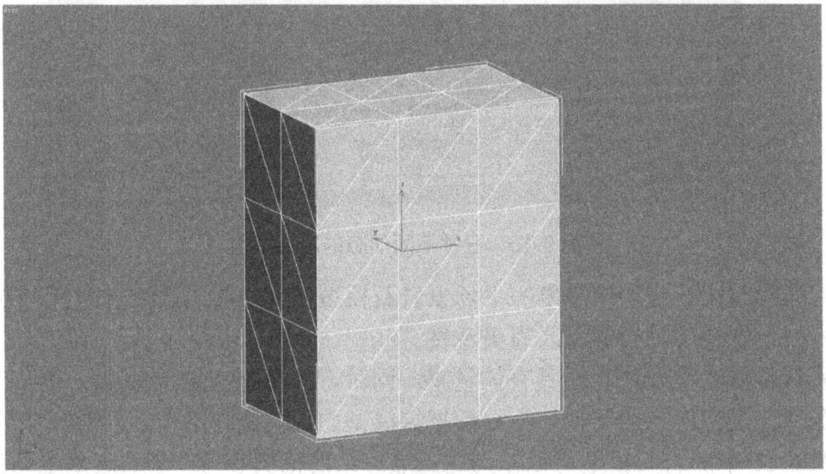

图 6-12　创建 Box 模型

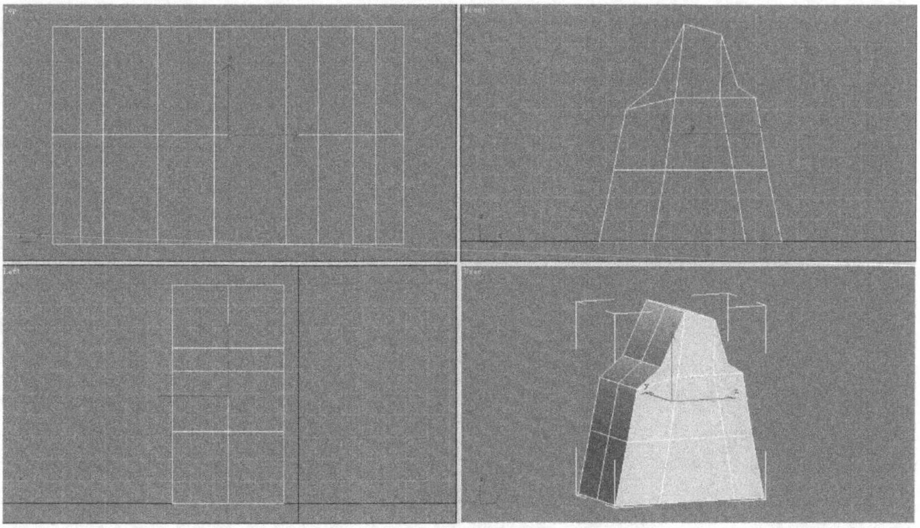

图 6-13　编辑多边形模型外轮廓

在点层级下进一步编辑调整，同时利用 Cut 等命令在合适的位置添加边线，让岩石模型整体区域圆润，形成体量感(图 6-14)。

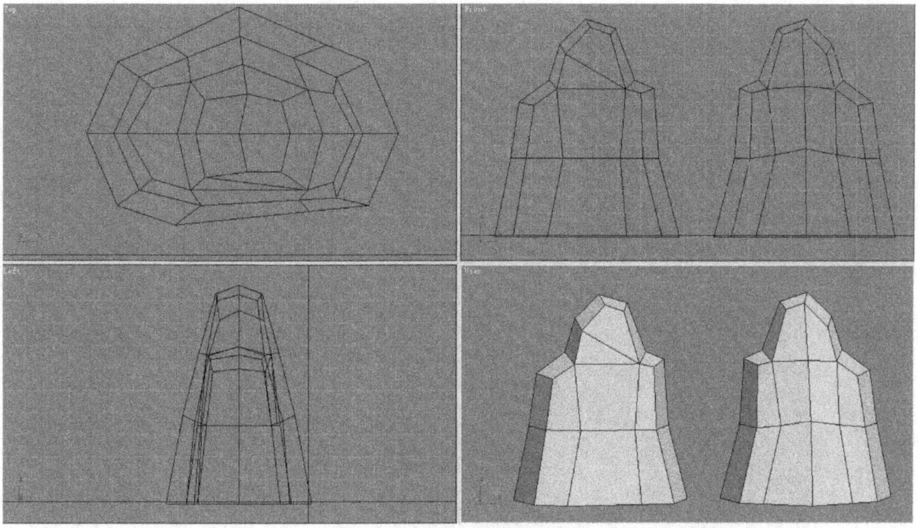

图 6-14　调整模型结构

接下来，需要制作岩石表面的模型细节，利用 Cut 命令添加划分边线，然后利用面层级下的 Bevel 或者 Extrude 命令制作出岩石外表面的突出结构，这样的结构可以根据岩石形态多制作几个(图 6-15)。

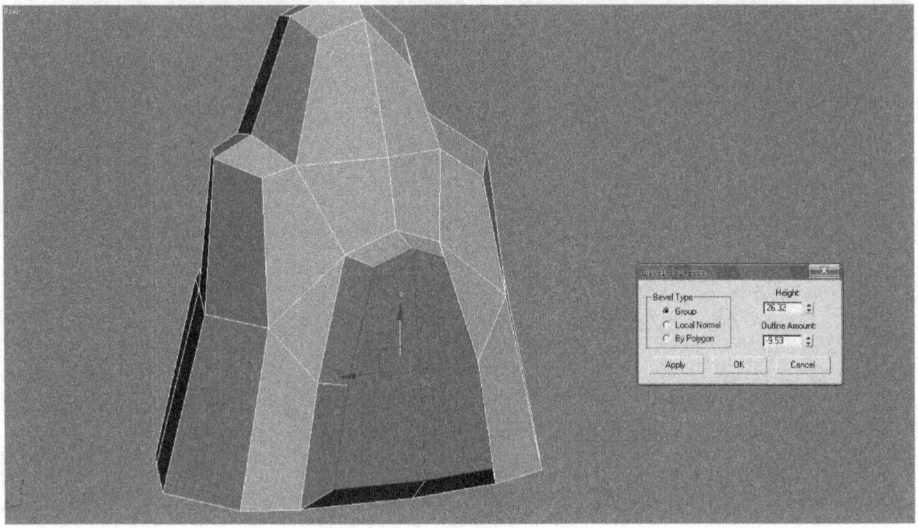

图 6-15　制作岩石模型的结构

图 6-16 就是最终完成的岩石模型，可以通过四视图观察其整体形态结构，整体模型用面非常简练，像这种基础的单体岩石模型，在实际项目制作中通常控制在 100 面左右。

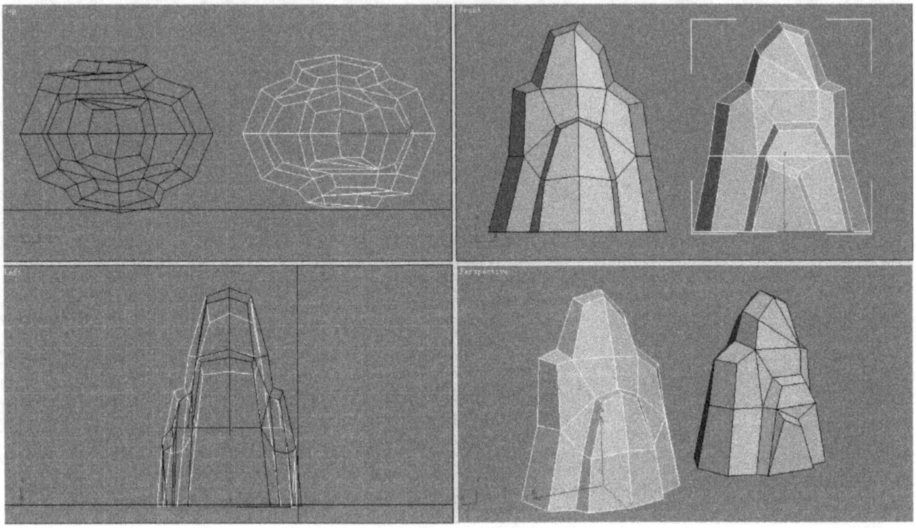

图 6-16　制作完成的岩石模型

初步制作出来的岩石模型一般来说是没有设置光滑组的，这里就出现一个问题，如果将这样的模型添加贴图后直接导入到游戏中，会出现光影投射问题，尤其是模型多边形面与面之间的边线会有严重的锯齿感，影响整体效果，如图 6-17 所示。

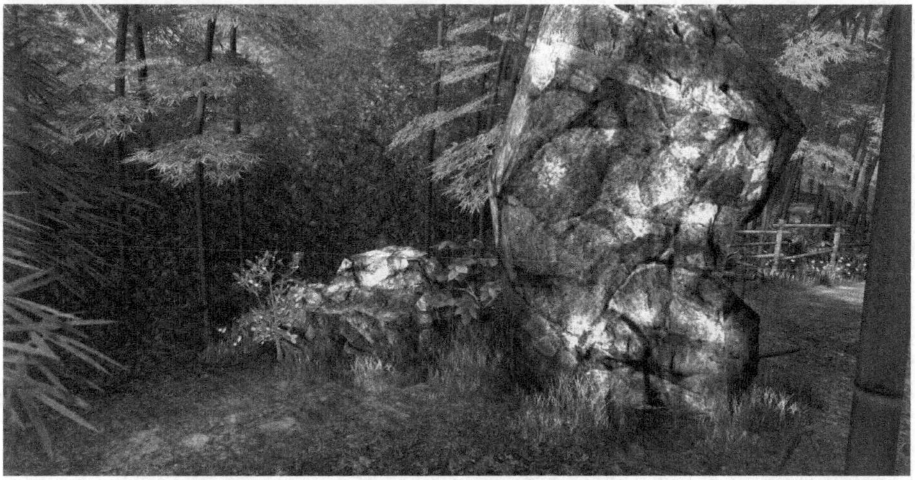

图 6-17　游戏中的岩石模型问题

如果要解决这个问题，就必须对岩石模型进行光滑组设置，我们在多边形编辑模型下进入面层级，选择所有的多边形表面并将其设置为统一的光滑组编号，这样就解决了模型导入游戏后的光影投射问题。但新的问题也随之产生，统一光滑组的设置会使岩石模型整体过于圆滑，同时，也会让先前制作的模型细节结构失去立体感。解决的方法有以下两种。

第一种方法是通过修改模型来实现的，如图 6-18 所示，左侧是统一设置光滑组后的模型，整体缺少立体感，我们可以选择模型突出结构的转折边线，利用 Chamfer 边倒角命令将转折边线制作为“双线”结构，这样，即使是在统一的光滑组下，模型结构也会十分立体，效果如图中的右侧所示。

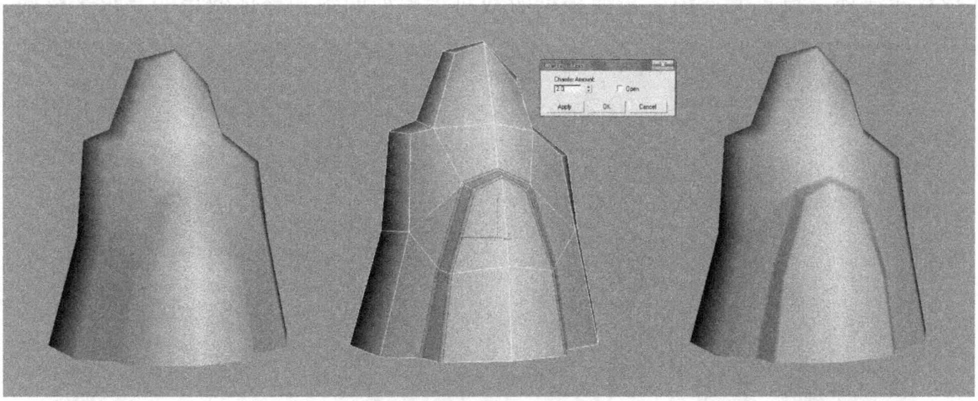

图 6-18　制作双线结构

以上这种方法在游戏场景山石模型的制作中被称为“双线勾勒法”，这种方法有个最大的优点，那就是统一光滑组下的模型既保持了实际游戏中良好的光影投射效果，同时也突出了自身结构的立体感和体量感。缺点是会增加模型面数，不过，想要制作结构十分复杂并且凹凸感强的山石模型时，这是最为有效的制作手段(图 6-19)。在次世代游戏场景的制作中，这种方法尤为常用。

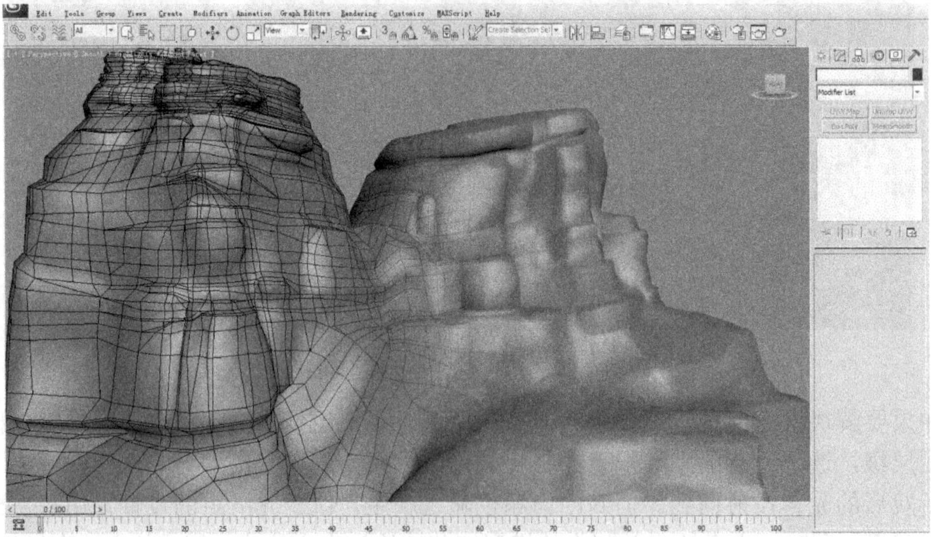

图 6-19　利用双线法制作复杂的山体模型

除了双线勾勒法外，还有一种方法技巧，是通过设置光滑组来实现的，可以通过对岩石模型的不同结构设置不同的光滑组，让细节结构更加分明、突出(图 6-20)。这个方法存在一个缺点，那就是在某些情况下仍然会出现光影投射问题，所以，在实际游戏项目制作中是选择双线法还是设置光滑组，需要根据游戏对于模型面数和整体效果的要求来权衡。

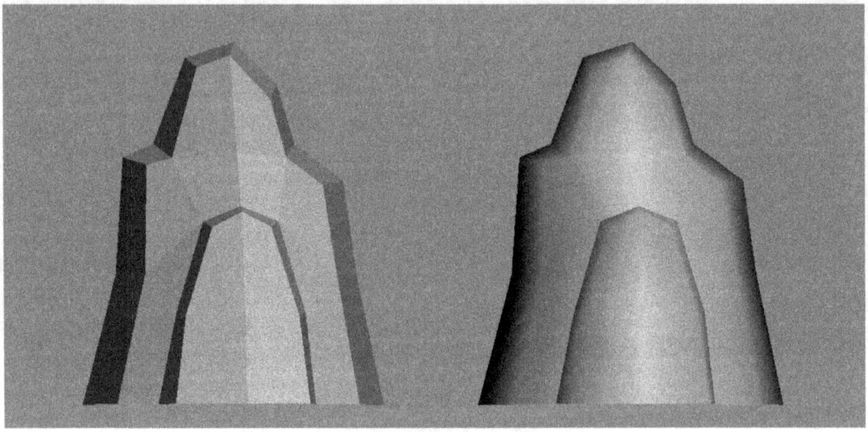

图 6-20　设置不同的光滑组效果

6.3　山体模型的制作

三维游戏引擎成熟化以前，尤其在早期的三维游戏制作中，游戏场景所有美术资源的制作都是在三维软件中完成的。除了场景道具、场景建筑模型以外，甚至包括游戏中的地形、山脉都是利用模型来制作的。而一个完整的三维游戏场景包括众多的美术资源，导致在三维制作时会产生多边形面数巨大的模型，不仅导入游戏的过程十分繁琐，而且制作过程中，三维软件本身就承担了巨大的负载，经常会出现系统崩溃、软件跳出的现象。

随着技术的发展，在成功进入了游戏引擎时代以后，以上所有的问题都得到了完美的解决。游戏引擎编辑器可以帮助我们制作出地形和山脉的效果。除此之外，水面、天空、大气、光效等很难利用三维软件制作的元素都可以通过游戏引擎来完成。我们只需要利用三维软件来制作独立模型，尤其是野外场景的制作，80%的场景工作任务都是通过引擎地图编辑器来整合实现的(图 6-21)。

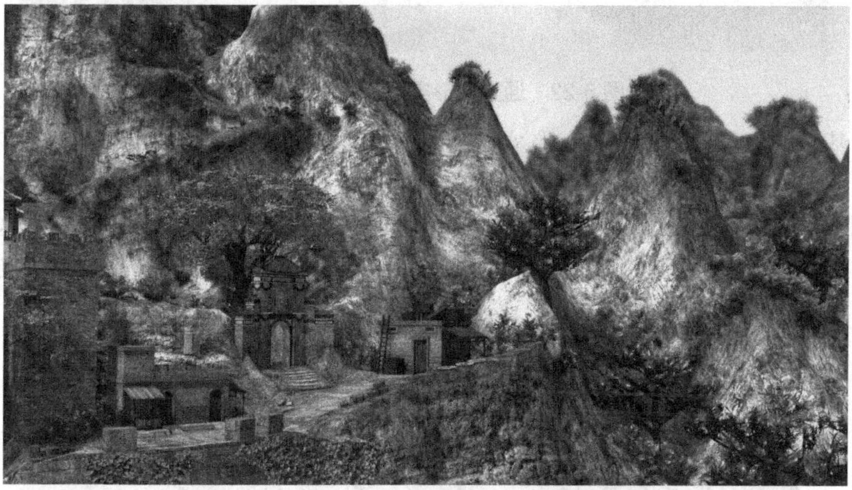

图 6-21　利用引擎编辑器制作的山体和地形场景

既然引擎编辑器可以实现山脉的效果，那么，为什么在这里还要通过三维软件制作山体模型呢？这就涉及到引擎编辑器地形山脉的弱点问题。利用引擎地图编辑器制作山脉的原理，是将地表平面进行垂直拉高，形成突出的山体效果，这种拉高的操作，如果让相邻地表高度差过大，就会出现地表贴图拉伸撕裂严重的现象，所以地形山脉只能用来制作连绵起伏的高山效果，也就是游戏中经常看到的远景山脉。但是，在实际游戏中，我们有时会需要近景的高山效果，尤其是仰视高耸入云的山体效果，是无法通过地形编辑来实现的，那么就需要利用三维软件来制作山体模型。

另外，大多数情况下，山体模型要与编辑器地形相互结合，利用地形起伏来实现很好的衔接效果，如图 6-22 所示，如果让山体模型直接坐落在海水中，那么模型与水面相接的地方会非常生硬，利用起伏的地形包围住山体模型，这样就能利用地表的过渡与水面进行完美衔接了。

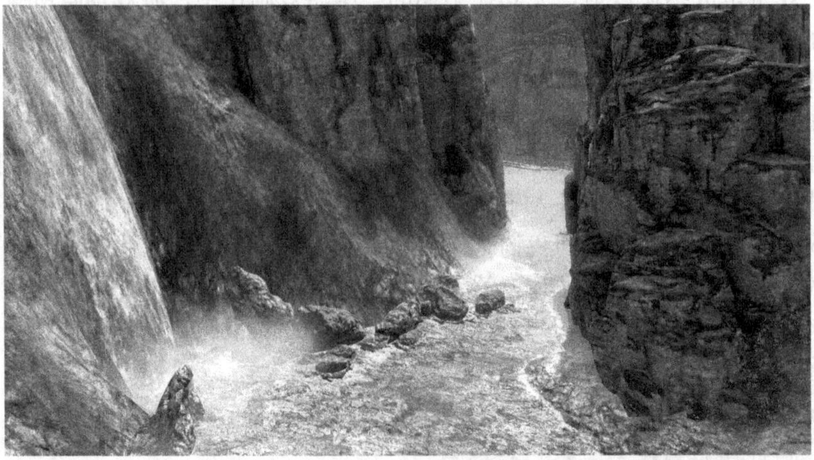

图 6-22　通过地形实现很好的衔接过渡

对于基本的山体模型的制作，其实制作原理非常简单，就是将单体岩石模型利用移动、旋转、缩放、复制等操作进行排列组合，最后形成成组的山体模型效果。如图 6-23 所示，图片左侧是山体模型的实际效果，右侧就是单体岩石模型排列组合的线框图，这种山体模型的构建方法，我们称为“组合式”山体模型。下面，我们通过一个简单的实例，来讲解组合式山体模型的具体应用方法。

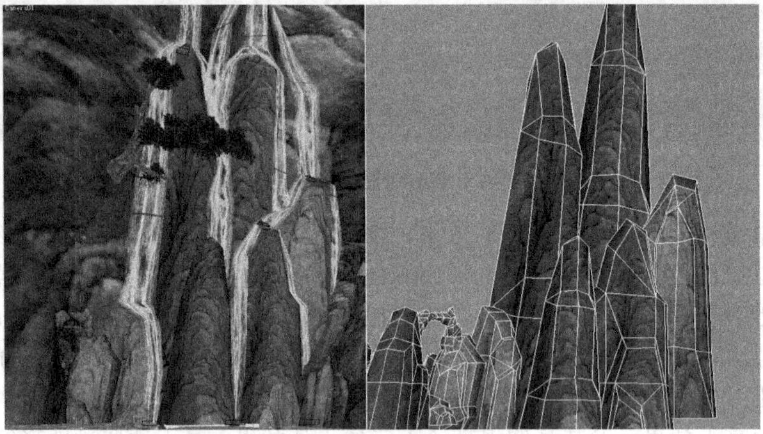

图 6-23　组合式山体模型

首先，需要在 3ds Max 中制作单体岩石的模型，我们可以制作几块形态各异的山石模型，同时，为其添加四方连续贴图(图 6-24)。

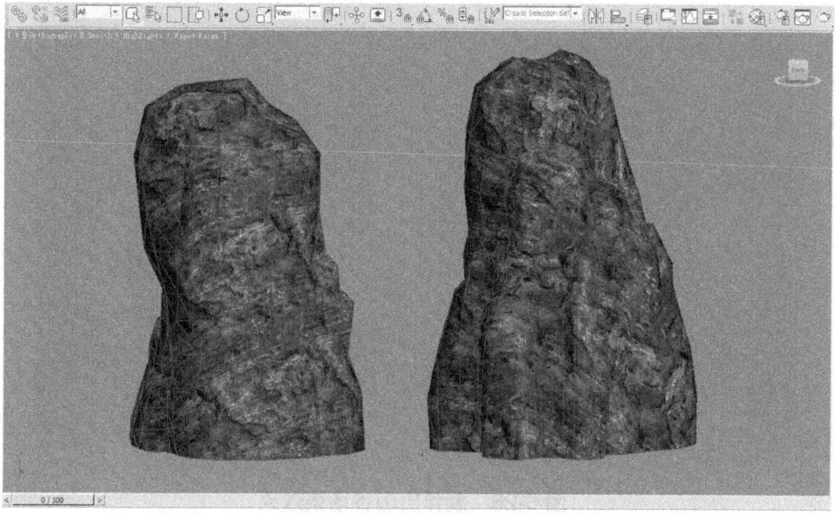

图 6-24　制作单体岩石模型

通过移动、旋转、缩放、复制等命令，将制作好的单体岩石模型进行排列成组，这样，就形成了一整面山石岩体的形态。其实，对于这种山体模型来说，并不需要制作太多单体岩石模型，利用穿插排列的手法，就能制作出不同形态的山体模型(图 6-25)。

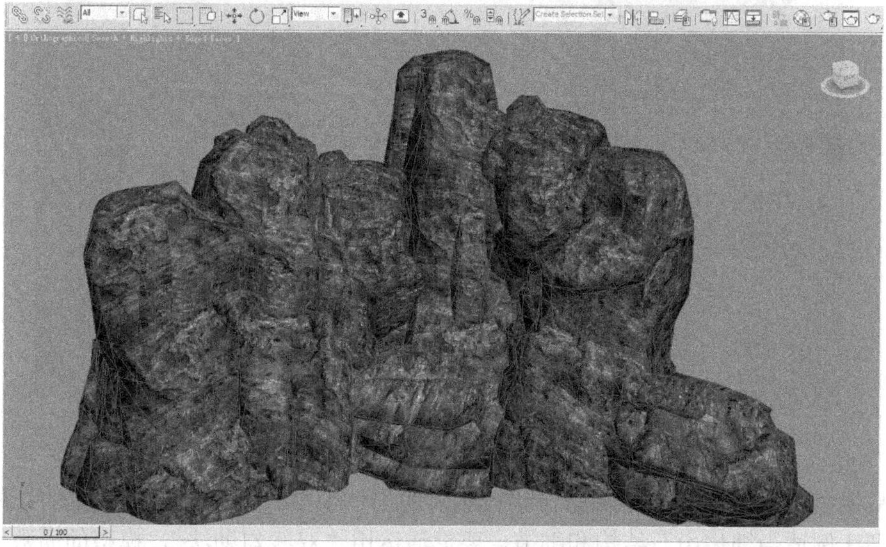

图 6-25　对单体岩石模型进行排列组合

然后继续通过复制的手法制作出其他的山体模型，注意观察四视图中的模型排列，这样，我们就利用岩石模型围成了一个类似山谷的效果(图 6-26)。

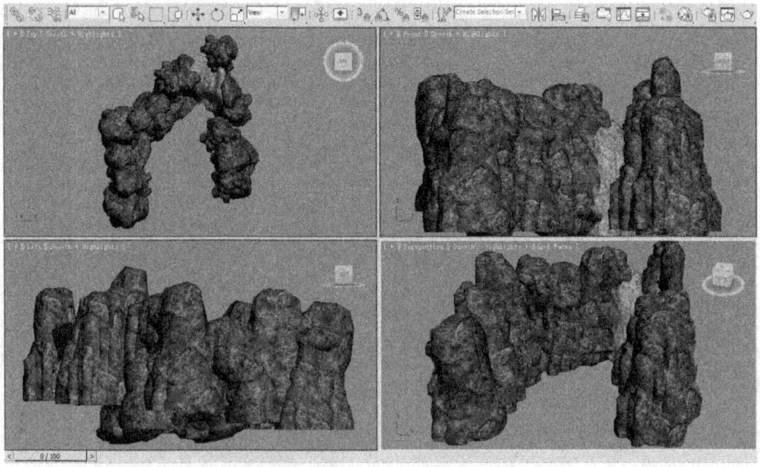

图 6-26　制作出山谷场景效果

最后，将制作完成的山体模型放置到地表之上，同时添加地表植被、碎石、树木等模型，一个简单的野外自然场景就制作完成了(图 6-27)。

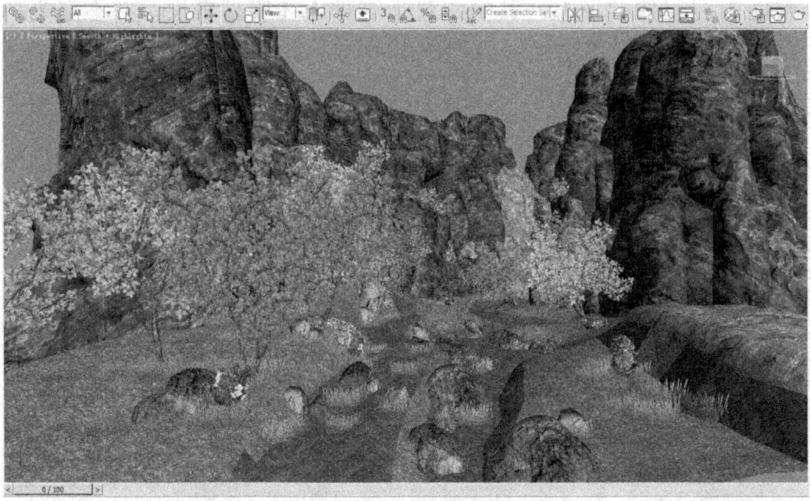

图 6-27　制作完成的场景

如果要利用单体岩石模型来制作比较高大的山体模型，一定要注意模型的结构比例，根据模型比例适当细化山石结构和细节，要灵活运用“双线勾勒法”，模型的面数应当与实际游戏中的大小成正比，山体越大，模型面数越多，结构也越复杂(图 6-28)。

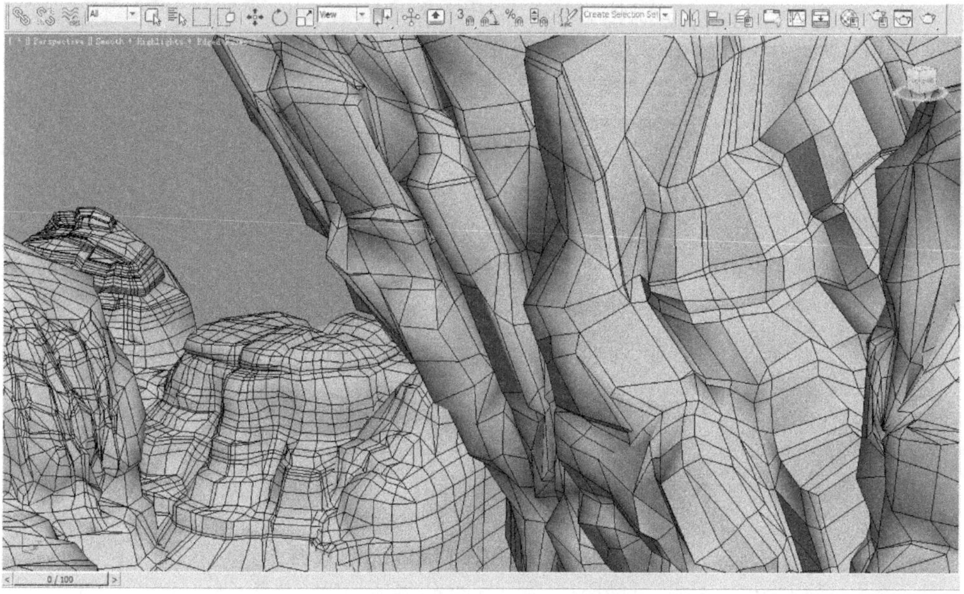

图 6-28　利用双线法制作复杂的山体模型

6.4　山石模型贴图制作技巧

游戏场景山石模型要想制作得真实自然，40%是靠模型来完成，而剩下 60%却要靠模型贴图来完善。模型仅仅是创造出了石头的基本形态，其中的细节和质感必须通过贴图来表现，现在大多数游戏项目制作中，对于山石模型贴图最为常用的类型就是四方连续贴图，所谓四方连续贴图，就是指在 3ds Max UVW 贴图坐标系统中，贴图在上下左右四个方向上可以实现无缝对接，从而实现可以无限延展的贴图效果。对于连续贴图的知识，已经在前面的章节中进行过详细讲解，这里就不再过多涉及，下面我们来了解一下游戏场景山石模型的基本贴图技巧。

图 6-29 中是一块制作完成的岩石模型，我们为其添加一张四方连续的石质纹理贴图，然后选中模型，在堆栈命令窗口中为其添加 UVW Mapping 修改器，选择合适的贴图投射类型，这里我们选择 Planar(平面)方式，这样，贴图纹理就基本平展在了模型上。

接下来，我们需要调整一下石头中间有贴图拉伸的 UV 网格，在堆栈窗口中为其添加 Unwrap UVW 修改器，在 UVW 编辑器中简单调整模型中间部分的 UV 网格点线。由于岩石纹理自然的特点，无须将其 UV 网格完全仔细地平展。这样就完成了岩石模型贴图的添加过程(图 6-30)。

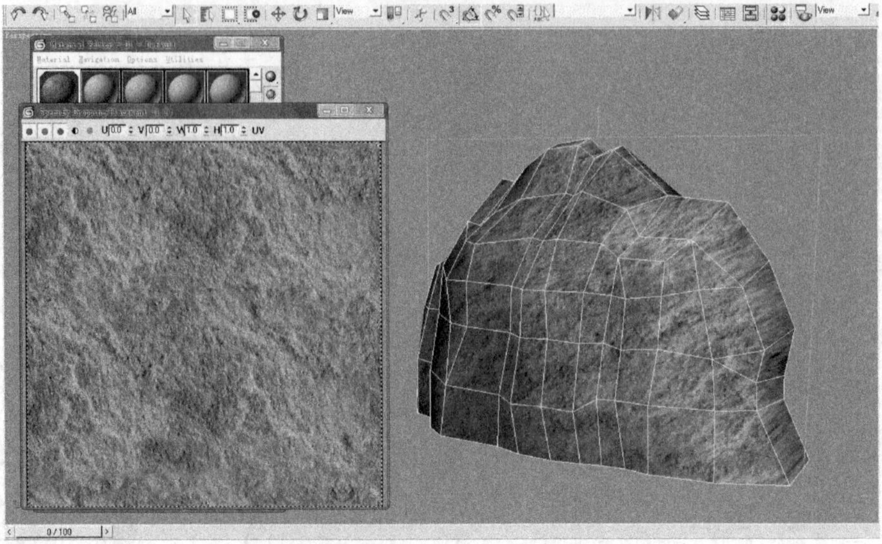

图 6-29　添加 UVW Mapping 修改器

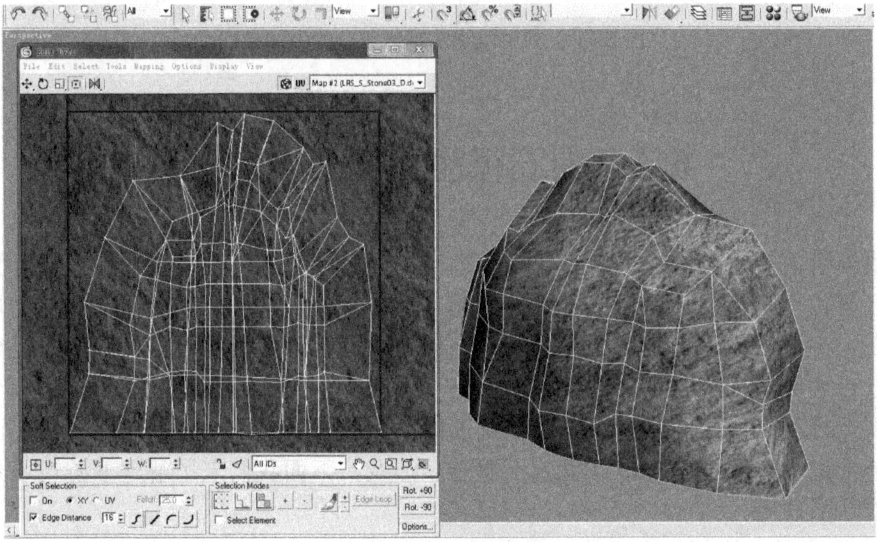

图 6-30　展平模型 UV

以上介绍的方法是现在大多数写实类游戏中常用的山石贴图方法，优点是可以利用四方连续的贴图特点随意调整模型细节纹理的大小比例，一张图片就可以完成所有大小不同的山石模型的贴图任务。但对于一些强调自身美术风格的游戏(如 Q 版游戏，图 6-31)来说，这种方法会导致场景中所有的山石模型都太过于相似，从而缺乏整体的艺术感，所以对于这种有特殊要求的游戏项目场景，我们需要用到另外一种贴图方法。

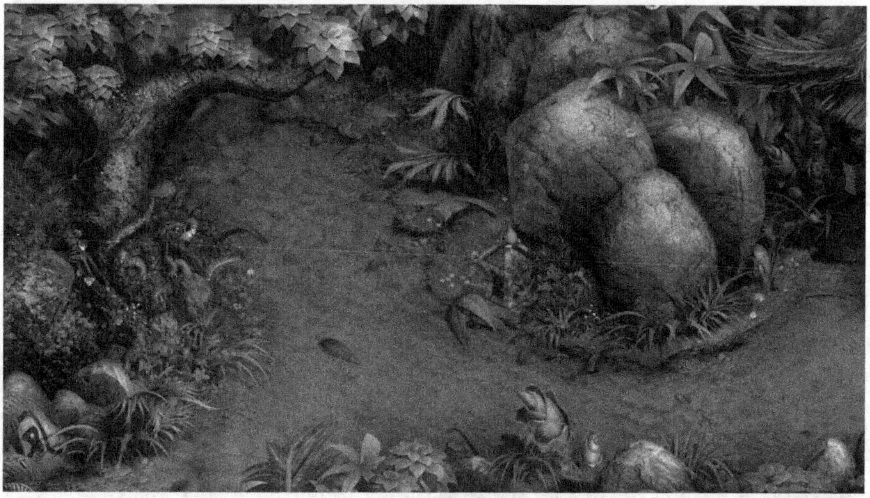

图 6-31　Q 版游戏场景中的山石模型

利用四方连续贴图制作山石模型是先添加贴图后调整 UV，而另一种方法需要在模型制作完成后，对其 UV 网格进行平展，然后将网格线框图导出到 Photoshop 中进行贴图的绘制。绘制的时候，需要根据网格中的山石模型结构进行相应的绘制，最后完成的石质贴图与原模型是完全一对一的匹配，而这张贴图也无法应用于其他结构的山石模型。图 6-32 左侧为模型的 UV 平展网格图，右侧是针对模型绘制的贴图与模型最终的完成效果。

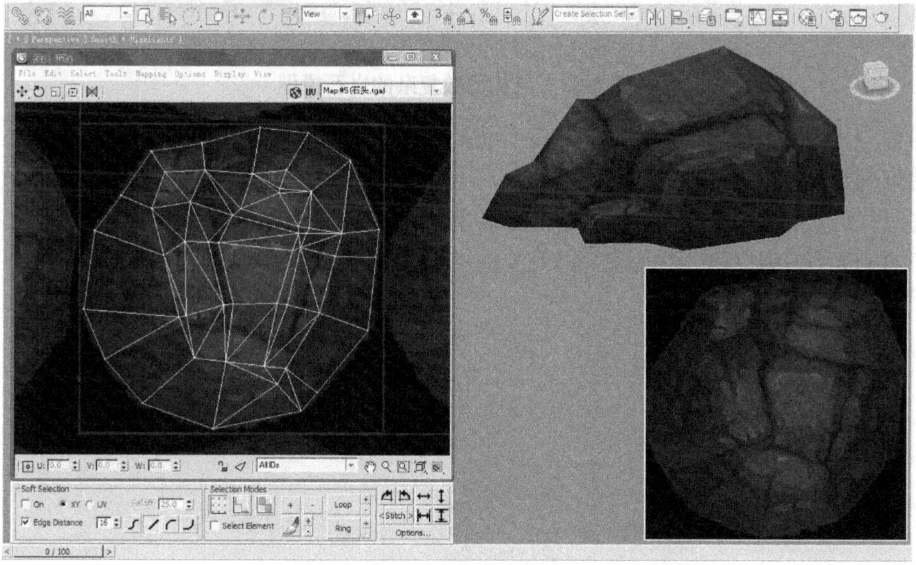

图 6-32　将山石模型 UV 平展进行贴图绘制

对于游戏场景中一些大型或者特殊的山石模型，如果要利用上面的方法来制作，还必须将 UV 网格根据岩石的结构进行更细致的拆分，然后利用大尺寸贴图对细节进行详细的刻画绘制(图 6-33)。其实，这种方法更加类似于游戏角色贴图的制作方法，优点是可以充分地表现出山石模型的结构特点和纹理细节，制作出生动自然且独一无二的山石模型，缺点就是随着项目进行的深入，伴随越来越多的模型，产生过多的贴图资源，增加了游戏引擎的负担，所以，在大型游戏项目的研发中，这并不是最为通用的山石模型贴图的制作方法。

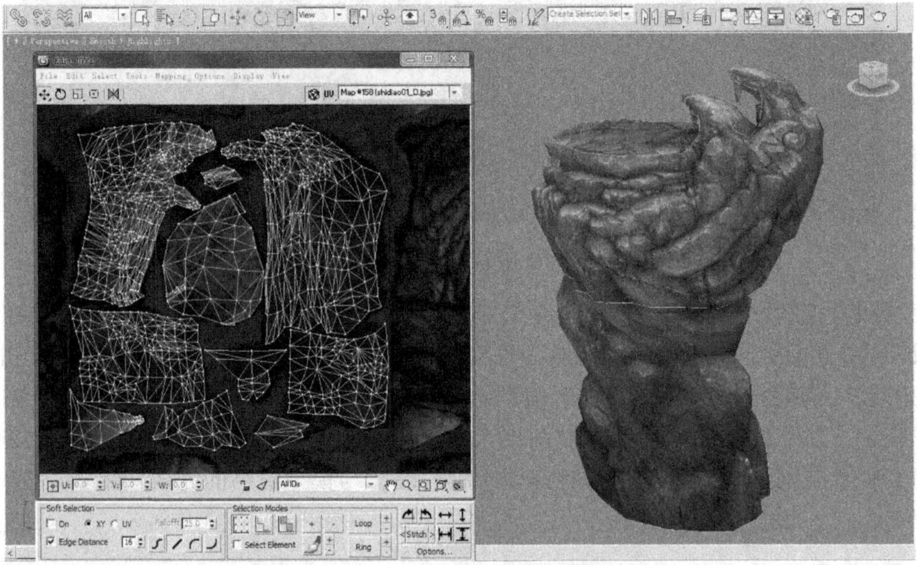

图 6-33　结构面数复杂的岩石模型

本章对于基本的模型制作部分并没有进行过多的讲解，重点放在了理论学习上。希望读者通过理论的学习，掌握山石模型的制作思路和流程。在平时的学习中，要善于参照自然景物照片进行模型制作练习。另外，还要熟练地掌握山石模型贴图的绘制和处理方法。

在随书光盘中附有大量的写实和手绘的山石贴图，可供读者学习和参考。

第七章

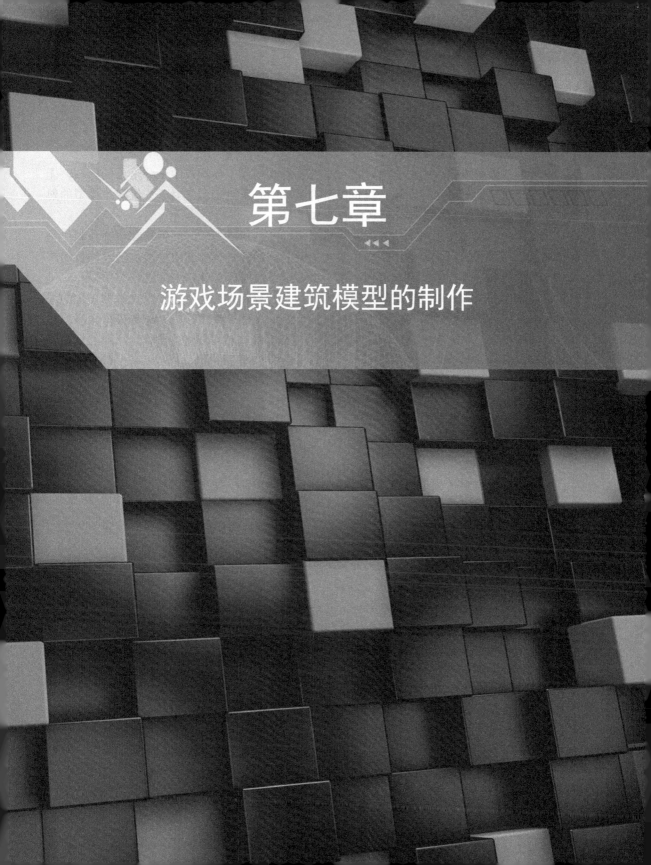

游戏场景建筑模型的制作

7.1 网络游戏场景建筑模型的分类

建筑是三维游戏制作的主要内容之一，它是游戏场景主体构成中十分重要的一环，无论是网络游戏还是单机游戏，场景建筑模型都是其中必不可少的。对于三维建筑模型的熟练制作，也是场景美术设计师必须掌握的基本能力。

其实，在游戏制作公司中，三维游戏场景设计师有相当多的时间都是在设计和制作场景建筑，从项目开始，就要忙于制作场景实验所必需的各种单体建筑模型，随着项目的深入，逐渐扩展到复合建筑模型，再到后期主城、地下城等整体建筑群的制作。所以，对于建筑模型制作的能力，以及建筑学知识的掌握，是游戏制作公司对于场景美术师评价的最基本标准。新人进入游戏公司后，最先接触的就是场景建筑模型，因为建筑模型大多方正有序、结构明显，只需掌握 3ds Max 最基础的建模功能，就可以进行制作，所以，这也是场景制作中最易于上手的部分。

在学习场景建筑模型制作之前，首先要了解游戏中不同风格的建筑分类，这主要根据游戏的整体美术风格而言，首先要确立基本的建筑风格，然后抓住其风格特点，这样，制作出的模型才能生动贴切，符合游戏的需要。

(1) 根据现在市面上不同类型的游戏，从游戏题材上，可以分为历史的、现代的和幻想的：

- 历史的就是古代题材的游戏，如国内目标公司的《傲世三国》、《秦殇》系列，法国育碧公司的《刺客信条》系列。
- 现代的就是贴近我们生活的当代背景下的游戏，比如美国 EA 公司的《模拟人生》系列，RockStar 公司的《侠盗飞车》系列。
- 幻想的就是以虚拟构建出的背景为题材的游戏，比如日本 SE 公司的《最终幻想》系列。

(2) 如果按照游戏的美术风格来分，又可以分为写实的和卡通的：

- 写实类的场景建筑就是按照真实生活中人与物的比例来制作的建筑模型。
- 卡通风格就是我们通常所说的 Q 版风格，比如韩国 NEXON 公司的《跑跑卡丁车》、网易公司的《梦幻西游》等。

(3) 另外，如果按照游戏的地域风格来分，又可以分为东方的和西方的：

- 东方的主要指中国古代风格的游戏，国内大多数 MMO RPG 游戏都属于这种风格。
- 西方的主要就是指欧美风格的游戏。

综合以上各种不同的游戏分类，我们可以把游戏场景建筑风格分为以下 7 种，让我们通过图片来进一步认识不同风格的游戏场景建筑。

(1) 中国古典建筑(图 7-1)。

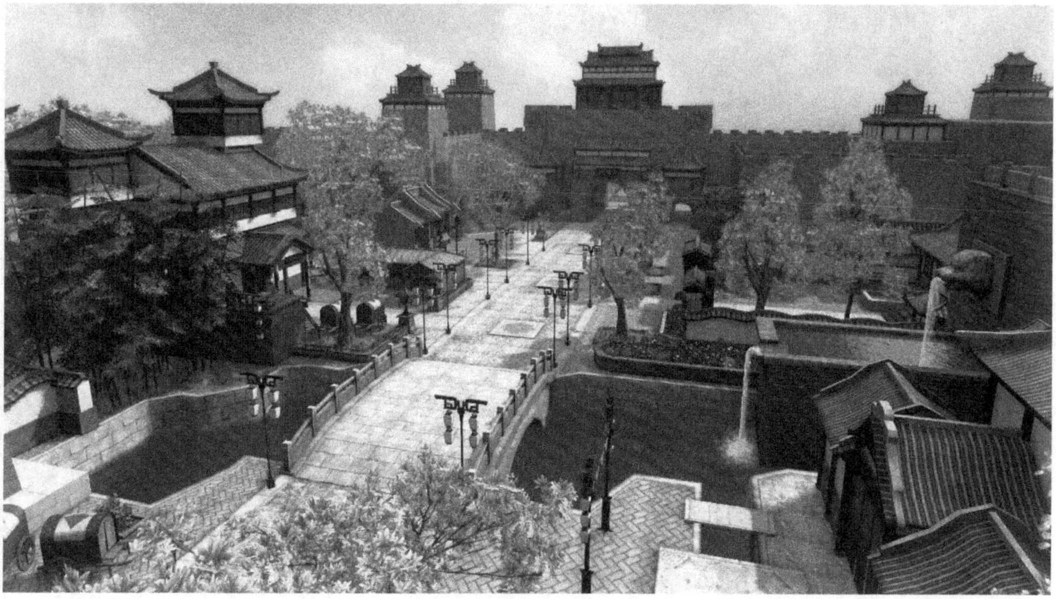

图 7-1 《古剑奇谭》中的中国古典建筑主城

(2) 西方古代建筑(图 7-2)。

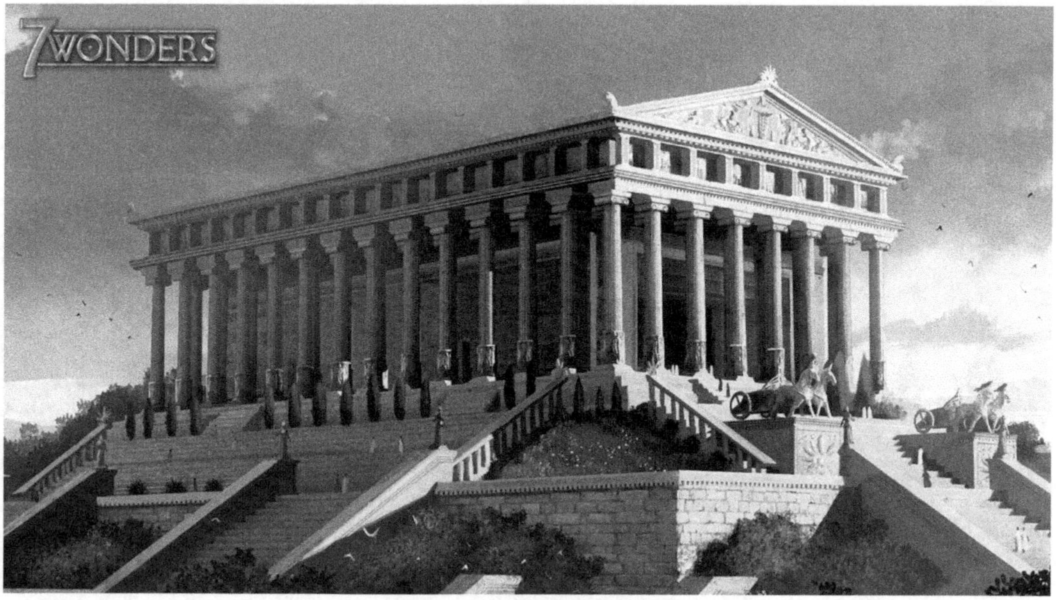

图 7-2 《七大奇迹》中古代希腊风格的神殿

(3) Q 版中式建筑(图 7-3)。

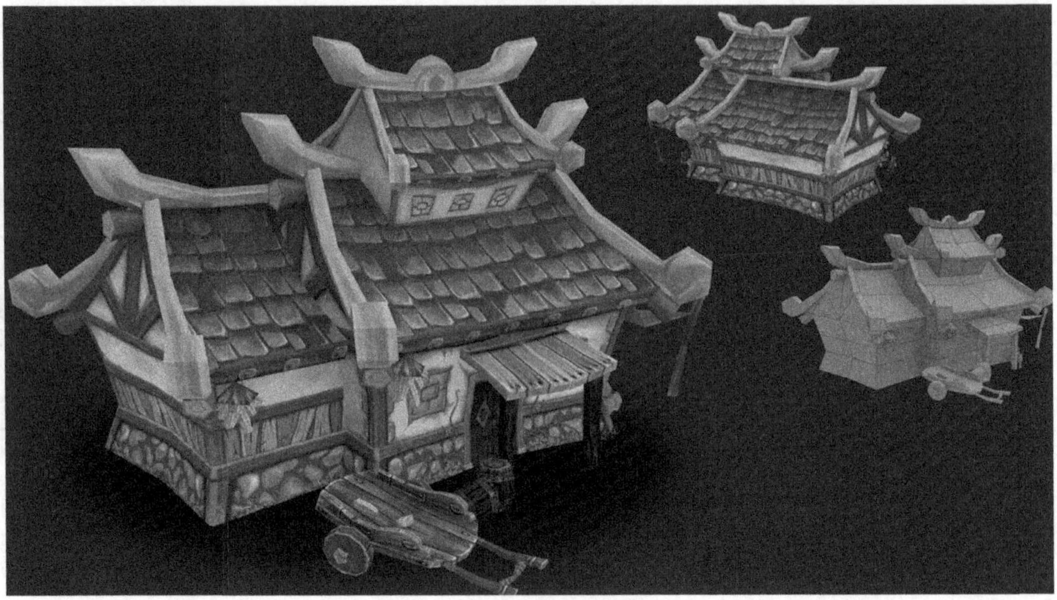

图 7-3　Q 版中式建筑民居

(4) Q 版西式建筑(图 7-4)。

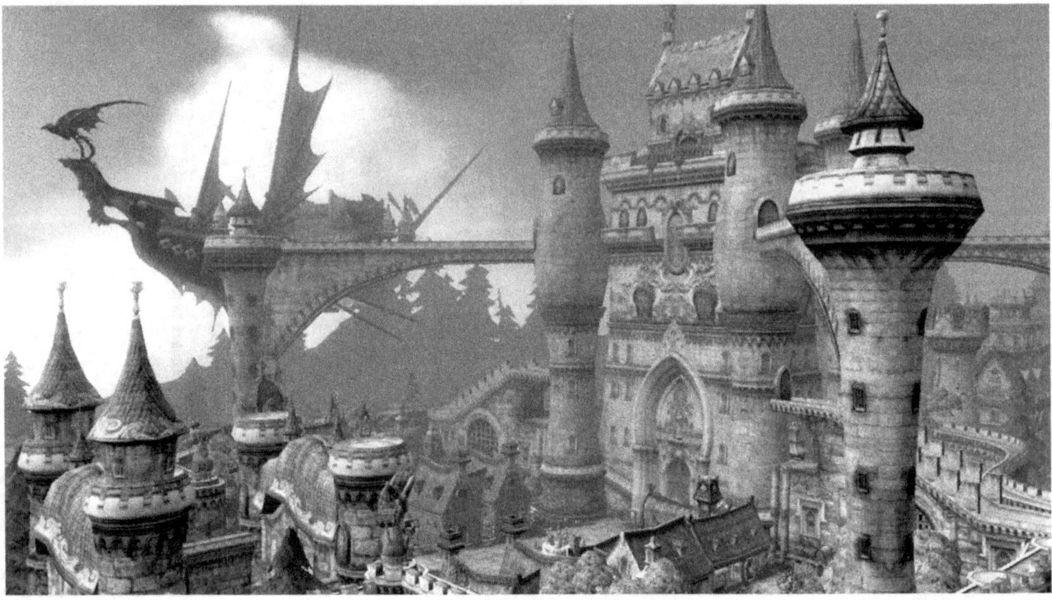

图 7-4　《龙之谷》中的 Q 版西式建筑城堡

(5) 东方幻想建筑(图 7-5)。

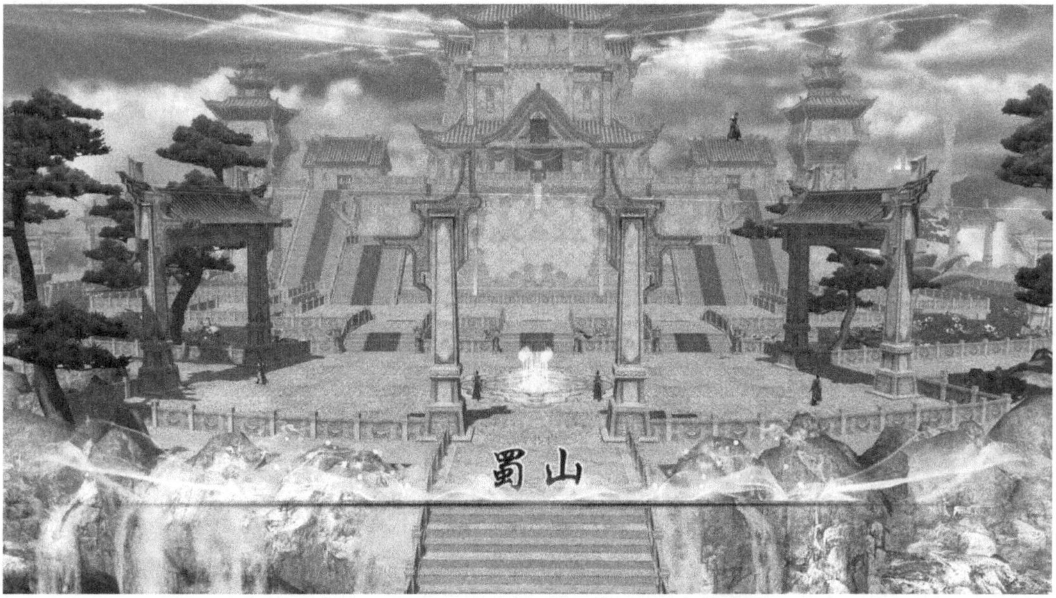

图 7-5　《仙剑奇侠传》中的东方幻想风格建筑

(6) 西方幻想建筑(图 7-6)。

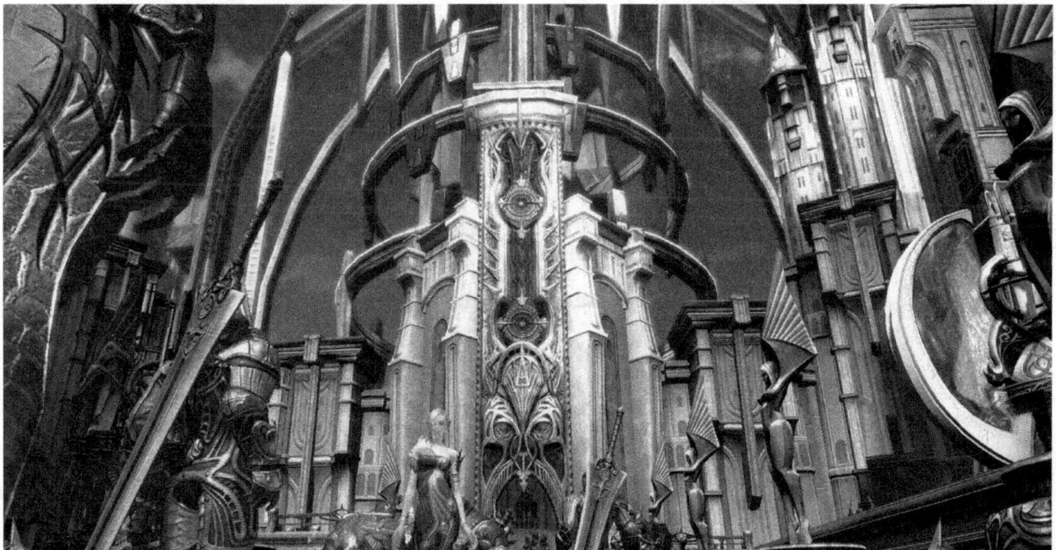

图 7-6　《TERA》中的西方幻想风格建筑

(7) 现代建筑(图 7-7)。

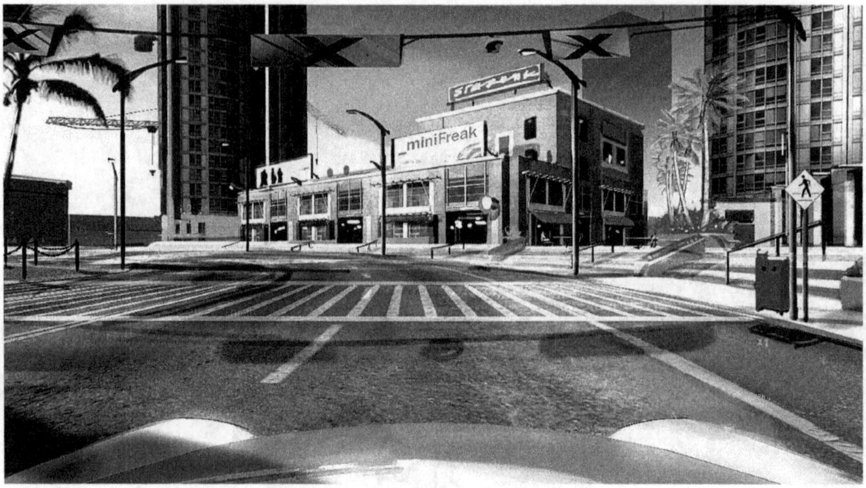

图 7-7 《极品飞车》中的现代建筑

除了游戏场景和建筑的风格外，从专业的游戏美术制作角度来看，游戏场景建筑模型主要分为单体建筑模型和复合式建筑模型。单体建筑模型是指在三维游戏中用于构成复合场景的独立建筑模型，它与场景道具模型一样，也是构成游戏场景的基础模型单位，单体建筑模型除了具备独立性以外，还具有兼容性。这里所谓的兼容性，是指不同的单体建筑模型之间可以通过衔接结构相互连接，进而组成复合式的建筑模型。图 7-8 中分别为单体建筑模型和复合建筑模型。

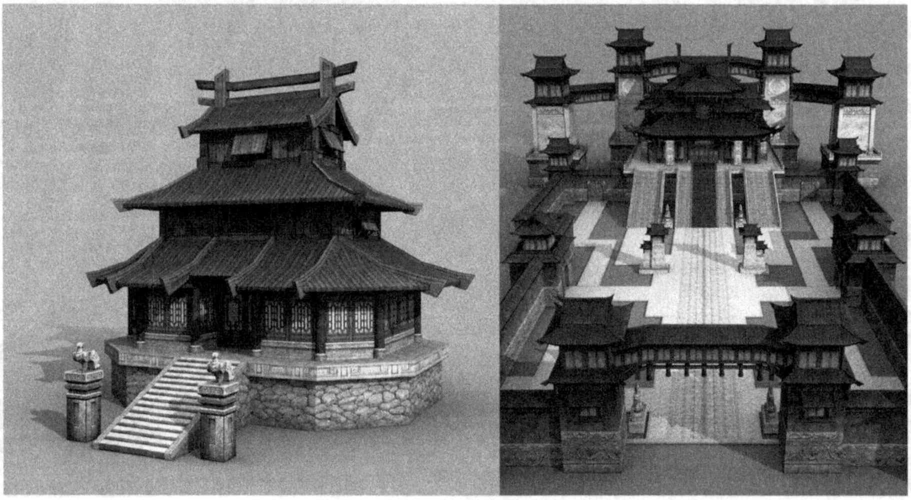

图 7-8 单体和复合式场景建筑模型

学习单体建筑模型的制作是每位游戏场景设计师必修的基本功课，对其掌握的深度也直接决定和影响日后复合建筑模型以及大型三维游戏场景的制作能力，所以对本章内容的学习一定要遵循从精、从细的原则，扎实掌握每一个制作细节，同时要加强日常练习，为以后大型场景的制作打下基础。

本章实例制作内容将严格按照游戏制作公司的工作流程来进行制作和讲解，每个实例都首先分析模型的结构和特点，然后再开始具体制作，制作完成后总结出制作要点。游戏场景模型的制作必然会涉及到大量建筑学的内容，在制作过程中，会穿插讲解一些建筑学的专业知识，让读者在实例制作中学到更多的专业延伸知识，为以后的专业游戏美术设计师之路做好准备。

三维游戏场景的最大特点就是真实性。所谓的真实性，就是指在三维游戏中，玩家可以从各个角度去观察游戏场景中的模型和各种美术元素，三维游戏引擎为我们营造了一个360° 的真实感官世界。所以在制作过程中，我们要时刻记住这个原则，保证模型各个角度都要具备模型结构和贴图细节的完整度，在制作中，要随时旋转模型，从各个角度观察模型，及时完善和修正制作中出现的疏漏和错误。

另外，对于新手来说，在游戏模型制作初期，最容易出现的问题就是模型中会存在大量的“废面”，要多多利用 Polygon Count 计面工具，及时查看模型的面数，随时提醒自己不断修改和整理模型，避免废面的产生。其实，游戏场景的制作并没有想象中的那样复杂和困难，只要从基础入手，脚踏实地做好每个模型，从简到难，由浅入深，在大量积累后，必然会让自己的专业技能获得质的提升。

7.2　游戏场景单体建筑模型实例的制作

通常来说，游戏场景的主体模型一般就是指场景建筑模型，游戏场景设计师大多数时间也都在跟建筑打交道。对于游戏三维场景设计来说，只有接触到了专业的场景建筑设计，才算是真正步入了这个领域，才会真正明白这个职业的精髓和难度所在，很多刚刚进入这个专业领域的新手，在接触到场景建筑后，都会有此感悟。对于场景建筑模型的学习，通常都是从单体建筑模型入手的，本节将带领读者深入学习游戏场景单体建筑模型的制作。

对于场景建筑模型来说，最重要的就是“结构”，只要紧抓模型的结构特点，制作就会变得十分简单，所以，在制作前，对于制作对象的整体分析和把握，将会在整个制作流程中起到十分重要的作用。对于作者个人而言，会把这一过程看得比实际制作还要重要。制作前，对模型结构特点的清晰把握，不仅会降低整体制作的难度，还会节省大量的制作时间。所以本章在实例制作前，都会对模型首先进行整体分析，然后再开始实际的制作。同时，从本章开始，会涉及到一定的建筑学知识和术语，在学习过程中，会顺便扩充读者外延领域的专业知识。

本节的实例制作内容为欧式单体建筑——武器店场景(图 7-9)。这是网络游戏中常见的场景建筑类型，通常用在野外村镇或者游戏主城中，是与 NPC 角色发生交互的场景地点。

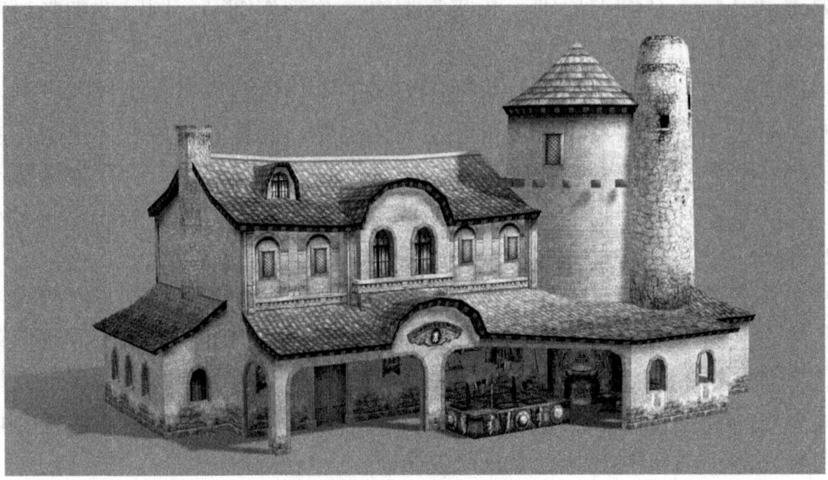

图 7-9　欧式武器店场景

从整体来看，建筑整体分为三大部分：主体建筑、侧面的塔楼和烟囱等附属结构，以及主体建筑前方的半开放式门廊结构。

在实际制作的时候，我们也将按照主体建筑、附属建筑、门廊结构的顺序来进行制作，每一部分建筑结构首先制作墙体结构，然后制作屋顶瓦檐结构，接着再来制作添加各种建筑装饰结构。基本模型完成后，最后添加和导入门廊下的各种火炉、铁砧、柜台以及各种武器等场景道具模型。经过简单的分析后，我们开始实际的制作过程。

首先，我们开始制作主体建筑模型，这是一座二层楼房式建筑，我们先来制作建筑的墙体模型。在 3ds Max 视图中创建长宽高分段各为 2 的 Box 模型(图 7-10)。

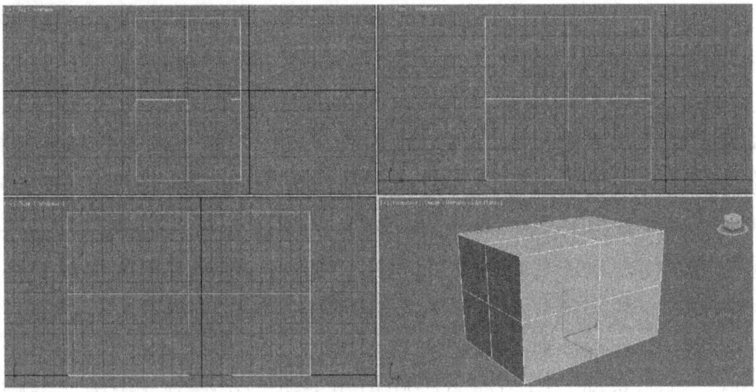

图 7-10　创建 Box 模型

接下来，将 Box 模型塌陷为可编辑的多边形，删除顶部和底部的模型面，添加横向分段，为下一步编辑模型和贴图做准备(图 7-11)。然后，选择模型左右两侧上方的边线，利用挤出的方式制作出两侧的三角形墙体结构(图 7-12)。

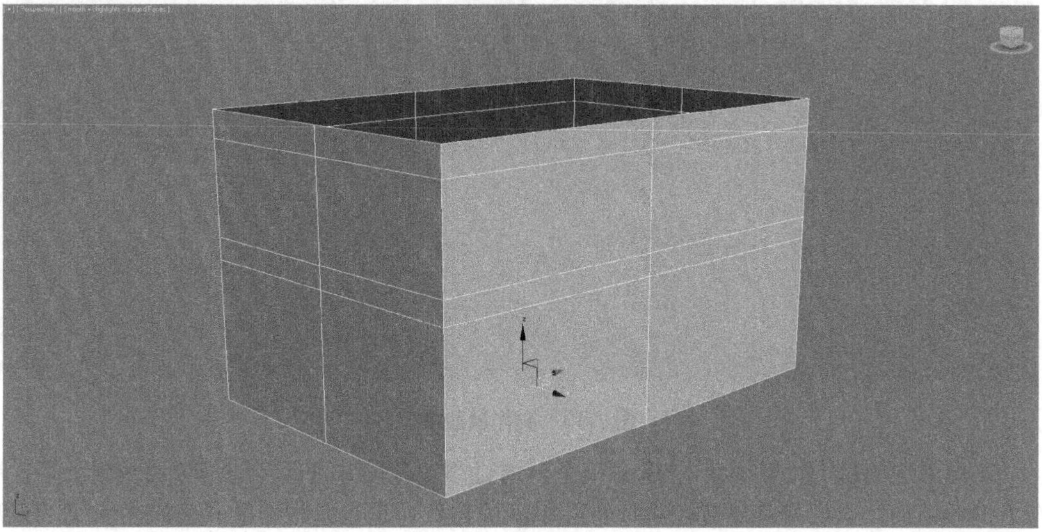

图 7-11　编辑多边形

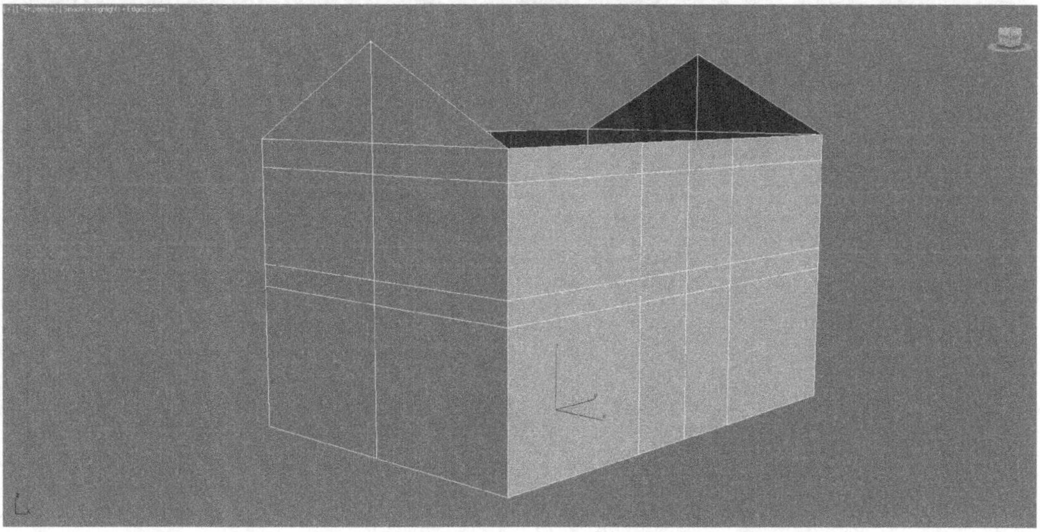

图 7-12　制作三角墙体结构

接下来，同样利用 Box 模型进行多边形编辑，依照墙体模型，编辑制作出屋顶部分。为了增加模型的变化，我们可以添加分段，让屋顶两侧稍稍翘起(图 7-13)。

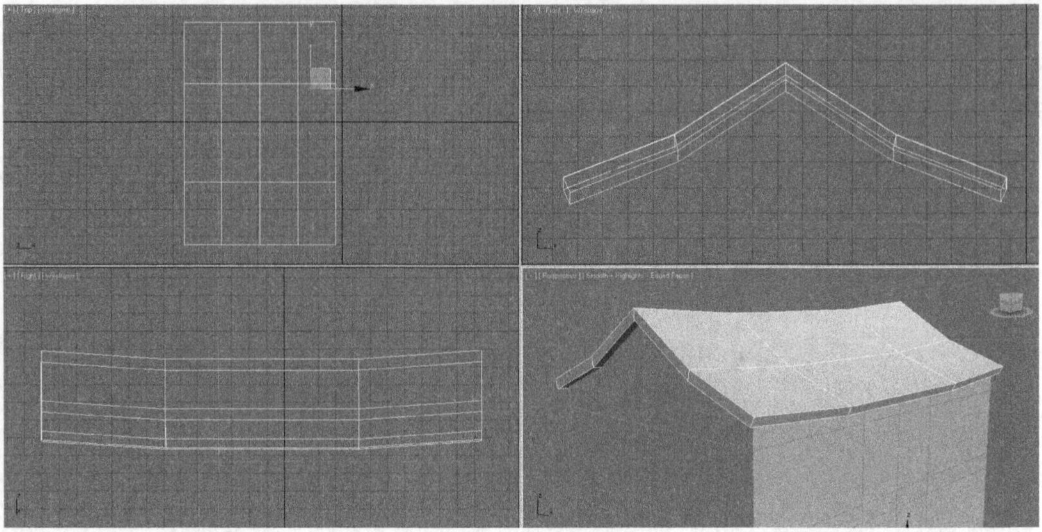

图 7-13 制作屋顶模型

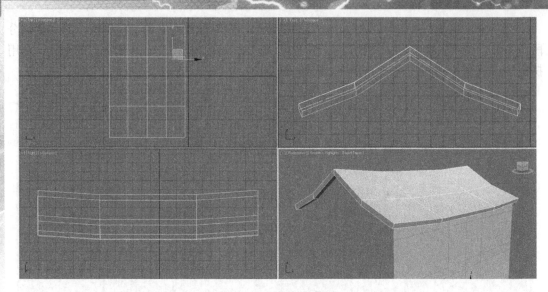

在视图中创建一个平板状的 Box 模型，通过添加分段并进行多边形弯曲编辑处理，制作出拱形结构，我们将其放置在屋顶正面中间的位置，这也是很多欧式建筑中常见的弧形檐顶设计(图 7-14)。

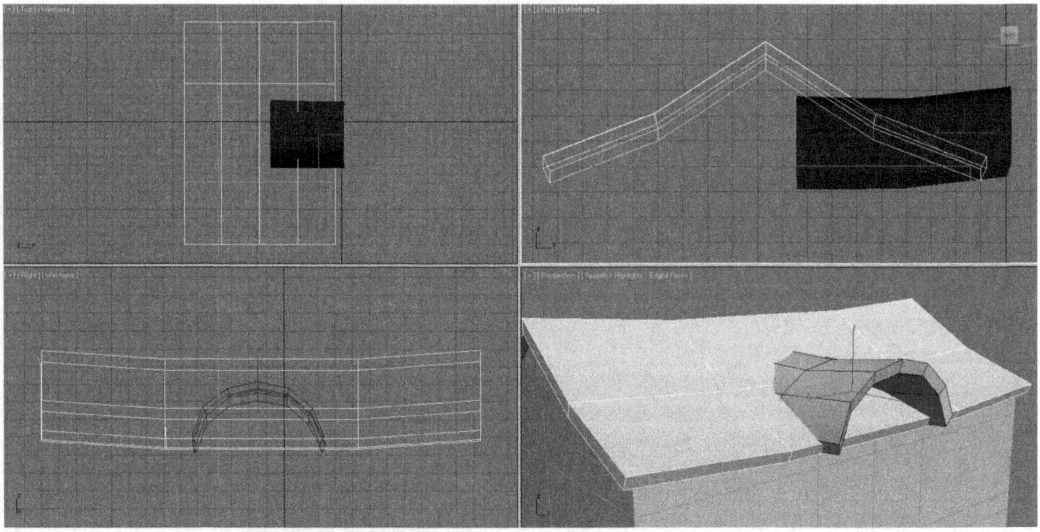

图 7-14 制作拱形屋顶结构

主体模型的基本结构搭建完成后，我们来制作墙体一侧的附属小房建筑，同样是利用 Box 模型进行多边形编辑，分别制作出墙体、屋顶，以及上方的烟囱模型(图 7-15)。

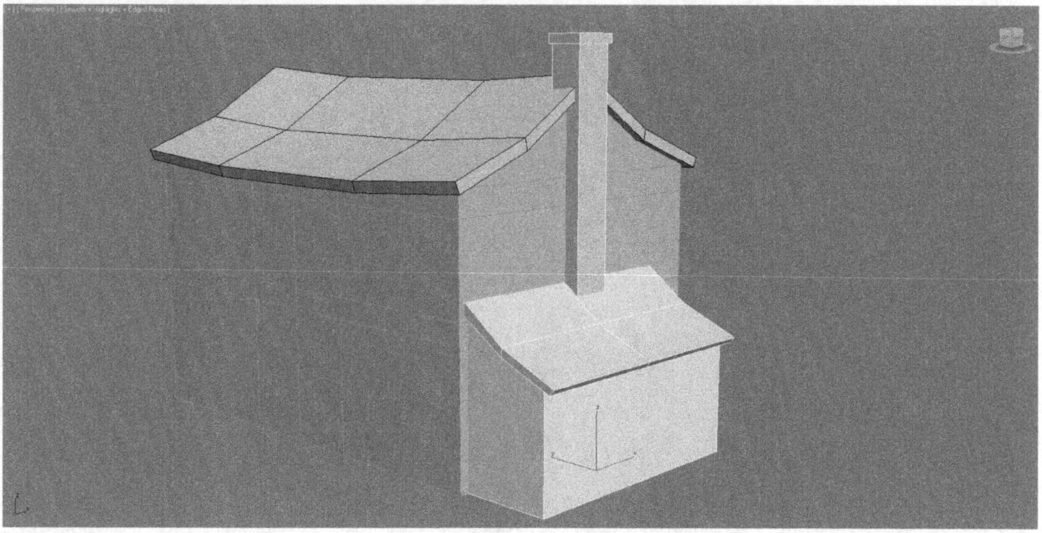

图 7-15　制作侧面的小房和烟囱

然后，我们需要对侧面房屋的墙体做一下处理，为了后面制作内凹的窗户结构，需要在墙面上挖出镂空的窗洞。这里可以通过精确布线，然后删除模型面的方式来制作，也可以通过创建面板 Compound Objects 菜单下的 Boolean(布尔运算)的方式来制作(图 7-16)。

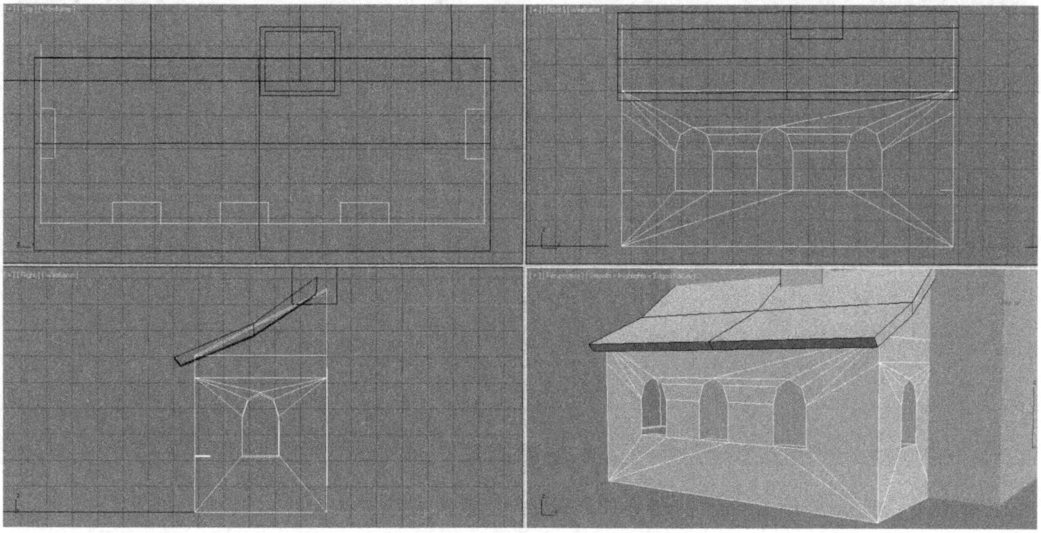

图 7-16　制作镂空的窗洞

接下来，通过编辑多边形，制作出窗户模型，外侧的包边窗框结构是为了与墙体更好地衔接(图 7-17)。

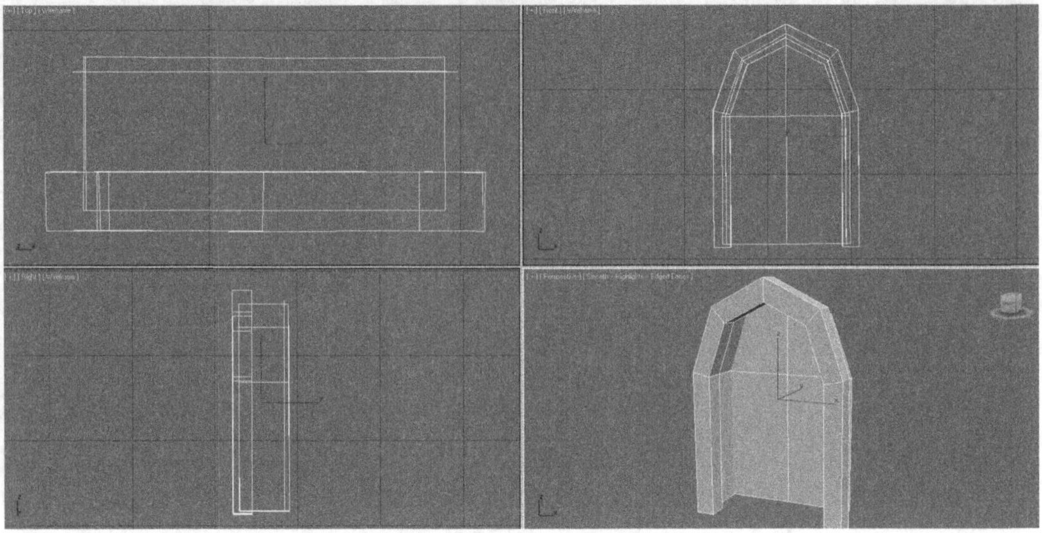

图 7-17　制作窗户模型

图 7-18 是将窗户模型镶嵌在房屋墙体上的效果。

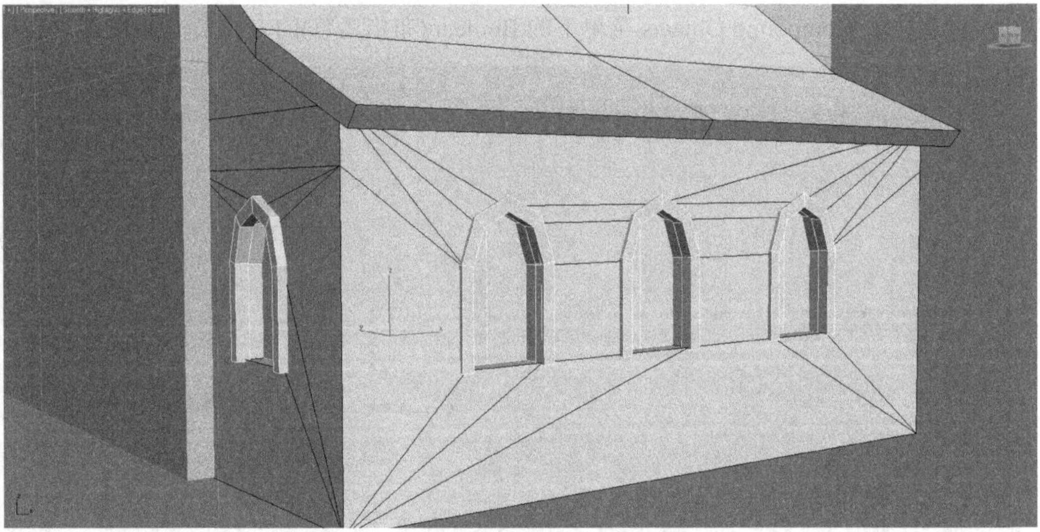

图 7-18　将窗户镶嵌在墙体上

为了增加模型的细节结构，接下来，我们制作主建筑墙体外面的立柱和横梁等装饰结构，都是利用简单的 Box 模型来进行编辑和拼接。正面有四根立柱、一根横梁以及横梁上方的平台结构(图 7-19)。

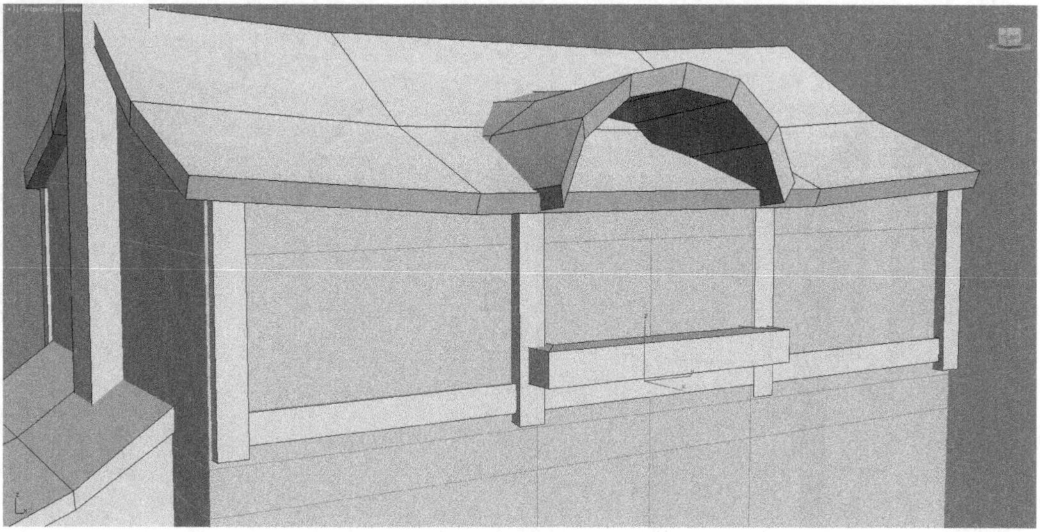

图 7-19 墙体正面的立柱和横梁结构

背面是四根与地面相接的立柱以及一根横断在中间的横梁结构(图 7-20)。

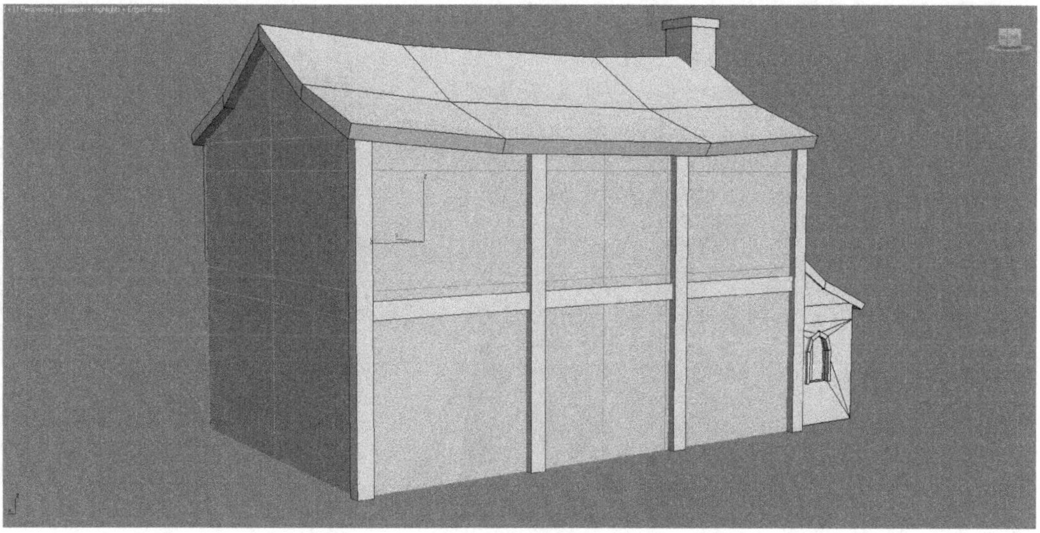

图 7-20 背面的立柱和横梁

下面，我们制作建筑正面墙体中央凸出的墙面结构，这部分墙面刚好与上方的拱形屋顶相接，下方穿插在横梁的平台结构上。墙面利用简单的 Box 模型编辑制作完成，同时还要制作出窗框的模型结构(图 7-21)。

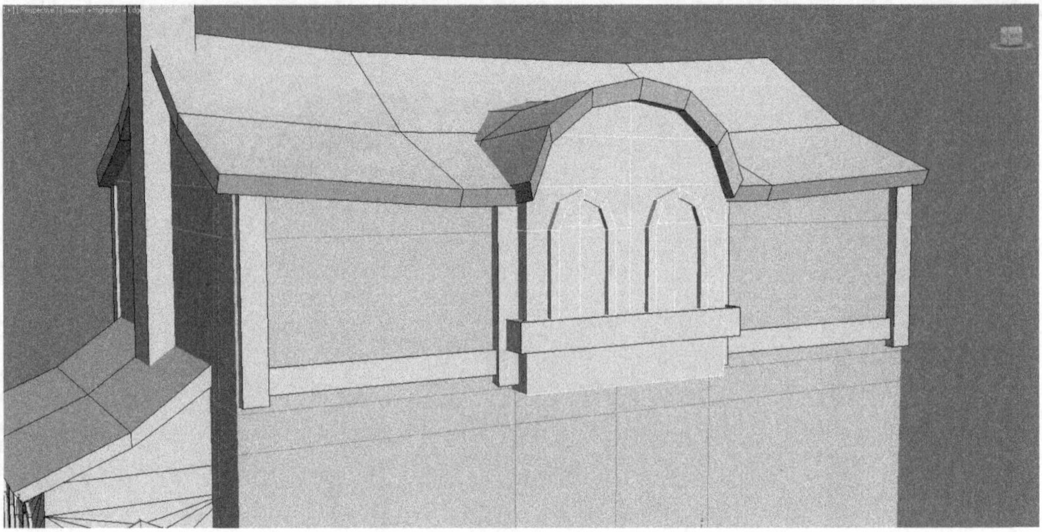

图 7-21　制作凸出的墙体模型

接着制作屋顶上方的天窗模型，这也是很多欧式建筑中常见的结构(图 7-22)。

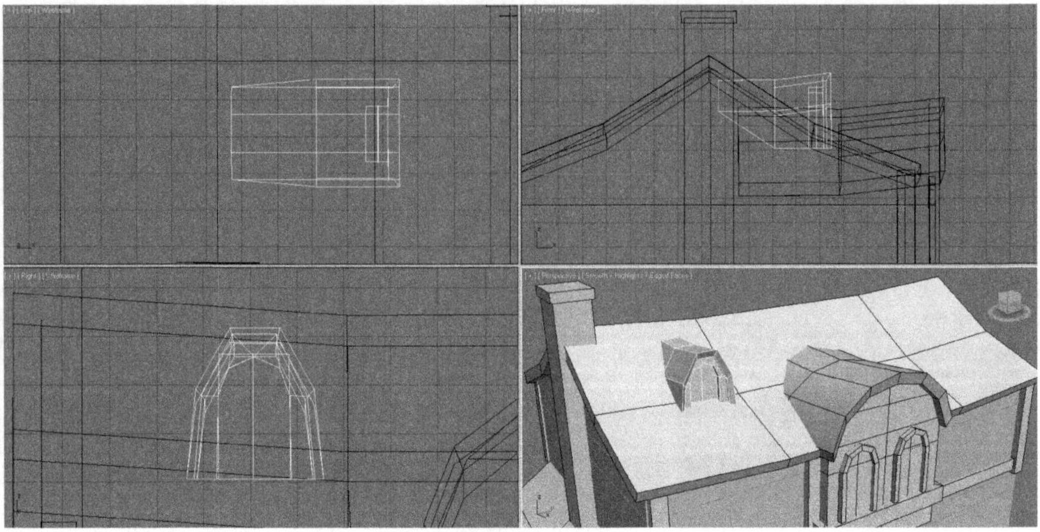

图 7-22　制作天窗结构

以上主建筑模型就基本完成了，然后开始制作建筑前方的回廊部分，首先制作墙体结构，利用 Box 模型，编辑制作出基本的围墙结构(图 7-23)。

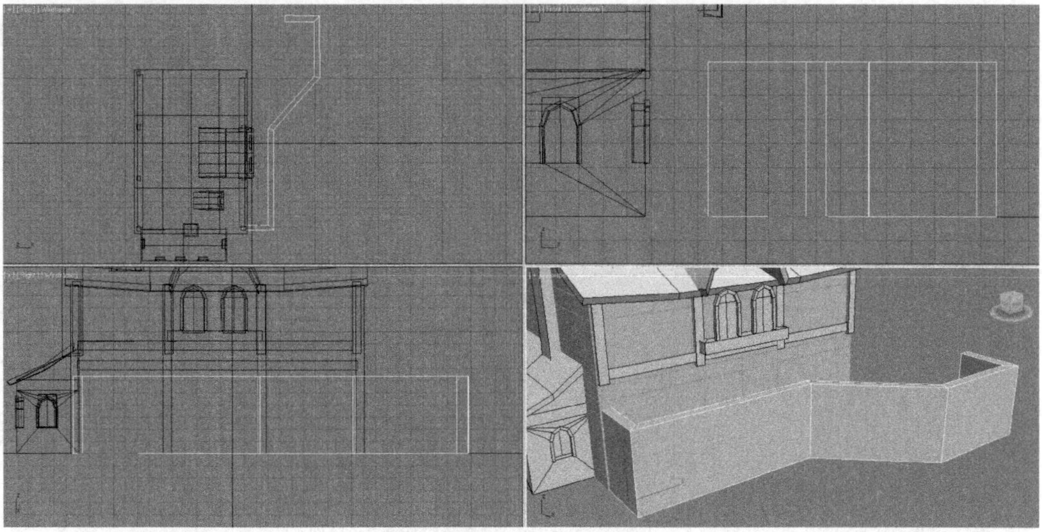

图 7-23　制作回廊墙体

接下来，我们将墙体制作成镂空的结构，也就是将墙体制作出门洞和窗洞，同时，要注意门框和窗框包边结构的制作(图 7-24)。

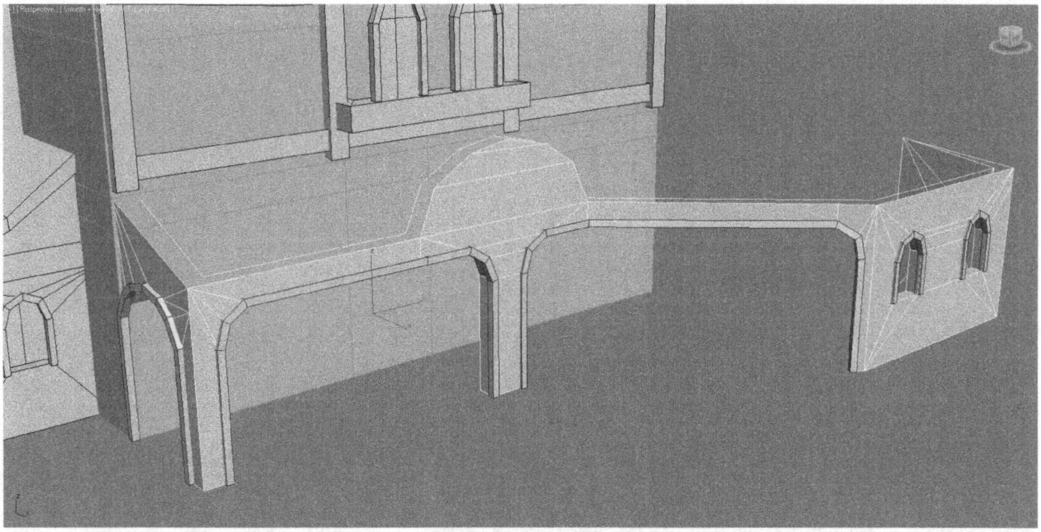

图 7-24　制作门洞和窗洞

然后在墙体上方制作添加屋顶，同样，上方有一个拱顶的结构(图 7-25)。

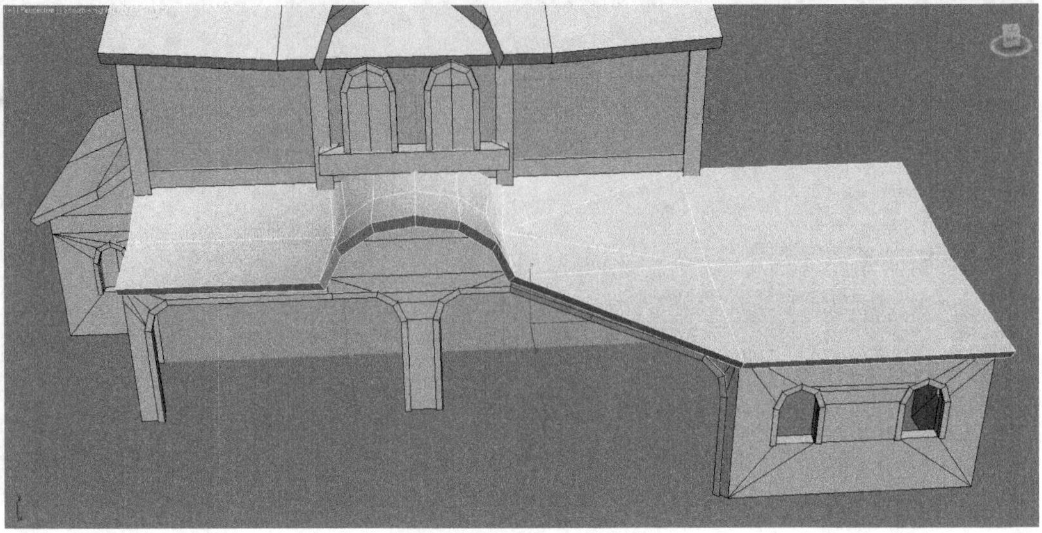

图 7-25　制作屋顶结构

下面，我们制作回廊侧面的附属房屋建筑。与先前主建筑侧面的房屋制作方法基本相同，也是利用同样的方法制作出窗户结构(图 7-26)。

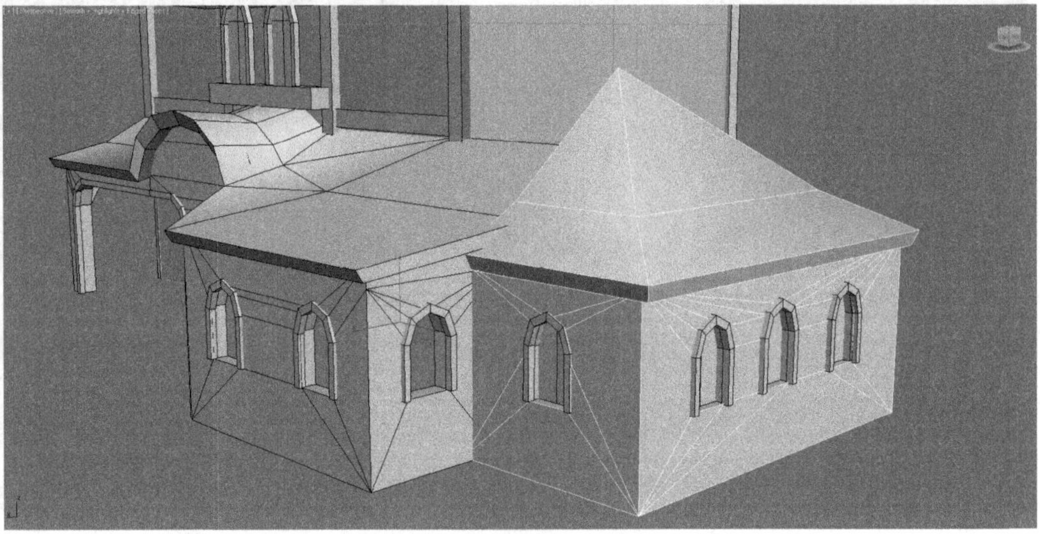

图 7-26　制作侧面的附属房屋

在视图中创建八边形圆柱体模型，添加合适的分段布线，通过编辑多边形，制作出塔楼模型，塔楼的顶部是尖顶结构(图 7-27)。在塔楼中上部添加一个柱状的 Box 模型，利用横向旋转复制命令制作成装饰建筑结构(图 7-28)。

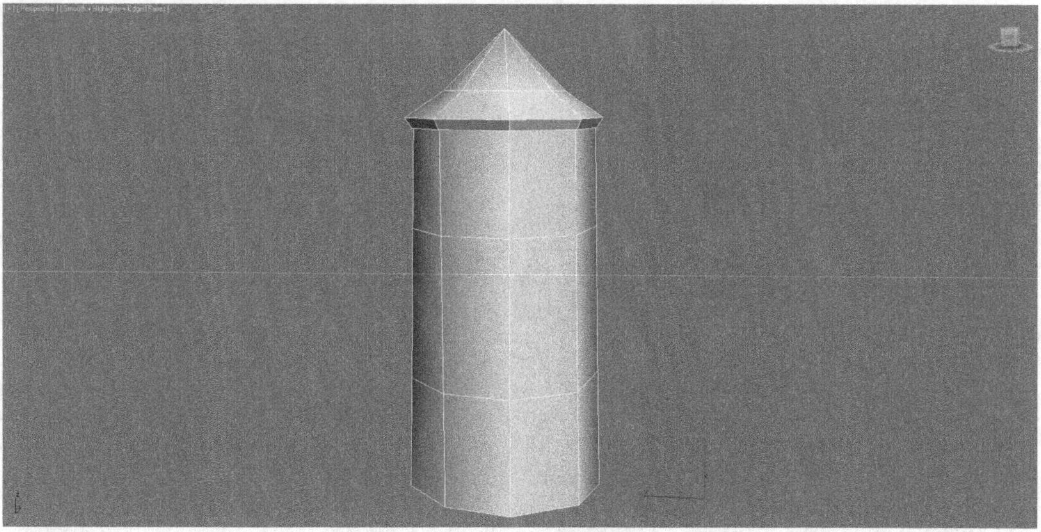

图 7-27　制作塔楼模型

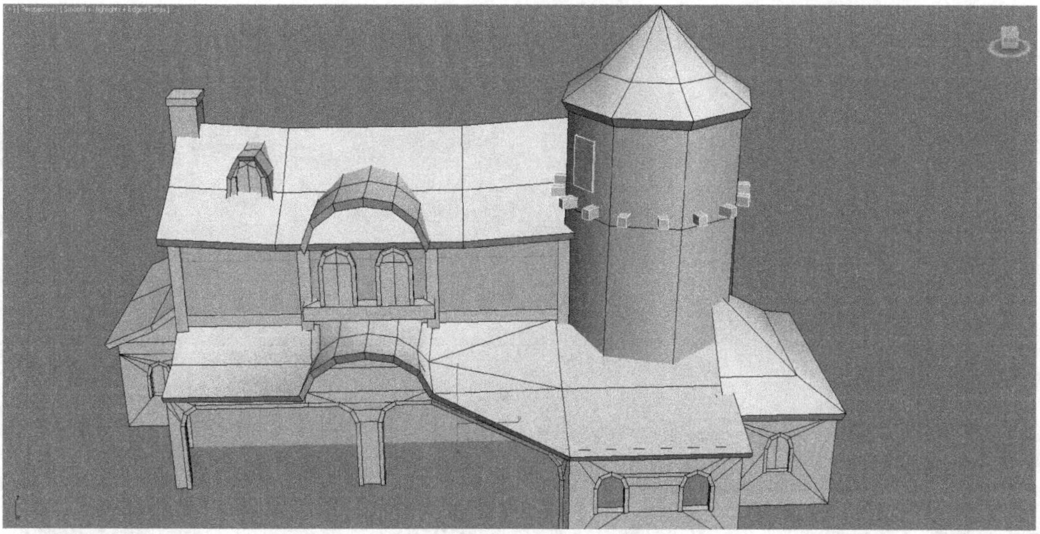

图 7-28　制作塔楼装饰结构

最后，在塔楼旁边再添加两根柱形的烟囱，这样，建筑模型的整体结构就制作完成了。下面我们为模型添加贴图，这里建筑模型整体的贴图可以分为三种类型：墙体石砖贴图、屋顶瓦片贴图以及各种装饰结构的细节贴图。模型墙体部分除了通用的石砖贴图外，我们针对主楼二层的墙体单独添加一张拱形石砖的贴图。除此以外，三根烟囱模型是利用单独的石砖贴图，所有石砖贴图都是二方连续贴图，以方便无缝衔接(图 7-29)。

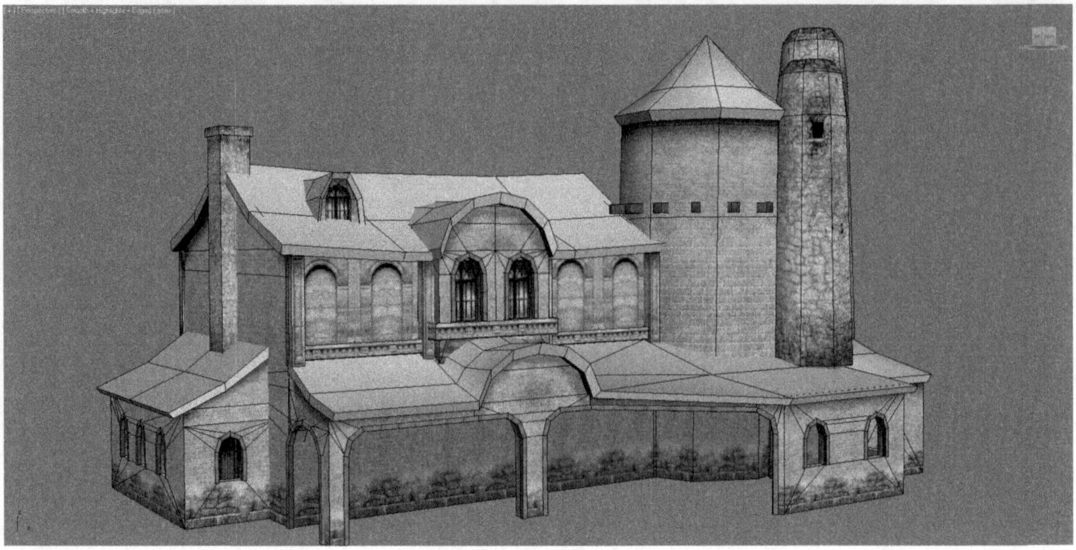

图 7-29　添加石砖贴图

接下来，我们为所有的建筑屋顶添加二方连续的瓦片贴图(图 7-30)。

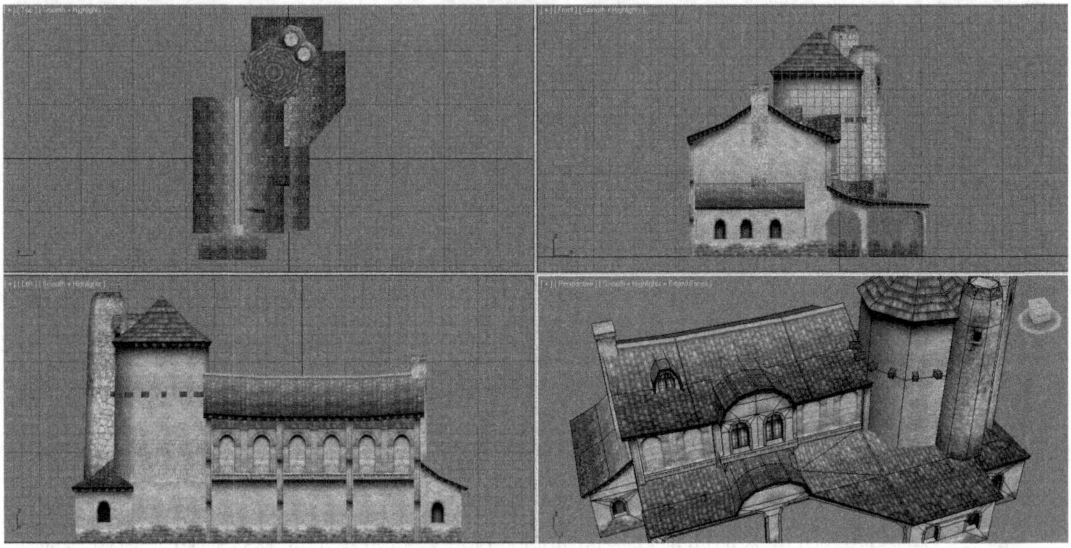

图 7-30　添加屋顶瓦片贴图

对于主楼建筑二层的拱形石砖贴图，每一个拱形中央我们制作一个 Box 模型，同时添加窗户贴图，这样就增加了建筑模型的细节(图 7-31)。

此外，还需要注意门框和窗框包边模型的贴图处理，在主建筑底层正面制作房门的模型(图 7-32)。

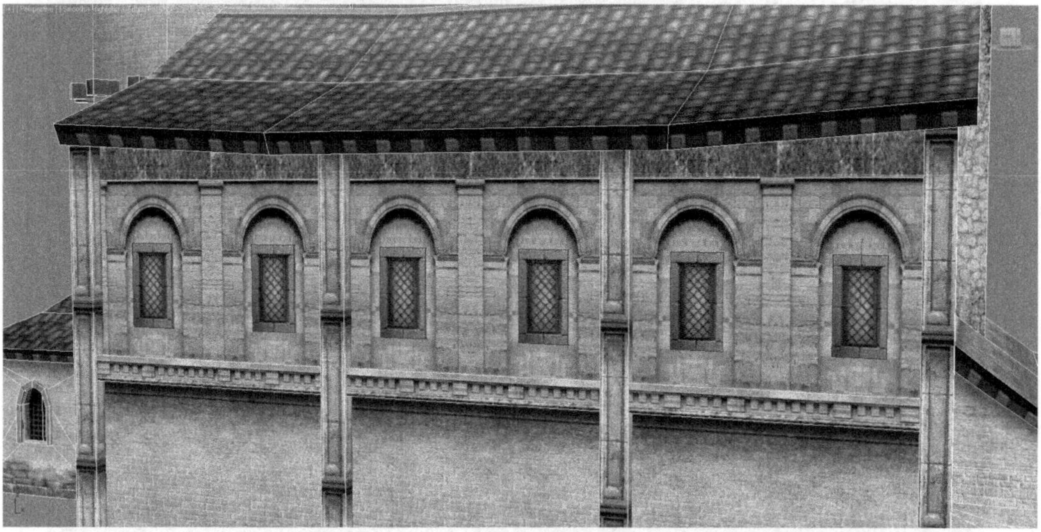

图 7-31　制作窗户细节

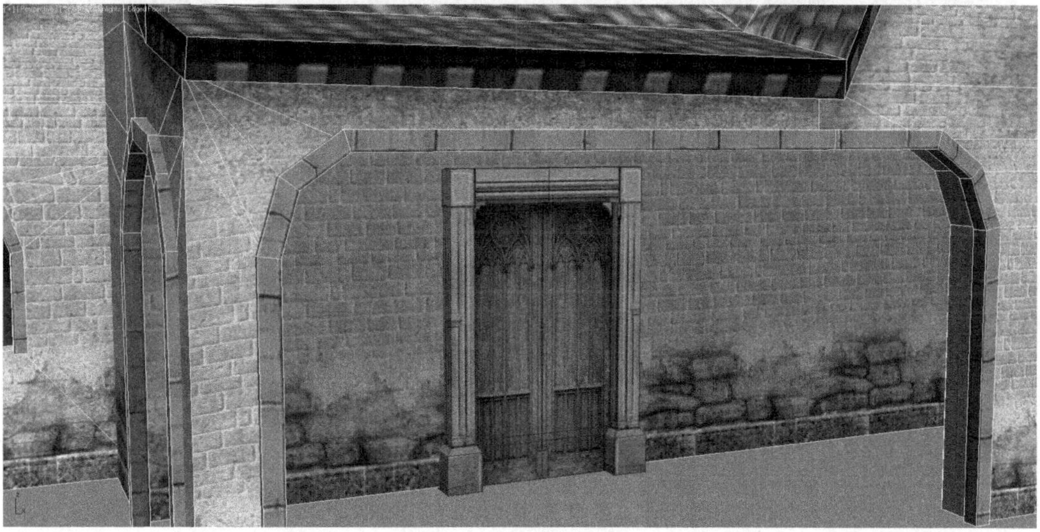

图 7-32　制作房门

最后，在建筑前面的门廊里面添加制作完成的各种场景道具模型，包括火炉、铁砧、柜台，以及各种武器的模型，这样，可以让建筑本身更加贴近主题，符合武器店的建筑特征和需要(图 7-33)。

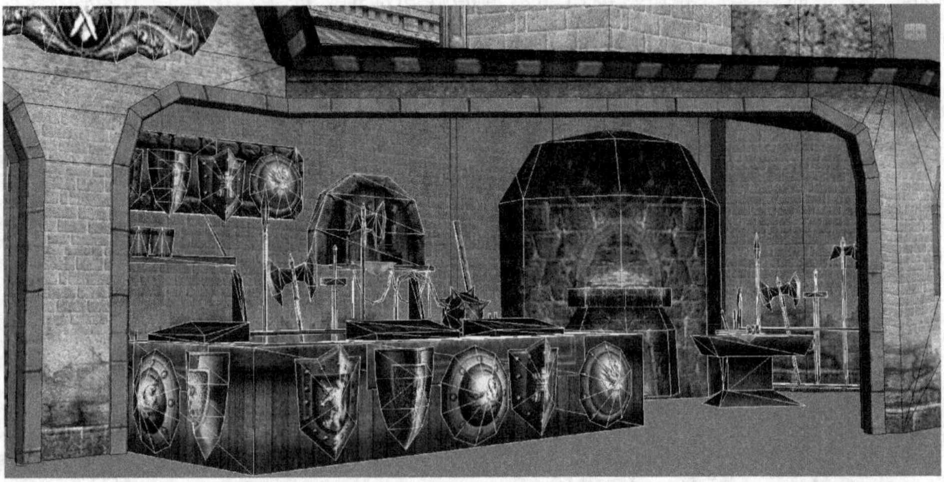

图 7-33　添加场景道具模型

图 7-34 是本节实例场景建筑最终完成的模型效果。

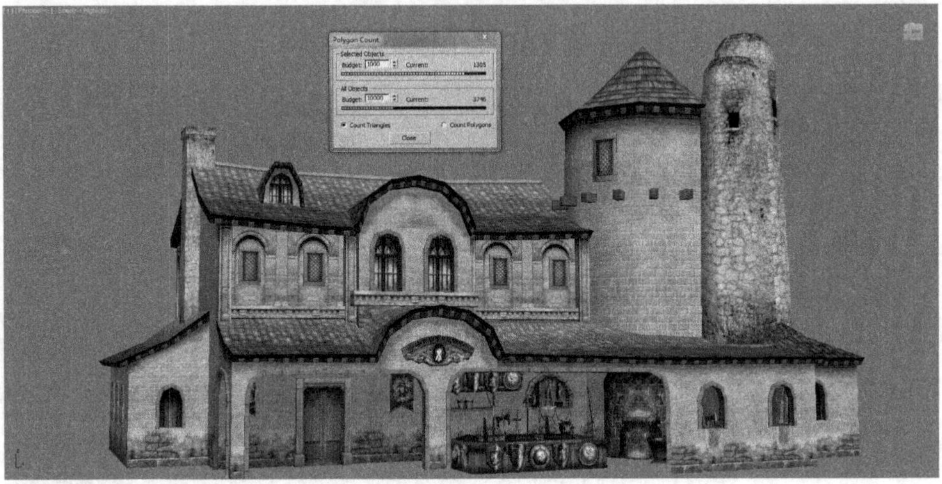

图 7-34　最后完成的场景建筑效果

7.3　游戏场景复合建筑模型实例的制作

在上一节中，我们讲解了游戏场景单体建筑模型的制作，本节，我们来讲解游戏场景中复合建筑模型的制作。所谓的复合建筑，就是指在三维游戏场景制作中，通过多种场景道具、单体建筑模型等基本单位拼接构成的组合式场景建筑模型。从模型结构的复杂程度来看，复合建筑模型的复杂性要高于场景道具模型和单体建筑模型，从整体来说，复合建筑模型具备较高的独特性，在游戏场景制作中通常不可将其大量复制使用，如果想要复制使用，可以通过调整修改其中单体模型的位置、排列等，使之达到一个全新场景的效果。

复合建筑模型是三维游戏场景中的高等模型单位，在大型网络游戏场景制作中，往往是先通过场景道具模型和单体建筑模型组合出复合建筑模型，然后再通过相互的衔接，构成完整的游戏场景。从这个意义上说，复合建筑模型本身就可以算作是一个小范围的完整场景，不同的复合建筑模型之间通过添加衔接结构，再构成更大规模的复合场景。所以，复合场景模型制作的关键就是模型间的相互衔接，衔接方式不一定是多么复杂，但通过巧妙的衔接设计，却能够起到画龙点睛的作用。

图 7-35 是本节实例制作模型的最终完成效果图，这是一个中国古代风格游戏中的驿站场景，从图中来看，整体场景是由基本的单体建筑模型组合拼接而成的，建筑风格为中国古代传统的歇山式建筑，也就是屋顶一般由一条主脊和四条侧脊构成框架。整个场景的单体建筑分为双层的主建筑、附属房屋建筑、塔楼以及后院的马厩等。除此以外，场景中还包括各种围墙、角塔、番旗以及各种装饰用的场景道具模型。

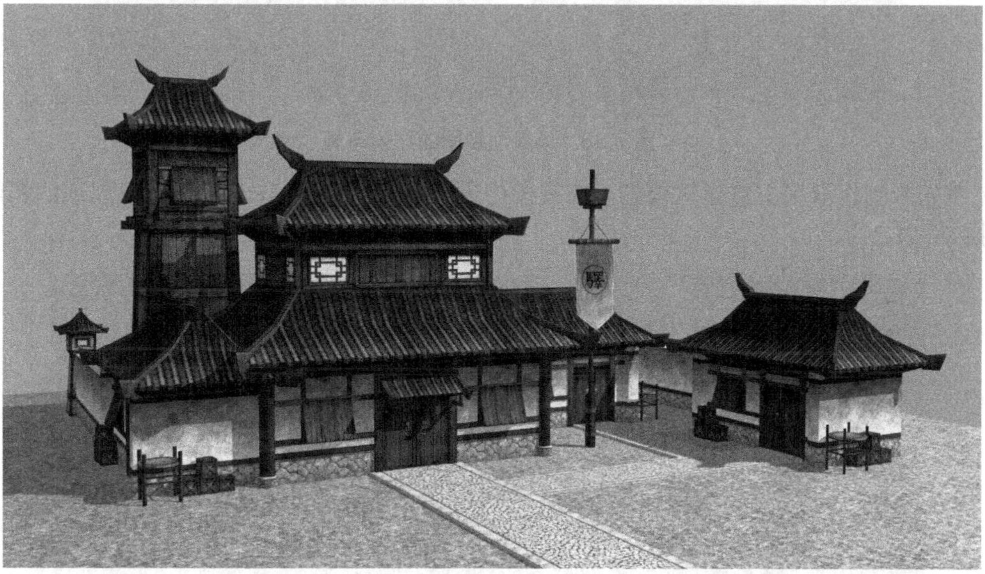

图 7-35　驿站场景效果图

下面我们从顶视图具体看一下整个场景中各单体建筑的衔接和排列组合方式。

从图 7-36 来看，红色的双层主建筑处于正面中央位置，两侧和背面有单体建筑与之衔接，蓝色的单体建筑都是通过复制得到的，所以在制作的时候，只需要制作一个即可。主建筑侧后方是塔楼，院墙的角落里是马厩，除此以外，还有连接各房间的道路。我们在制作的时候，先分别制作各单体建筑，然后再进行整体的拼接和整合。下面开始实际制作。

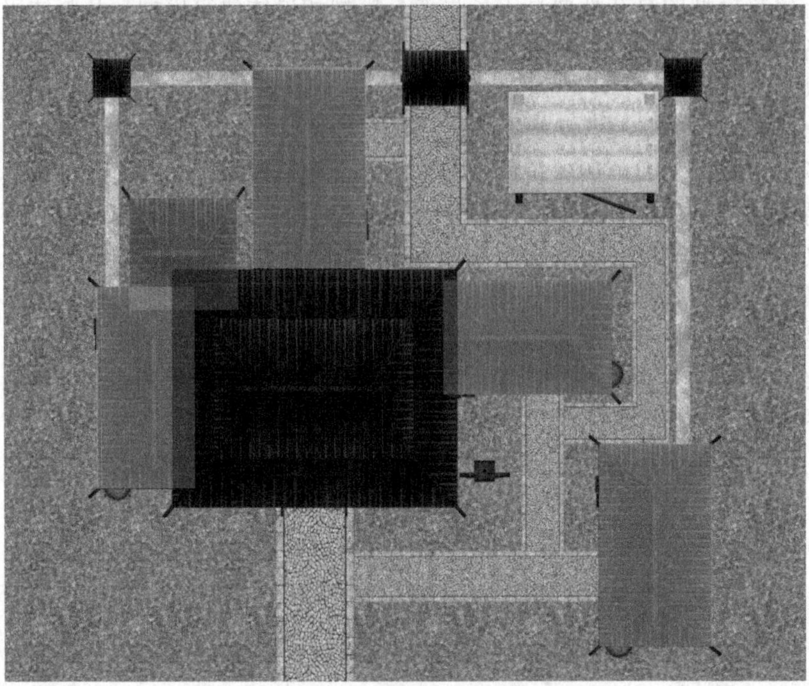

图 7-36　场景顶视图的排列布局

首先来制作双层主体建筑模型，在视图中创建 Box 模型，作为制作建筑屋顶的基础模型(图 7-37)。

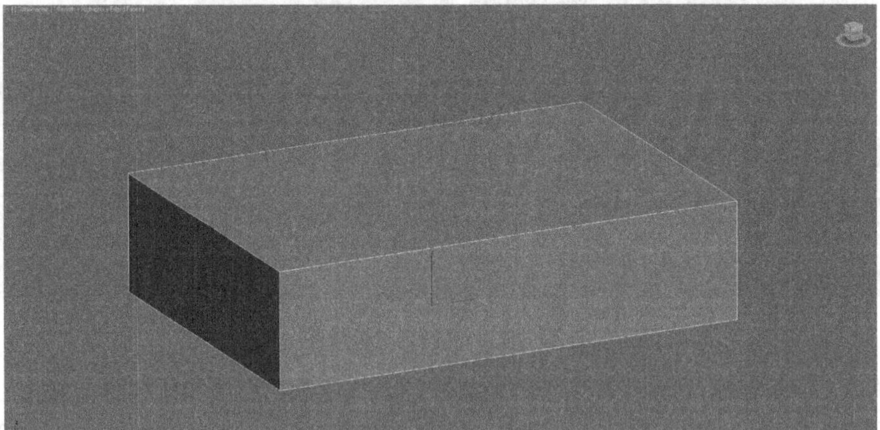

图 7-37　创建 Box 模型

接下来，将模型塌陷为可编辑的多边形，将 Box 模型顶面进行收缩，形成房顶结构，然后利用 Connect 命令添加分段，将屋顶制作得更加圆滑(图 7-38)。

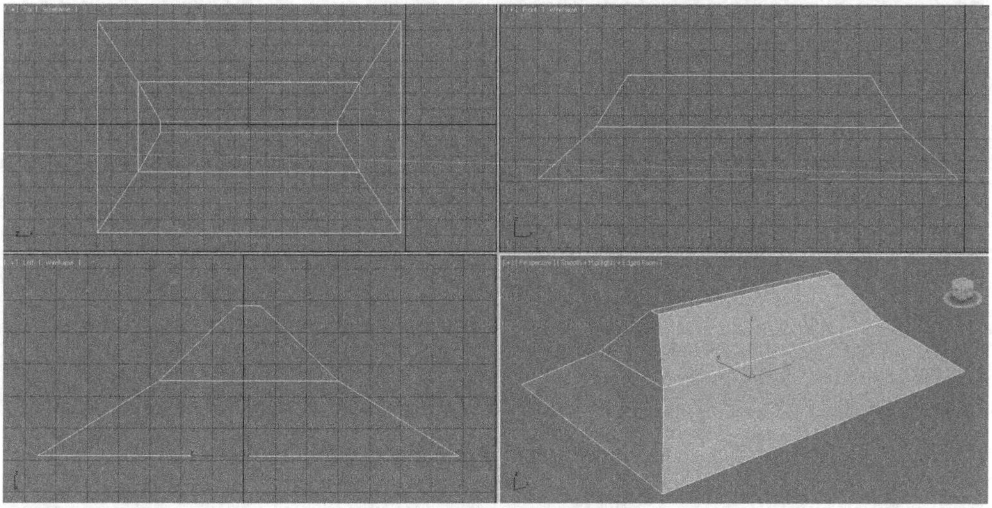

图 7-38　编辑屋顶模型

选中模型底面，利用 Extrude 命令向下挤出，制作出瓦檐的厚度，继续向下挤出并收缩，制作瓦檐底部的结构(图 7-39)。

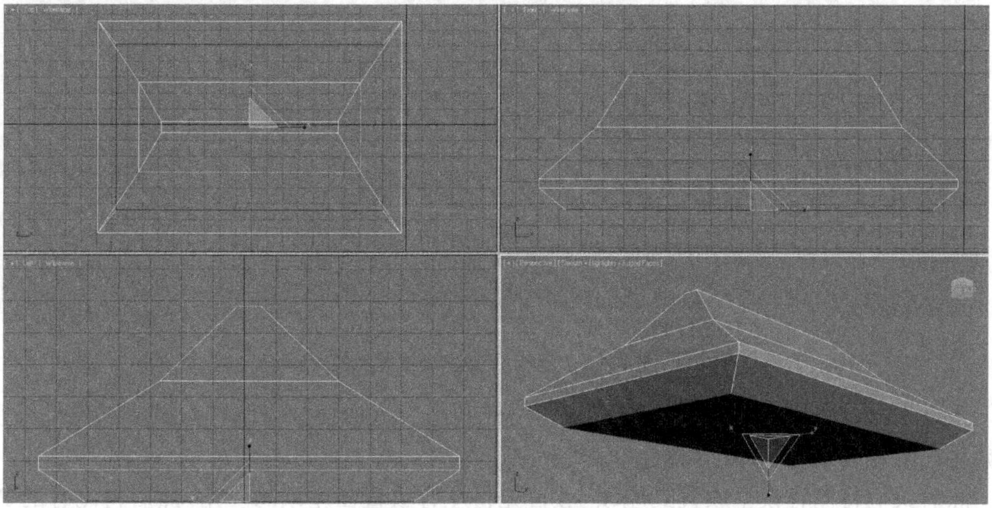

图 7-39　继续挤出模型

沿着模型向下继续挤出模型面，制作出二层楼体结构和下层的屋顶模型结构(图 7-40)。按照同样的方法，制作出底层建筑的模型结构(图 7-41)。

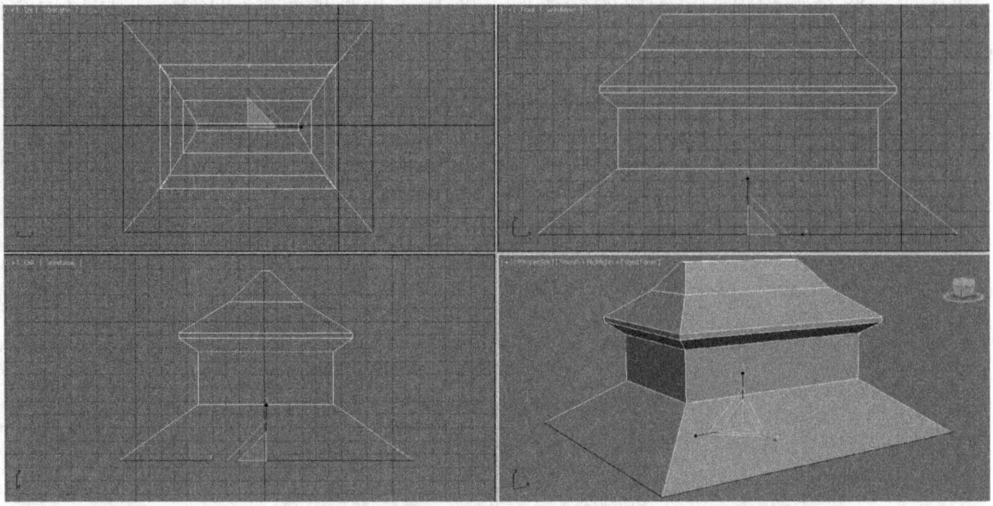

图 7-40　制作二层楼体和下层屋顶

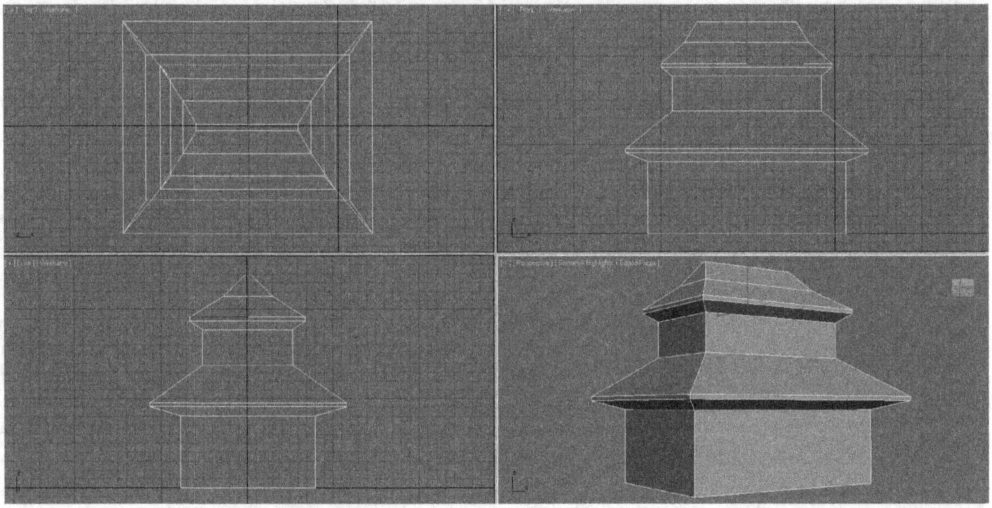

图 7-41　制作底层建筑模型结构

接下来，制作屋脊侧脊的模型结构，同样利用多边形模型来制作。侧脊的弯曲弧度要根据屋顶的坡度来确定(图 7-42)。

然后我们将侧脊模型放置到屋顶上，首先将屋脊放置在屋顶的一角，然后将侧脊的 Pivot 对齐到主体模型正中心，然后通过镜像复制的方式，完成其他侧脊的制作，这是制作屋脊结构常用的技巧(图 7-43)。侧脊制作完成后，我们制作屋顶的主脊模型，主脊通常中间要添加分段，让其成为左右对侧的结构(图 7-44)。

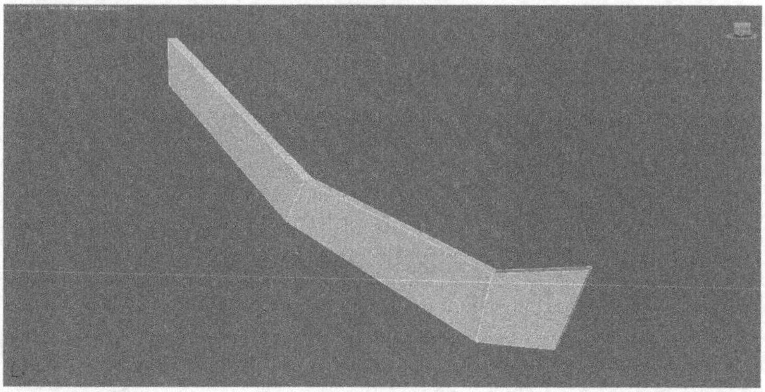

图 7-42　制作侧脊模型

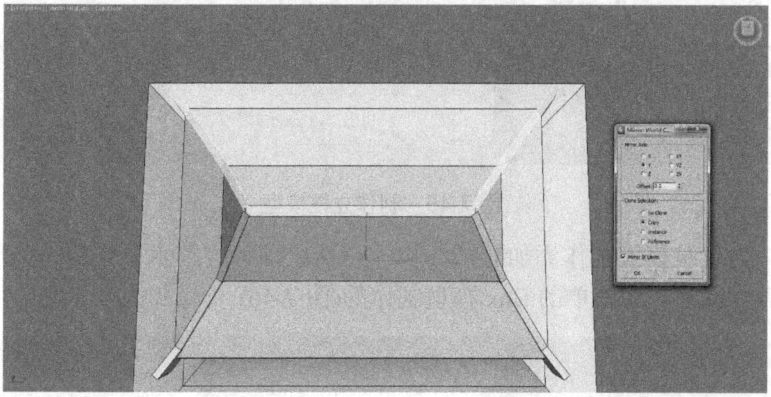

图 7-43　通过镜像复制放置侧脊

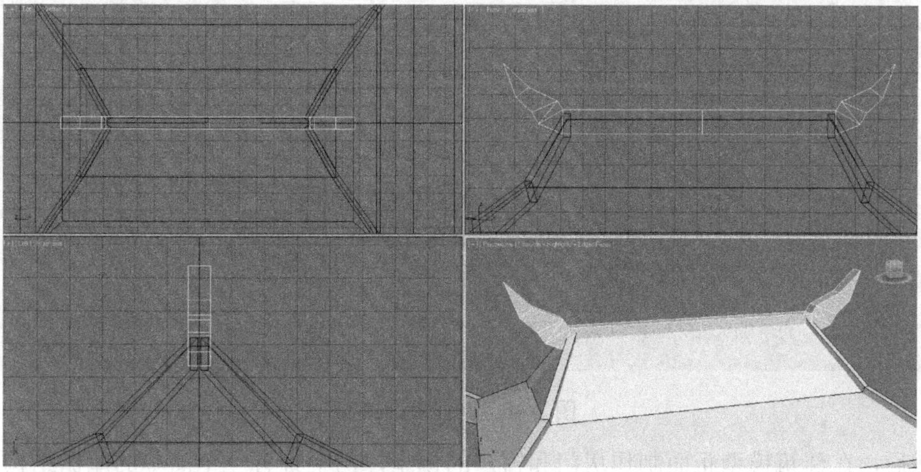

图 7-44　制作屋顶的主脊模型

然后，我们为建筑模型的墙体四角添加立柱模型，上层的立柱模型利用 Box 模型制作，下层的利用六边形圆柱体模型制作(图 7-45)。

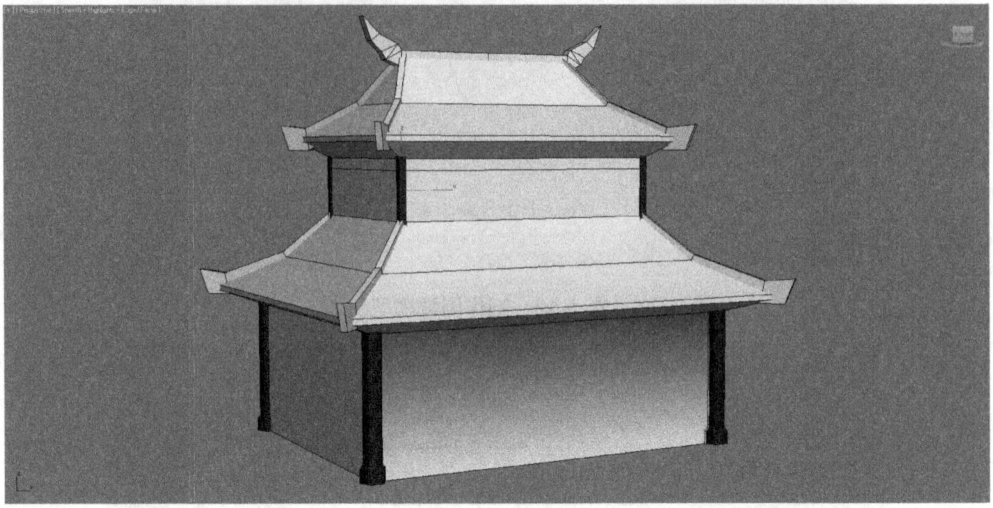

图 7-45　制作立柱模型

接下来，为建筑模型制作添加装饰结构，包括屋顶下方的木梁结构，一层墙体的装饰木梁和窗户等，都是利用简单的 Box 模型制作的(图 7-46)。

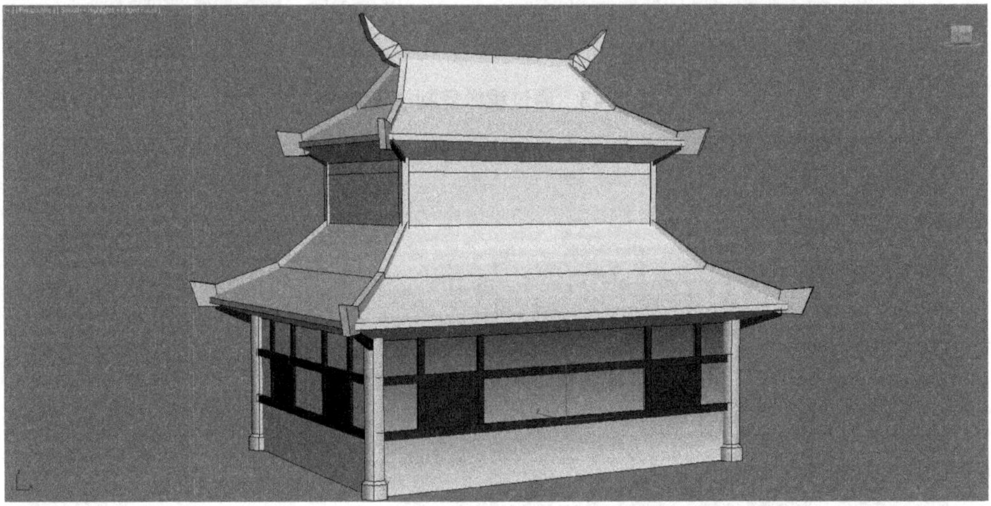

图 7-46　制作装饰结构

然后，在建筑模型正面制作房门和窗户的模型，门上方有一个简单的屋檐结构，这也是中国建筑常见的结构形式(图 7-47)。

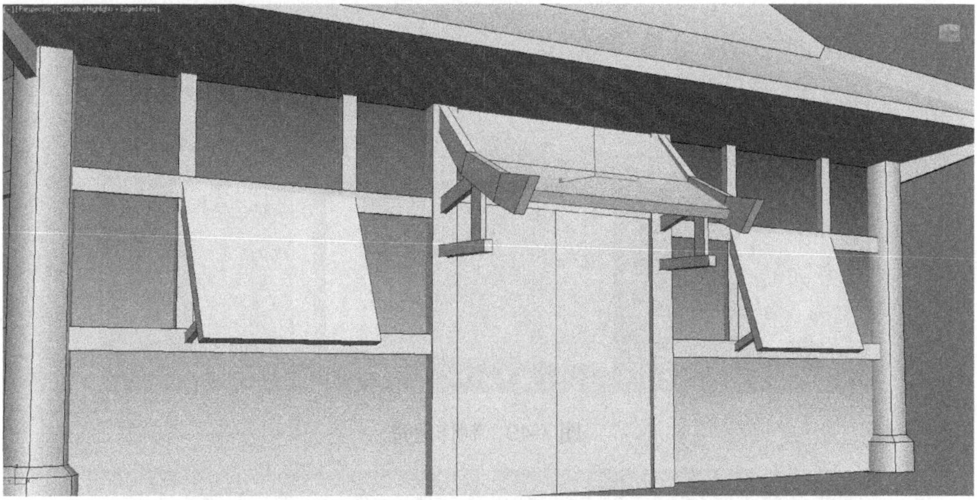

图 7-47　制作门和窗户的结构

主体建筑的模型基本制作完成后，我们开始制作附属房屋建筑模型。首先制作房屋的屋顶和墙体结构，建模的方法跟主体建筑的制作基本一致(图 7-48)。

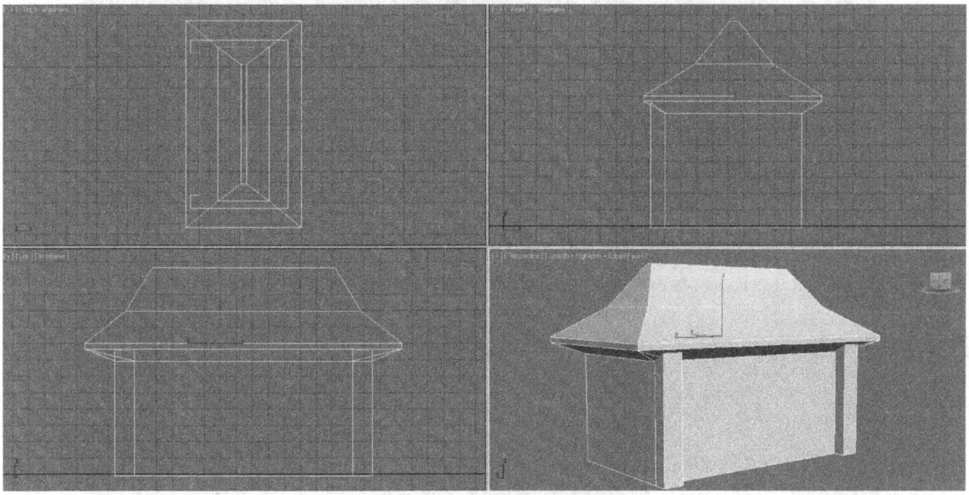

图 7-48　制作屋顶和墙体

然后为房屋添加屋脊结构(图 7-49)以及门窗等装饰结构(图 7-50)，在这里，屋脊的模型可以直接复制主建筑的屋脊，这样可以节省制作时间。

接下来制作塔楼模型，仍然是首先制作屋顶和屋脊结构(图 7-51)，然后向下延伸，制作出塔楼的墙体结构(图 7-52)。然后制作添加窗户、木梁、立柱等装饰结构(图 7-53、7-54)。

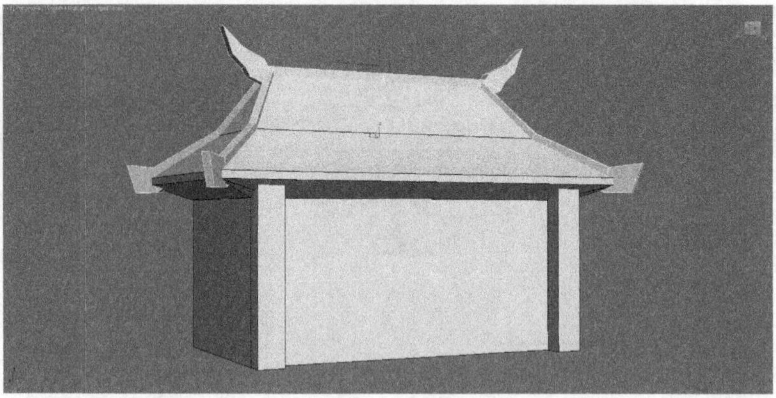

图 7-49　制作屋脊

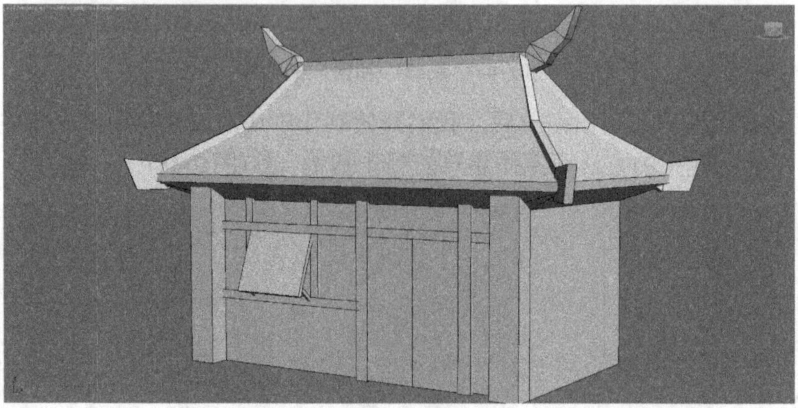

图 7-50　制作门窗等装饰结构

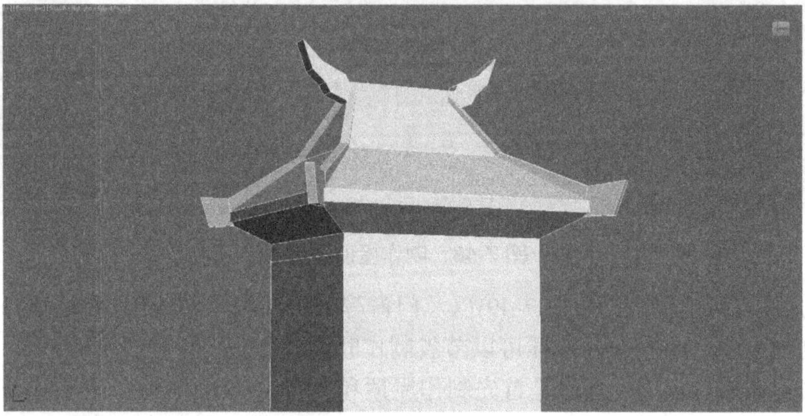

图 7-51　制作塔楼屋顶和屋脊

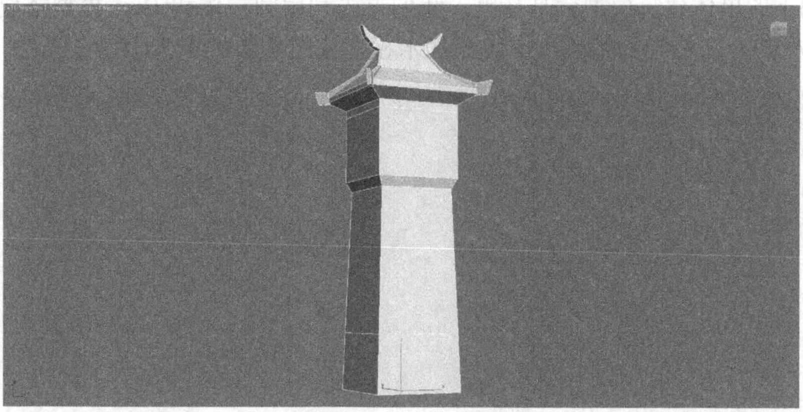

图 7-52　制作塔楼墙体

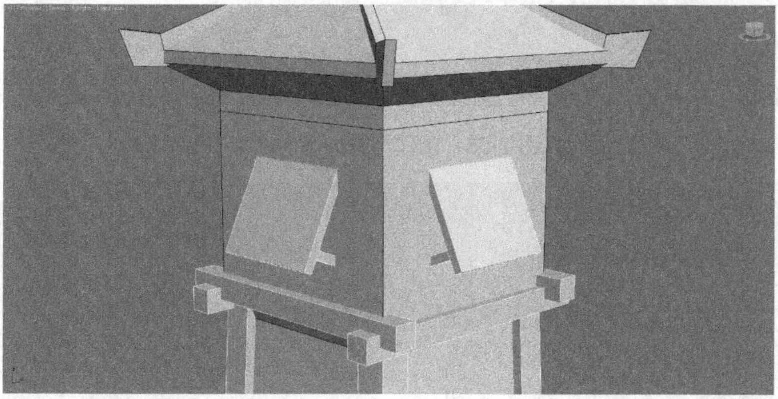

图 7-53　制作窗户

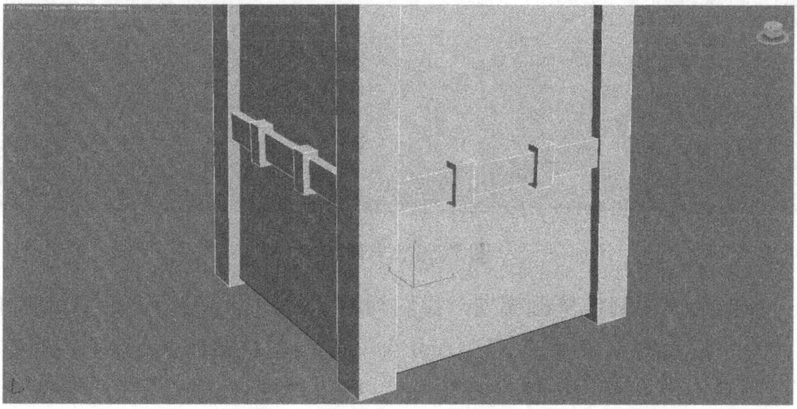

图 7-54　制作木梁、立柱等装饰结构

最后剩下的单体建筑模型就是马厩，我们首先利用圆柱体和 Box 模型搭建出马厩的基本框架(图 7-55)。在框架的基础上继续添加木栏，让结构更加丰富(图 7-56)。

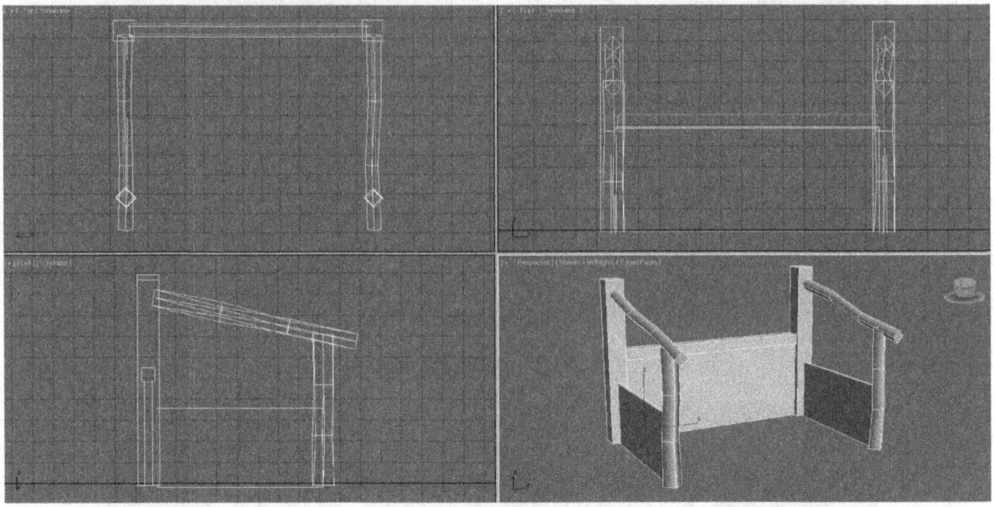

图 7-55　制作马厩的基本框架

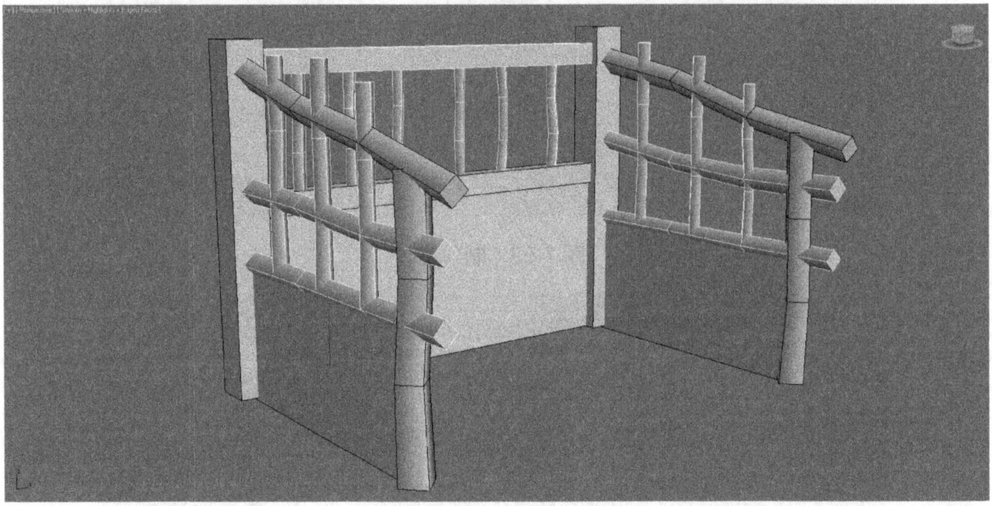

图 7-56　丰富结构

接下来，在框架顶部制作草棚模型，我们利用 Plane 面片模型进行编辑制作，需要将表面制作出凹凸不平的自然效果(图 7-57)。在正面制作出围栏结构，类似于门的效果(图 7-58)。

最后，在马厩内部添加各种场景道具模型以丰富环境效果，包括草堆、马槽、木轮、马套等(图 7-59)。图 7-60 为最终完成的马厩模型。

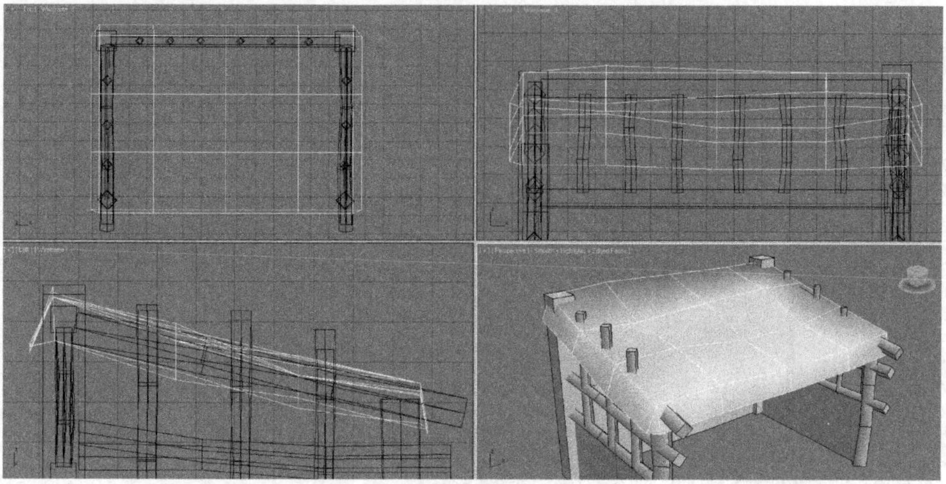

图 7-57　制作草棚

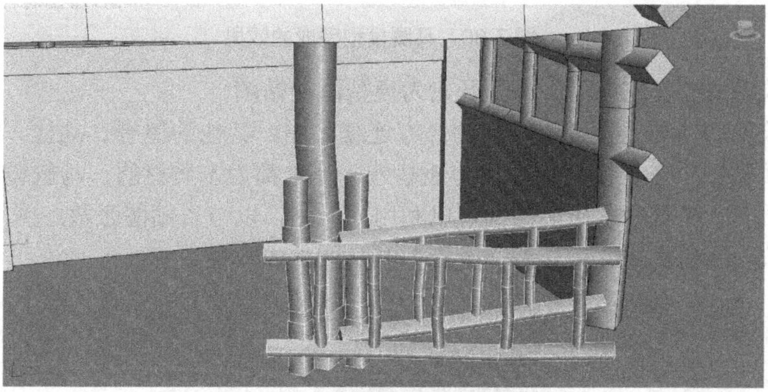

图 7-58　制作木栏

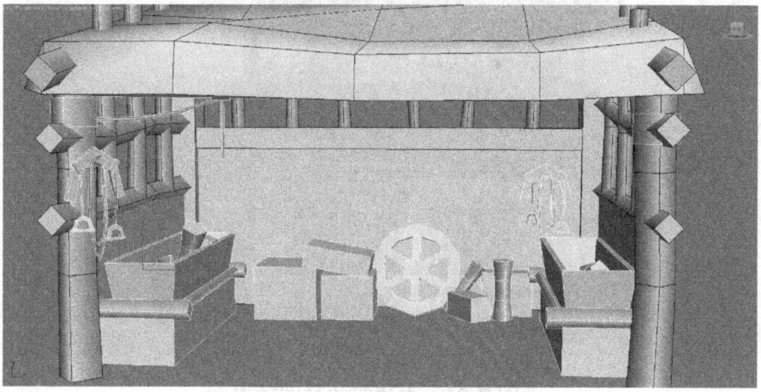

图 7-59　添加场景道具模型

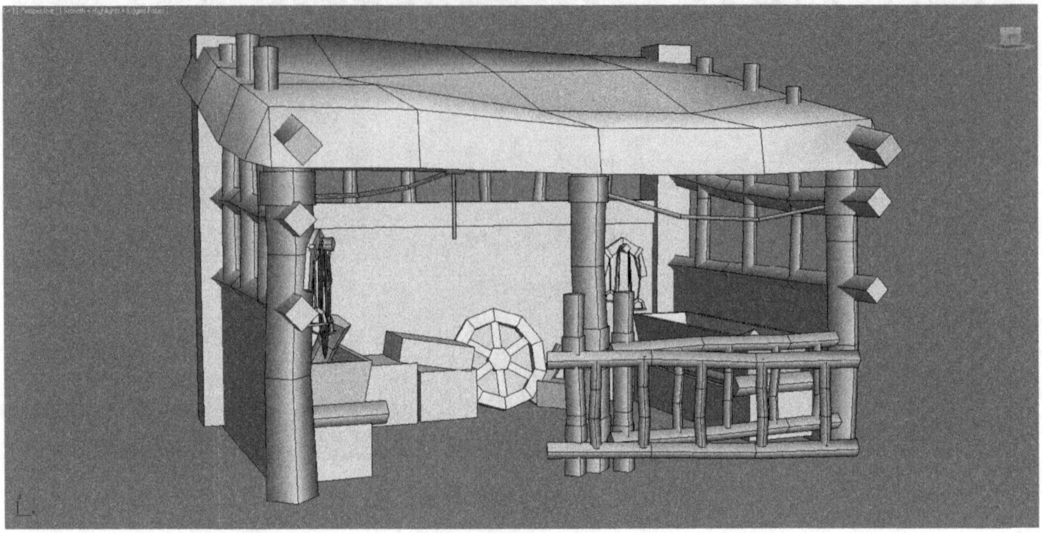

图 7-60　马厩模型完成的效果

单体建筑模型制作完成后，下面开始为模型添加贴图。

房屋建筑的墙体和屋顶都为相同的二方连续贴图，其他的屋脊、立柱、横梁、门窗等结构都为木质贴图。塔楼模型除屋顶和地基外，基本都为木质材质，马厩模型的贴图基本也是木质材质，大多数的木质贴图都可以利用同一张，以节省贴图张数。图 7-61～7-64 分别为主体建筑、附属房屋、塔楼和马厩模型的贴图完成效果。

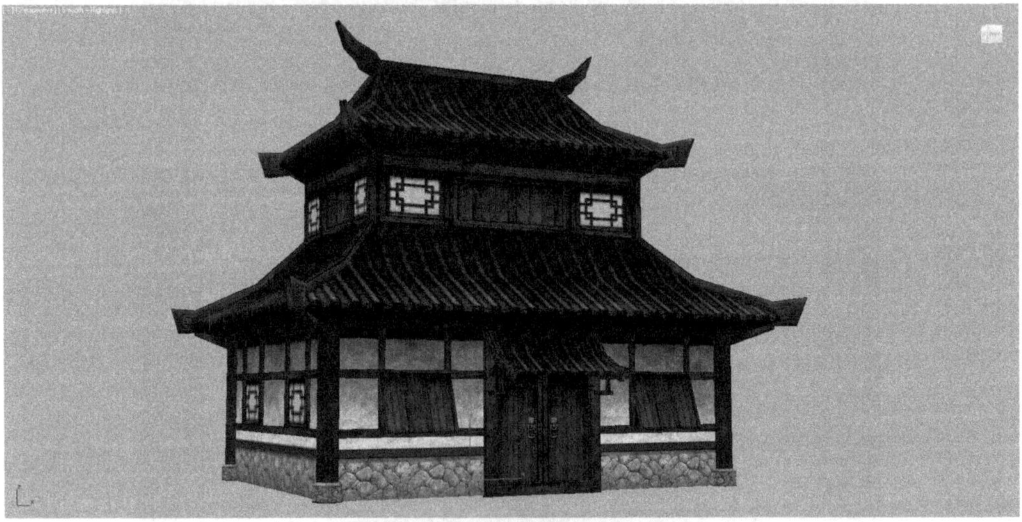

图 7-61　主建筑的贴图效果

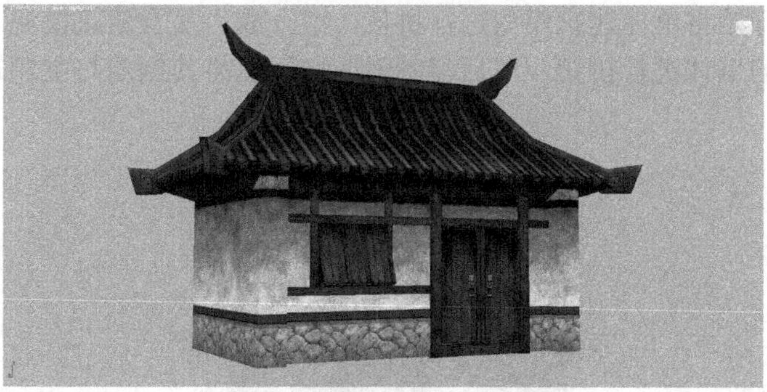

图 7-62　附属房屋的贴图效果

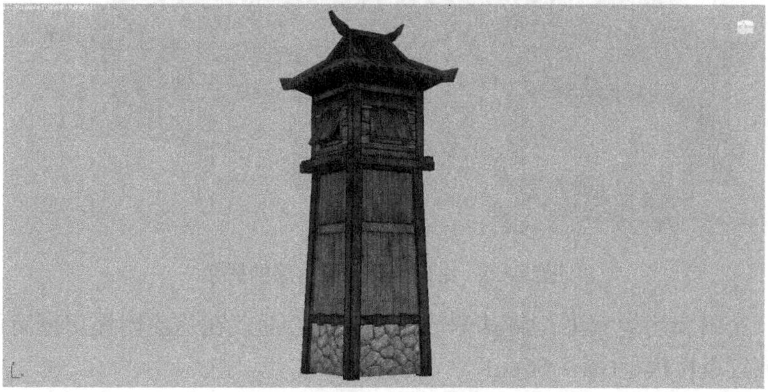

图 7-63　塔楼的贴图效果

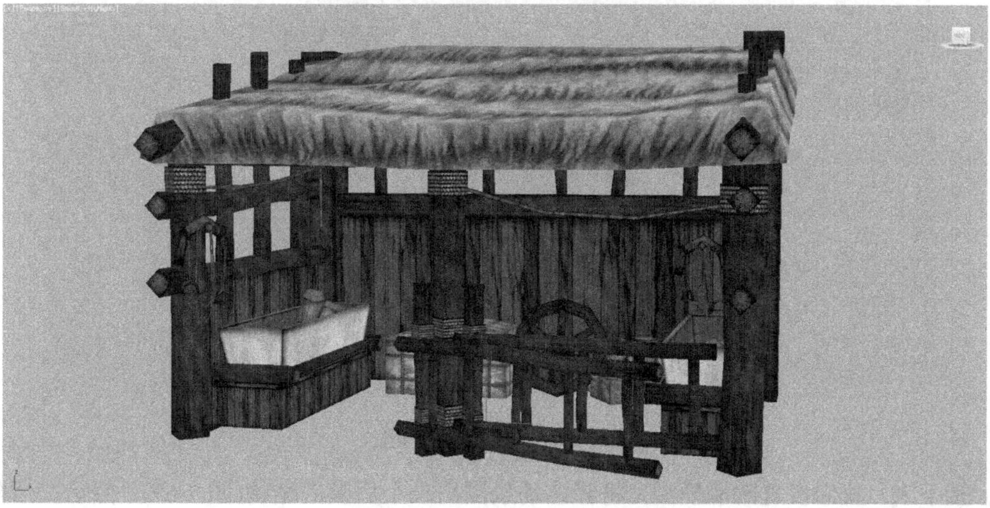

图 7-64　马厩模型的贴图效果

下面，我们开始将单体建筑模型进行拼接，组合成为复合建筑模型。首先将附属房屋背对主建筑侧面的墙体进行拼接，然后复制附属房屋，将其侧面与主建筑另一侧墙体相拼接(图 7-65)。

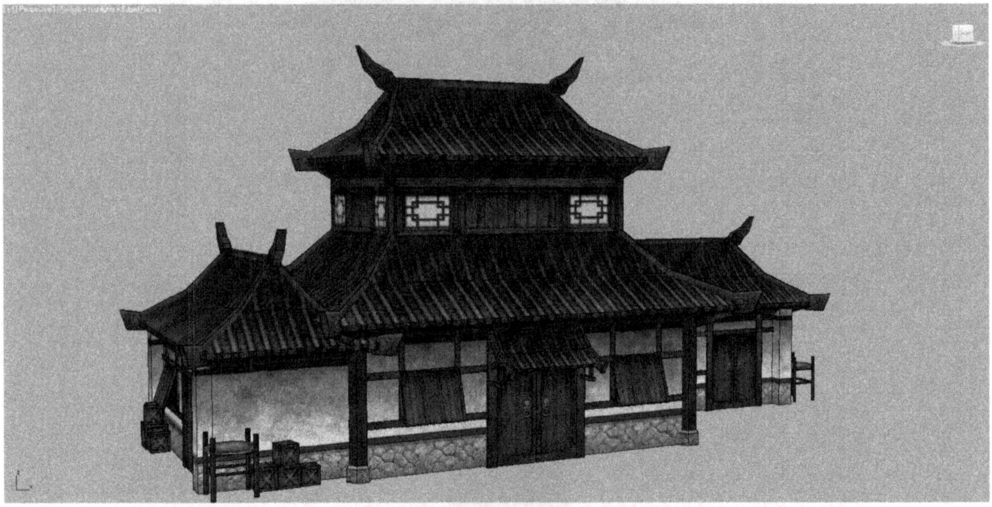

图 7-65　主建筑与附属房屋的拼接

再复制一个附属房屋模型，将其侧放在主建筑背面，在这座附属房屋背面与主建筑形成的角落里放置塔楼模型(图 7-66)。

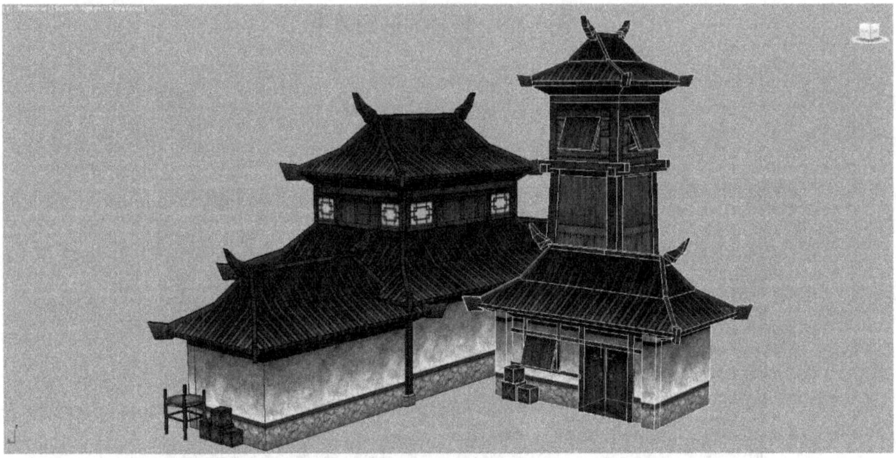

图 7-66　放置塔楼模型

接下来，我们设置院墙模型，将驿站场景围出一个后院的结构(图 7-67)。然后在后院留出院门，并在院墙转折角上添加角塔模型，同时，在后院内放置马厩模型(图 7-68)。

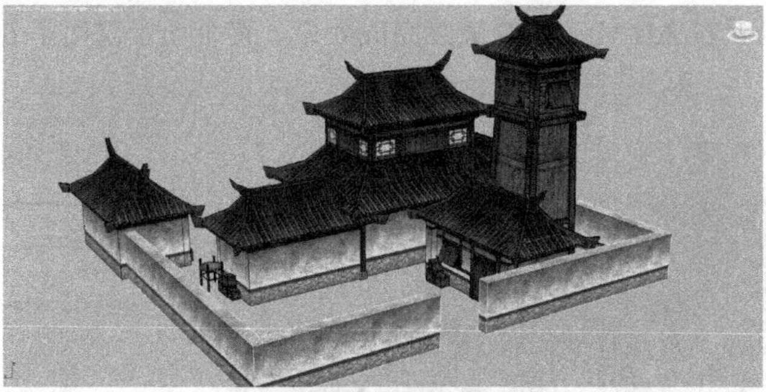

图 7-67　制作院墙

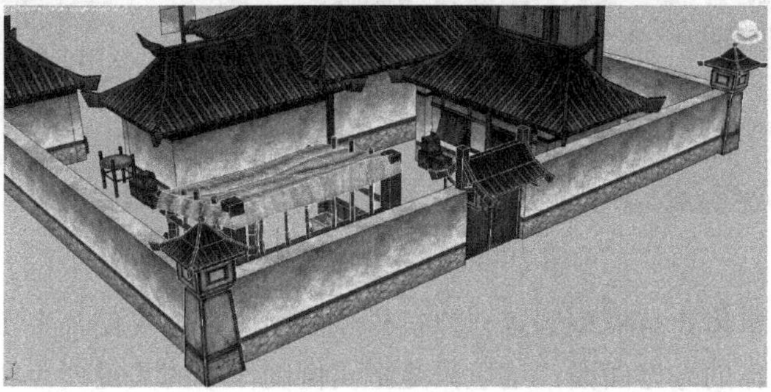

图 7-68　制作院门、角塔并放置马厩模型

场景基本拼接完成后，为场景添加地面模型，然后切换到顶视图，制作出道路模型，利用道路连接各个建筑，同时，也作为场景的行走区域(图 7-69)。

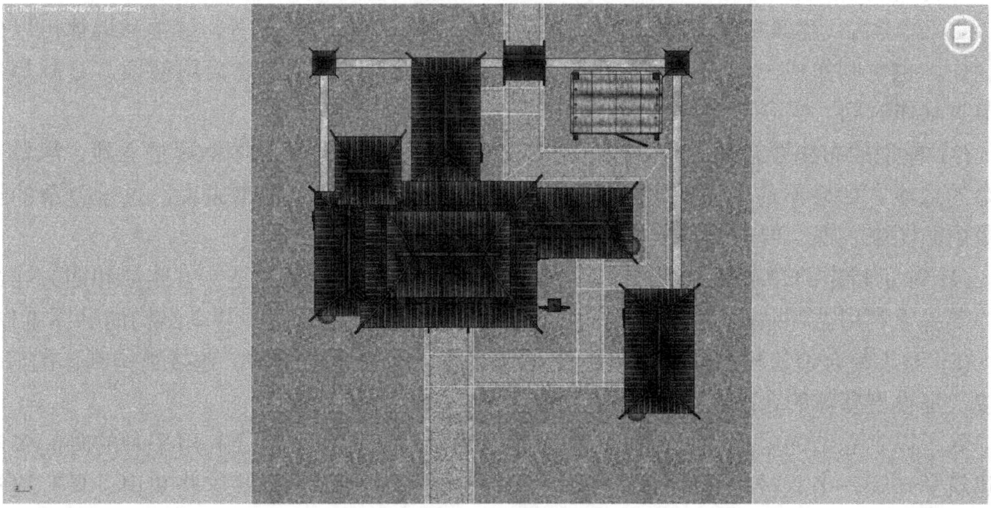

图 7-69　制作道路

图 7-70 就是场景在 3ds Max 中的最终完成效果，整个场景仅用了 6000 余面。

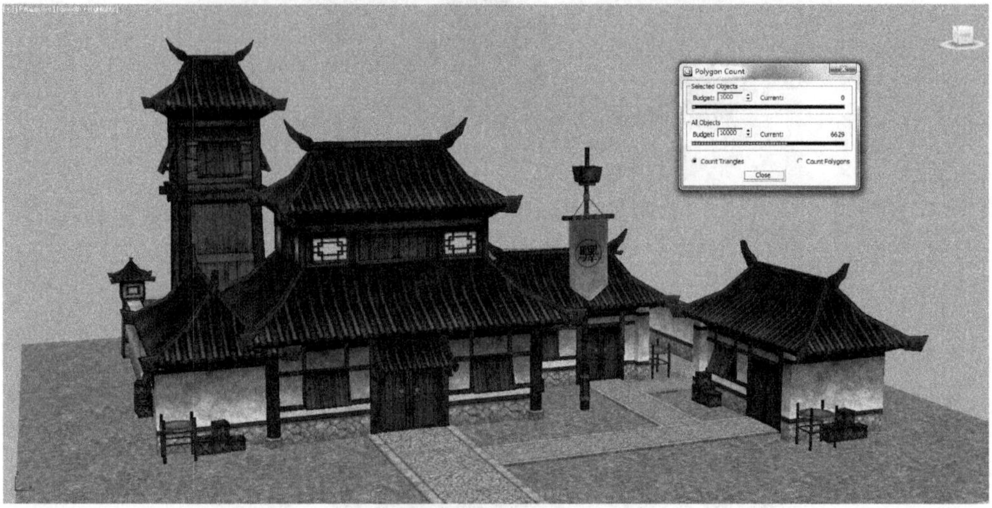

图 7-70　场景最终完成的效果

本章介绍了从单体建筑模型到复合建筑模型的制作，但仅仅几个实例内容并不足以涵盖场景建筑模型制作的方方面面，这里只是把实例制作中的关键要点和制作技巧介绍给读者，希望读者能在以后的实际制作中起到举一反三的作用，下面我们对本章的要点和技巧做一个简单的总结。

(1) 在制作之前，要根据原画设定分析模型的基本建筑结构，要善于把握特定的建筑结构，并将其归纳为几个主要的制作部分，以便于之后制作的条理化和快捷化。

(2) 对于古代建筑模型来说，总体分为屋顶、墙体和装饰三部分，屋顶和墙体可以分开来制作，也可制作成一体化模型，建筑装饰通常只须制作一个，然后用镜像、复制等命令来节省制作时间，提高工作效率。

(3) 模型的布线要合理简约，在一个多边形的平面内，除了贴图需要的布线，尽量避免多余的边线。如果不是主体建筑和重要建筑，对于一般的建筑模型来说，过于复杂的结构尽量用贴图来表现，要时刻控制好多边形的面数。

(4) 除了特定的建筑装饰结构外，场景建筑模型的贴图基本都是二方连续和四方连续贴图，要善于利用循环贴图的特点，用尽量少的贴图张数完成模型中复杂结构的贴图工作。

(5) 对于复合建筑模型来说，要善于制作模型之间的连接结构，连接结构制作的好坏，直接决定模型整体的合理性。

除了以上总结的要点和技巧外，作为建筑模型设计师，一定要利用平时的时间多多学习建筑学知识，多欣赏优秀的建筑图片，在实际制作中要善于借鉴这些知识，只有这样，才能让自己的模型作品变得更加写实、合理。

第八章

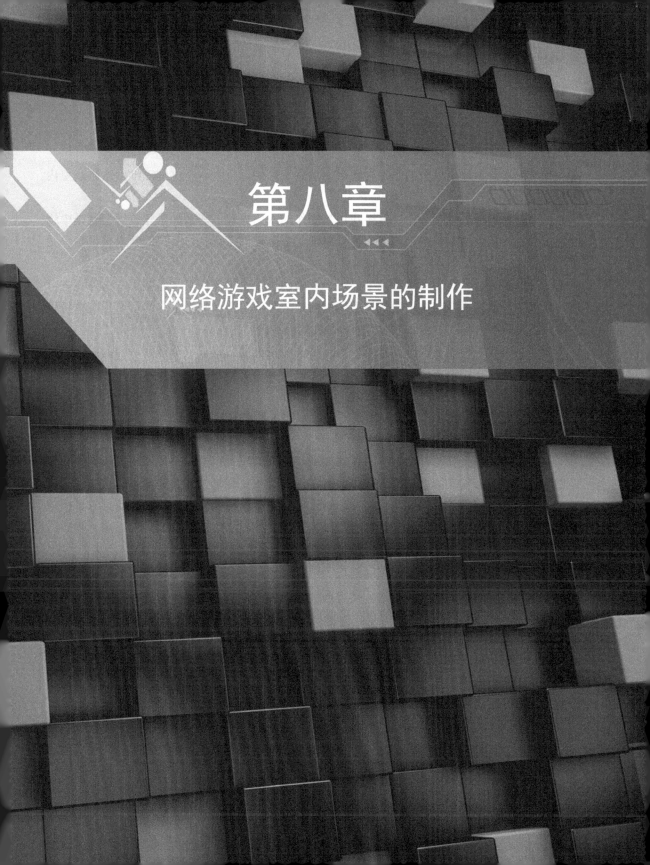

网络游戏室内场景的制作

8.1 游戏室内场景的特点

在结束了场景建筑模型的学习内容后，从本章开始，将为读者讲解三维网络游戏室内场景的制作。

如果把场景道具模型看作三维游戏场景制作的入门内容，那么场景建筑模型就是中级内容，而室内场景的制作就是高级内容。对于一般刚进入游戏制作公司的新人来说，公司也会按照这样的工作内容顺序为其安排任务。

在三维游戏，尤其是网络游戏中，对于一般的场景建筑，仅仅是需要用它的外观去营造场景氛围，通常不会制作出建筑模型的室内部分。但对于一些场景中的重要建筑和特殊建筑，有时需要为其制作内部结构，这就是我们所说的室内场景部分。

另外，游戏中的地下城和副本场景更是将室内场景发挥到了一个极致，因为对于地下城和副本来说，它们根本就没有外观建筑模型，玩家的整个体验过程都是在封闭的室内场景中完成的，这种全室内场景模型的制作方法，也与室外建筑模型有着很大的不同。

那么，究竟室外建筑和室内场景在制作上有什么区别呢？

我们首先来看制作的对象和内容。

室外建筑模型主要是制作整体的建筑外观，它强调建筑模型的整体性，在模型结构上也偏向于以“大结构”为主的外观效果。而室内场景主要是制作和营造建筑的室内模型效果，它更加强调模型的结构性和真实性，不仅要求模型结构制作更加精细，而且对于模型的比例也有更高的要求。

然后我们再来看在实际游戏中两者与玩家的交互关系。

室外建筑模型对于游戏中的玩家来说，都显得十分高大，在游戏场景的实际运用中也多用于中景和远景，即便玩家站在建筑下面，也只能看到建筑下层的部分，建筑的上层结构部分也成为等同于中景或远景的存在关系，正是由于这些原因，建筑模型在制作的时候，无论是模型面数还是精细程度上，都要求精简为主，以大效果取胜。

而对于室内场景来说，在实际游戏环境中，玩家始终与场景模型保持十分近的距离关系，场景中所有的模型结构都在玩家的视野距离之内，这要求场景中的模型比例必须要与玩家角色相匹配，同时，在贴图的制作上要求结构绘制更加精细、复杂和真实。

下面我们来总结室内游戏场景的特点。

(1) 整体场景多为全封闭结构，将玩家与场景外界阻断隔绝(图 8-1)。

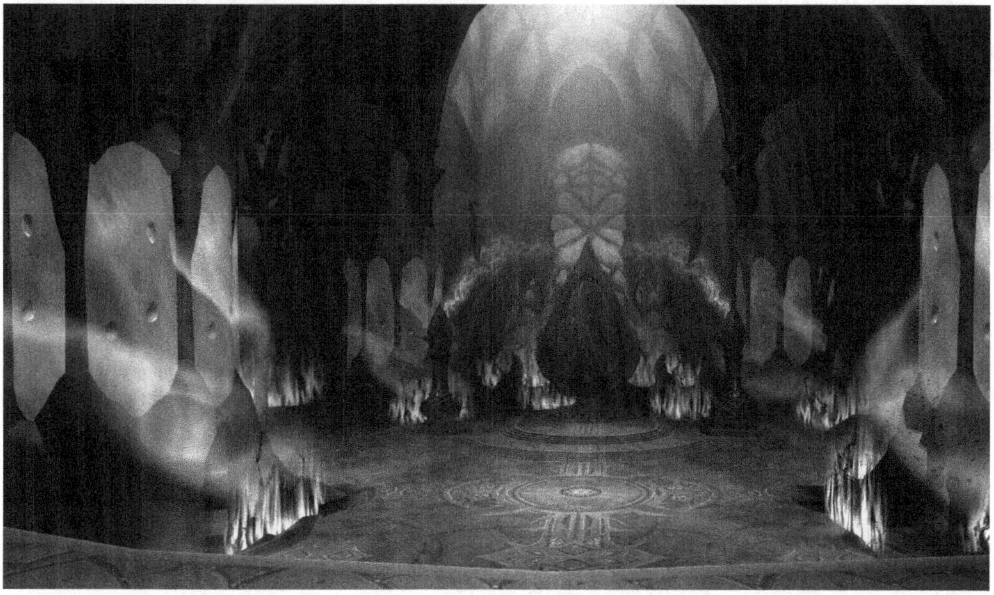

图 8-1　全封闭的游戏场景

(2) 更加注重模型结构的真实性和细节效果(图 8-2)。

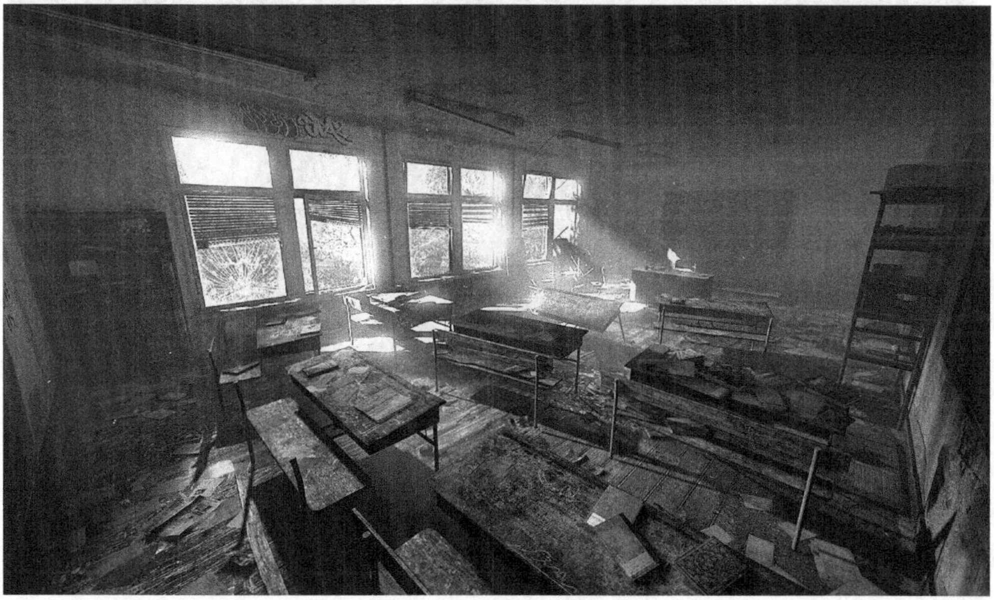

图 8-2　游戏室内场景的细节效果

(3) 更加强调玩家角色与场景模型的比例关系(图 8-3)。

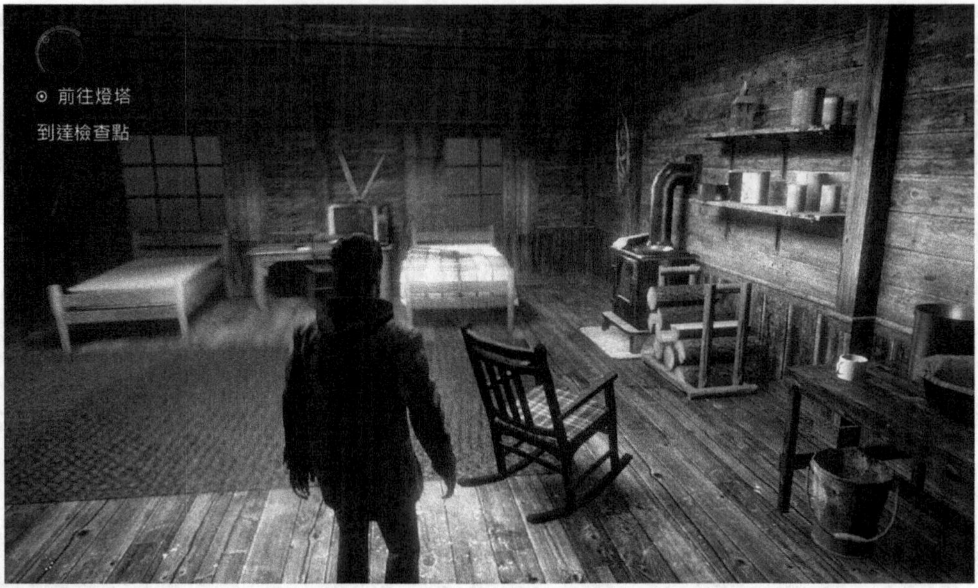

图 8-3　角色与室内场景模型的比例

(4) 更加注重场景光影效果的展现(图 8-4)。

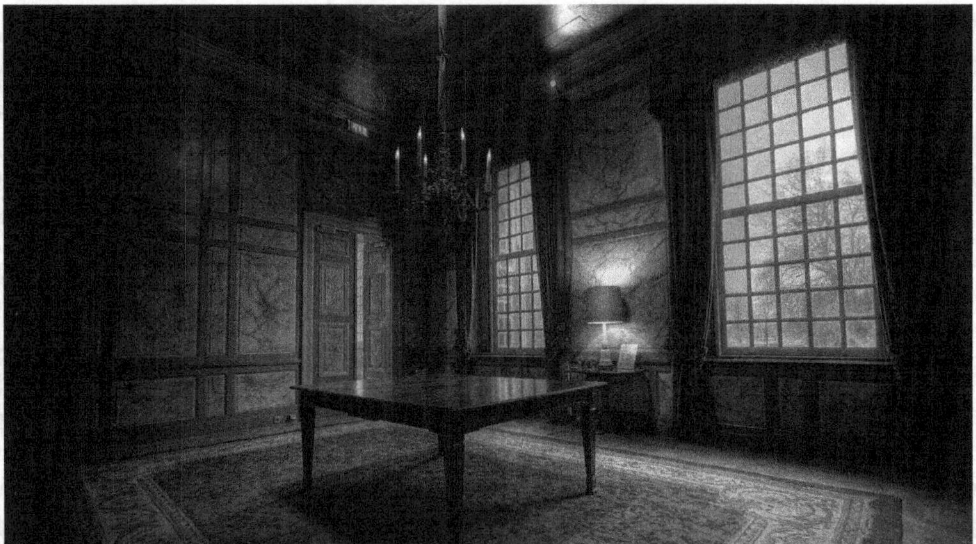

图 8-4　游戏场景中的光影效果

(5) 对于模型面数的限制可以适当放宽(图 8-5)。

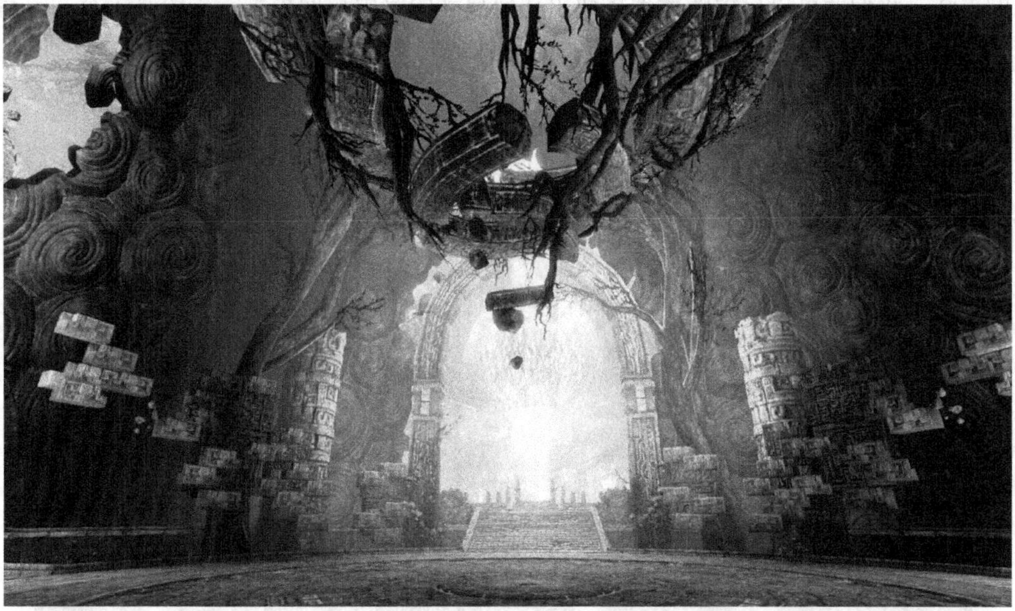

图 8-5　模型复杂的室内场景

在游戏制作公司中，场景原画设计师对于室外场景和室内场景的设定工作有着较大的区别，室外建筑模型的原画设定往往是一张建筑效果图，清晰和流畅的笔触展现出建筑的整体外观和结构效果。而室内场景的原画设定，除了主房间外，通常不会有很具体的整体效果设定。原画师更多地会为三维美术师提供室内结构的平面图，还有室内装饰风格的美术概念设定图。除此之外，并没有太多的原画参考。这就要求三维场景美术师要根据自身对于建筑结构的理解，进行自我发挥和创造，在保持基本美术风格的前提下，利用建筑学的知识对整体模型进行创作，同时，参考相关的建筑图片，进一步完善自己的模型作品。

8.2　游戏室内场景实例的制作

我们先来举个例子。比如有一座大型宫殿或者一座大厦，通常，在这种大型建筑的内部会包含许许多多的室内房间，这些房间彼此通过走廊、过道、楼梯等建筑结构相连接，它们之间在面积和功能上可能有所不同，但相互间的室内建筑风格肯定要保持一致。如果我们把所有房间的整体模型一一搭建出来，然后根据不同的房间去制作室内的细部结构，可以想象，假设有一百个房间，那将是多么浩大的一个制作工程啊。

所以，这里我们利用单元复制的方法来制作，首先把房间中相同的结构单元进行归纳制作，接下来，就可以利用复制结构单元的数量来确定房间的长宽尺寸，这样仅仅利用复制的方法，我们就可以自由随意地搭建出任何尺寸的室内房间模型，无论是十个、一百个还是一千个房间，我们都可以在很短的时间内完成制作。

因此，在实际游戏项目的大面积室内场景制作中，面对巨大的工作量，我们通常会选择这种方法。

图 8-6 是一张室内场景的参考照片，从图中可以清晰地看出整体建筑的框架结构，大致包括侧面的墙面、窗户和顶棚，以及中间的支撑立柱等。

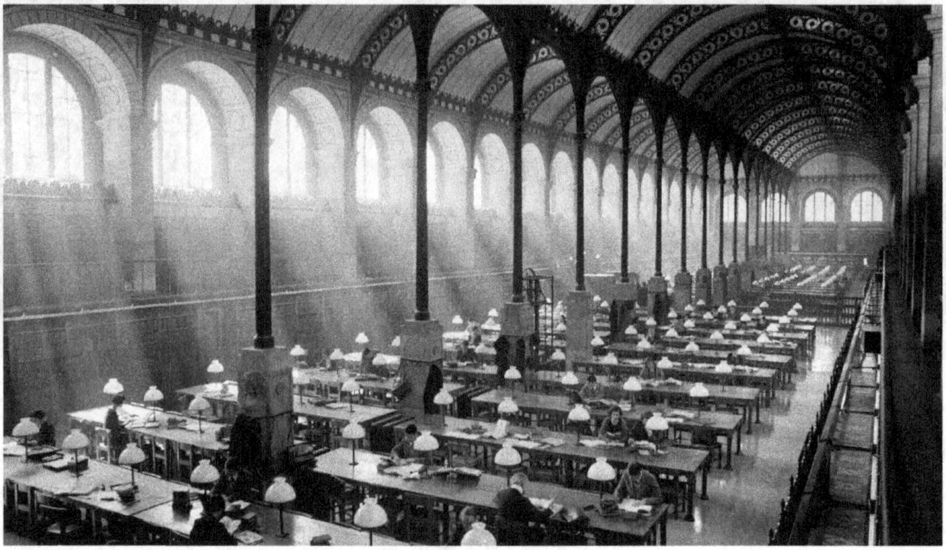

图 8-6　室内场景参考照片

我们可以把其中的一组结构看作为一个结构单元，整个房间都是利用这样同样的结构单元进行的重复复制。所以，我们在制作整个房间的时候，完全可以通过制作结构单元，然后利用复制原理，去拼构整个房间。这样，不仅提高了工作效率，而且还解决了另外一个关键的问题——相同室内场景下多房间的制作问题。

下面我们就以图 8-6 中的场景照片作为参考，为读者讲解具体的制作流程和方法。

根据参考图片中总结的结构单元，我们先来用简单的多边形搭建制作一个基本的结构组合。以窗体、墙面和顶棚为中心，之间通过立柱和框架作为连接结构，只需制作一侧即可，然后我们将这个结构单元整体向右重复复制，就可以得到一侧的房间墙体结构(图 8-7)。

首先来制作窗体的模型，在 3ds Max 中建立 Plane 模型和一个二十边的圆柱体模型，将两者按图 8-8 中的方式对齐。

这里要注意，在制作第一个结构单元的时候，主体模型的中心最好与相应的坐标系轴线重合对齐，这样可以方便后面的结构制作，以及整体单元复制。

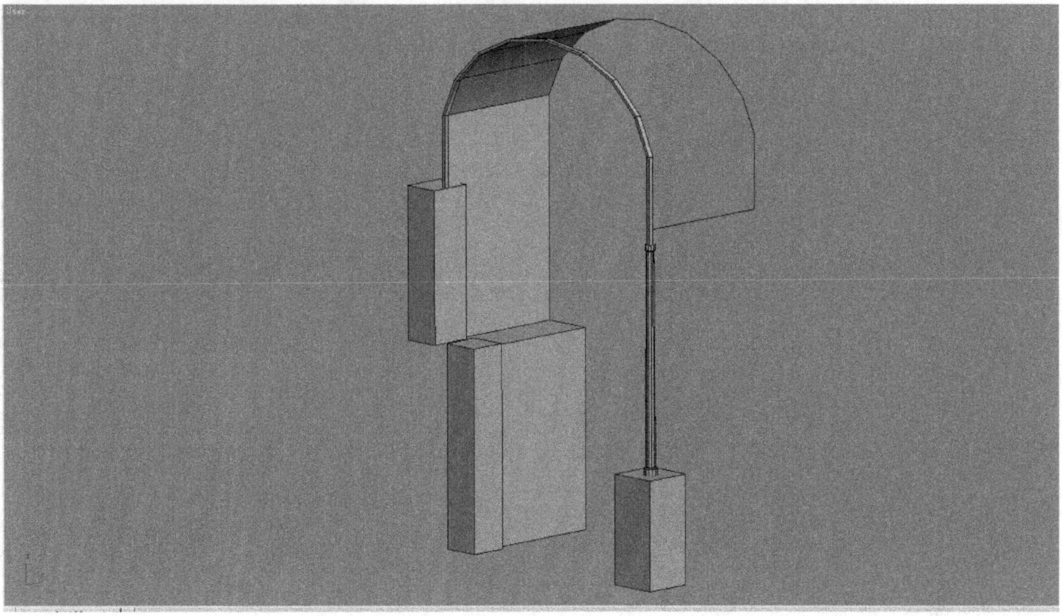

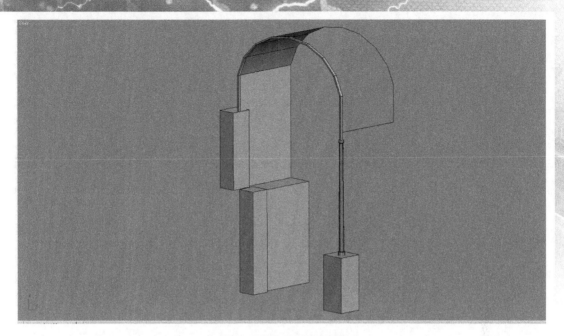

图 8-7　制作框体轮廓结构

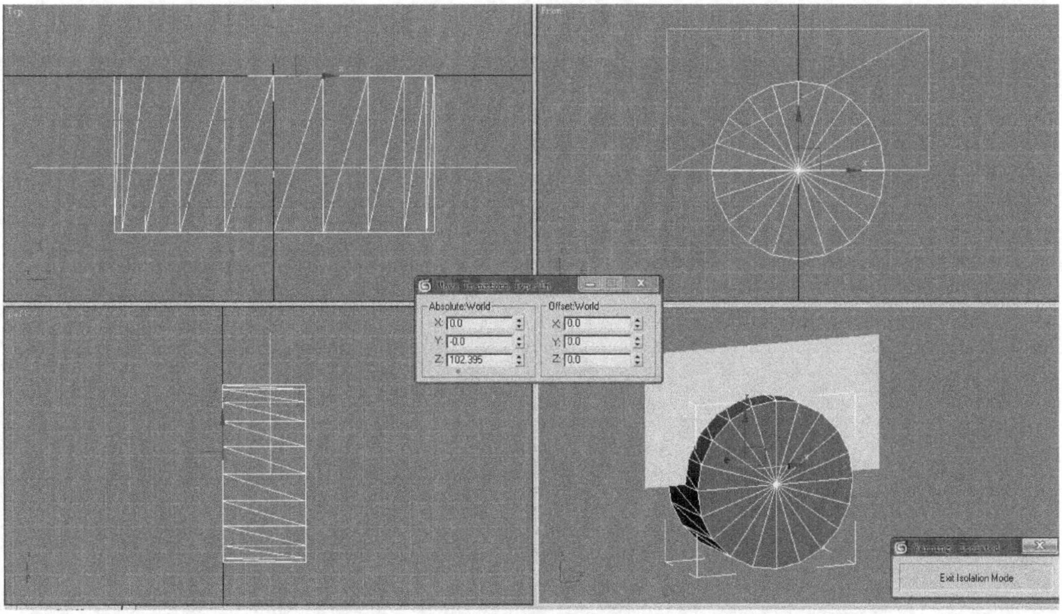

图 8-8　制作剪切模型

在创建面板的 Compound Objects(复合物体)菜单中利用 Boolean(布尔)运算的方式，将圆柱体从平面模型中剪切出来，这样就形成了窗户上方的拱洞模型平面(图 8-9)。

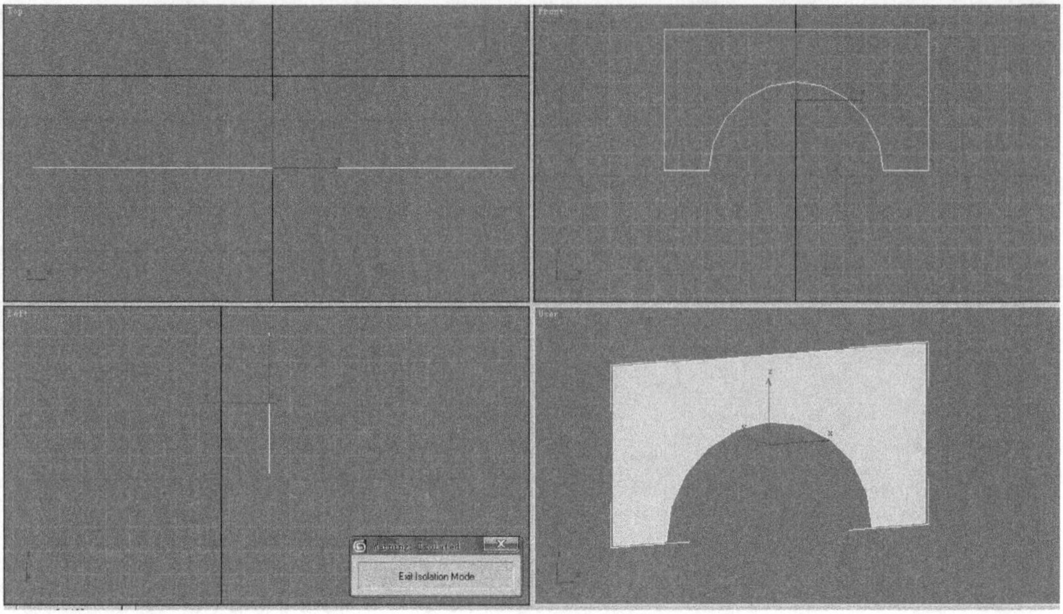

图 8-9 进行布尔运算

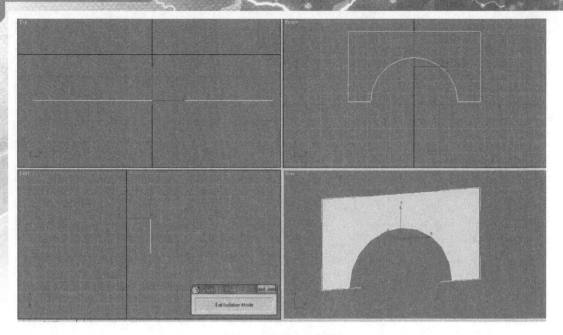

按住 Shift 键，拉伸创建出上下的多边形面，同时将模型的中心布线连接(图 8-10)。

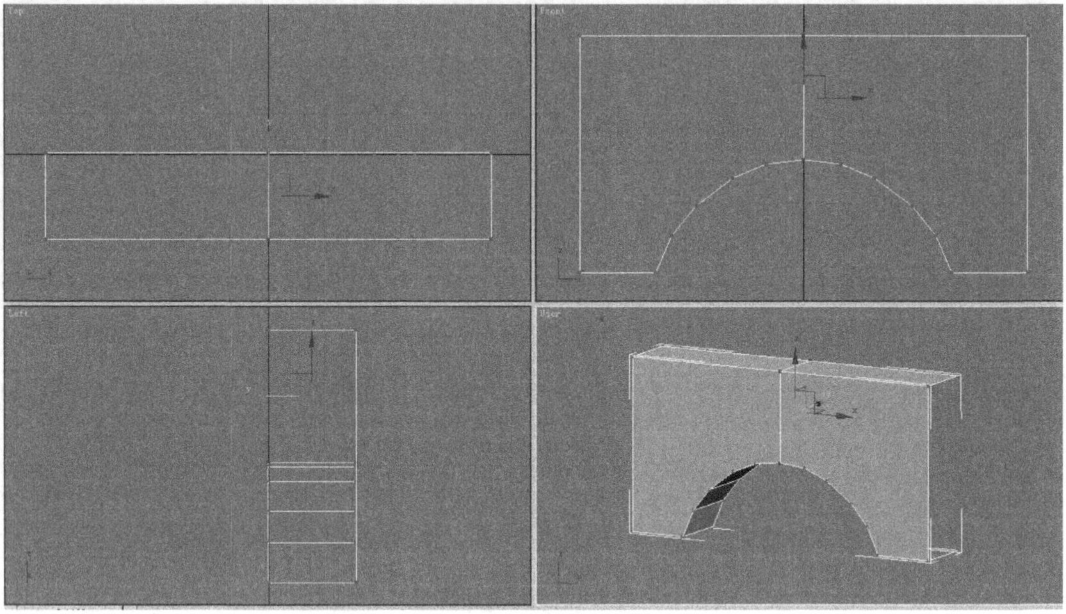

图 8-10 加线分割

将贴图付给模型，并且按照贴图中的结构对模型进行切割布线(图 8-11)。

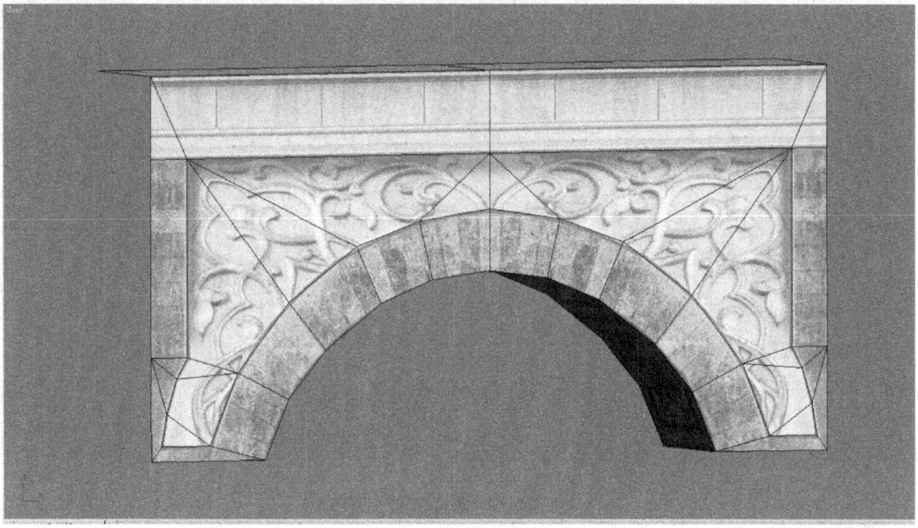

图 8-11　添加贴图布线细分

进入多边形面层级，选择中心花纹的模型表面，利用 Extrude 命令向内挤出，将贴图中的平面结构制作为立体的模型结构(图 8-12)。

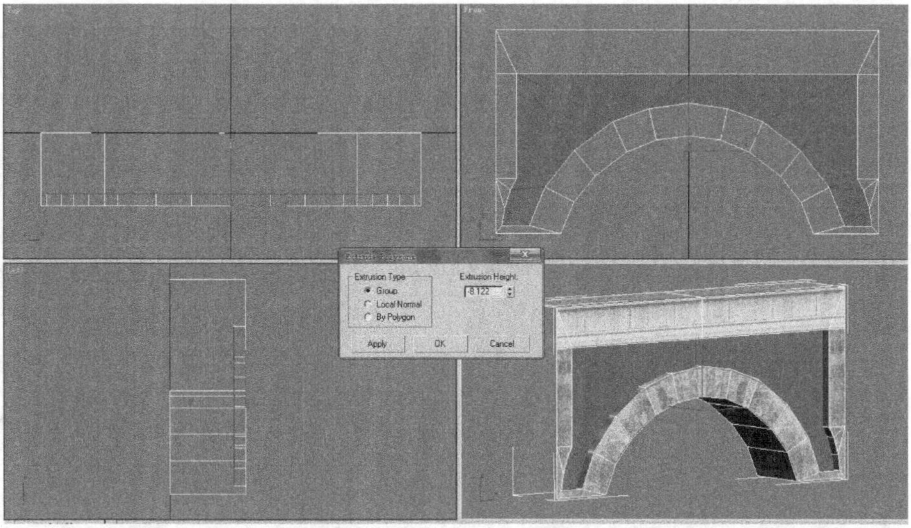

图 8-12　挤出结构

接下来制作支撑拱形结构的立柱，在 3ds Max 中建立 Box 模型，通过编辑多边形命令将其制作为如图 8-13 所示的形状结构，删除多余表面。

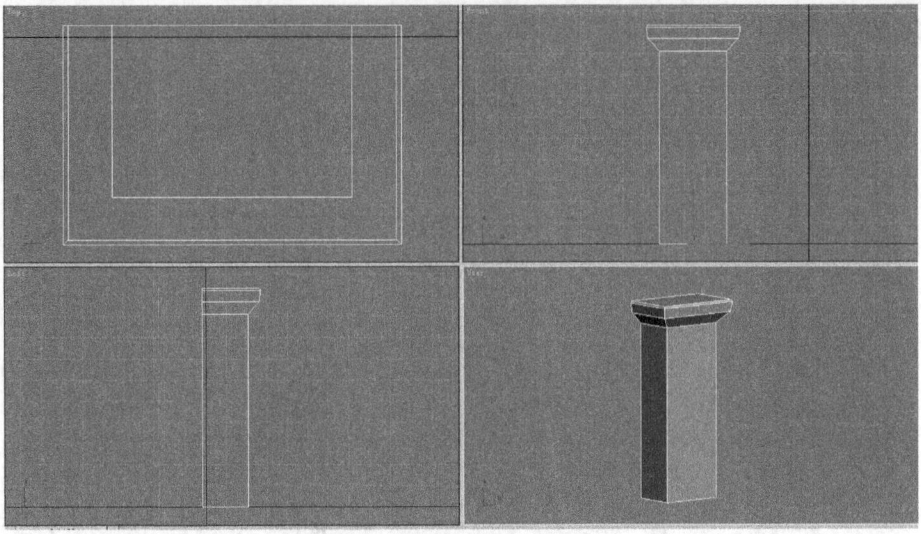

图 8-13　制作支撑结构

为立柱模型添加贴图。大家可能会发现，先前都是在整体模型全部完成后再赋予贴图，而本节中，却是在每个模型结构制作完成后就立刻贴图，这也是单元化模型制作的一个特点，因为之后会将模型进行大量的复制，所以必须要在复制操作前，完成模型整体的贴图工作，提高工作效率(图 8-14)。

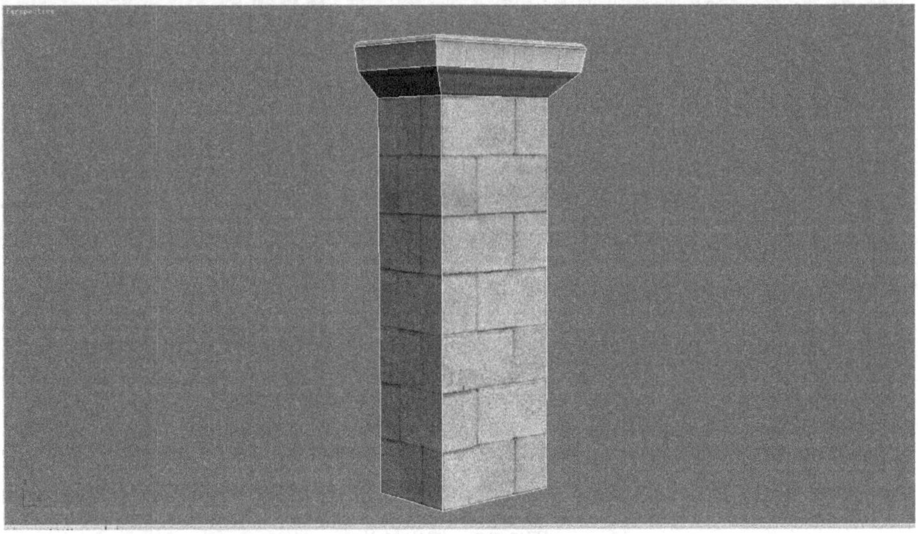

图 8-14　添加贴图

利用先前制作完成的拱形结构，开始制作窗体的墙壁结构，在 3ds Max 中建立 Plane 模型，并将其编辑制作为如图 8-15 所示的结构，拱洞下面就是窗户，再下面是窗台及墙壁。

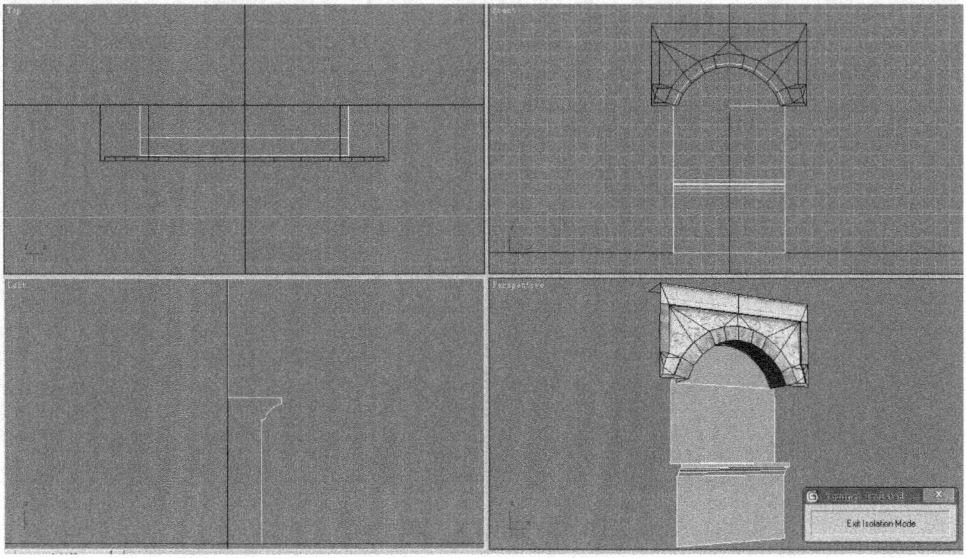

图 8-15　制作墙体结构

将上面制作完成的拱形结构、立柱、窗户和墙体拼接到一起(图 8-16)。

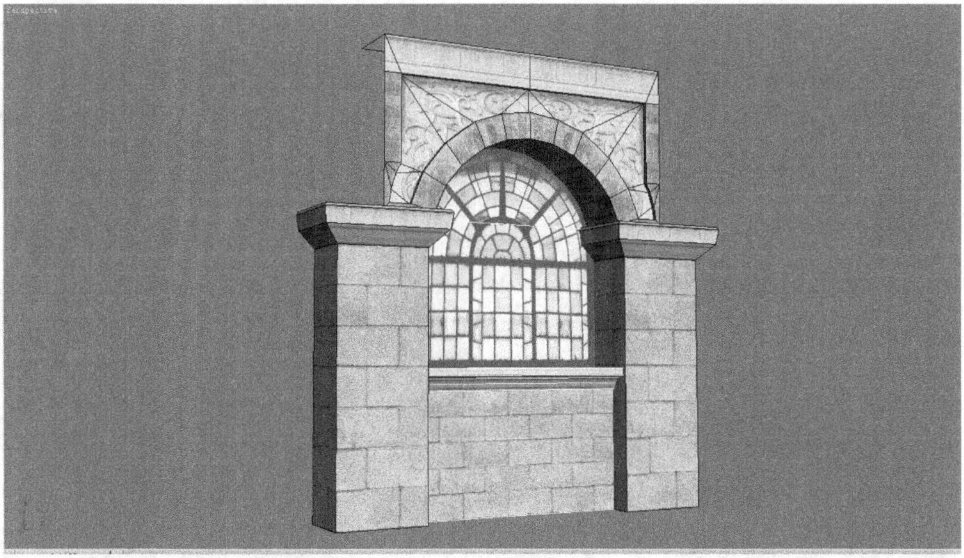

图 8-16　拼接到一起

沿着先前制作完成的模型结构，再来制作中层平台以及下方的立柱和墙面(图 8-17)。

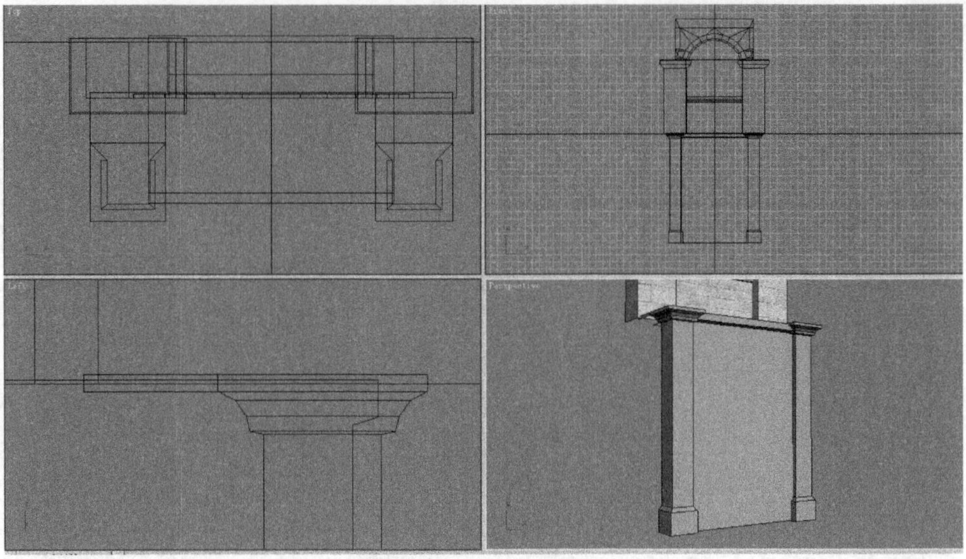

图 8-17　制作下层墙体模型

立柱的顶部采用一种比较平滑的倒角结构(图 8-18 的左下视图)，另外要注意立柱顶部的平面要延伸到上层的立柱和墙体中，这样就形成了中层平台的一种连接结构，避免复制后平台地面之间的穿帮。

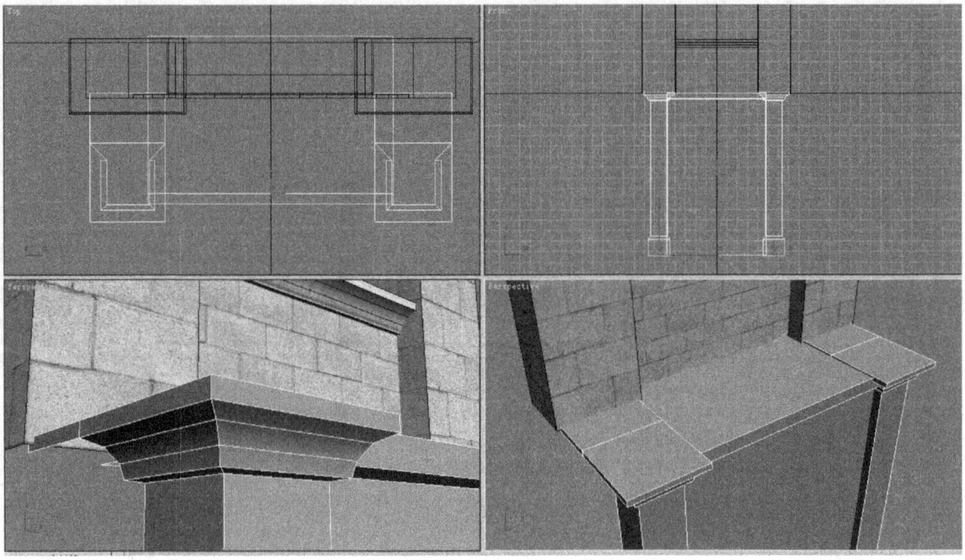

图 8-18　制作连接结构

将平台和下层墙体从中间切割划线，形成对称结构，然后将模型赋予贴图(图 8-19)。

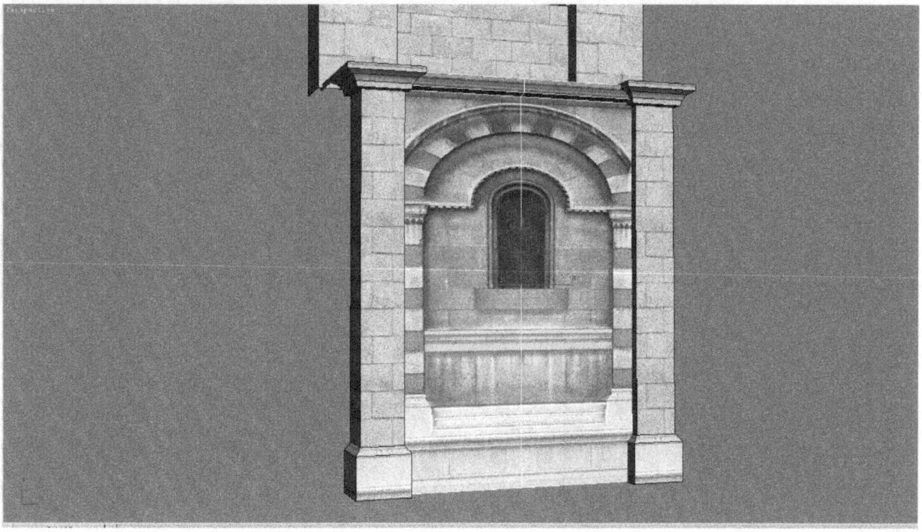

图 8-19　添加贴图

这一步的制作跟前面拱形结构模型相似，沿着贴图中的结构对整个模型进行布线划分，这里的贴图结构过于复杂，但仍然要遵循从简的原则，在保证基本模型结构的前提下尽量减少模型面数(图 8-20)。

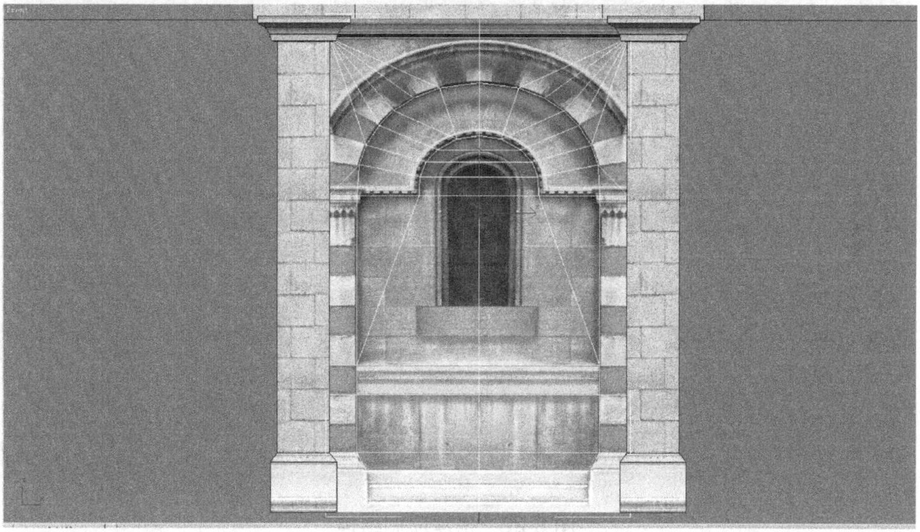

图 8-20　根据贴图添加布线

根据模型的布线结构，利用 Extrude 命令向内进行多层次的挤出，将平面的贴图结构转化为立体的模型结构(图 8-21)。

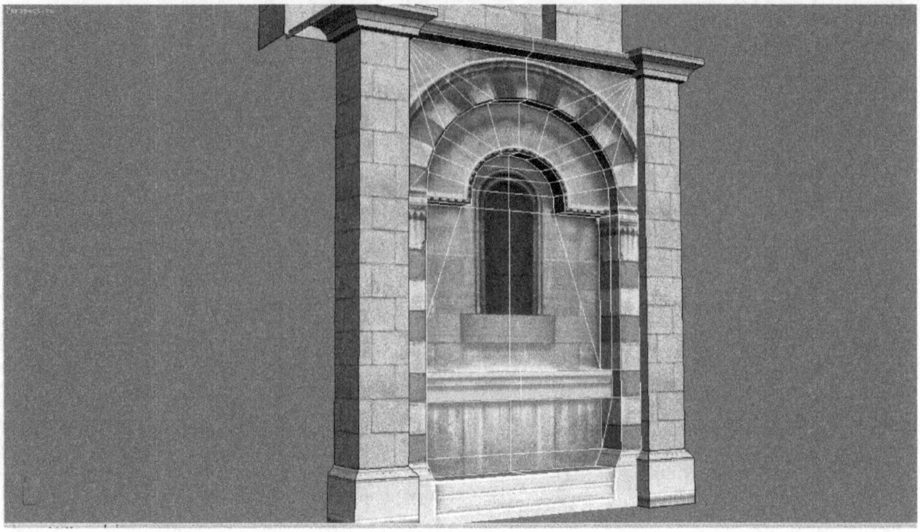

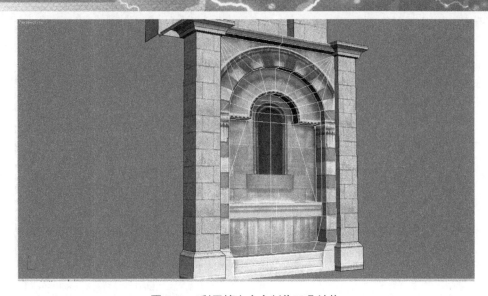

图 8-21　利用挤出命令制作凹凸结构

在制作完整体侧面的单元模型后，接下来搭建出顶棚、顶部支撑结构以及中间立柱和底座的基本模型外观，方便之后进一步的细节制作(图 8-22)。

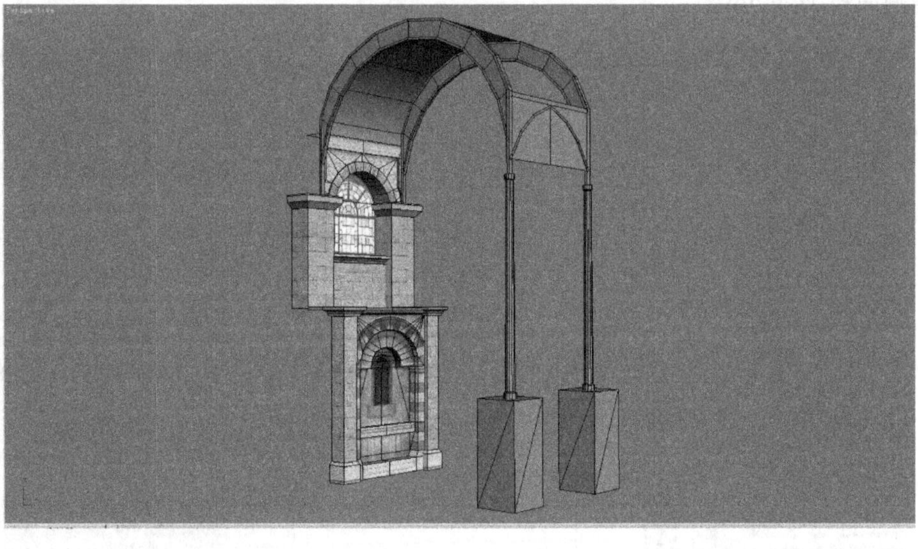

图 8-22　搭建顶棚结构

然后我们来制作中间支撑立柱的底座结构，这里我们将其制作得稍微复杂一些，因为立柱底座在实际游戏环境中应该是距离玩家最近的模型，利用细节的处理，让模型变得更加精细。在 3ds Max 中建立 Box 模型，塌陷为可编辑多边形，进入面层级选中模型四周和顶部的表面，然后利用 Extrude 命令向外挤出(图 8-23)。

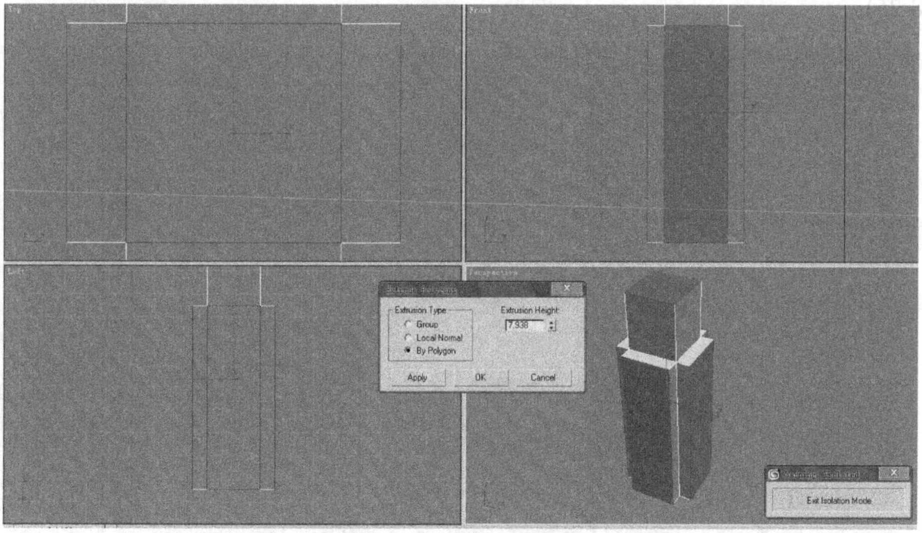

图 8-23　制作底座基础模型

利用顶点缩放命令调整和编辑模型，然后，利用倒角等命令，制作出底座下部的相关结构(图 8-24)。

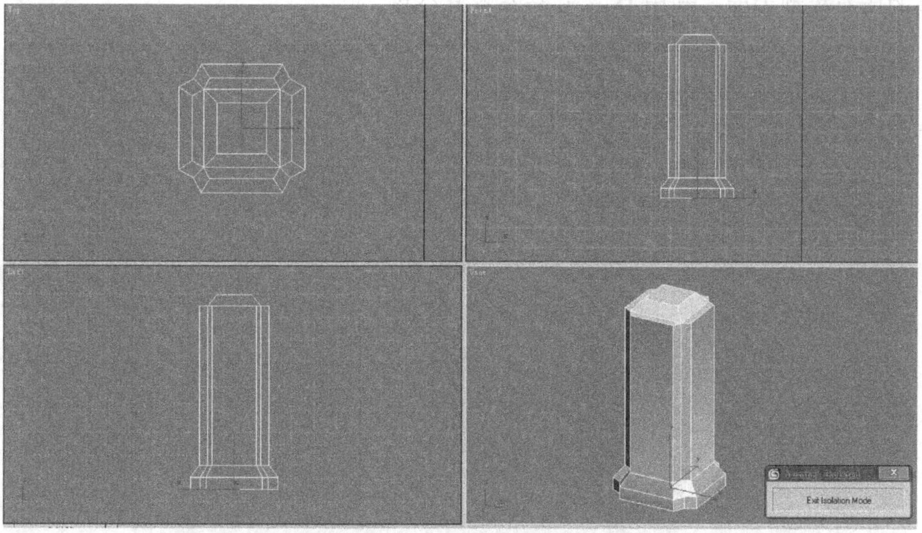

图 8-24　继续编辑模型

进入多边形面层级，选择模型的其他三面结构并删除，然后进一步编辑剩余的模型表面结构。因为底座模型的四面属于完全相同的模型结构，我们只需要对其一面进行编辑处理，然后通过旋转复制的方式，就可以完成其他三面的制作，这样可以节省大量的制作时间(图 8-25)。

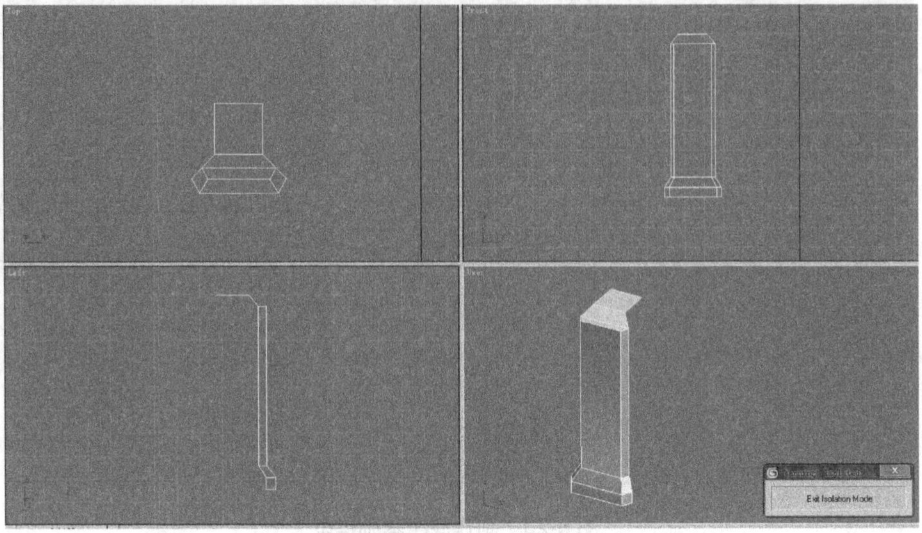

图 8-25　删除保留一面结构

通过布线、倒角、挤出等命令将模型编辑制作为如图 8-26 所示的结构，然后选择除顶面以外的所有模型表面，利用 Detach 命令将其分离。

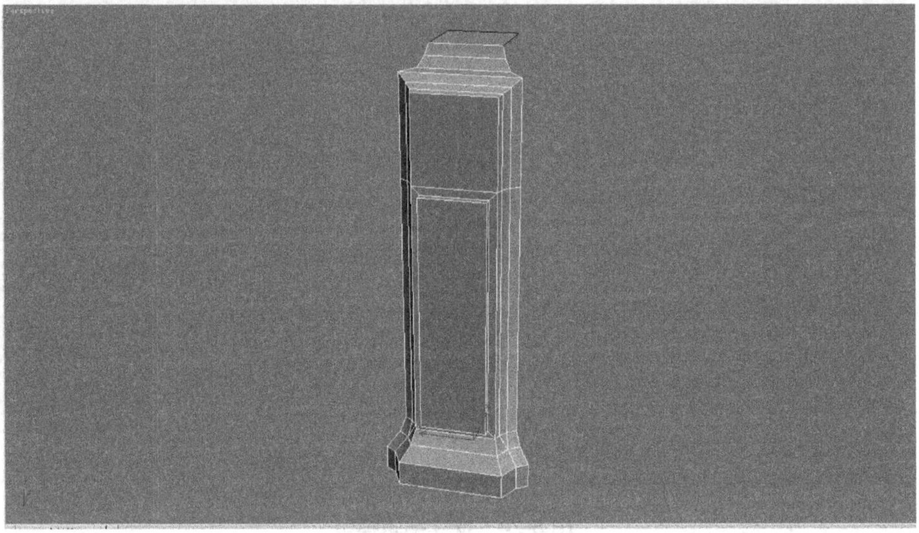

图 8-26　细化模型结构

选择上面分离出的模型结构，按住 Shift 键，利用多重旋转复制命令将模型旋转 90°，复制出其他三面的模型结构(图 8-27)。

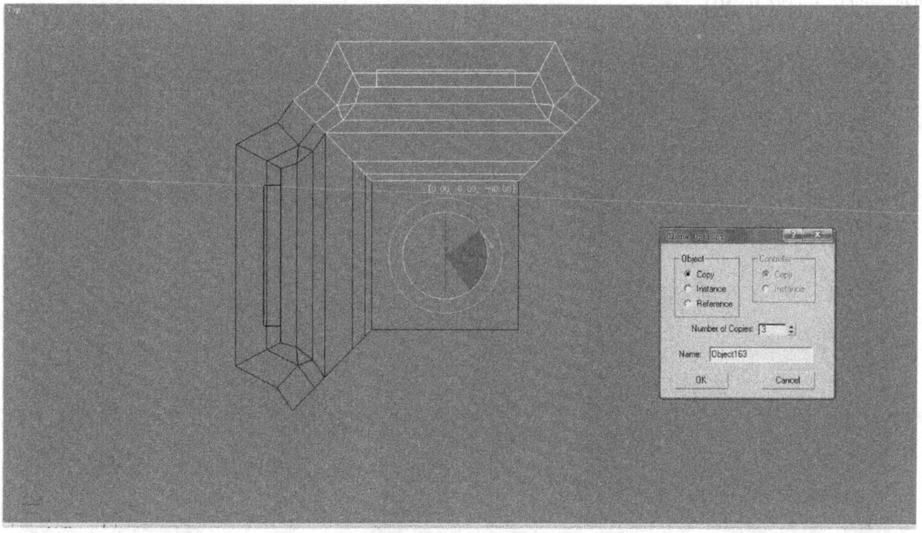

图 8-27　旋转复制

将所有模型 Attach 到一起，焊接相应的顶点，划分设定好光滑组，这样就完成了中间立柱底座的模型结构，然后将模型赋予贴图。其实，在制作完一面的模型时就可以先完成贴图的工作，这样在旋转复制后，就直接得到贴图完成的模型了(图 8-28)。

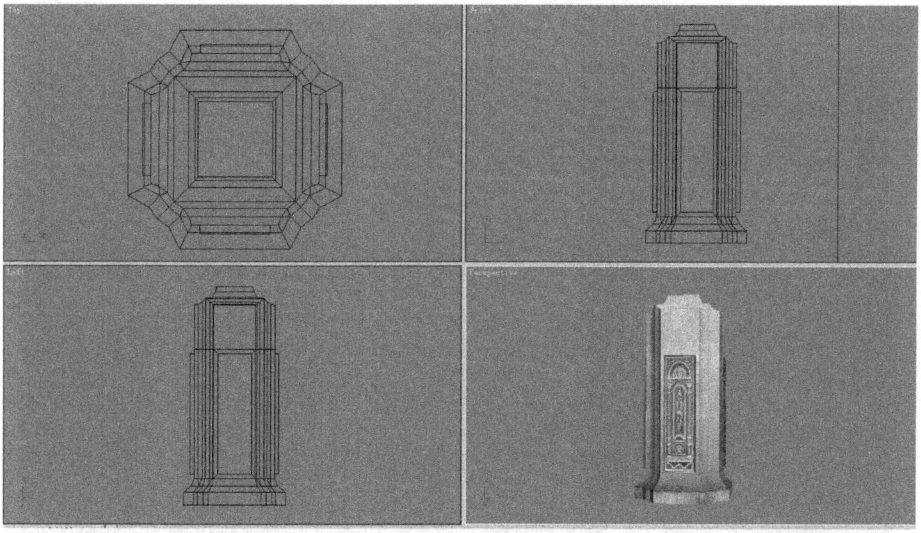

图 8-28　添加模型贴图

将所有单元结构拼接到一起，完成模型的贴图工作，中间立柱和顶部支撑结构赋予一张黑色的金属贴图，上面的铁艺结构则利用不透明贴图来完成，这样整个室内模型的单元组就制作完成了(图 8-29)。

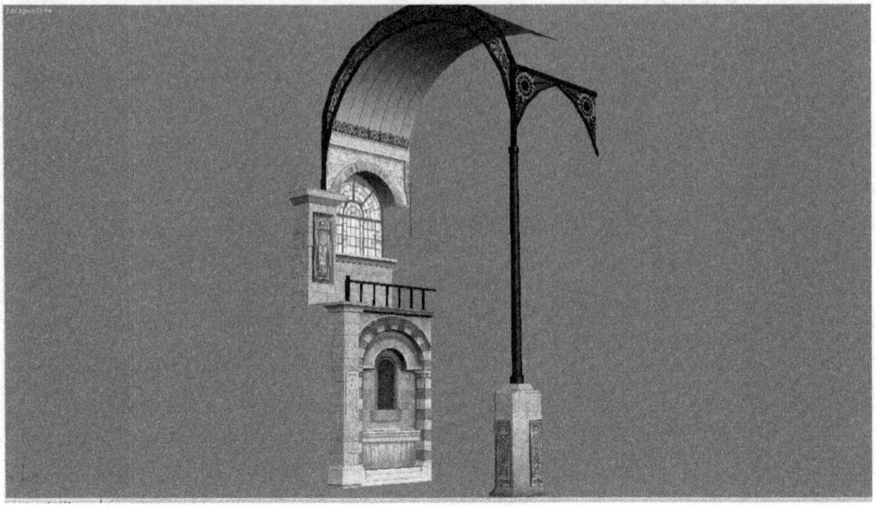

图 8-29　拼接单元结构

先前，在制作单元组的时候，中心是对齐到坐标轴线上的，所以单元组中左侧立柱的中心到坐标轴线的距离就是这个单元组复制需要移动距离的一半，选中一侧的任意一个立柱结构，右键单击按钮栏上的移动按钮，看到 X 轴的坐标距离为-55.803，那么，整个单元组需要移动的距离就是 55.803×2=111.606(图 8-30)。

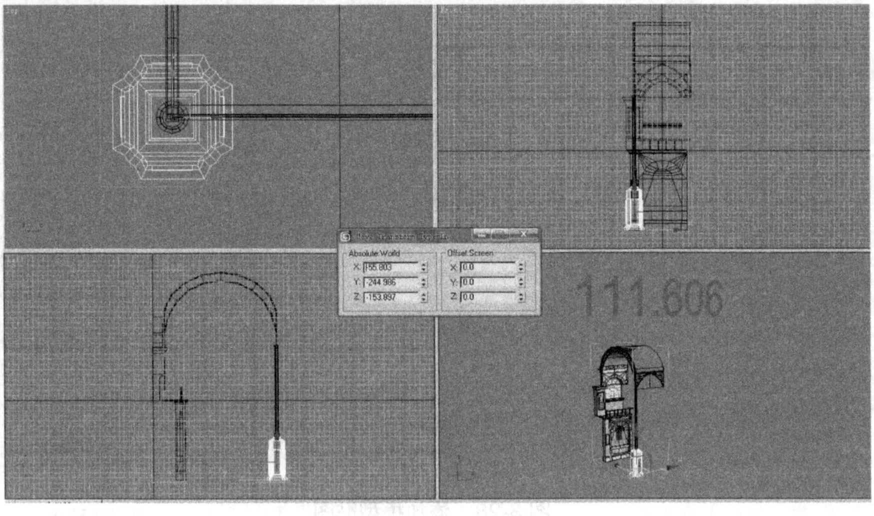

图 8-30　计算复制位移距离

选中所有的单元模型，编辑成组，利用 Clone 命令原地复制，然后右键单击“移动”按钮，将 X 轴的移动距离设置为 111.606，这样，第二个单元组的位置就确定了(图 8-31)。

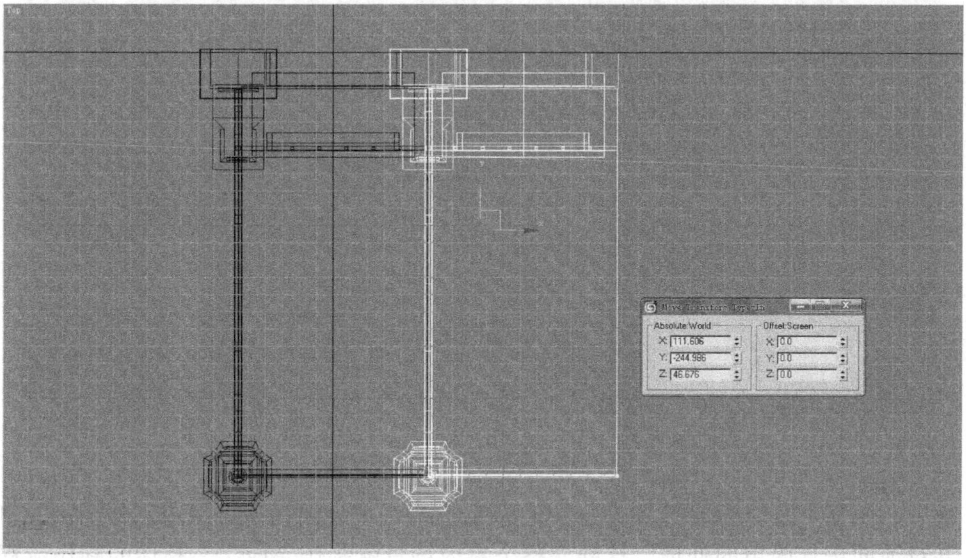

图 8-31 移动复制

按照同样方法复制出 10 组单元组模型，组成室内场景的一侧墙壁(图 8-32)。

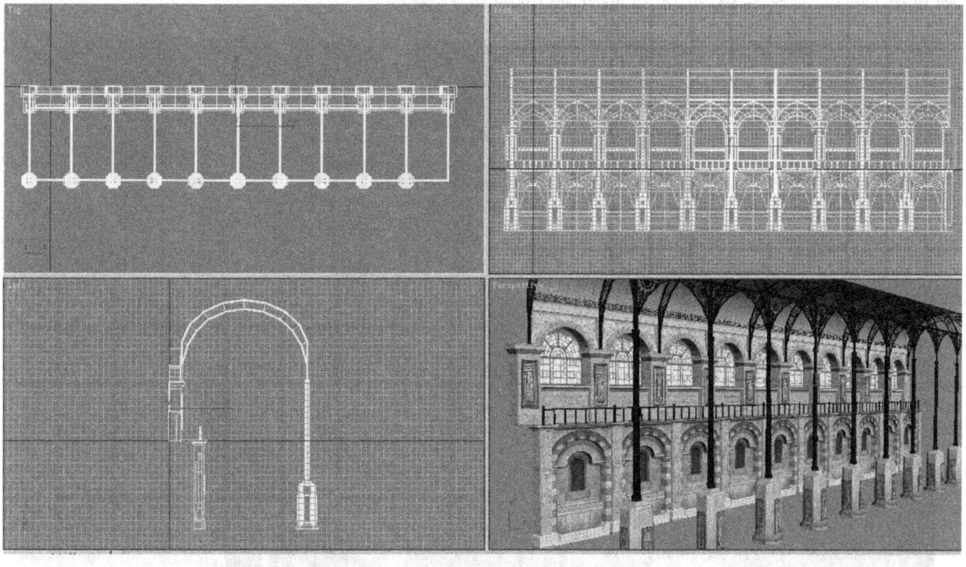

图 8-32 复制出一面墙体的效果

然后通过镜像命令复制出另一侧的室内结构，并删除单元组中的重复结构(图 8-33)。

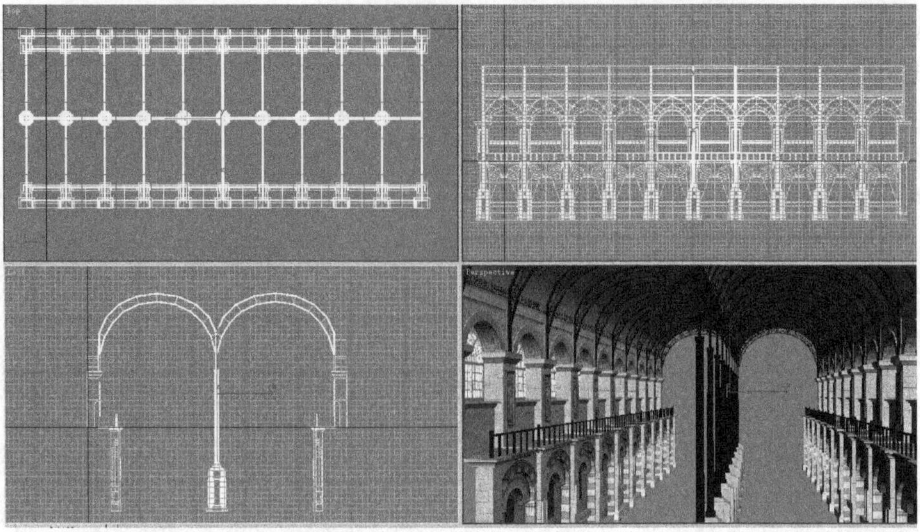

图 8-33　复制另一侧墙体模型

最后，在整个室内场景的两端再分别复制出 4 组单元组模型，组成另外两侧的室内墙壁，并对地面进行简单的处理。这样，整个室内场景就制作完成了。整体的制作流程不仅节省了大量时间，提高了工作效率，而且最终场景的完成效果还相当出色，最后只需要在合适的位置制作出门的结构，然后就可以利用连接结构将所有房间串联到一起，实现最终整体场景的制作。图 8-34 是场景布光后的渲染效果图。

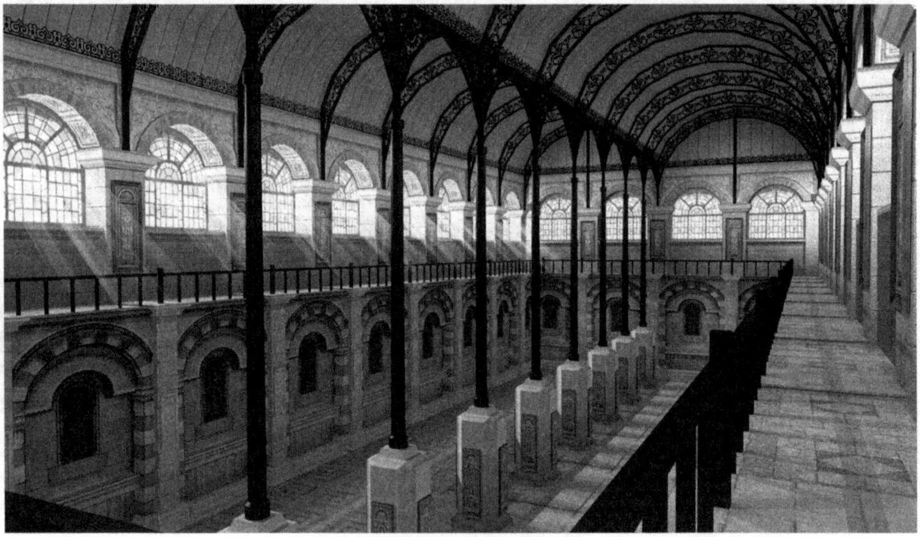

图 8-34　场景渲染效果图

第九章

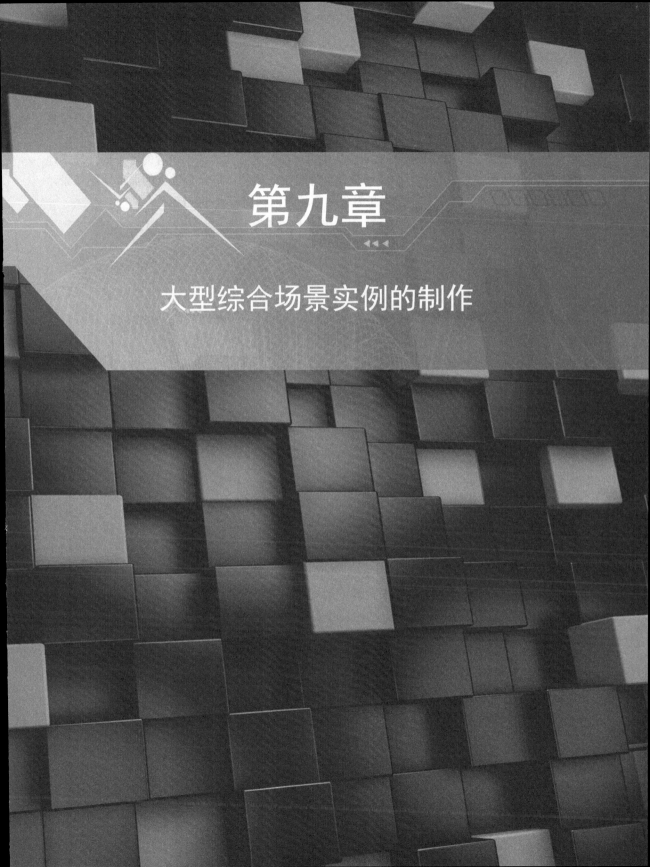

大型综合场景实例的制作

通常来说，绝大多数的 MMO 网络游戏场景是由众多野外地图构成的，每一张地图中都包含了大量的局部地图场景，这种关系就类似于我们生活中的旅游景区，如果把整个景区看作游戏中的野外地图，那么景区中的各个独立景点就是野外地图中的局部地图场景。

图 9-1 是游戏中的一张野外地图，从中可以清楚地看到地图中包含的各个局部场景地点，在野外地图规划完成后，游戏场景设计师负责开始制作每一个独立的局部地图场景，本章就带领读者深入了解和学习大型野外局部场景的制作流程和方法。

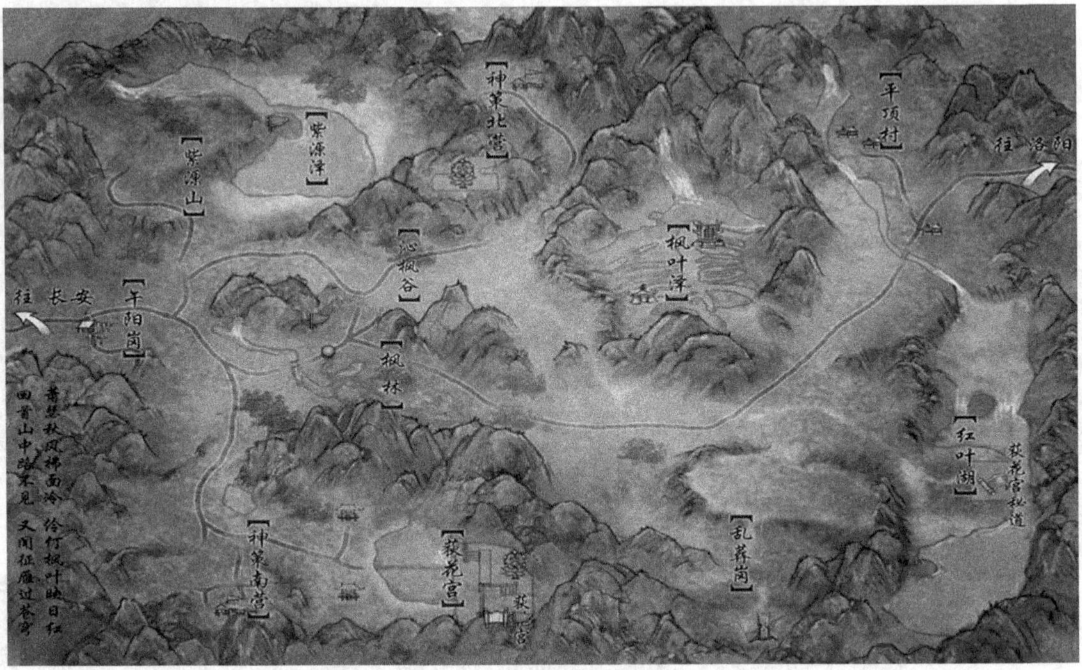

图 9-1　MMO 网游野外地图

本章的学习内容是对前面章节内容的总结与提升训练，在掌握了场景建筑模型、植物模型、山石模型等的制作技巧和方法后，我们才具备了制作大型野外局部场景的基础能力，然后通过对于小型野外场景实例的不断练习，最终便能逐渐掌握大型野外场景的制作流程和方法技巧。

图 9-2 是本章实例制作的最终完成效果图，从效果图中可以看到，场景中除了山体地形、植物模型、水系瀑布等自然元素外，还包括大量人文建筑模型元素，所以，本章实例无论在模型制作的数量上，还是制作难度上，相较前面的实例章节都有了大幅度的提升，不仅要完成好场景中的局部元素，还要在各场景元素的衔接上花费更多的心思。在正式开始实例讲解之前，我们先来了解一下大型野外场景的一般制作流程。

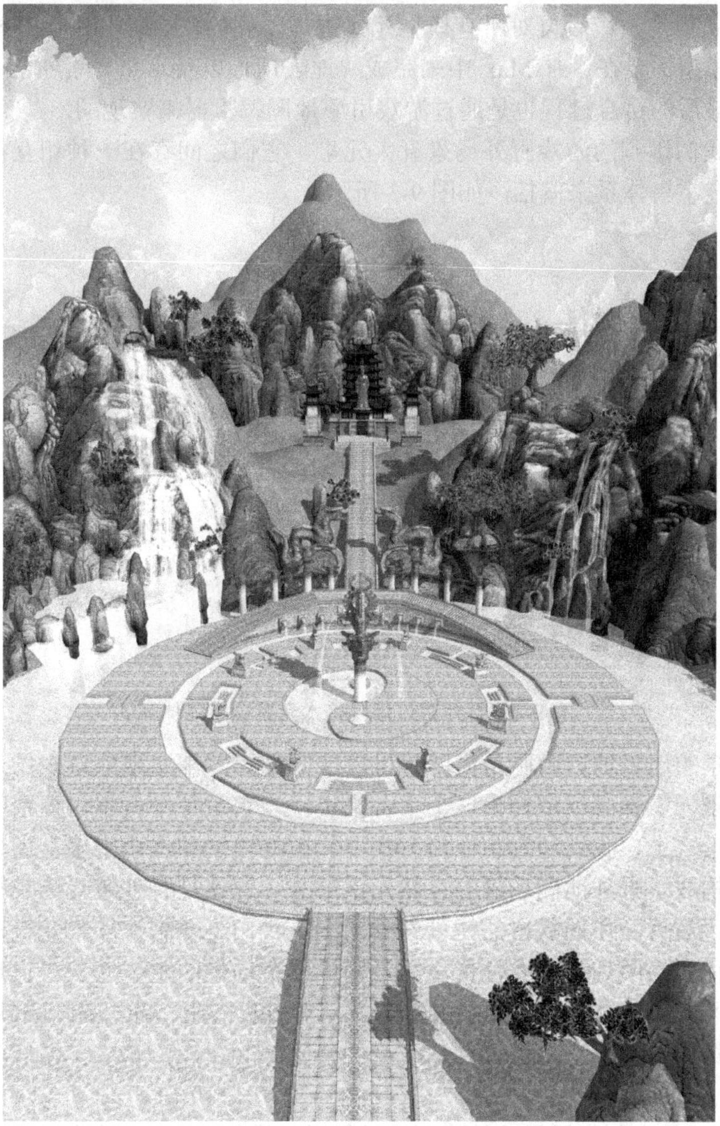

图 9-2 实例场景效果图

9.1 大型游戏场景的制作流程

一个完整的野外场景应当包括地表地形、山石岩体、河流水系、树木植被以及场景建筑这五大方面，对于大型野外局部场景的制作，我们也必须从这几大方面入手，针对不同的部分进行独立制作，最后再对所有模型元素进行整体的拼合。其中山石模型、植物模型以及场景建筑模型需要在 3ds Max 中来完成，地表地形以及水系元素通常利用引擎地图编辑器来制作，最后的拼合过程也是通过游戏引擎地图编辑器来实现的。

对于以上我们讲到的游戏野外场景五大元素，它们之间存在一种相互依托的关系，这种关系可以用金字塔体系来概括，如图 9-3 所示。

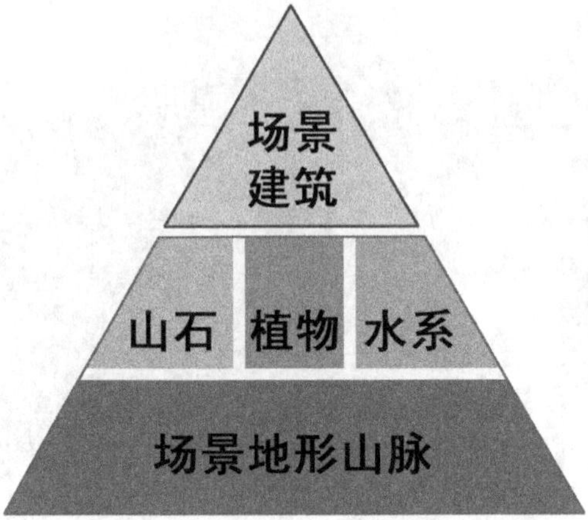

图 9-3　野外游戏场景美术元素金字塔体系

首先，场景的地表地形山脉是借助于引擎地图编辑器来实现的游戏场景平台，野外地图中，所有场景元素都必须依托于这个平台来实现，它是整个金字塔体系的根基所在；其次，在场景地形之上，我们通过制作山石模型、植物模型和水系来丰富场景细节，它们与场景地形共同构成了野外地图场景的自然元素部分，这也是野外游戏场景与纯建筑场景的最大区别之处；最后，在场景自然元素部分之上，我们还要制作场景建筑模型，场景建筑在整个金字塔体系当中处于核心位置，它是构成整个场景的主体元素，也是游戏中玩家角色活动的主要区域。整个金字塔体系中的各个元素相互依托，各司其职，缺一不可。

在了解了野外场景各元素之间的关系后，下面来介绍一下 MMO 游戏野外场景的一般制作流程。

(1) 在 3ds Max 中制作场景建筑模型、场景道具模型以及各种装饰模型。

(2) 在 3ds Max 中制作各种形态的山体岩石模型。

(3) 在 3ds Max 中制作各种植物植被模型。

(4) 在 3ds Max 中利用 Plane 面片、Alpha 贴图以及 UV 动画制作场景瀑布水系。

(5) 在游戏引擎地图编辑器中创建绘制地表地形和地表山脉。

(6) 将 3ds Max 中制作的所有场景元素导出，然后导入到游戏引擎地图编辑器中。

(7) 利用引擎地图编辑器将所有场景元素进行整合，进一步编辑制作地图场景的细节。

(8) 地图场景基本制作完成以后，在地图编辑器中添加各种粒子特效和动画效果，对场景整体进行烘托和修饰。

总地来说，野外地图场景的制作过程仍然遵循了上面的金字塔体系，基本按照金字塔图中从上到下的顺序来制作，首先制作主体建筑模型，然后分别制作各个自然元素部分，最后制作场景地形地表，并对所有元素进行整合，整个流程是一个“由零化整”的过程。下面我们针对本章中的实例来进行具体的制作流程分析。

本章实例制作的山体场景是 MMO 野外地图中常见的场景形式，在实际游戏中，这类场景通常会在野外大地图中留有山路，玩家通过山路上至山顶，在山顶则会出现主体建筑景观，供玩家打怪升级、完成任务或者作为游戏中的玩家营地。本章我们的实例部分就是来完成天銮山顶局部场景的制作。

图 9-4 是本章实例场景的平面图，场景分为四大部分：场景建筑、岩石山体、场景水系、地形山脉，其中，场景建筑部分包括图中蓝色区域的大殿、紫色区域的圆形广场以及橙色区域的阶梯平台，图中绿色区域是模型岩石和山体部分，分为大殿后方的山体以及广场两侧的景观山体，场景中的水系包括岩石山体流下的瀑布和广场周围的湖泊。

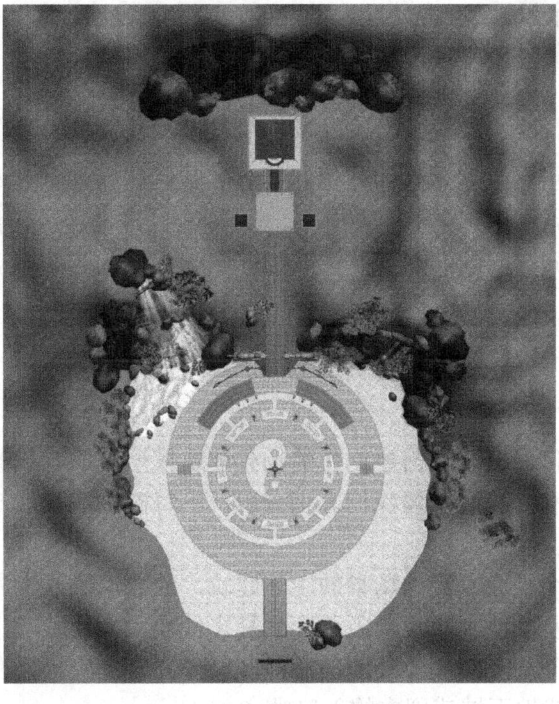

图 9-4　场景整体平面图

整体的思路我们遵循上面讲到的金字塔体系来制作，首先需要制作大殿、圆形广场、阶梯平台、山门等场景建筑模型。其次，我们要制作部分形态各异的单体岩石模型，然后通过岩石的分布组合，形成大殿后方和广场两侧的山体模型，同时，制作出几种风格不同的树木模型，接下来，依据山体的形态制作出瀑布、湖泊等水系。

最后，我们创建出地表地形，并将所有模型导入，进行编辑整合，来完成整体场景的制作，图 9-5 给出了场景的制作流程。

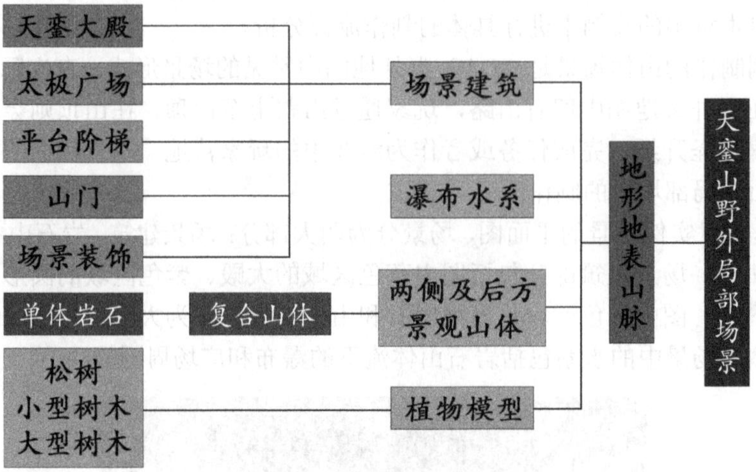

图 9-5　场景的制作流程

我们无法拿商业引擎来展示地图编辑器部分的制作过程，所以本章所有的制作内容都是在 3ds Max 软件中完成的，至于地表山脉、水系等部分，虽然是用 3ds Max 来模拟制作，但由于其原理大同小异，所以最终效果并不会与游戏引擎地图编辑器中的相差很多。

9.2　场景建筑模型的制作

在本章的实例制作中，我们需要制作的场景建筑模型主要有天銮大殿、太极广场以及连接它们之间的阶梯和平台。下面我们分别分析一下每部分场景建筑模型需要注意的制作要领。

天銮大殿作为整个天銮山野外场景的主体建筑，从建筑形式上属于中国古代大型多层楼阁式的建筑结构，从功能上来说，主要起到标志性作用，在游戏中也可以制作出其室内结构，成为玩家打怪升级或者提供补给的游戏区域，同时，也可以在建筑门口加入地图传送点，让建筑成为游戏地下城或副本的入口(图 9-6)。

大殿建筑从整体来说分为三部分：台阶底座、楼阁建筑和人形雕塑，其中楼阁建筑从结构上又可细分为上、中、下三部分，上层与底层的楼阁结构需要独立制作，中间为多层重复式的建筑结构，我们只需要制作其中一层，其余的都可以通过复制的方式来完成。

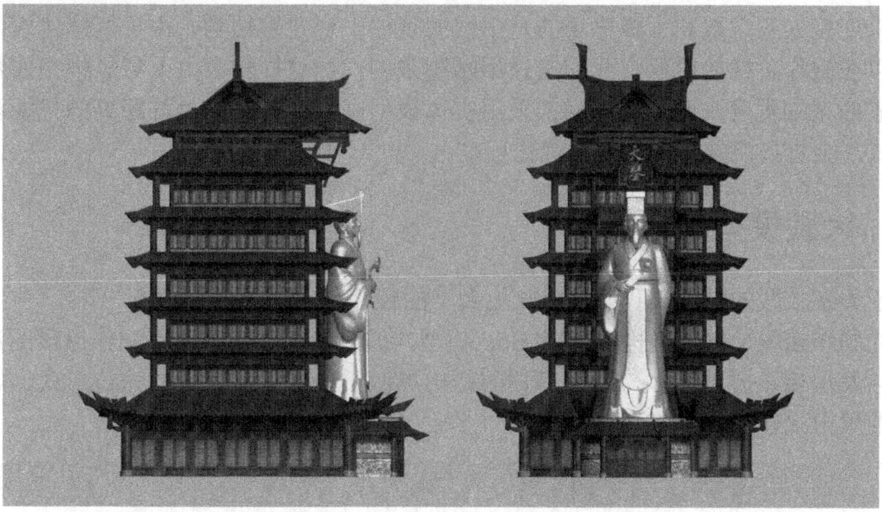

图 9-6　场景主建筑——天銮大殿

太极广场为圆形的水中平台式结构，整个区域分为内外两部分，内圈平台为镂空式太极图形结构和八卦图形结构，主要起到观赏和装饰作用，外圈是平坦的平台区域，作为玩家的主要活动空间，内外区域之间用水系相间隔。太极广场在制作的时候要注意模型整体结构的塑造，要运用合理的建模方法保证结构的均匀一致，另外，对于这种结构复杂的平台平面，尤其要注意模型包边的处理，在模型面转折部分，都必须利用模型包边或者贴图包边的形式加以修饰(图 9-7)。

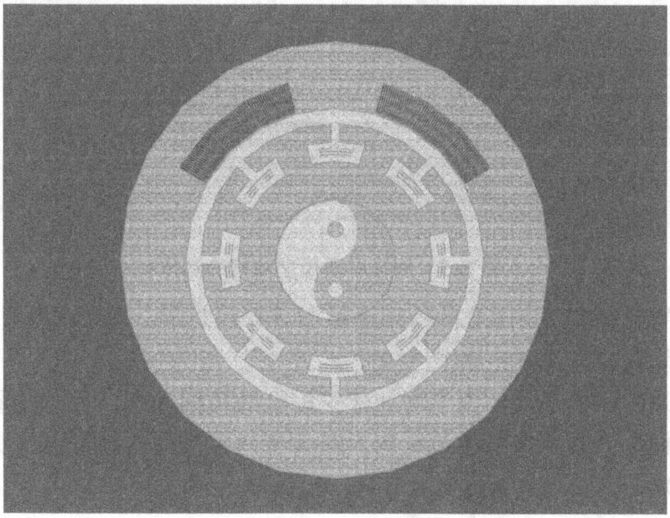

图 9-7　太极广场顶视图的效果

用来连接天銮大殿和太极广场的是中间的阶梯平台建筑结构，由于两座建筑间距离较远，所以在制作阶梯的时候，我们选择用贴图来制作，这样就大大节省了模型面数。为了增加场景的精细程度，两侧的围栏都采用实体模型来制作，对于栏杆距离的把握和复制分配的方式，会直接决定模型面数的优化程度。

9.2.1 大殿模型的制作

对于天銮大殿的模型，我们按照从上到下的顺序来制作。

首先制作楼阁顶部的结构，利用 Box 模型，通过编辑多边形命令制作出楼阁顶层的沿顶结构以及房檐下方的墙体，楼阁房顶的结构类似于中国故宫大殿的建筑形式，属于古代建筑中的歇山式建筑(图 9-8)。

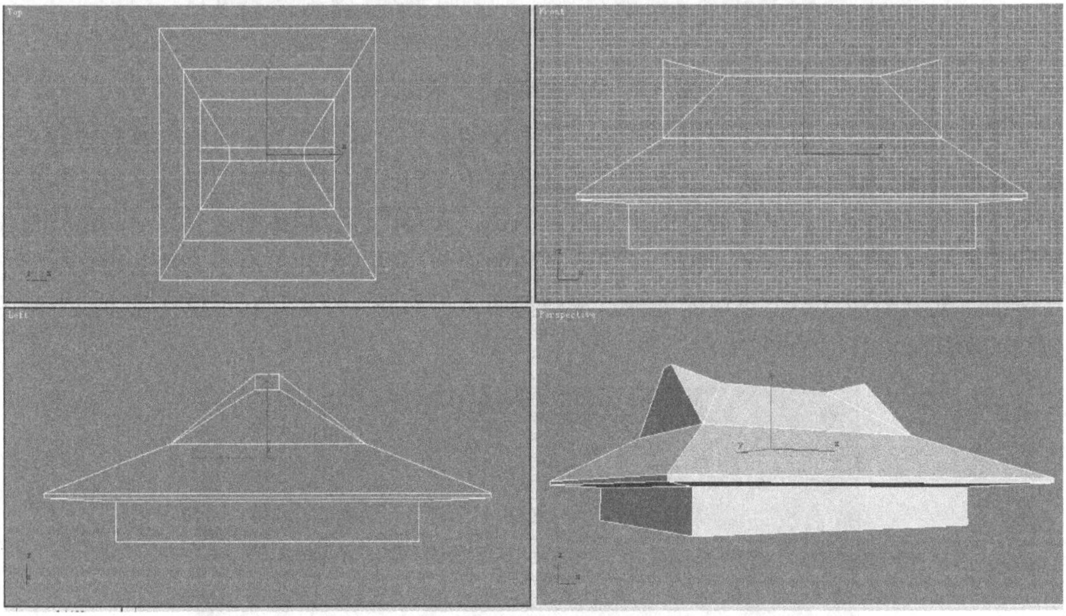

图 9-8　顶层屋顶模型结构的制作

制作出屋顶的主脊模型，主脊的模型结构相对有些复杂，我们可以只制作一侧的模型，另一侧通过镜像复制的方式来完成(图 9-9)。

整个楼阁建筑的规模很大，为了增加建筑模型的精细程度，我们在屋顶两侧的三角区域转折处，利用模型为其制作出包边结构，在大型建筑模型的制作上，要特别注意包边结构的处理(图 9-10)。

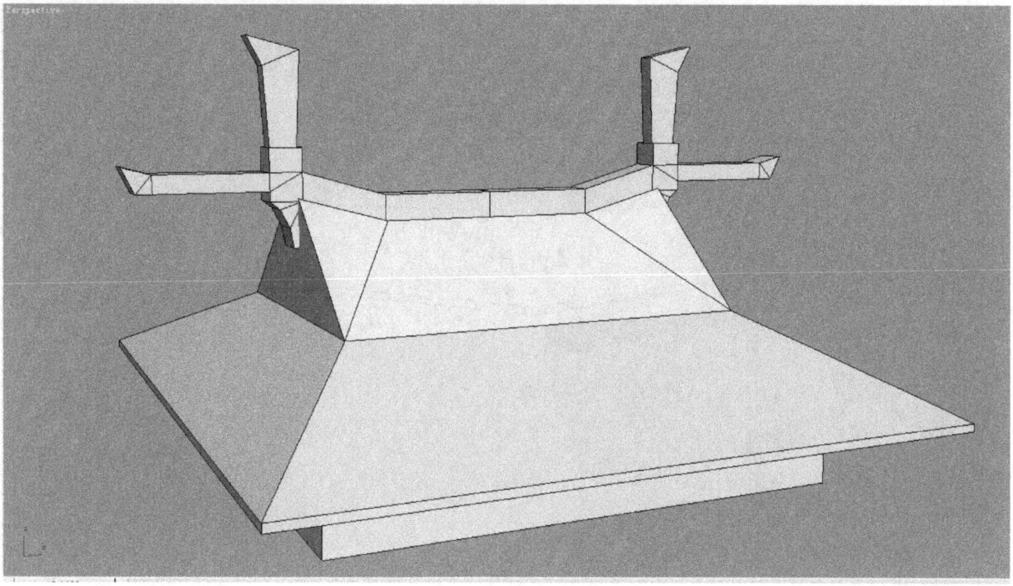

图 9-9　制作主脊模型

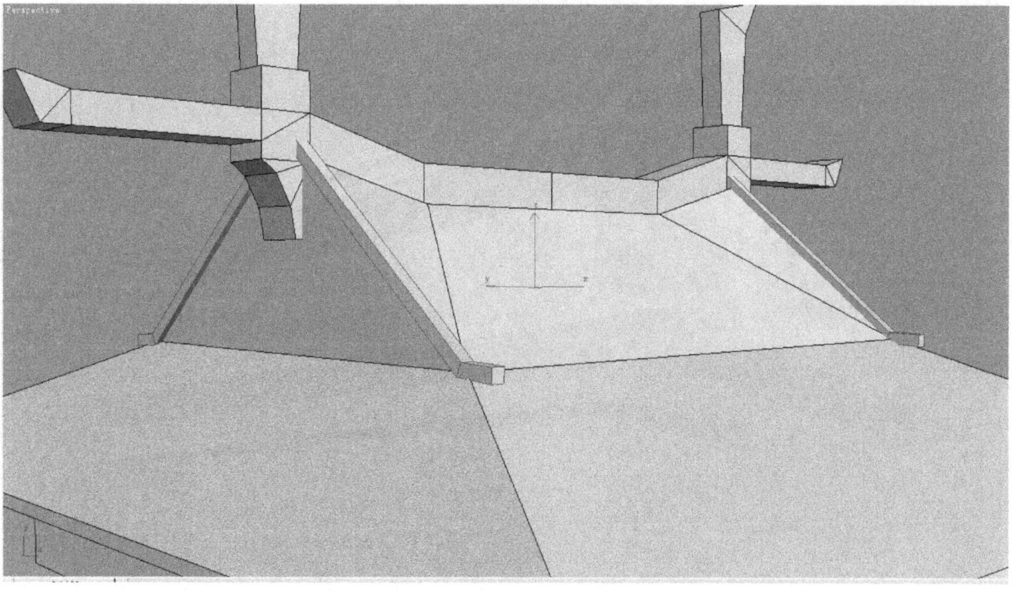

图 9-10　制作包边结构

沿着屋顶下方的墙体结构，通过编辑多边形，向下继续制作出下层的房檐和墙体模型，房檐模型中间通过添加布线分段，可以制作出屋檐略微向上翘起的飞檐效果(图 9-11)，要注意檐顶下方的模型结构处理(图 9-12)。

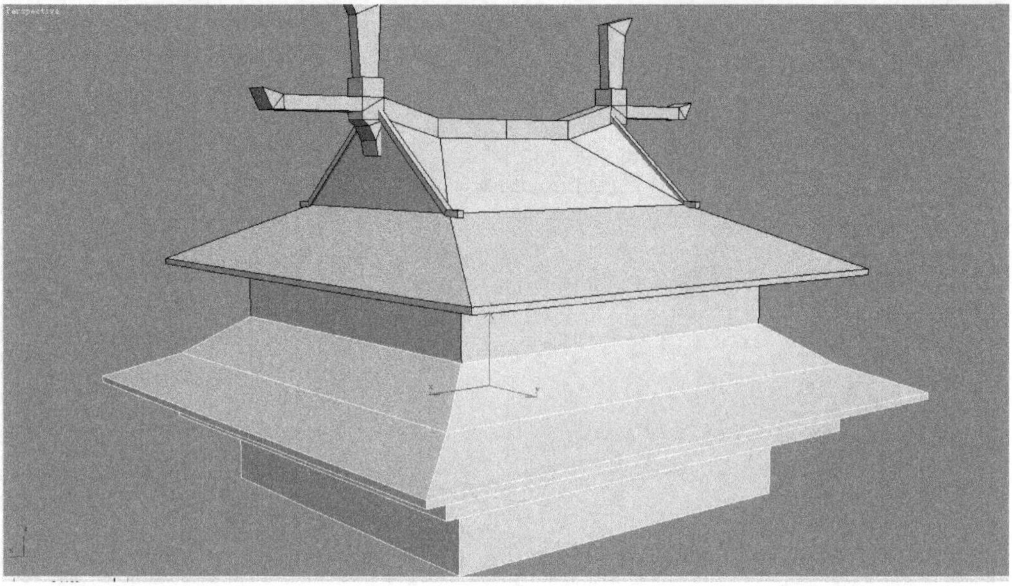

图 9-11　制作下层屋顶和墙体结构

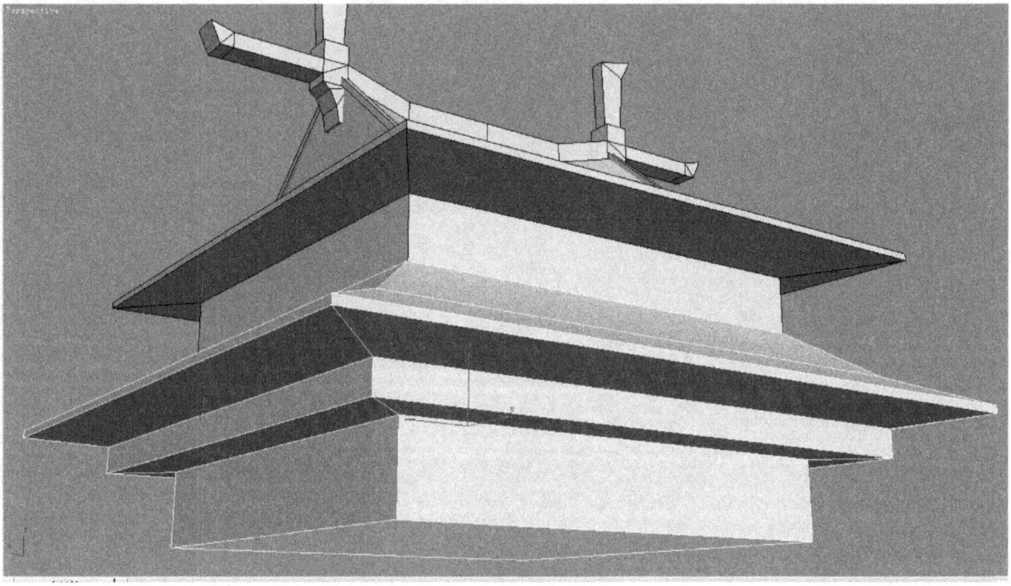

图 9-12　屋顶下方的结构

制作出屋顶的侧脊模型，在天銮大殿的楼阁模型中，除了最底层的侧脊模型，其他所有楼层的建筑侧脊我们都使用同一个模型(图 9-13)。

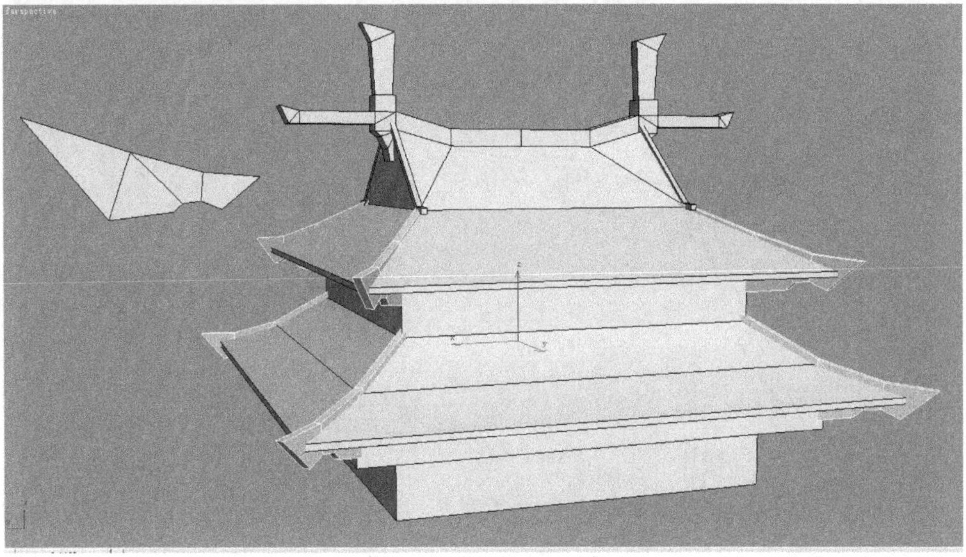

图 9-13　制作侧脊模型

利用六边形圆柱体制作出立柱模型，将其添加到墙面的四角转折处和下层建筑的侧脊下方(图 9-14)。

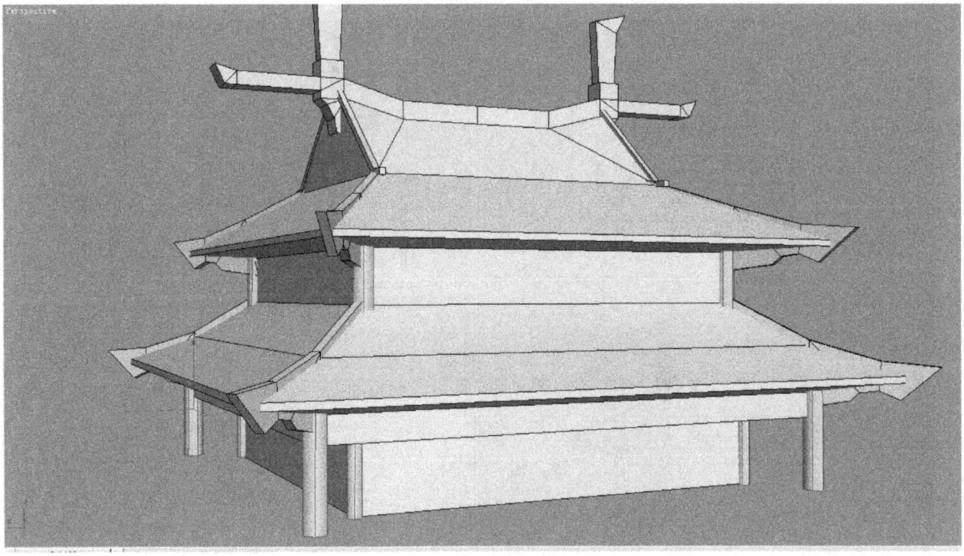

图 9-14　制作立柱模型

我们利用多边形线层级下的 Cut 命令添加分段和切割布线，在下层楼阁建筑正面的屋檐处制作出一个缺口结构，后面我们将在缺口处放置大殿的牌匾(图 9-15)。

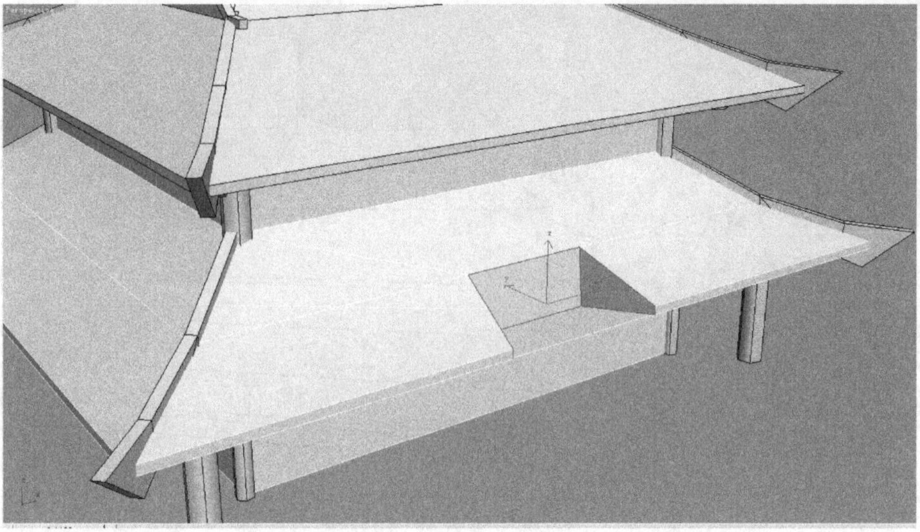

图 9-15 制作内凹结构

利用 Box 模型编辑制作出平面的牌匾结构，将其放置在刚刚制作出的屋檐缺口处，利用侧视图调整牌匾的角度，牌匾与建筑之间用条型 Box 模型连接，在缺口两侧我们添加侧脊模型，一方面为了模型的美观和精细，同时作为模型转折过渡的包边结构(图 9-16)。

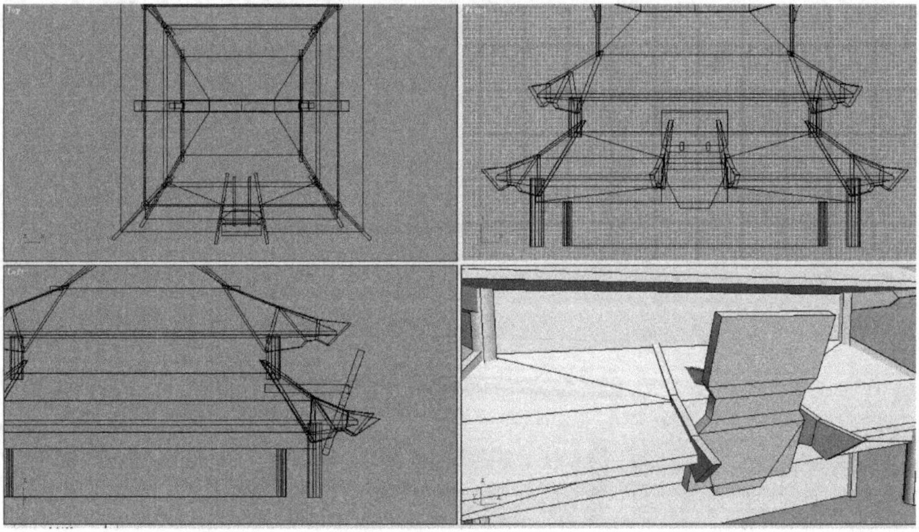

图 9-16 制作牌匾模型

接下来制作大殿屋顶正面的附属模型结构。首先，来制作附属结构的屋顶和屋脊，屋顶的结构比较简单，在三角区域仍然利用模型制作出包边结构，侧脊模型也复制先前制作的模型结构(图 9-17)。

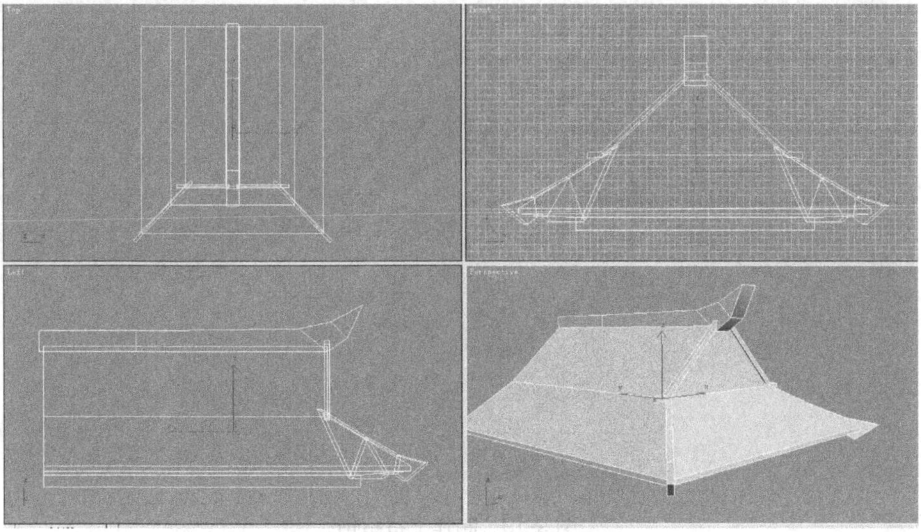

图 9-17　制作侧面附属屋顶结构

沿顶下方利用板状的 Box 模型增加结构细节，利用六边形圆柱体制作出垂柱结构，将其放置在侧脊下方的转折处(图 9-18)。

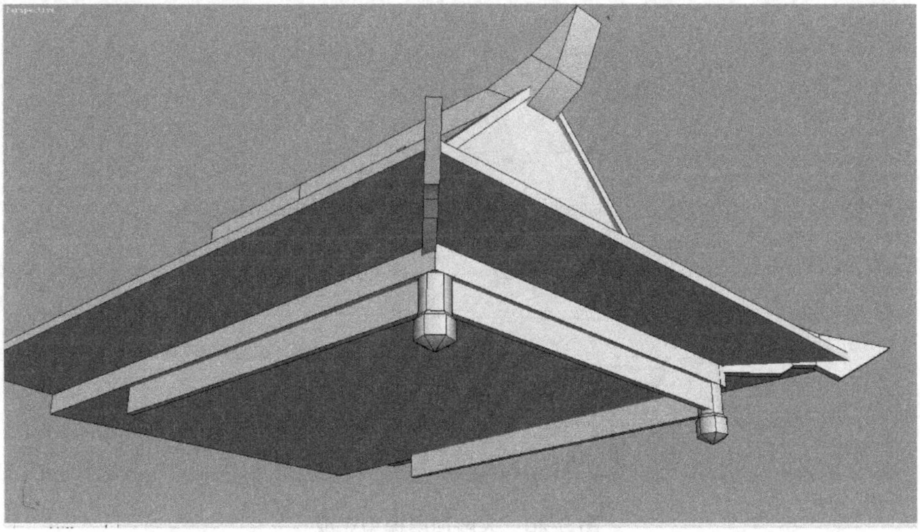

图 9-18　制作屋顶下面的结构

将板状 BOX 和垂柱模型向内复制出一组，同时在外侧制作添加支撑结构，这样就进一步增加了附属结构的模型细节(图 9-19)。

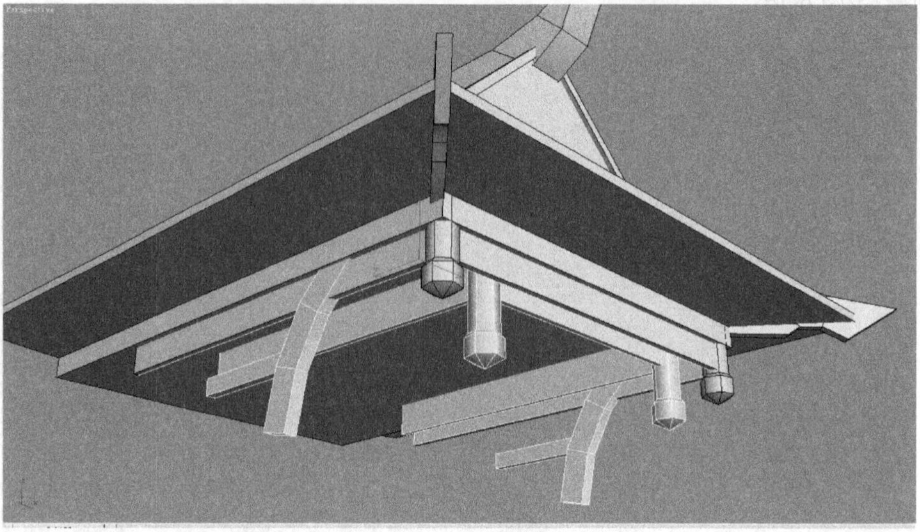

图 9-19　制作支持结构

最后，将附属结构放置在大殿顶层的正面，这样，大殿顶层的建筑模型就全部制作完成了(图 9-20)。

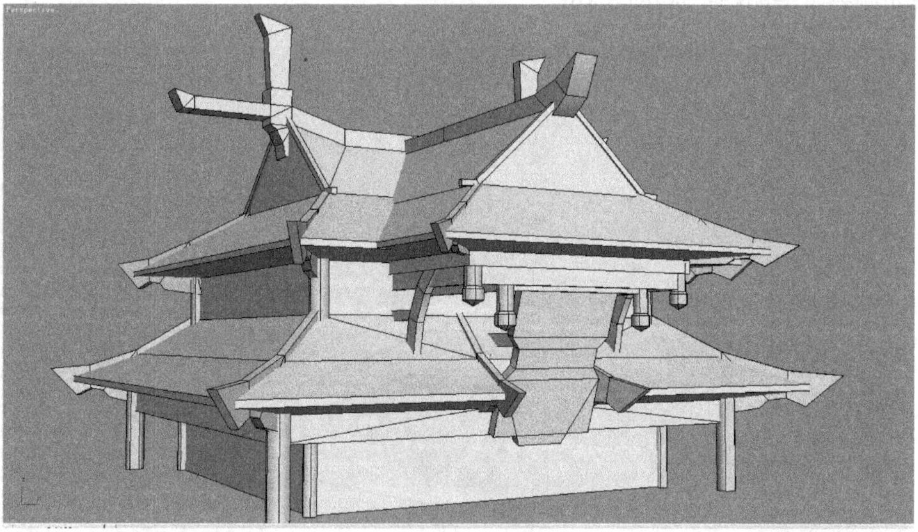

图 9-20　大殿顶层模型完成

接下来制作大殿楼阁中间的楼层建筑模型，一共四层，每一层模型都是完全相同的建筑结构，所以我们只需要制作其中一层的模型，其他通过整体复制来完成。利用 Box 模型编辑制作出楼层沿顶和墙体的模型结构(图 9-21)。

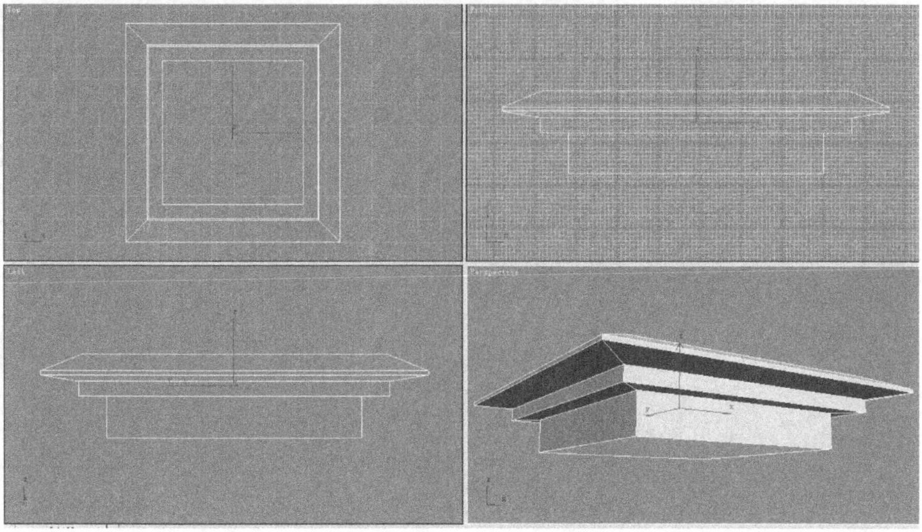

图 9-21　制作重复结构楼层

为楼层建筑房顶添加屋脊，同时制作添加立柱模型，屋脊和立柱模型都可以复制先前制作的模型结构(图 9-22)。

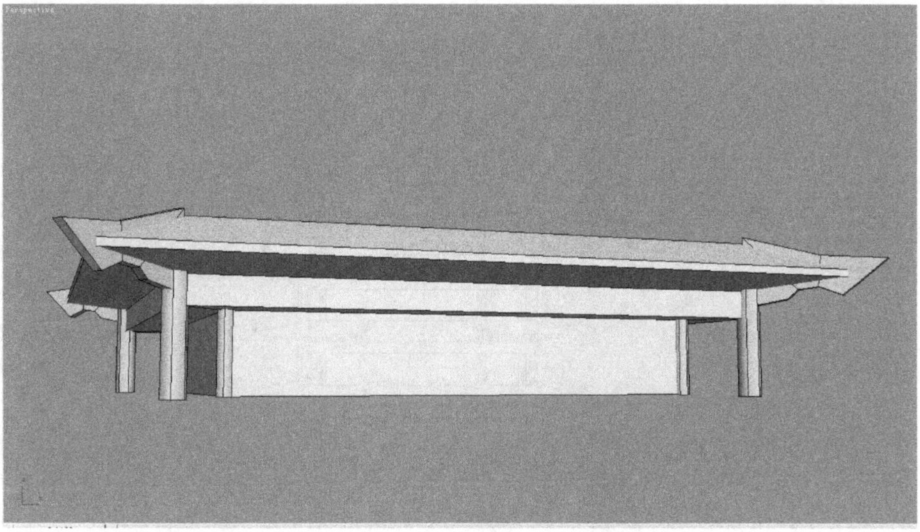

图 9-22　制作侧脊和立柱结构

然后将楼层屋顶的正面制作出缺口，制作方法与大殿顶层放置牌匾的缺口结构相同，添加屋脊和包边装饰结构，这里的缺口是为了后面能够放置雕塑模型，这样，中间楼层的建筑模型就制作完成了(图 9-23)。

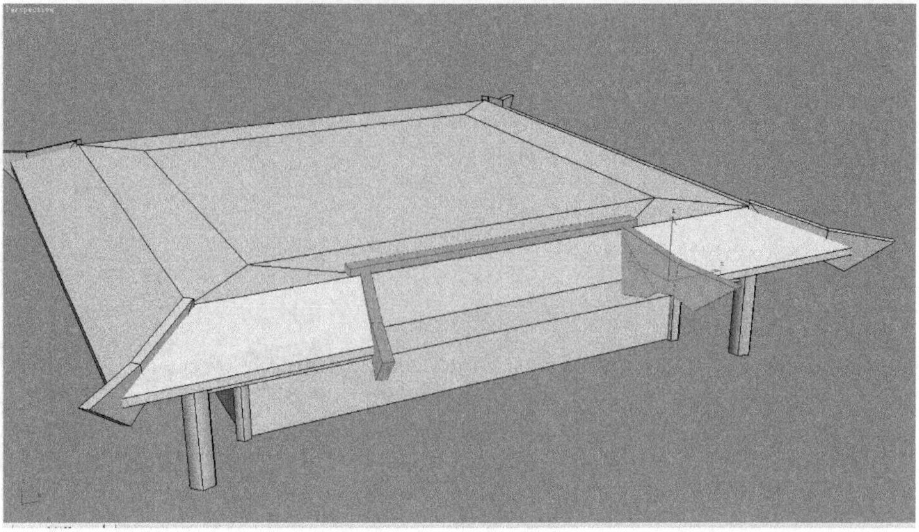

图 9-23　制作内凹结构

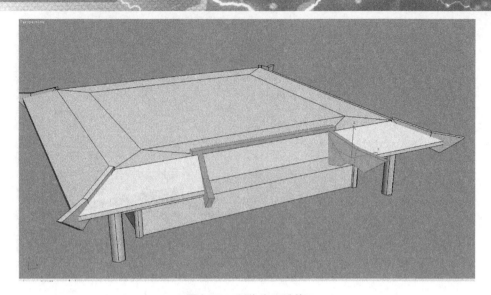

向下通过复制的方式完成其他楼层模型的制作，并在缺口两侧放置立柱模型，缺口中间就是后面用来放置人形雕塑的位置(图 9-24)。

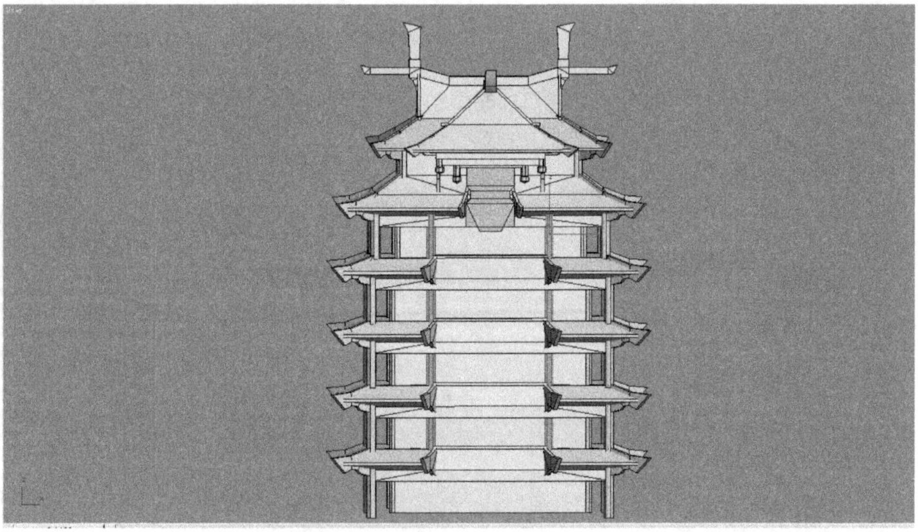

图 9-24　复制楼层结构

接下来，制作出大殿楼阁底层的建筑模型，屋顶和墙体的模型结构都比较简单，屋脊采用了相对复杂的制作方式，红框中为屋脊的侧面形态图(图 9-25)。

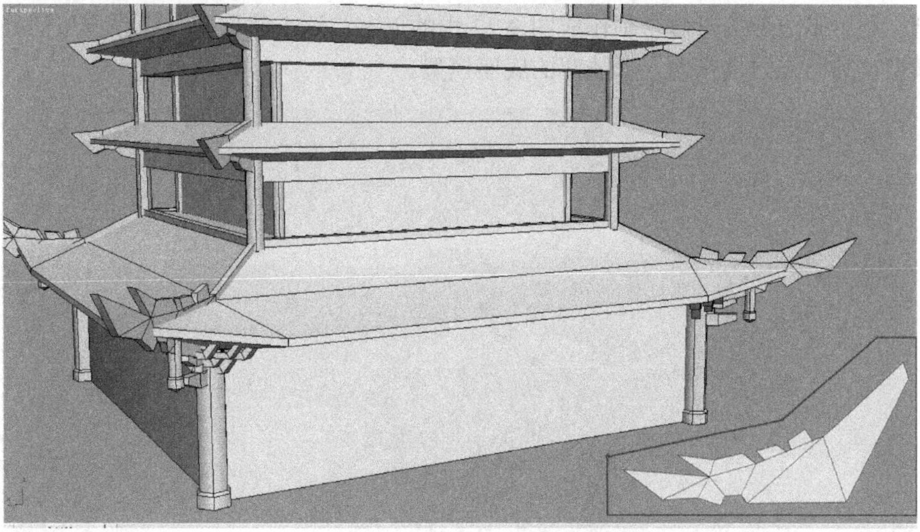

图 9-25　制作下层楼层模型

底层屋脊下方是立柱、斗拱和垂柱结构，斗拱是古代建筑中的主要支撑结构，主要出现在屋顶和房檐的下方，在一般建筑模型的制作中，我们通常用贴图来表现，这里为了增加模型的精细程度和装饰性，在墙面转折处立柱上方，我们利用模型来制作斗拱结构，左侧红框中是斗拱模型的正面和侧面(图 9-26)。

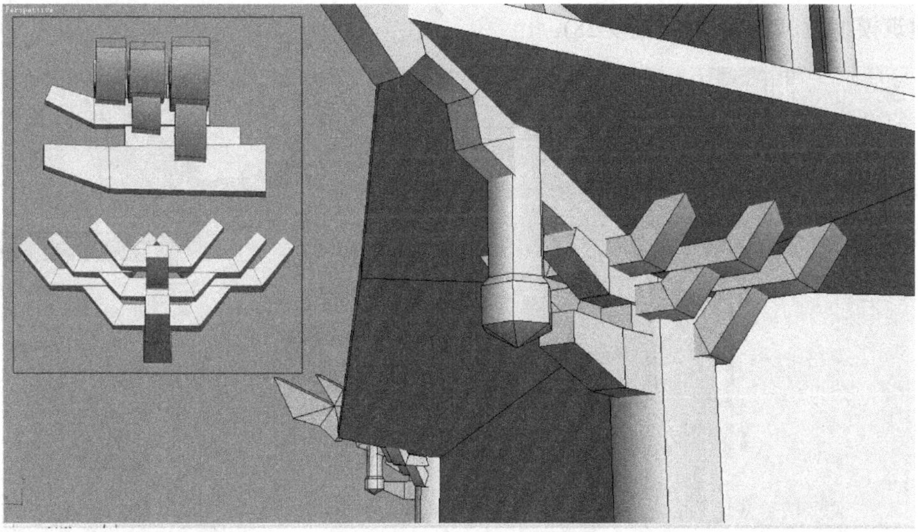

图 9-26　制作斗拱结构

然后制作大殿底层正门处的建筑模型结构。首先在视图中创建出若干分段的 20 面圆柱体模型，利用多边形编辑命令制作成图 9-27 中的形态，这个结构一方面作为正门处的墙体建筑模型，另一方面也作为人形雕塑的底座模型。

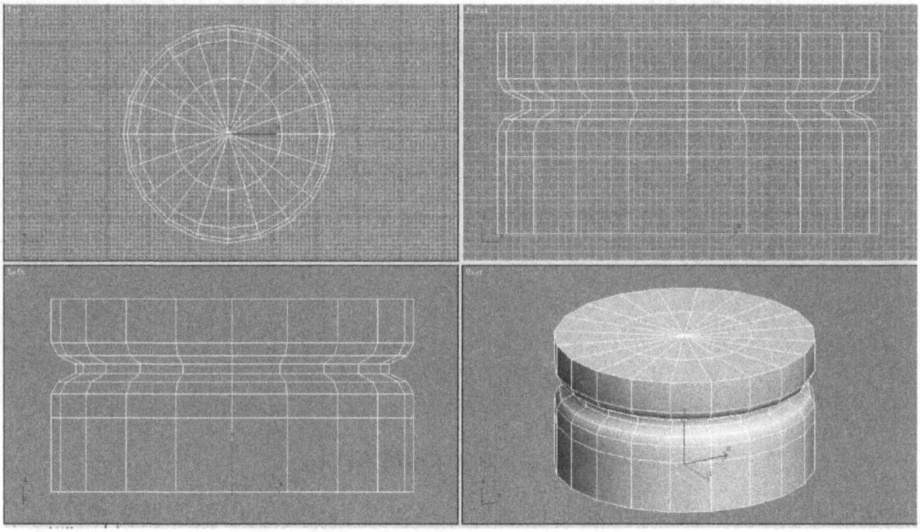

图 9-27　制作大殿正门的建筑模型

在底座模型上方制作添加屋顶和屋脊模型，下方添加立柱模型，正面制作出门框模型结构，底座上方的底层建筑屋顶中间同样制作出缺口结构，并放置屋脊，这样，整个大殿楼阁建筑模型就制作完成了(图 9-28)。

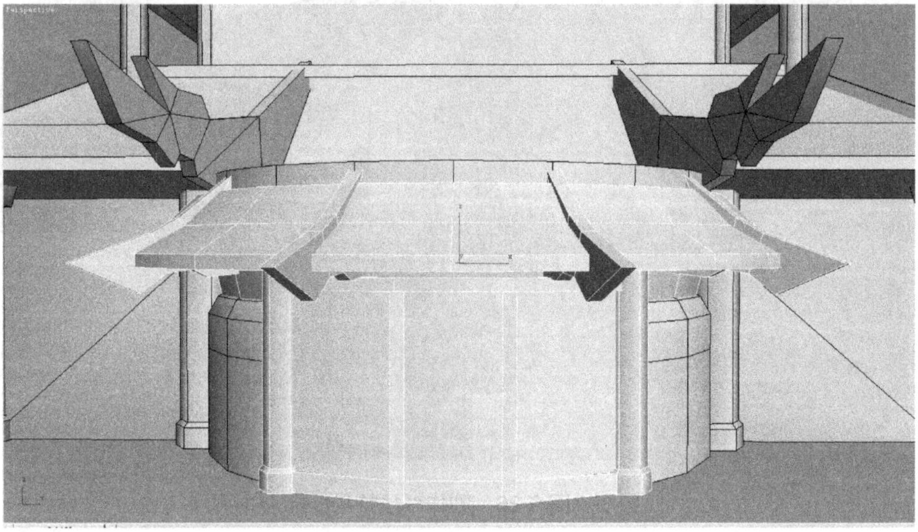

图 9-28　制作正门模型结构

然后制作大殿楼阁建筑下方的平台、楼梯和围栏模型，模型结构相对都比较简单，楼梯台阶后期利用贴图来实现，围栏则采用实体模型制作(图 9-29)。

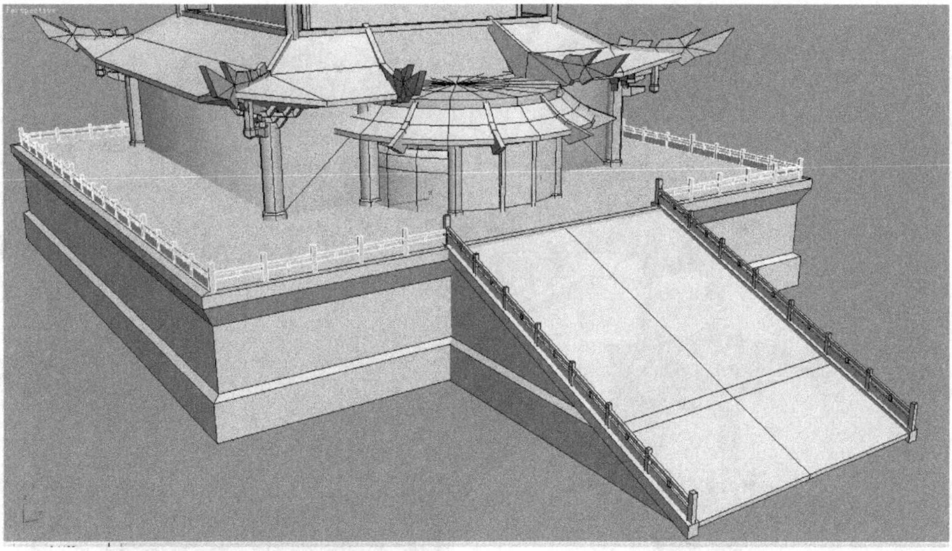

图 9-29　制作阶梯模型

最后，我们导入制作好的人形雕塑模型，放置在正门建筑结构上方，并调整到合适的位置，到此，整个天銮殿建筑的模型部分就全部制作完成了(图 9-30)。

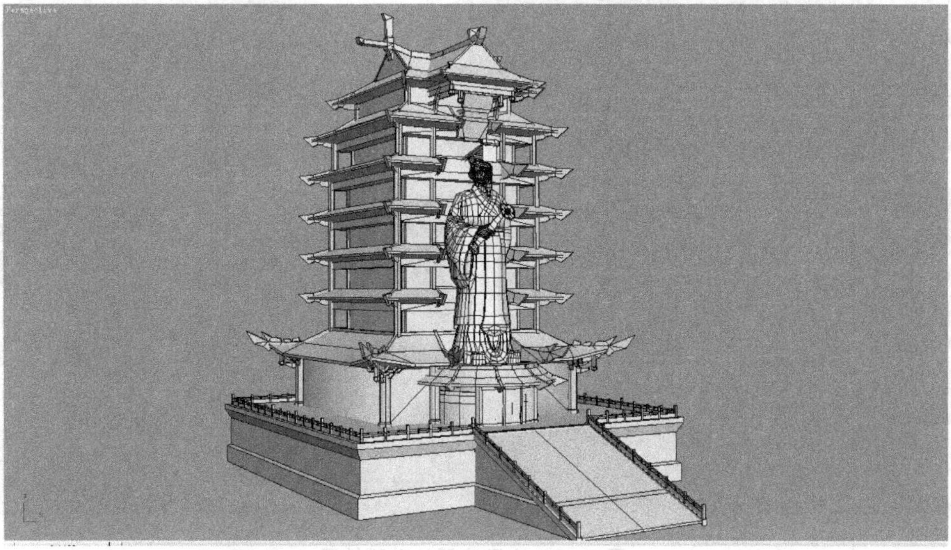

图 9-30　放置雕塑模型

后面就是模型贴图的工作了，整个建筑模型只用了大约 15 张贴图，大多数的建筑结构都是利用循环贴图的方式来完成，下面是模型细部结构的贴图效果(图 9-31 ~ 9-33)。

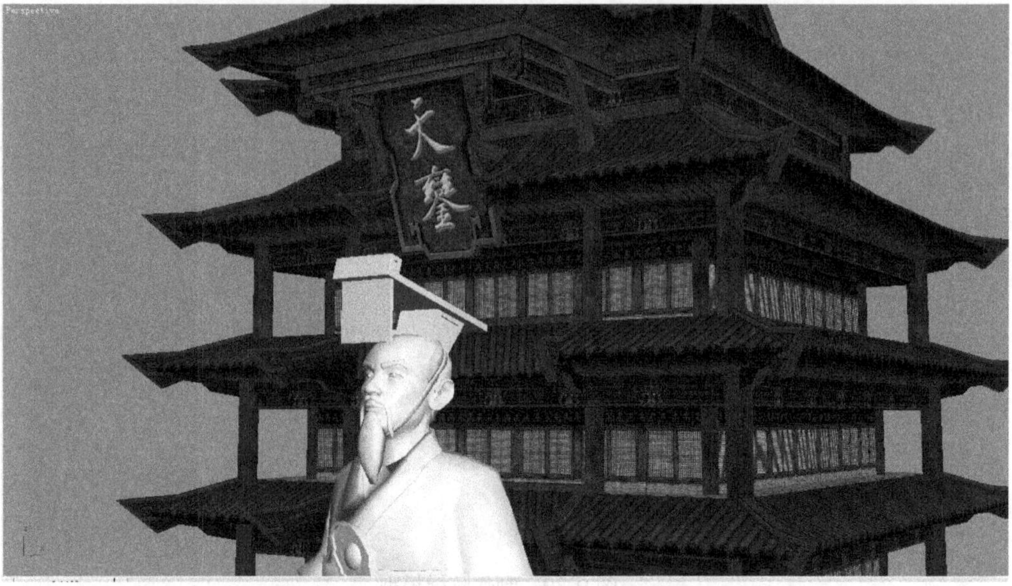

图 9-31　大殿墙体、屋顶和立柱的贴图效果

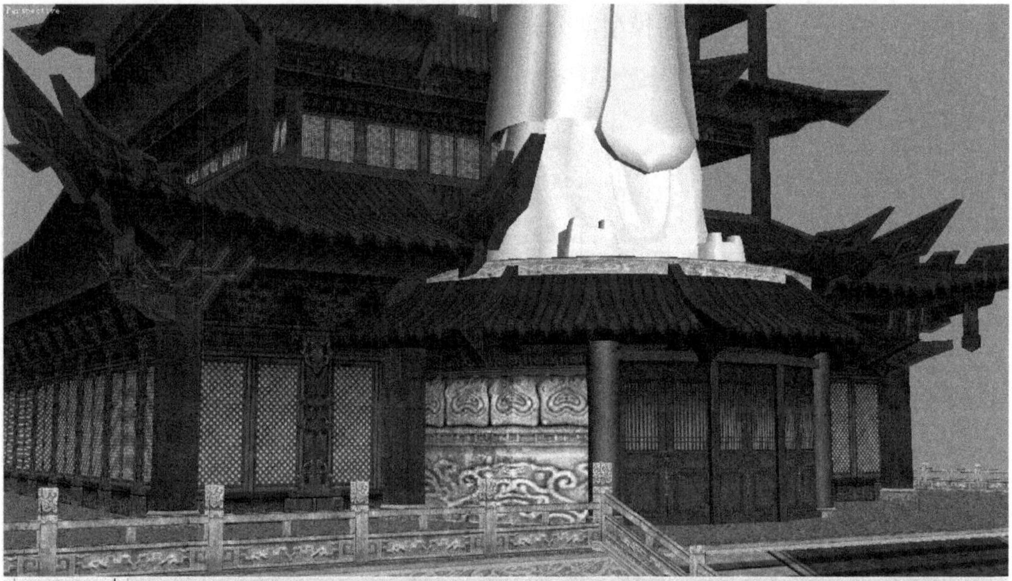

图 9-32　大殿底层的贴图效果

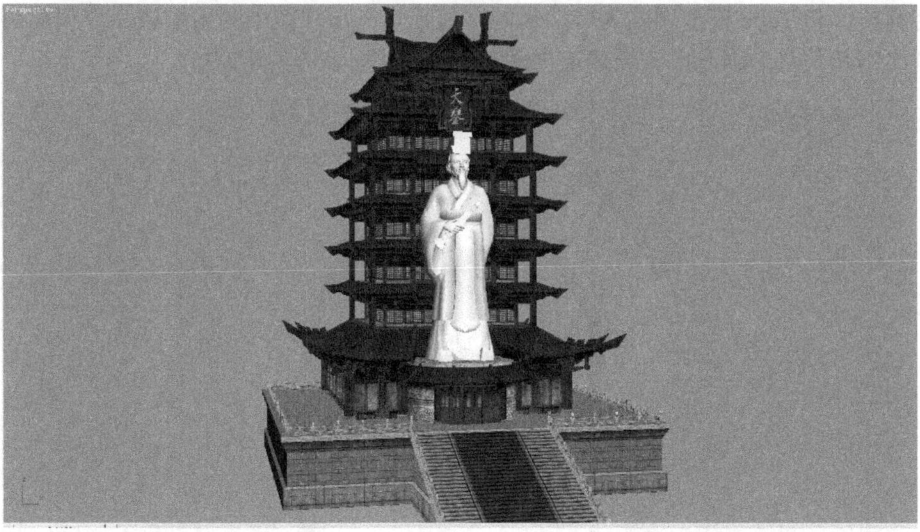

图 9-33　最终完成的大殿模型

9.2.2　广场模型的制作

太极广场是一个圆形的建筑结构，我们需要在圆柱体平面上进行各种多边形的整体编辑和操作。首先，在视图中分别创建分段数为 1 的 24 边形圆柱体和 24 边 Tube(管状)模型，作为广场模型的基本结构(图 9-34)。

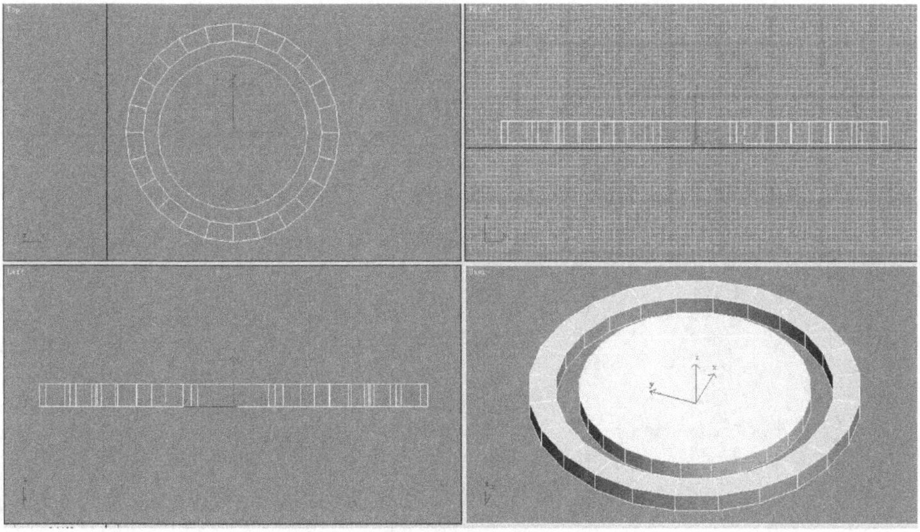

图 9-34　制作广场模型的基本结构

将圆柱体和Tube模型塌陷为可编辑的多边形，在顶视图中利用缩放命令调整两者之间的模型比例和关系，确定出广场建筑内圈和外圈的基本结构(图9-35)。

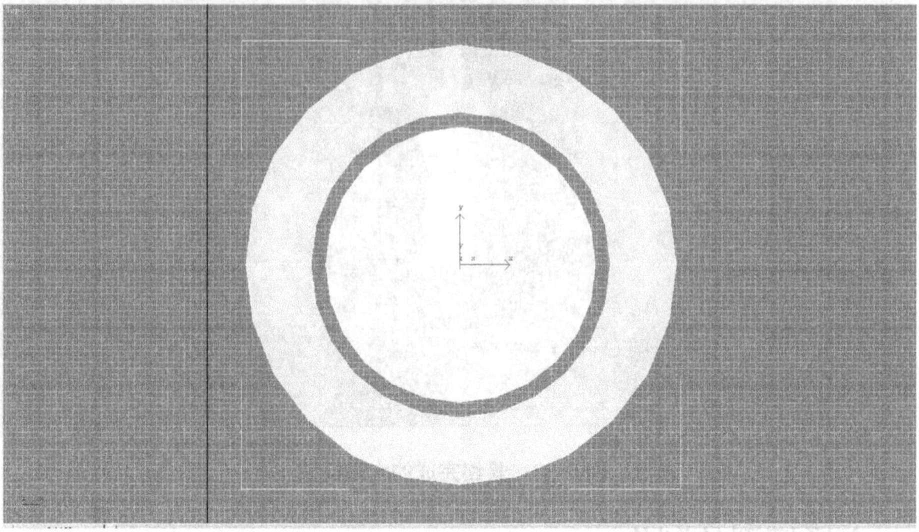

图9-35 从顶视图调整模型的比例结构

选择圆柱体模型，进入面层级面板，选中模型的顶部表面，利用Inset命令逐层向内收缩平面，这里，我们将Inset命令作为切割布线的一种手段和方式，为后面模型的进一步编辑做准备(图9-36)。

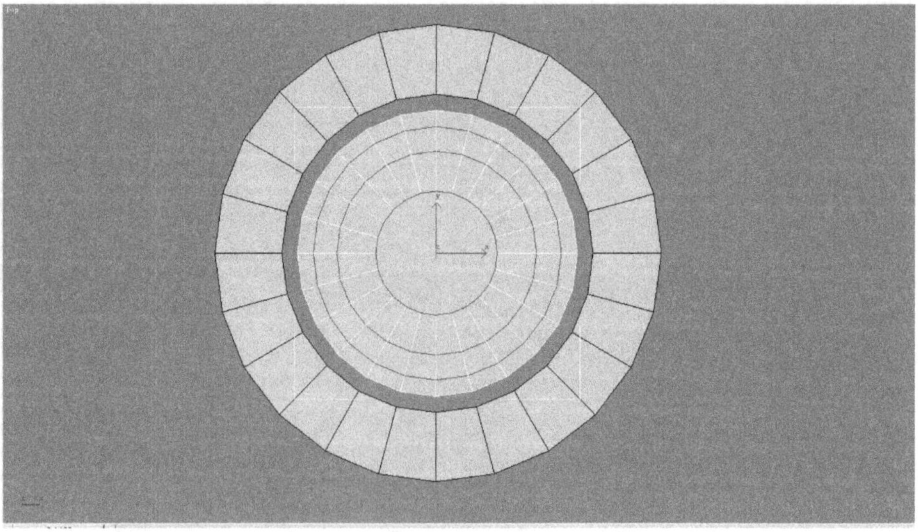

图9-36 添加分段

在圆柱体边线层级面板下，选择圆柱体侧面和顶面相邻的一条边线，然后按照八等分的方式进行选择，一共选择 16 条边线(图 9-37)。

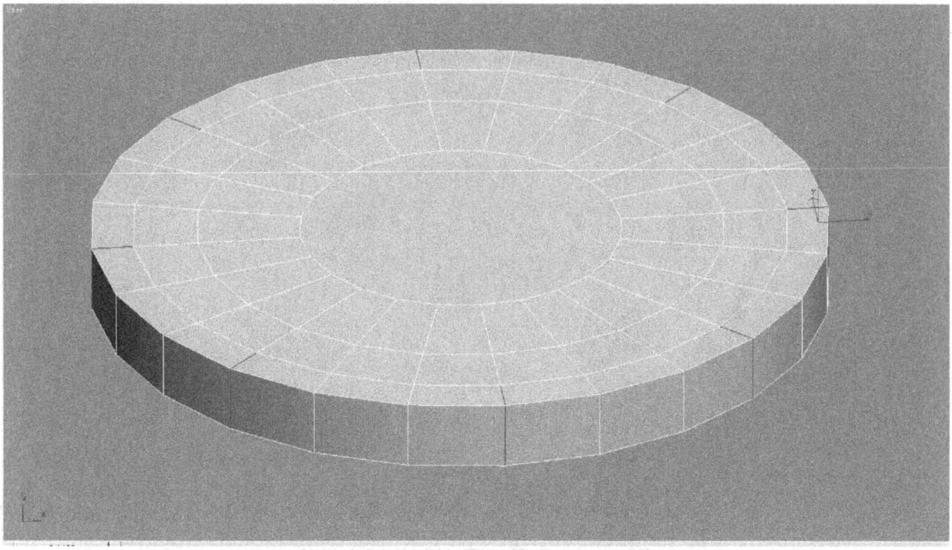

图 9-37　选择边线

然后对刚刚选中的边线执行 Chamfer(倒角)命令，将每一条边线分割为等距的一对边线(图 9-38)。

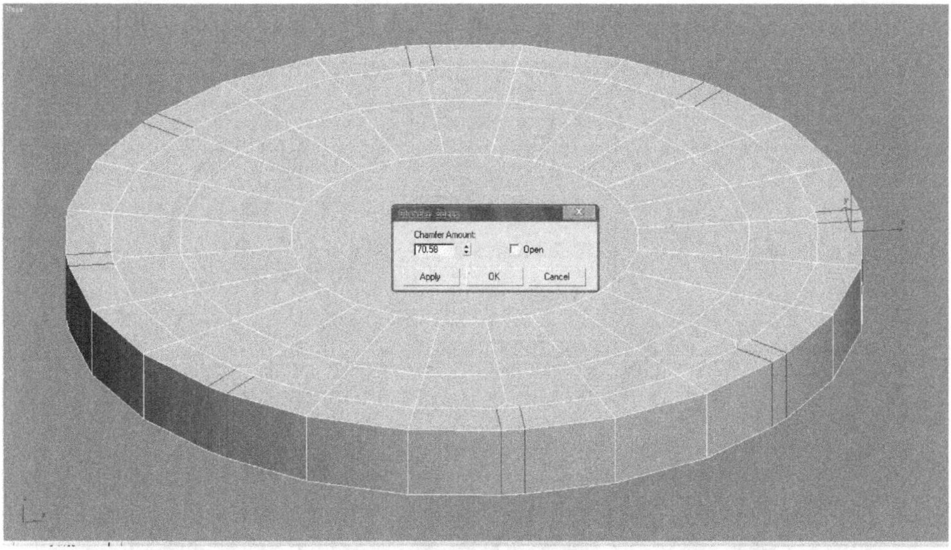

图 9-38　进行倒角

进入面层级面板，按图 9-39 所示选择相应的模型面并进行删除，然后按住 Shift 键，向下拖拽镂空的边线，完成内部表面的制作。

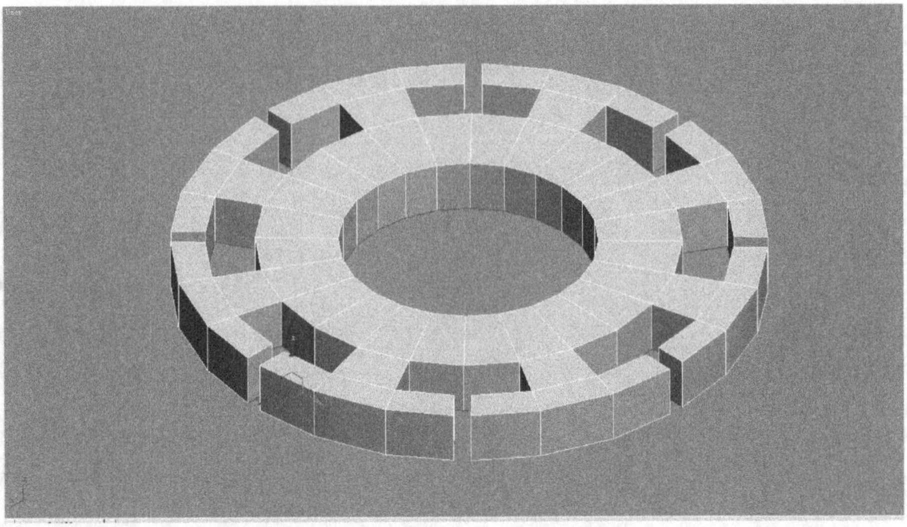

图 9-39　删除表面以制作镂空结构

通过上面步骤的操作，我们就得到了太极广场内圈的镂空平台基本结构。为了保证建筑模型的精细程度，我们需要在每一步模型制作完成后，为其制作包边结构。进入面层级，选中多边形模型的所有顶部表面，执行 Inset 命令，将模型所有表面整体收缩一定比例，完成包边结构的制作，这是场景模型制作包边最为快捷和有效的手段(图 9-40)。

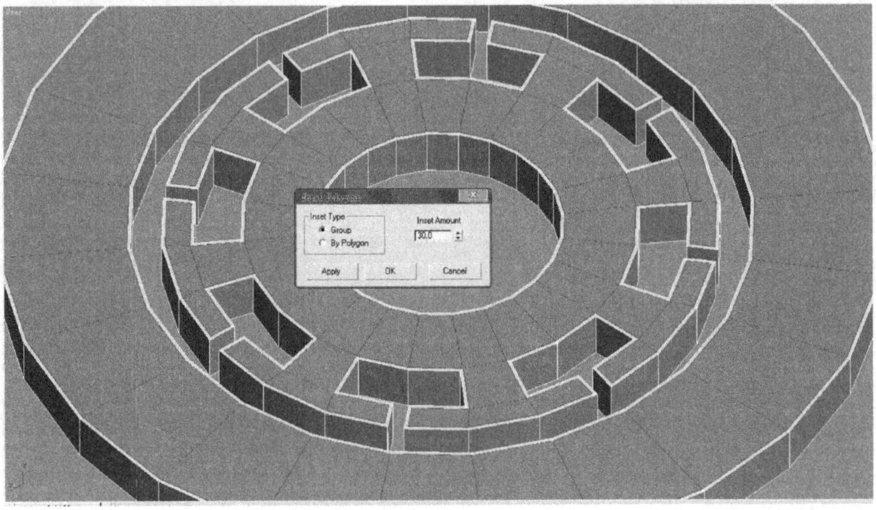

图 9-40　制作包边结构

另外需要注意的是，由于广场建筑的规模很大，所以包边的制作一定要按照模型的整体比例来操作，如果拿捏不准，可以导入角色模型作为比例参照。

通过编辑多边形制作出平台内圈中心的太极图案模型(图 9-41)。

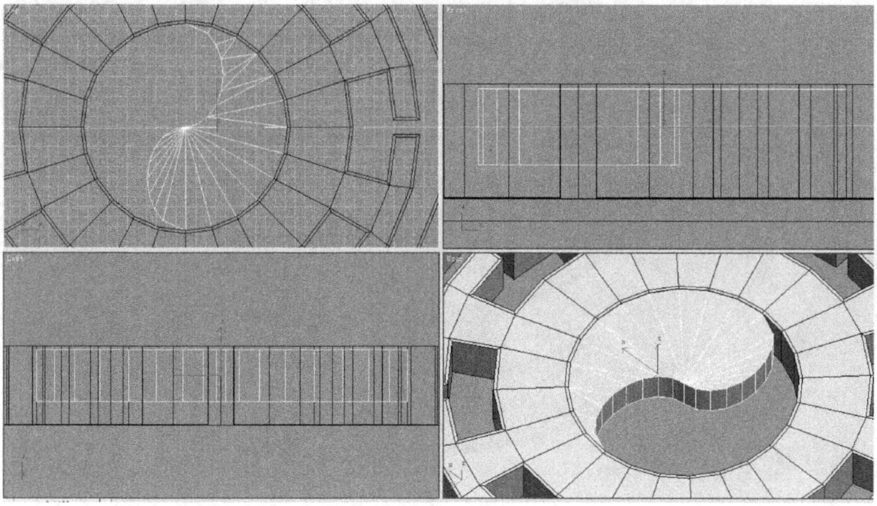

图 9-41　制作太极图案

广场的基本模型结构制作完成后，我们开始进行模型贴图的工作，整个太极广场平台只用到了三张贴图，平台表面是四方连续的石砖贴图，侧面是二方连续的墙面贴图，另外再加上包边结构所用到的二方连续贴图(图 9-42)。

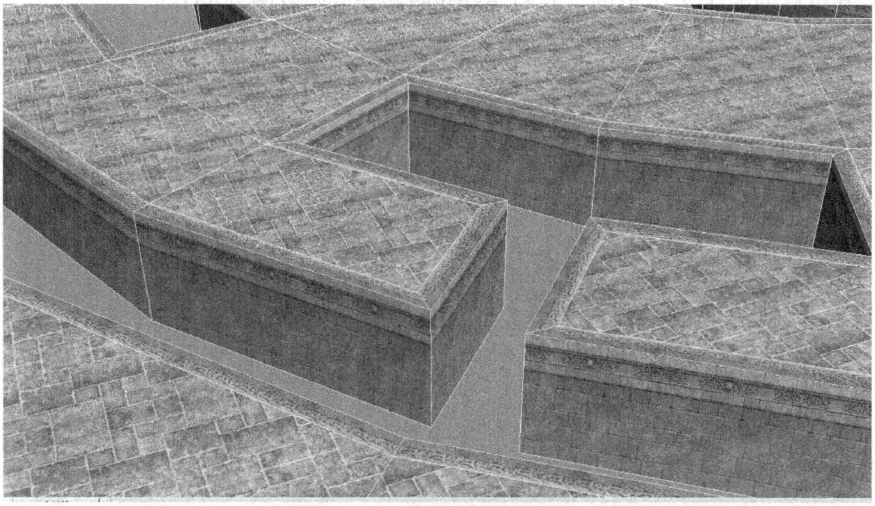

图 9-42　添加模型贴图

最后，我们在平台内圈的镂空区域内加入八卦图案模型，利用 Plane 模型制作出水面效果，这样，太极广场平台的建筑模型就制作完成了(图 9-43)。

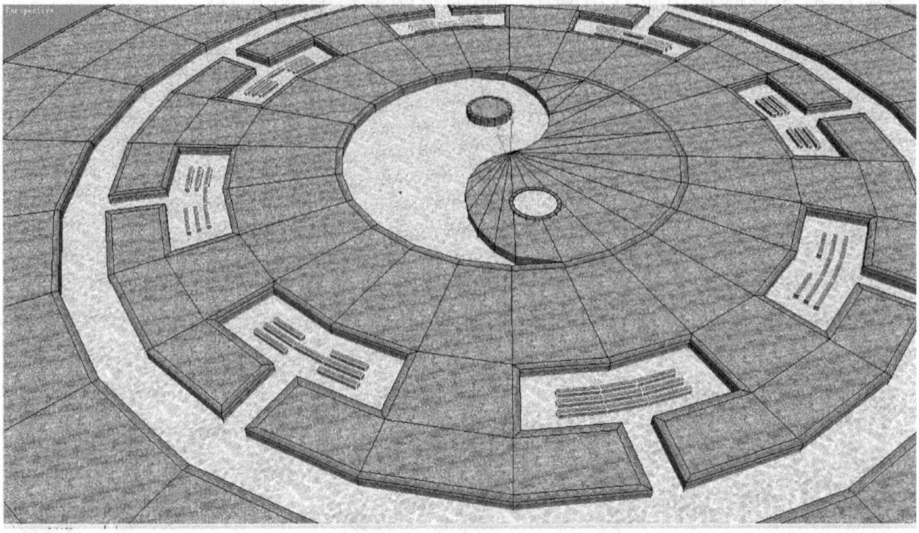

图 9-43　添加水面

9.2.3　阶梯与平台的制作

首先，我们需要制作太极广场区域的阶梯和平台模型，在多边形面层级下选择广场平台外圈上方对称的 8 个多边形面，执行 Extrude(挤出)命令(图 9-44)。

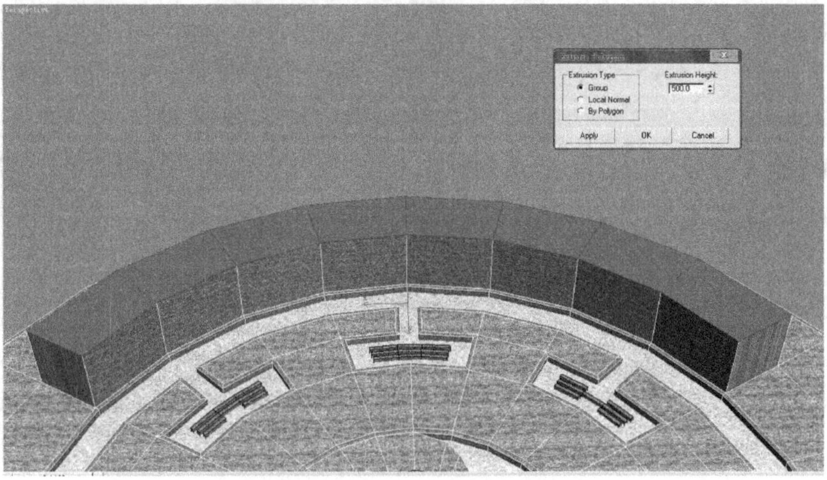

图 9-44　挤出模型结构

将刚刚挤出平面最中间的两个模型面作为平台结构，其他表面制作为逐渐下降的楼梯结构，重新调整模型的 UV 坐标并为其添加贴图，这里的阶梯效果我们利用四方连续的台阶贴图来实现(图 9-45)。

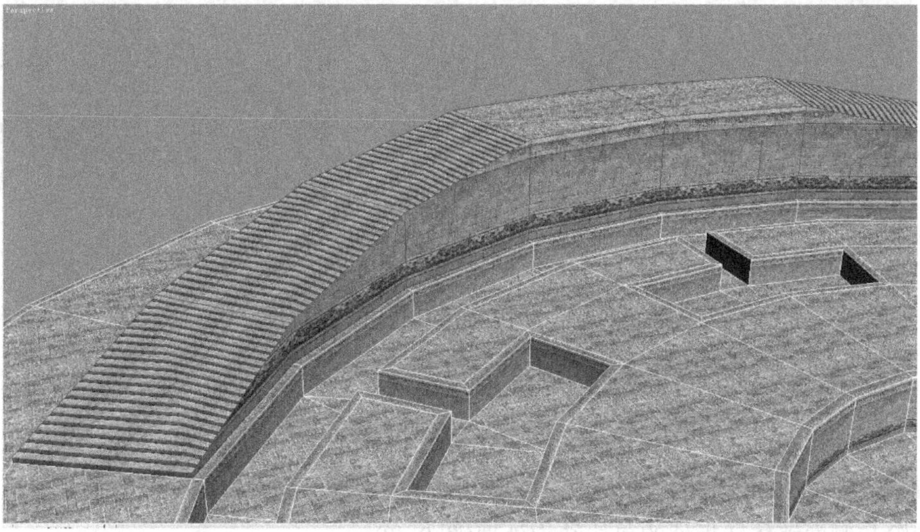

图 9-45　制作楼梯模型

接下来，利用模型结构为楼梯与墙面的转折处制作添加包边结构(图 9-46)。

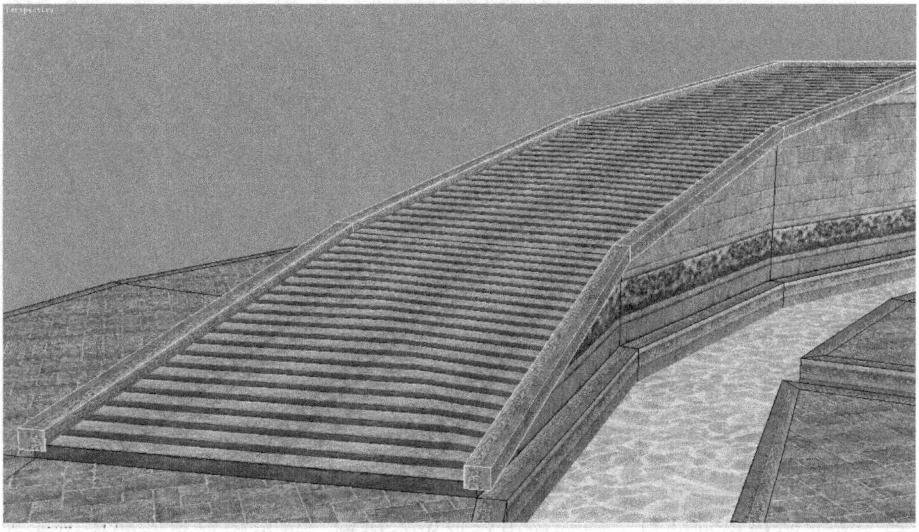

图 9-46　制作包边结构

在包边模型上方添加围栏模型，这里可以直接复制大殿平台所用的围栏模型(图 9-47)。

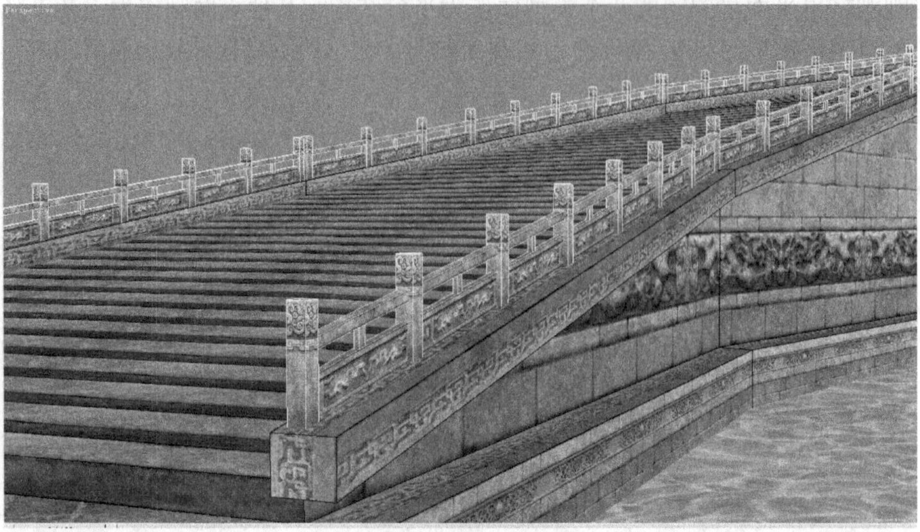

图 9-47　制作栏杆

利用 Box 模型制作一段斜度为 30°左右的阶梯模型，两侧同样制作添加围栏模型，要注意台阶与侧面墙体转折处的包边结构处理(图 9-48)。

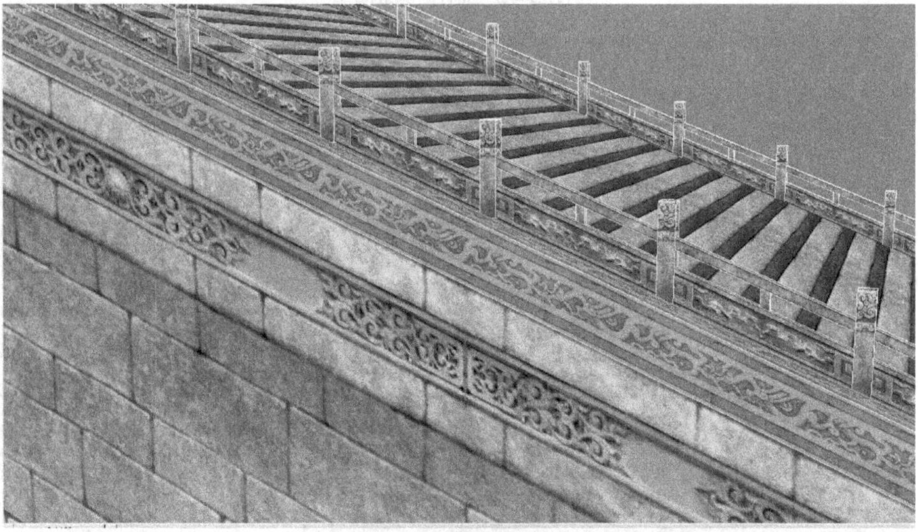

图 9-48　制作阶梯和栏杆

然后，在长阶梯模型的另一端制作出矩形平台模型，这里矩形平台的作用就是用来连接天銮大殿。最后，我们导入先前制作完成的天銮大殿场景建筑模型，适当地进行位置调整，将天銮大殿、太极广场和阶梯平台拼合在一起，形成完整的建筑场景(图 9-49)。

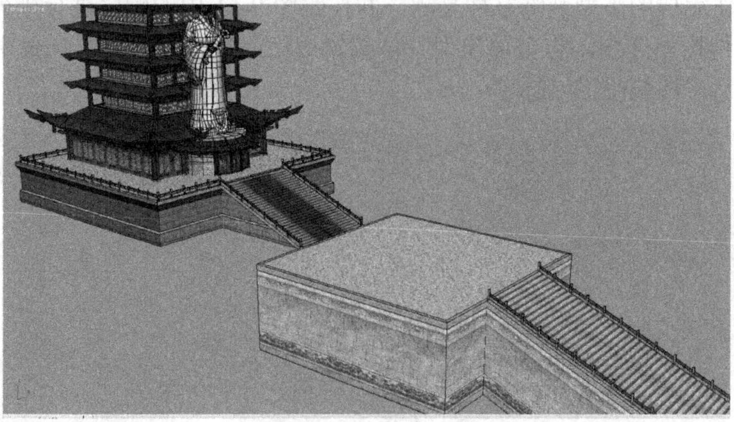

图 9-49　制作平台模型

9.2.4　场景装饰模型的制作

游戏场景与现实场景最大的区别，就是游戏场景通常都具备极强的想象力和夸张程度，即使是写实类的游戏场景，在场景整体的塑造和表现上都要比现实场景具备更强的艺术表现力，在游戏场景制作的后期，通常需要我们制作添加大量的场景装饰来实现这一过程。

下面，我们对刚刚制作完成的天銮大殿、太极广场和阶梯平台制作添加场景装饰和道具模型，实现对于场景整体氛围的烘托和艺术效果提升。

首先，我们制作两种场景装饰立柱，通过六边形圆柱体编辑制作而成，立柱顶端制作出造型华丽的装饰结构，并为其添加鎏金贴图，柱体则为带有雕刻纹饰的石质贴图(图 9-50)。

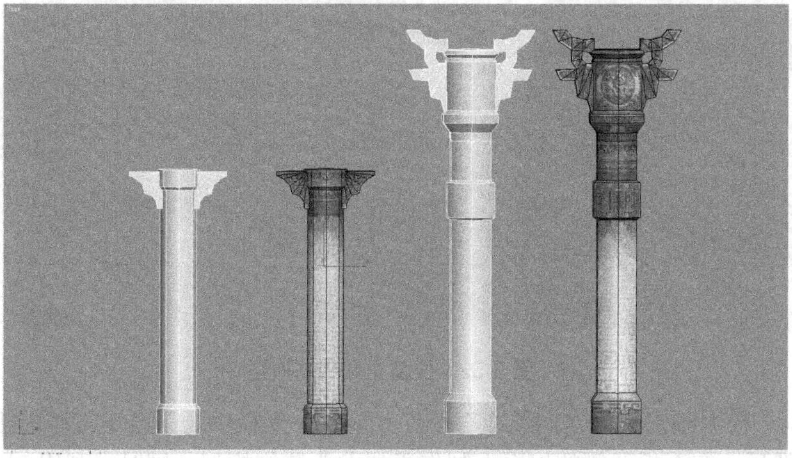

图 9-50　制作装饰立柱模型

我们将制作完成的小型装饰立柱复制，并按照图 9-51 中的顺序进行排列，立柱之间用鎏金装饰横梁结构相连接，将全部模型整体编辑成组，然后导入建筑场景中，放置于太极广场阶梯平台后方两侧(图 9-52)。

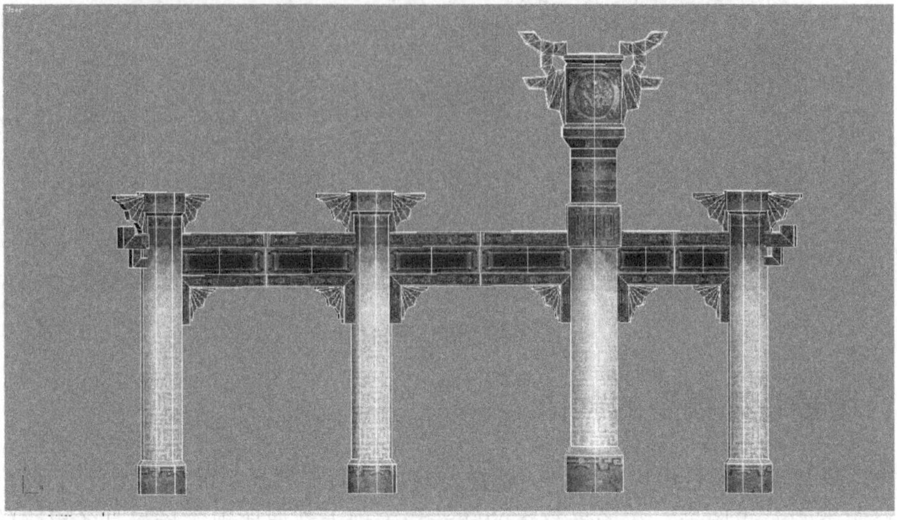

图 9-51　拼接立柱装饰模型

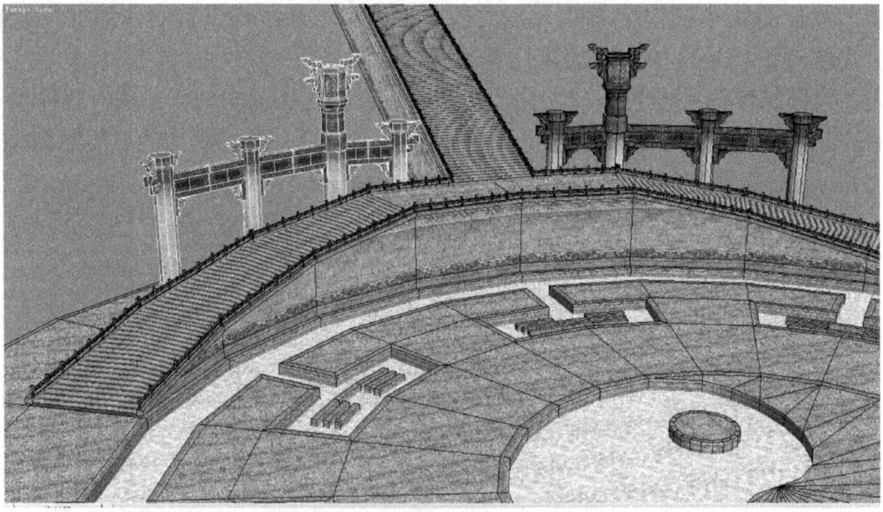

图 9-52　放置立柱装饰模型

利用 Box 模型编辑制作雕刻装饰石板，并放置在太极广场平台下方墙面正中央的位置(图 9-53)。然后，在石板两侧的墙面上制作添加龙头装饰模型，同时，利用 Plane 面片模型和 Alpha 贴图制作出从龙头中淌出的水流效果(图 9-54)。

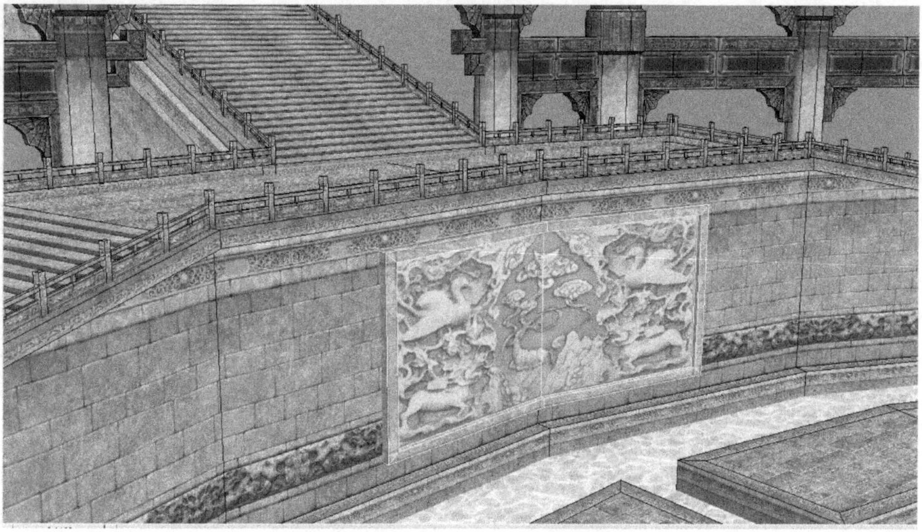

图 9-53　制作添加装饰壁画

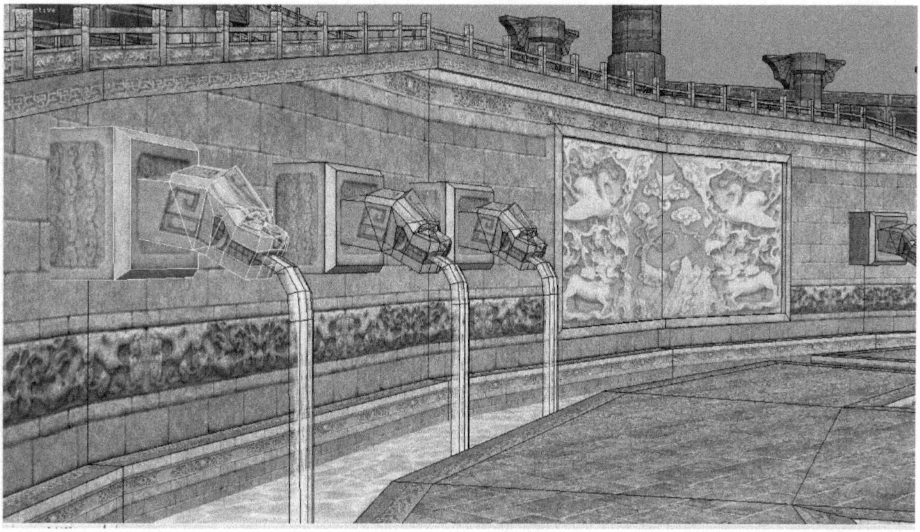

图 9-54　制作龙头装饰

在太极广场内圈八卦图案镂空水池之间的平台上添加石质龙形雕刻装饰模型，进一步丰富场景细节效果(图 9-55)。

接下来，我们开始制作太极广场内圈正中心所用到的喷泉立柱装饰模型。首先制作柱基部分，这里，我们可以用先前制作的鎏金装饰立柱模型改造完成(图 9-56)。

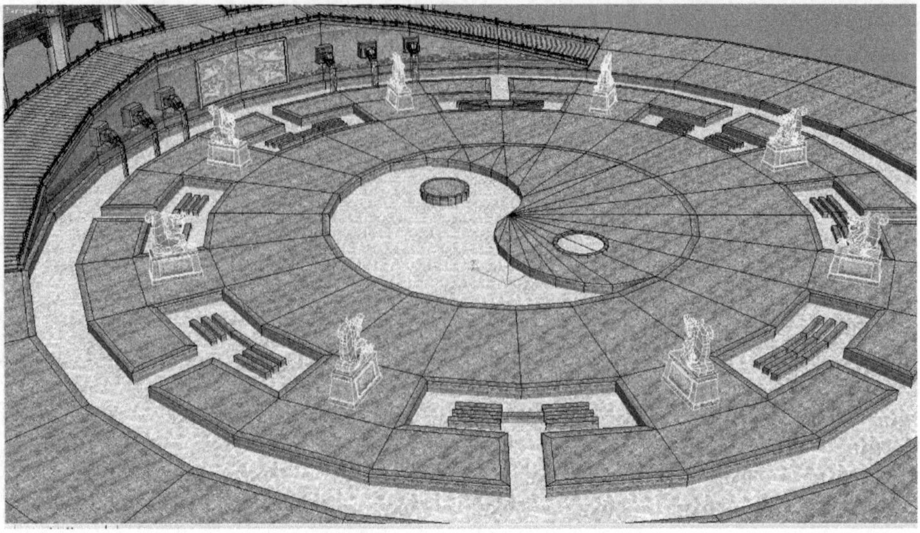

图 9-55　添加龙雕塑模型

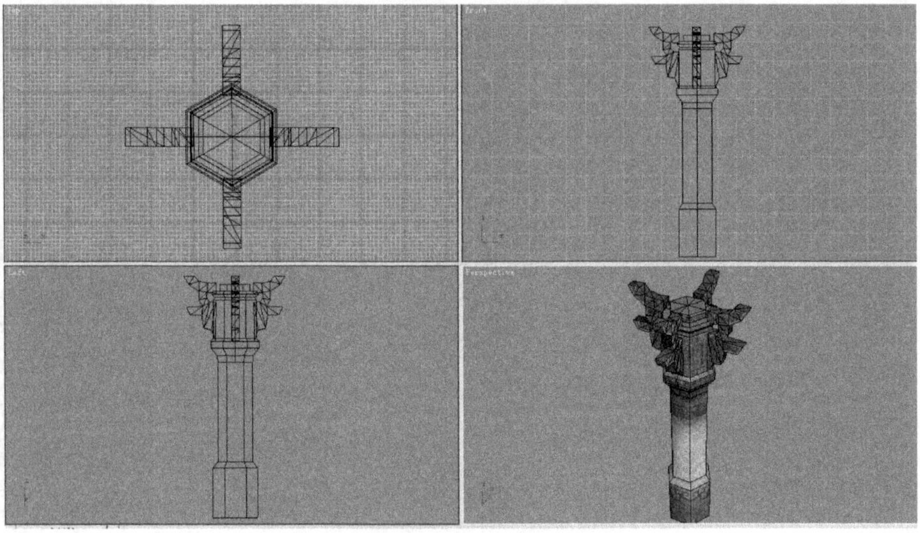

图 9-56　制作喷泉立柱的底座

然后在柱基上方制作一段带有雕刻纹饰的石柱模型，在石柱模型一侧制作出龙形雕塑结构(图 9-57)。

将刚刚制作的龙形雕塑以石柱为中心，按照 90° 进行旋转复制，得到四面龙形雕塑，这样，中心立柱装饰模型就制作完成了，最后，利用圆柱体面片模型和 Alpha 水流贴图制作出喷泉效果，喷泉可以通过 UV 动画的方式制作成动态效果(图 9-58)。

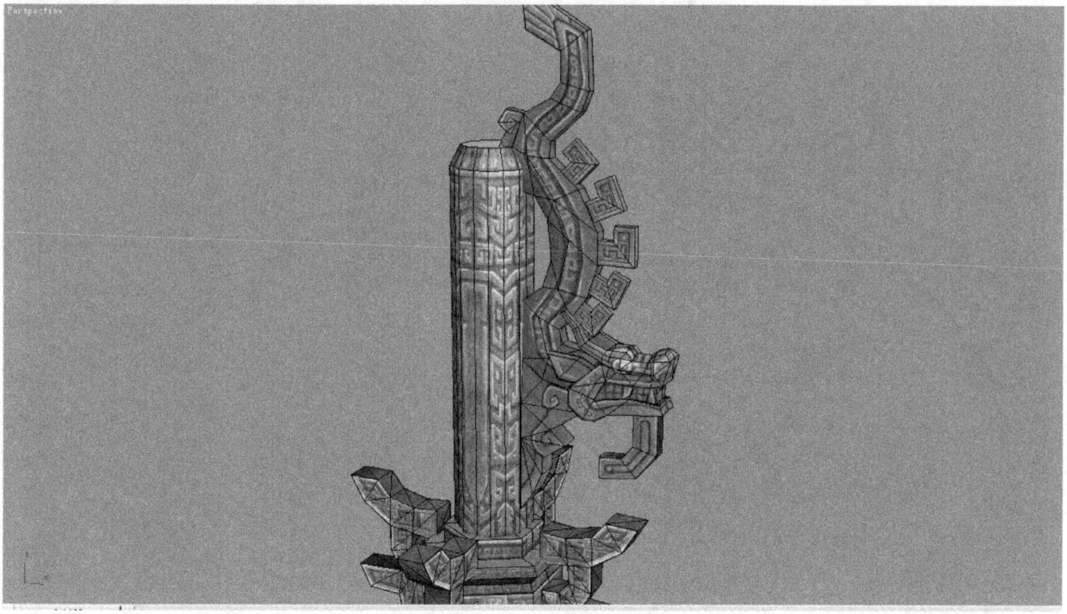

图 9-57 制作立柱上方的龙形雕塑

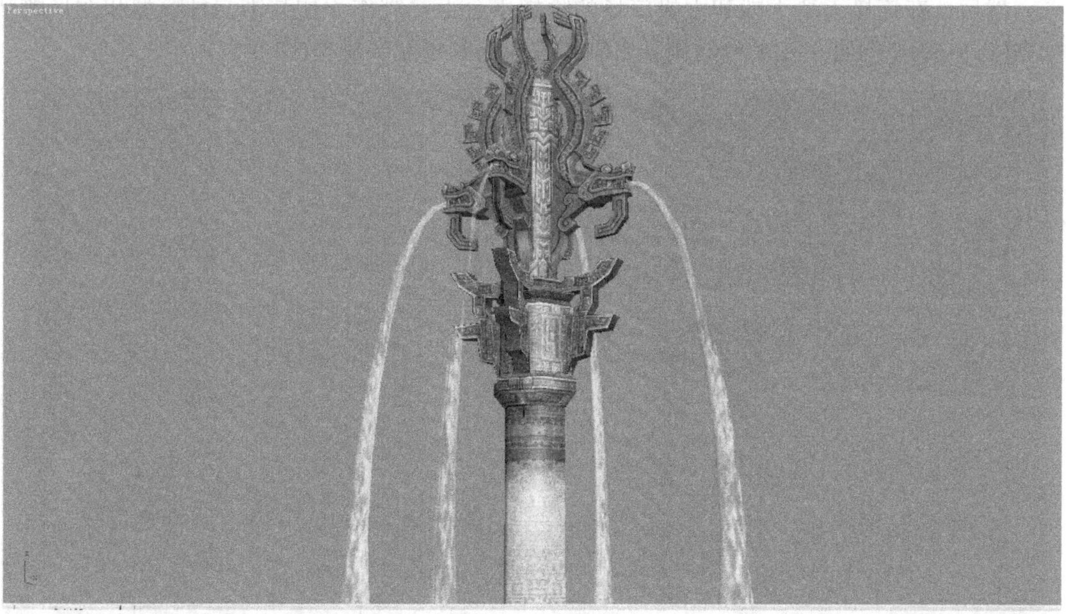

图 9-58 喷泉效果

图 9-59 是将立柱导入到太极广场中的效果。

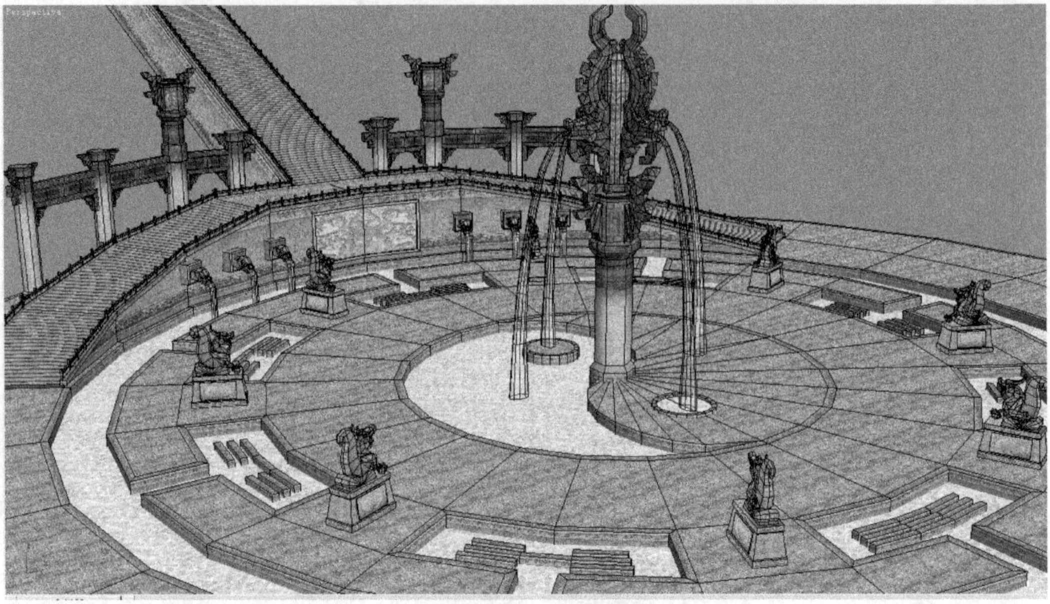

图 9-59　在广场中放置喷泉装饰模型

然后，在连接天銮大殿和太极广场的阶梯平台上，制作添加装饰立柱模型和龙形雕塑模型(图 9-60)，同时，在平台两侧导入制作完成的阙塔建筑模型(图 9-61)。

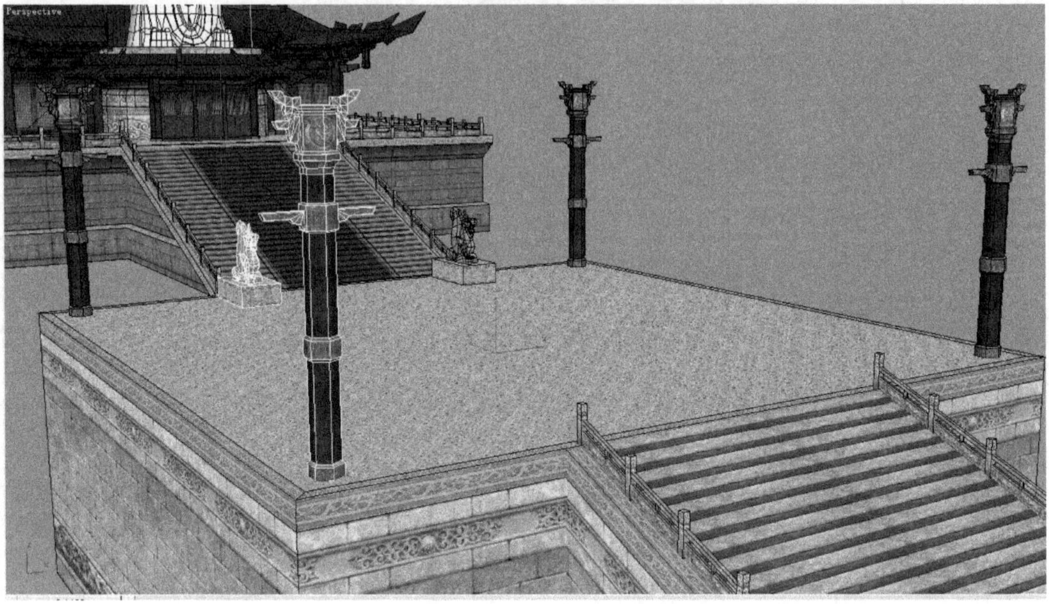

图 9-60　在平台上放置立柱和雕塑模型

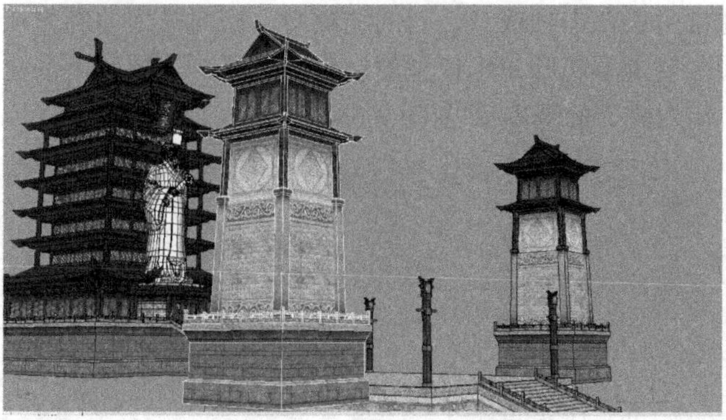

图 9-61　制作添加阙塔模型

最后，我们将制作完成的全部建筑模型场景整体编辑成组，方便后面导入到地形场景中使用(图 9-62)。

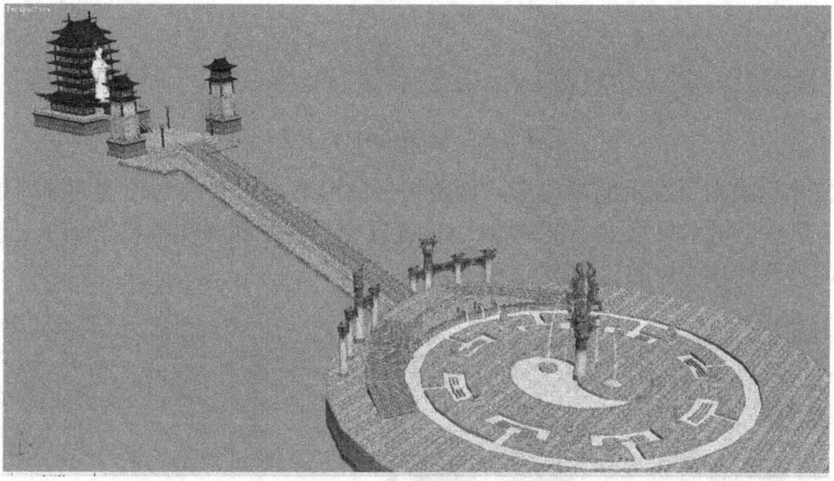

图 9-62　制作完成的场景效果

到此，本章实例制作中场景建筑模型的部分就全部完成了。下面我们开始制作植物、山石、水系、地形等场景自然元素部分。

9.3　植物模型的制作

在本章实例中，大面积用到的树木模型主要有两种：一种是普通阔叶树木，通过排列种植，形成小密度的树林效果；另一种是松树，在野外高山场景的制作中，松树是经常用到的树木模型，通常生长在山顶或者山石的缝隙中。松树模型的制作在前面的章节中已经具体介绍过，下面主要讲解阔叶树木模型的制作。首先，在视图中创建一个若干分段的六边形圆柱体模型，作为树干的基本模型(图 9-63)。

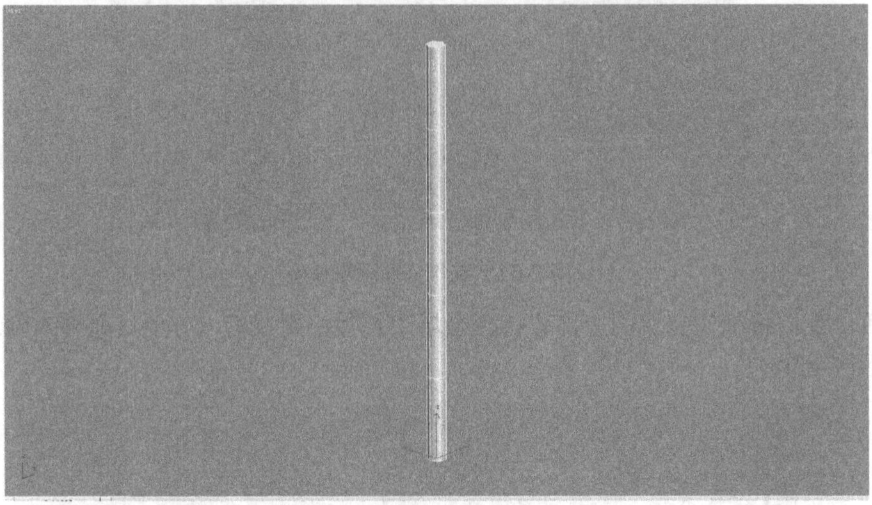

图 9-63　创建圆柱体模型

将圆柱体塌陷为可编辑的多边形，调整树干的形态，从底部到顶端逐渐变细，添加植物贴图，这里整个树木只用了一张贴图，Alpha 镂空的树叶和树皮被拼合到了一起，我们只需要整体调整圆柱体 UV 的比例即可(图 9-64)。

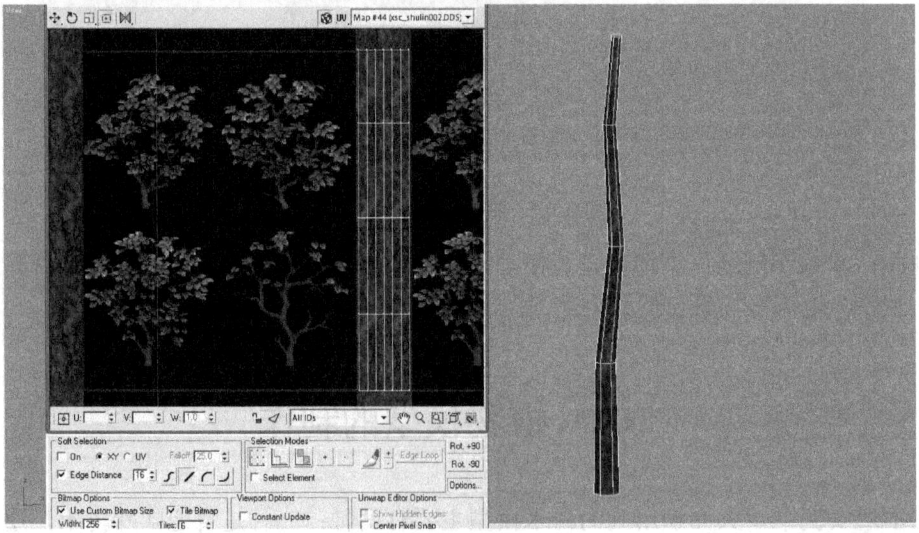

图 9-64　添加树皮贴图

贴图中包含 4 种不同形态的 Alpha 镂空枝叶，在视图中创建 4 个 Plane 面片模型，分别调整 4 个面片模型的 UV 坐标，得到 4 种枝叶的面片模型(图 9-65)。

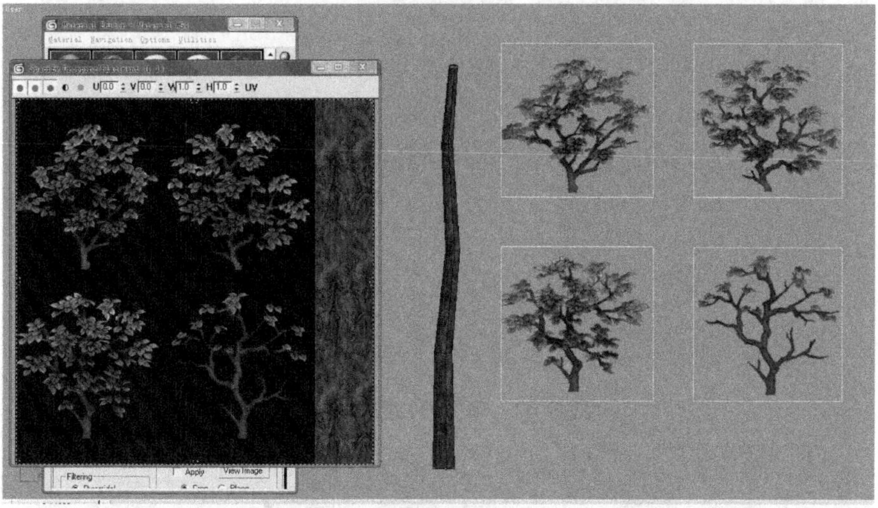

图 9-65　制作枝叶面片

本章中的树木模型我们利用“十字插片法”来制作，将 4 种枝叶的面片模型做 90° 旋转复制，得到十字面片模型(图 9-66)。

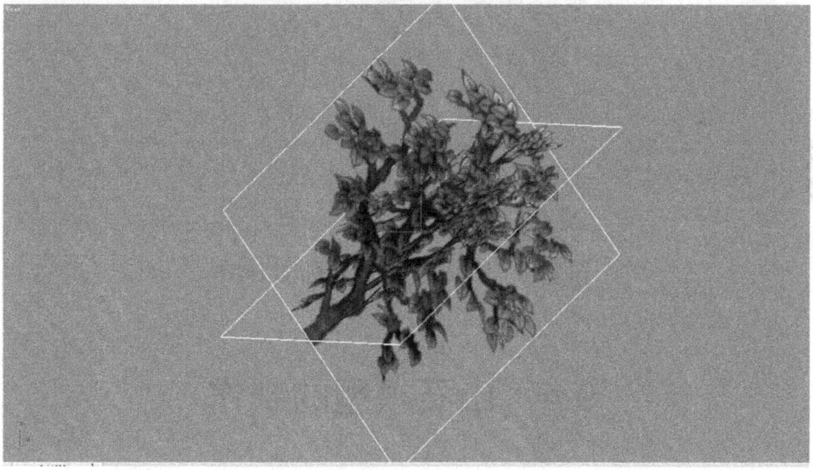

图 9-66　制作十字片

然后我们对十字面片模型进行插片操作，要注意枝叶的均匀分布，不同的面片要适当进行比例缩放，形成自然的效果(图 9-67)。最后将树木模型整体复制出几份，通过旋转、缩放、扭曲等操作，将树木模型拼合成组，方便后面场景中树林的制作(图 9-68)。

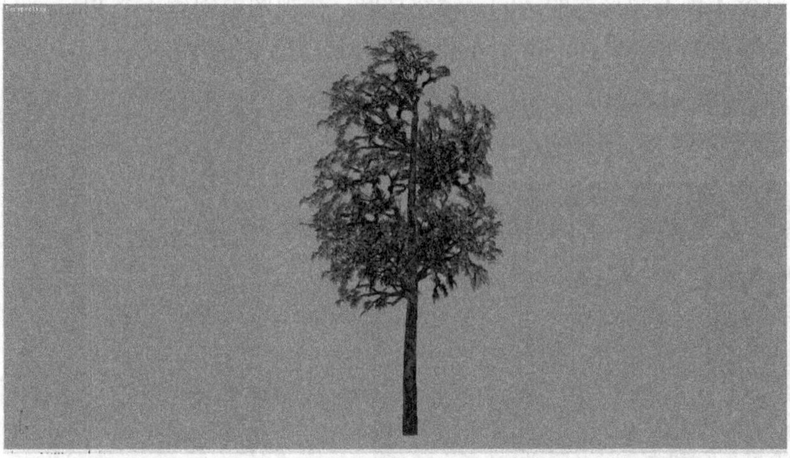

图 9-67　单棵植物插片的效果

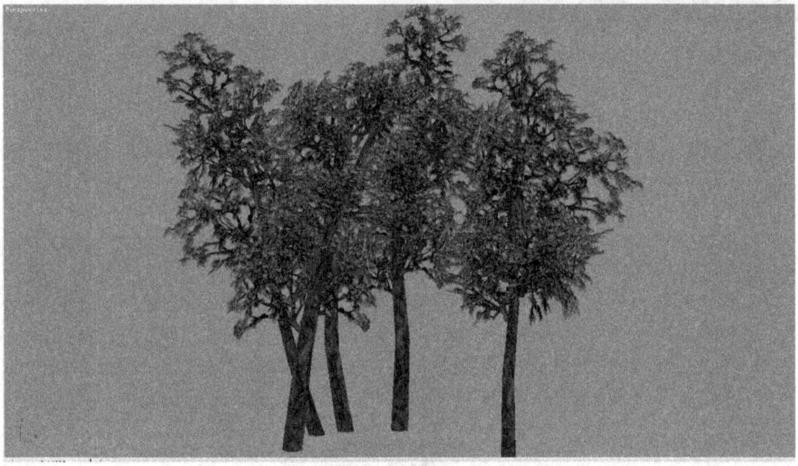

图 9-68　通过排列复制得到成组树木

9.4　山石模型的制作

本章实例中，山石模型的制作主要分为两大部分，单体岩石模型的制作和山体的制作，单体岩石模型可以用于野外场景的独立分布摆放，同时，也是制作山体模型的基础，本章中的山体模型主要包括大殿后方的山体和太极广场两侧的山体模型，下面我们先来制作单体岩石模型。

虽然在大型野外场景的制作中需要用到大量的单体岩石模型，但并不是每一块山石都需要独立制作，通常，我们只会制作几块形态各异的单体岩石模型，通过旋转、缩放或者排列组合等操作，来得到其他形态的岩石模型，图 9-69 是本章中用到的所有单体岩石模型，整个场景中的单体岩石以它们为基础，通过复制的方式来实现和完成。下面讲解一下这些山石模型的制作方法。

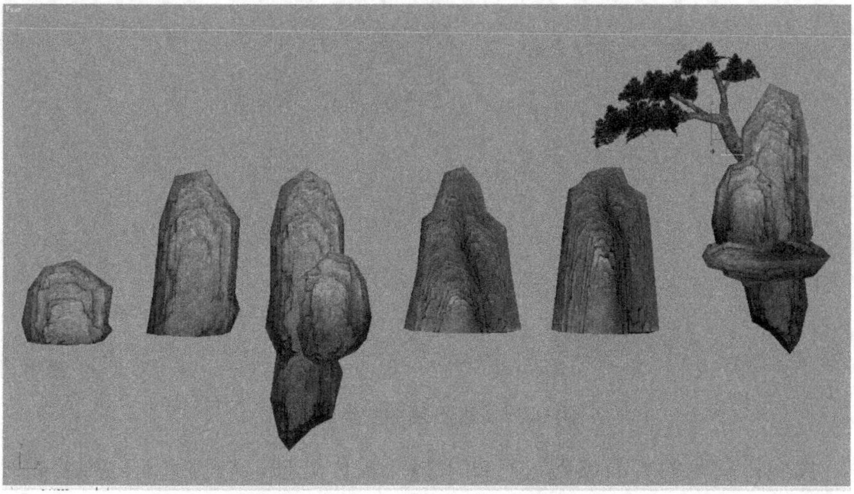

图 9-69　本节实例中用到的单体岩石模型

首先，我们需要制作两块基础的单体岩石模型，图 9-70 是两块岩石模型的正反面线框结构，都是利用 Box 编辑多边形制作而成，具体的制作方法这里就不再过多讲解了。

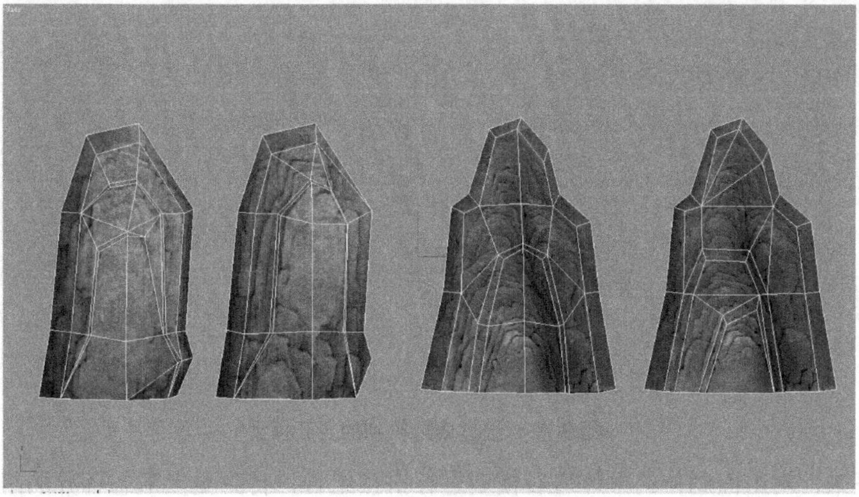

图 9-70　单体岩石模型线框结构

模型的贴图风格我们应用了中国风的水墨山石风格，单体岩石模型一般不用采用连续式的贴图，通常要根据石头模型的 UV 网格进行独立绘制(图 9-71)。

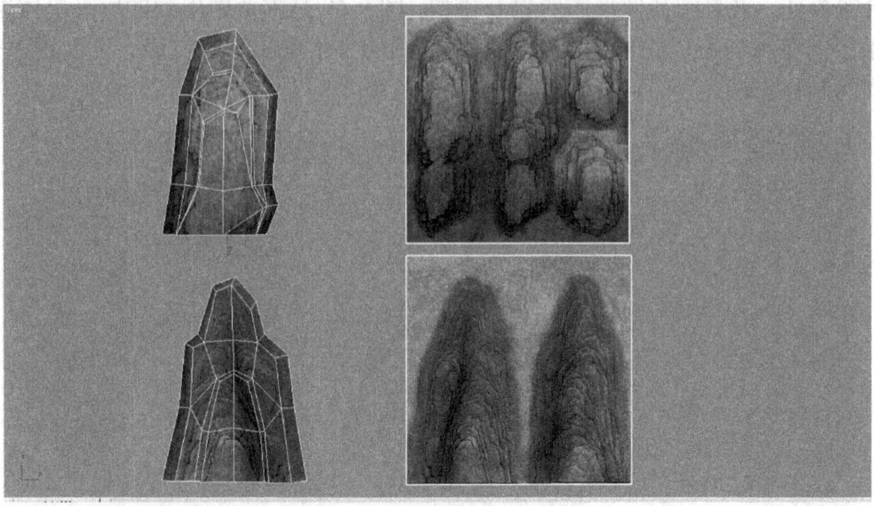

图 9-71　岩石贴图的绘制风格

然后，我们将左侧的岩石模型进行向下挤压操作处理，右侧岩石的则将整体结构向上拉起压缩，这样，我们就得到了另外两种形态的山石模型(图 9-72)。

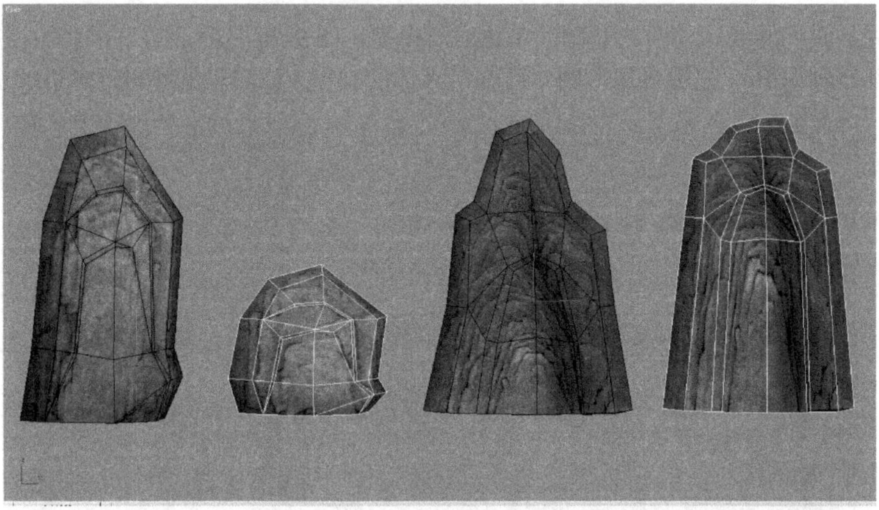

图 9-72　经过变形得到的岩石模型

接下来，对上面制作的单体岩石模型进行拼接组合，得到更多形态各异的组合式岩石模型，右侧的岩石模型我们还加入了松树模型(图 9-73)。

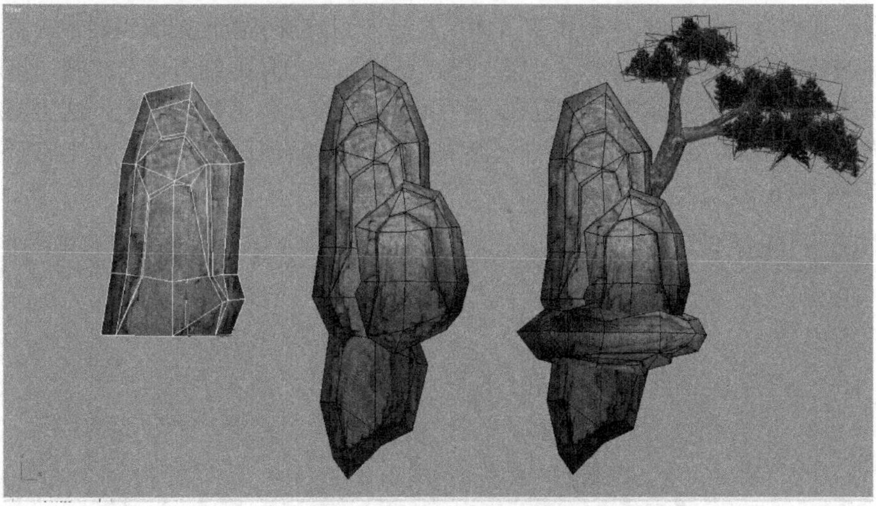

图 9-73 组合后的岩石模型

完成了单体岩石模型的制作后，我们开始山体模型的制作，在野外游戏场景中，通过地图编辑器拉起的地表山体往往起伏过于柔和，缺少山体的棱角和层次感，这就需要依靠模型来辅助配合，实现真实自然的山体效果。下面我们来讲解一下模型山体的制作方法以及如何与地表山脉进行配合。

首先来制作后山的山体模型，利用 Plane 面片模型编辑制作出山体的基本形状，并为其添加四方连续的山石贴图，在实际游戏中，山体模型十分巨大，而且玩家视角通常在离地较近的区域，所以即使是面片模型，也不会出现穿帮的现象(图 9-74)。

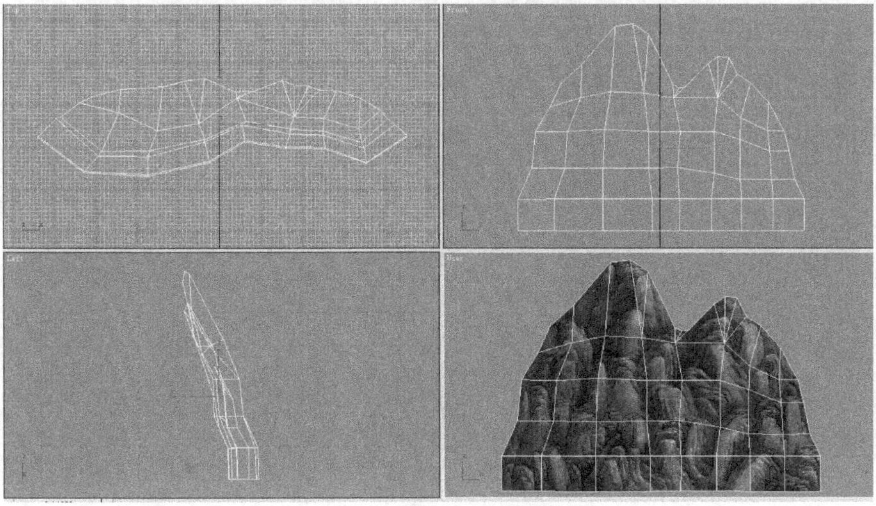

图 9-74 利用 Plane 制作山体模型

然后，我们将 3ds Max 中制作的山体模型导入到游戏引擎地图编辑器中，将其放置在地形山脉的前方，这样，不仅实现了层次感，还增加了山体的细节以及质感，接着，我们导入几块较大的单体岩石模型，放置在面片山体与地表山体衔接的位置，这主要起到了衔接和修饰的作用(图 9-75)，然后继续导入添加更多的单体岩石模型，进一步丰富野外环境的整体细节(图 9-76)。

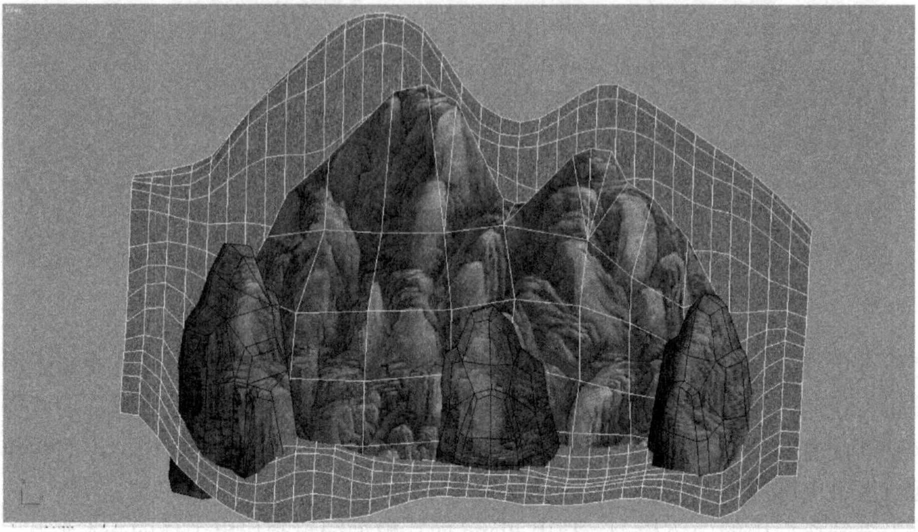

图 9-75　制作山体地形效果

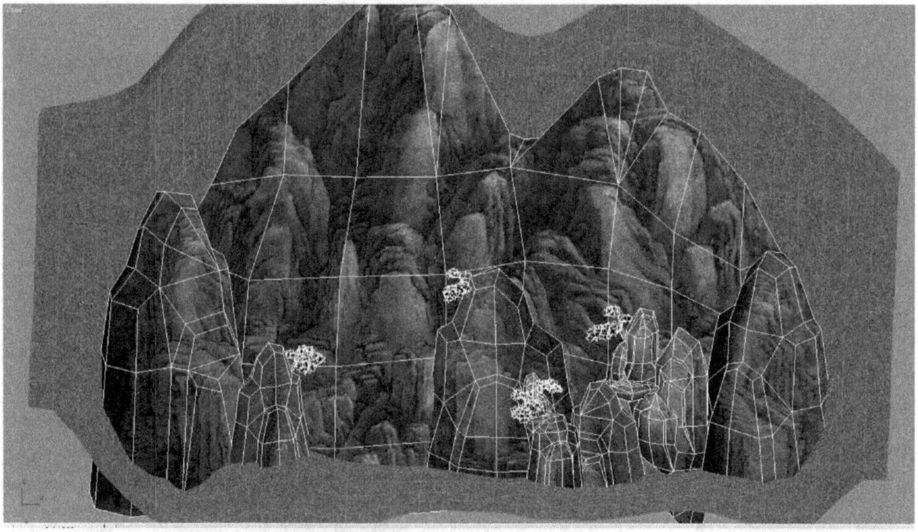

图 9-76　丰富细节效果

接下来，用同样的方法制作太极广场两侧的山体模型，先来制作左侧的山体模型，利用 Plane 面片和多边形编辑制作出山体的基本形态(图 9-77)，然后在模型上切割布线，进一步细化模型细节，我们在山体中部切割出一个洞口的结构(图 9-78)。

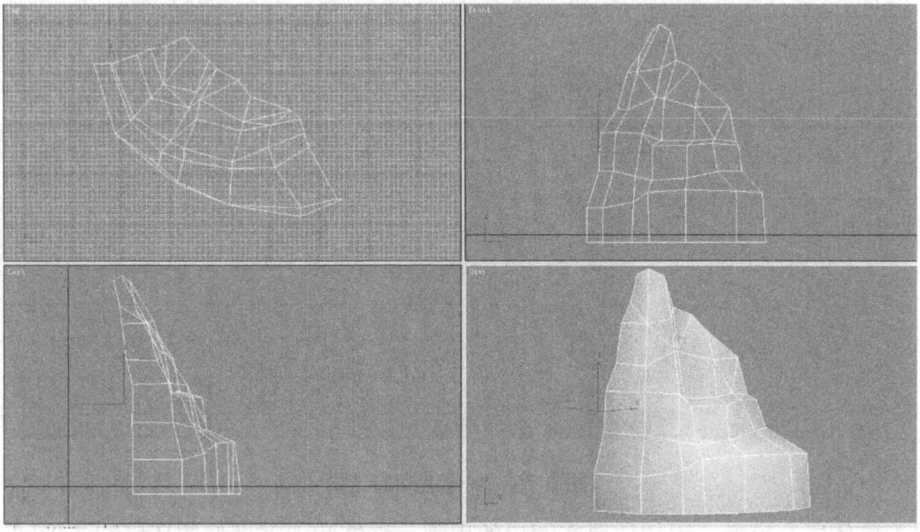

图 9-77　制作侧面山体模型

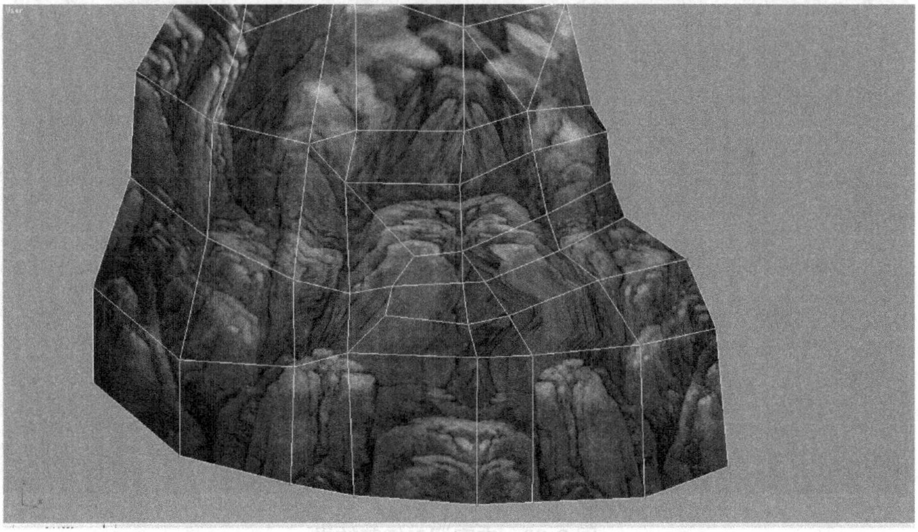

图 9-78　添加贴图和布线

在多边形面层级下，选中洞口的多边形面，并将其删除。然后进入边缘(Edge)层级面板，选中洞口周围的所有边线，按住 Shift 键，用鼠标向内拖曳，复制出新的多边形面，作为山洞的内壁结构(图 9-79)。

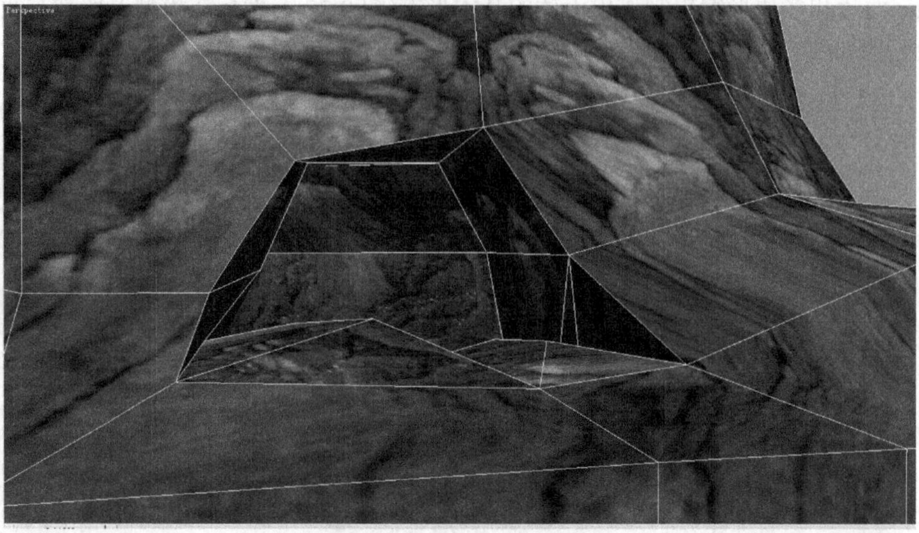

图 9-79　制作山洞的结构

导入单体岩石模型，添加放置在洞口的周围，修饰和丰富模型的环境细节(图 9-80)。

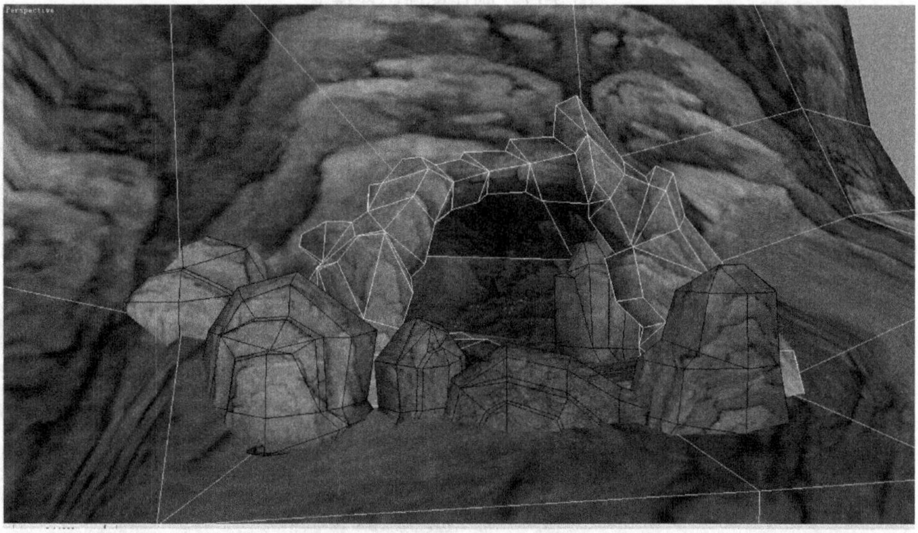

图 9-80　丰富洞口细节效果

继续导入大量的单体岩石模型，分布放置在山体模型周围，尤其是山体边缘与地表山脉交接位置处，要放置单体岩石模型加以修饰(图 9-81)。

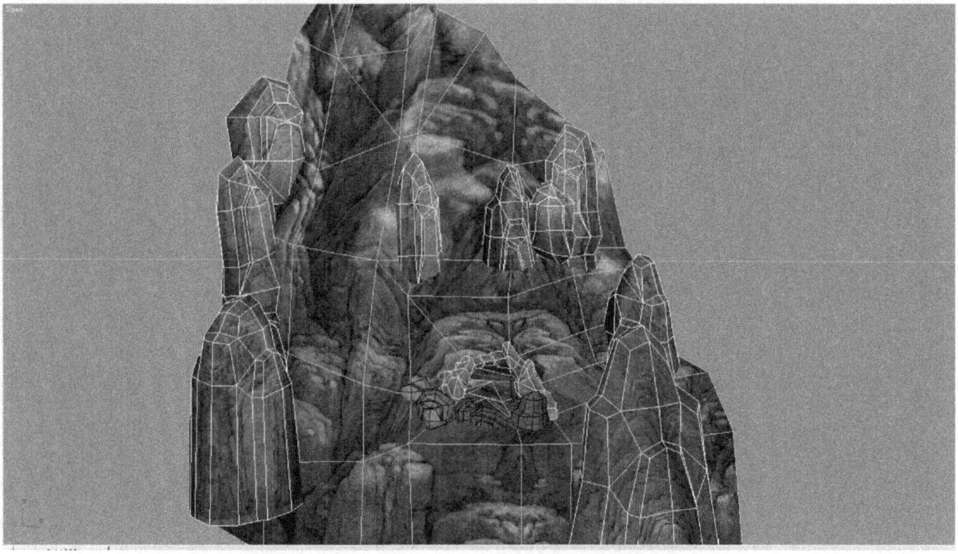

图 9-81　利用单体岩石模型丰富山体细节

接下来，在山脚处制作一个山体平台，然后将大量的单体岩石模型分布放置在平台边缘的位置，这样，广场左侧的山体模型就全部制作完成了(图 9-82)。

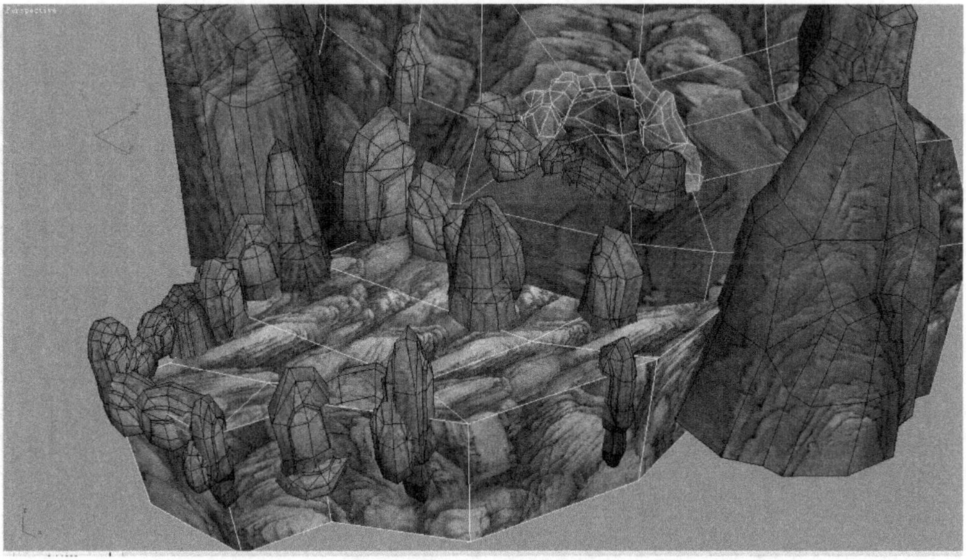

图 9-82　制作平台山体部分

接下来，利用同样的方法来制作广场右侧的山体模型，仍然利用 Plane 模型，首先制作出山体的基本形态，然后导入添加大量的单体岩石模型予以修饰(图 9-83)。

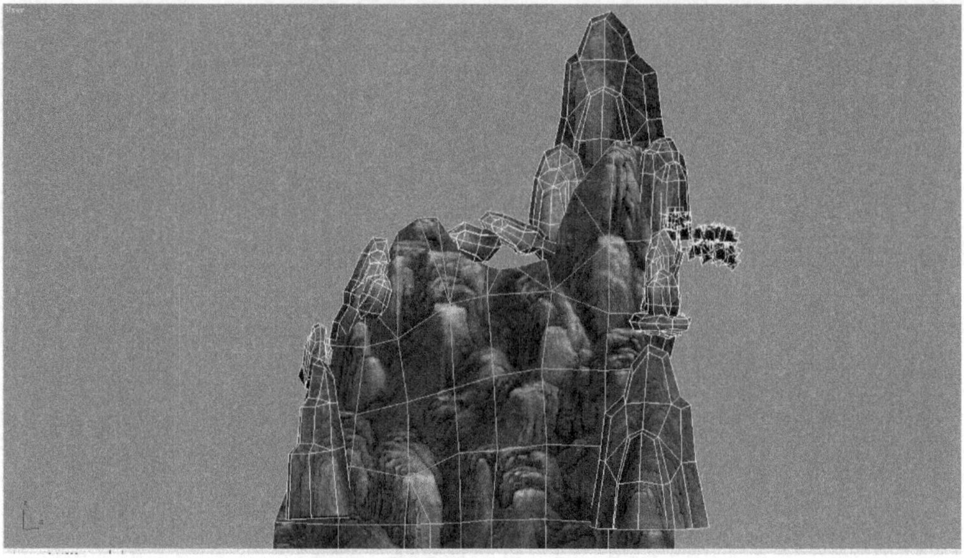

图 9-83　制作另一侧的山体模型

制作一些细长的单体岩石模型，放置在山体下方，这是为后面制作瀑布水系做准备，然后在这些单体岩石旁边制作山洞模型结构(图 9-84)。

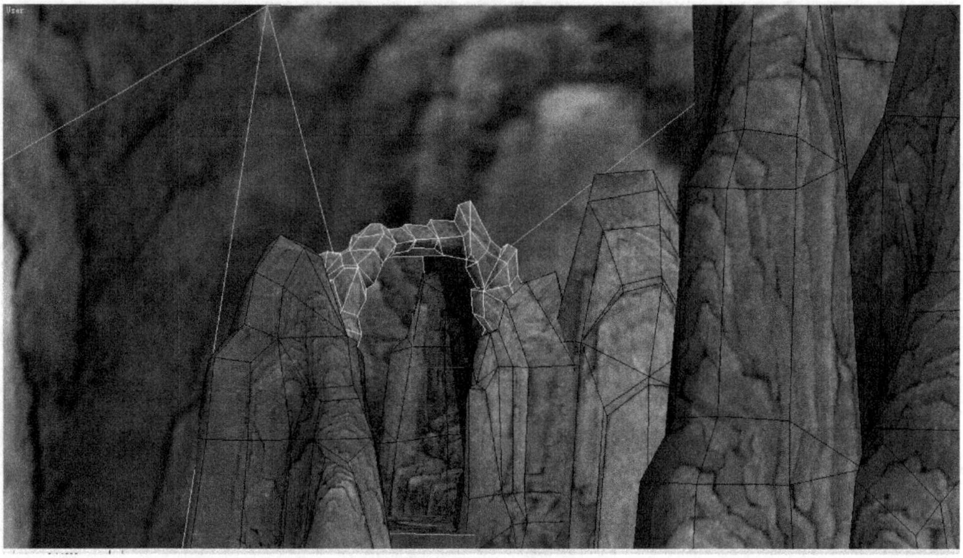

图 9-84　山洞的效果

这样，太极广场两侧的山体模型就全部制作完成了，图 9-85 是 3ds Max 中山体场景的最终效果。

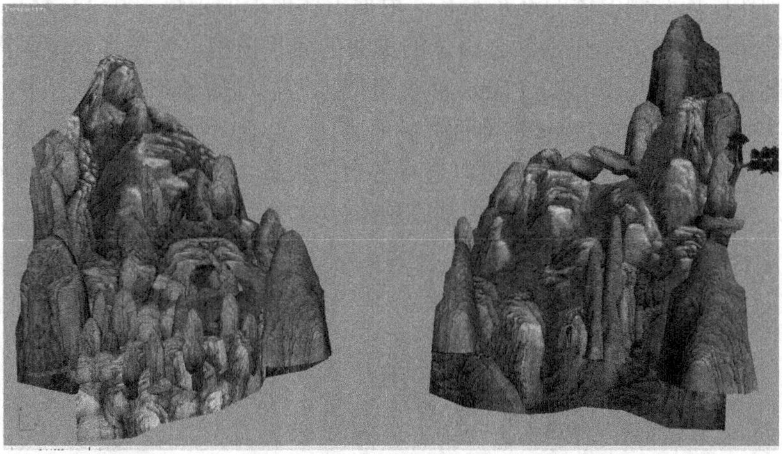

图 9-85　山体模型完成后的最终效果

9.5　瀑布的制作

在完成了场景山体模型的制作后，我们可以根据山势来制作场景的瀑布水系，瀑布效果利用 3ds Max 中 Plane 面片模型和 Alpha 水纹镂空贴图来制作，然后将贴图的材质球进行贴图 UV 动画的设置，实现瀑布水系的动态效果，图 9-86 中是一段瀑布的 Plane 模型和 Alpha 贴图，下面我们来看一下本章中山体瀑布的具体制作方法。

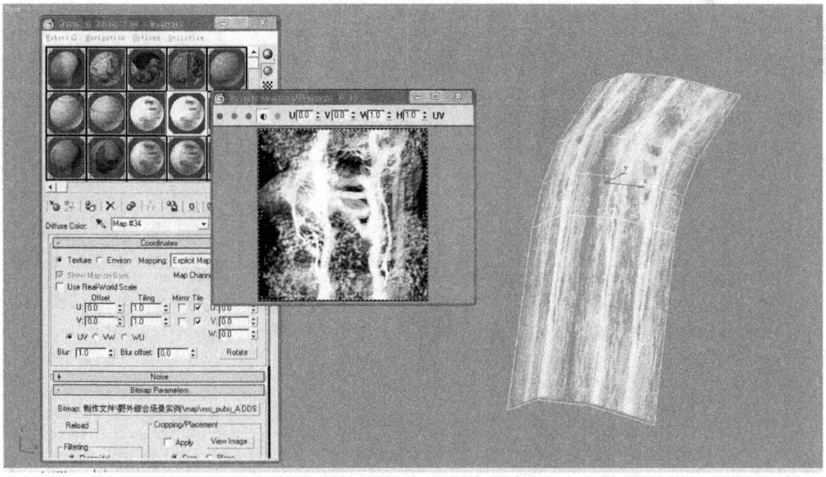

图 9-86　利用 Alpha 贴图制作瀑布面片

首先来制作广场左侧山体的瀑布水系，根据山体地形的走势，在 3ds Max 中创建 Plane 模型，通过编辑多边形，制作出贴合山体的瀑布的面片模型，并添加水流贴图。实际上，山体瀑布的制作并不是只用一层 Plane 面片模型，为了增加瀑布的层次感和水流的自然效果，我们可以制作多层次的 Plane 瀑布面片，而且还可以为不同的面片模型添加不同的水流效果贴图，不同面片的 UV 动画也可以进行各自的设置，这里，我们的瀑布面片是最底层的水流效果，作为整个山体瀑布效果的基底层(图 9-87)。

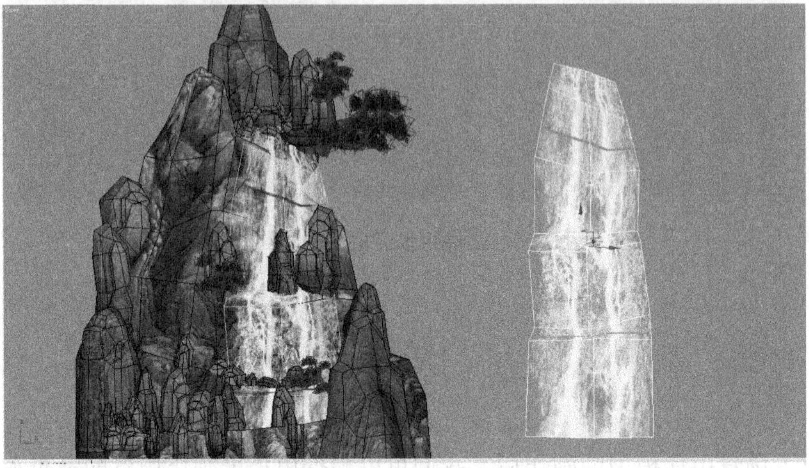

图 9-87　利用面片制作的瀑布效果

然后，我们在先前制作的山底石平台上，利用 Plane 面片覆盖上水面模型，外侧延伸出水流瀑布的效果(图 9-88)。

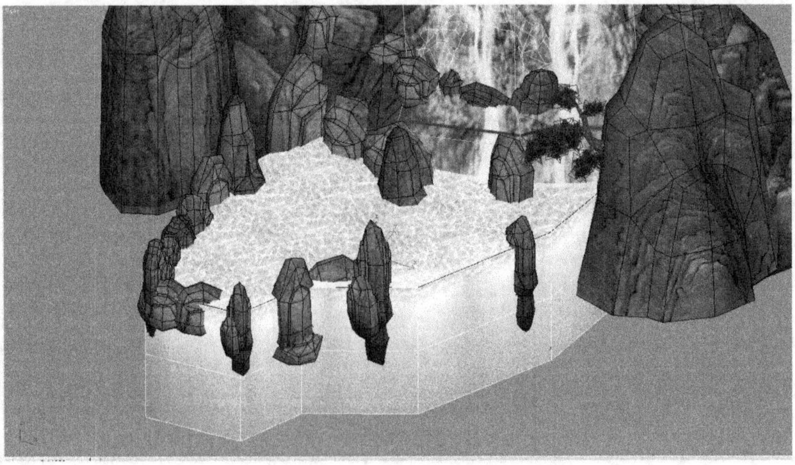

图 9-88　制作水面效果

分别利用不同形态的 Plane 面片模型制作出山体瀑布上、中、下部分的多层次水流效果，尽量将整体的瀑布水流效果制作得真实、自然，同时，也要注意瀑布与岩石模型的穿插效果(图 9-89 ~ 9-91)。

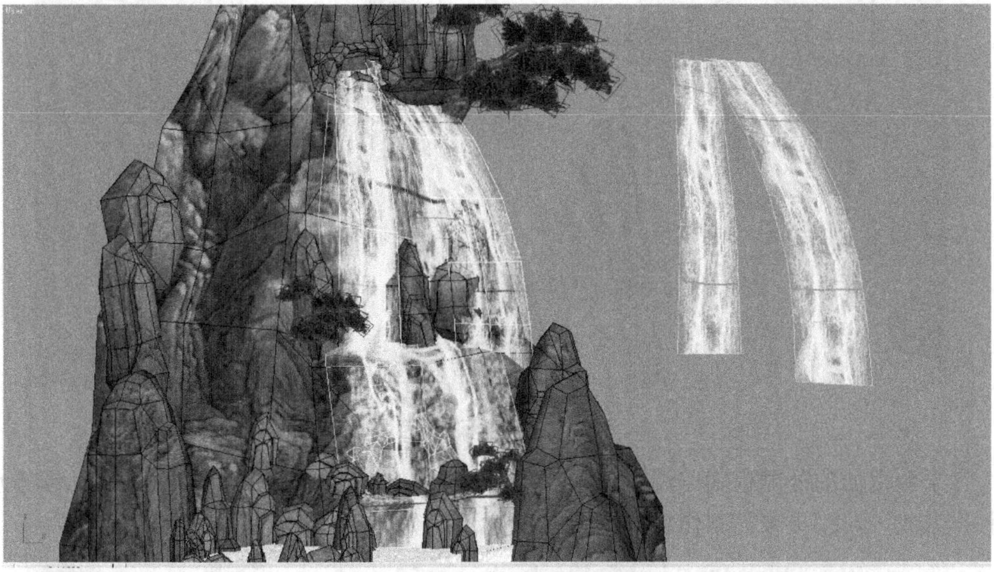

图 9-89　上层瀑布面片

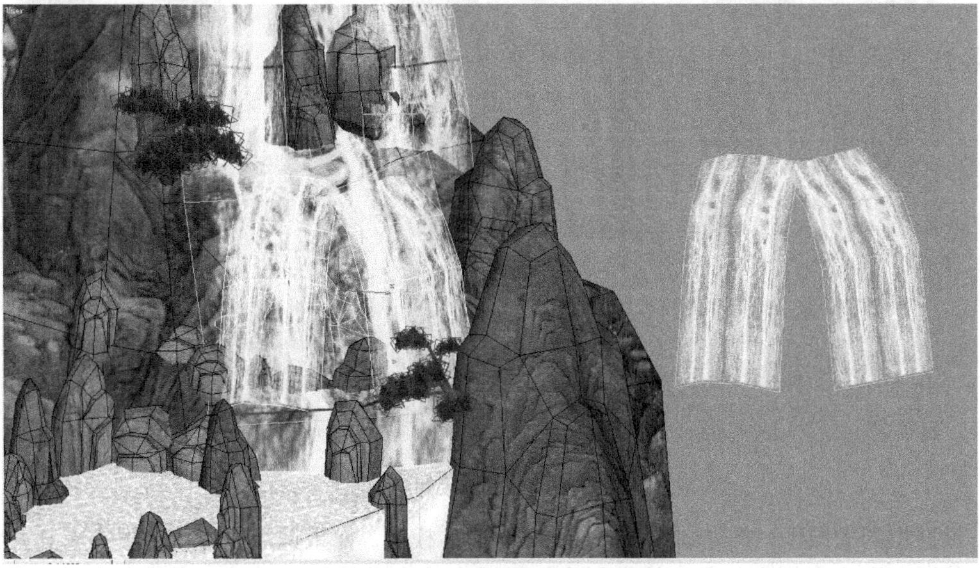

图 9-90　中层瀑布面片

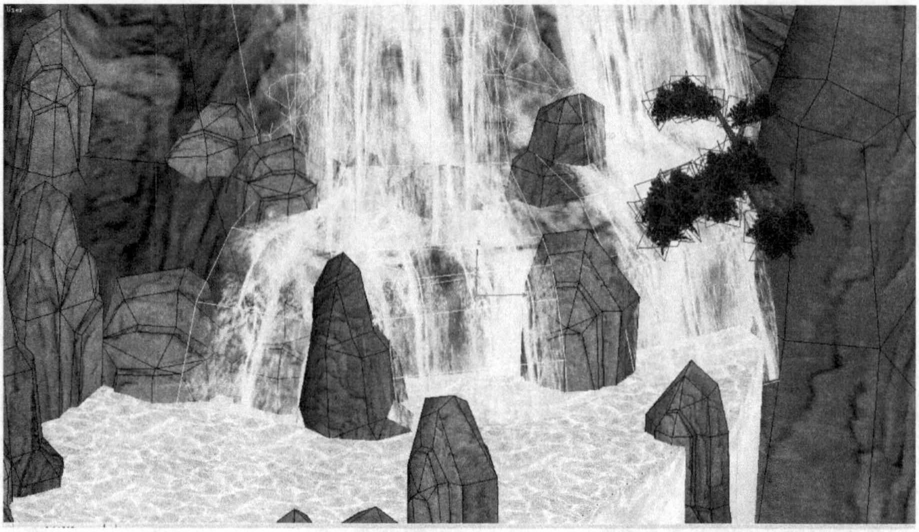

图 9-91　底层瀑布面片

在平台水面的外侧也制作添加瀑布水流模型(图 9-92)，这样，广场左侧山体的瀑布水系就制作完成了，接下来，制作广场右侧山体的瀑布模型。

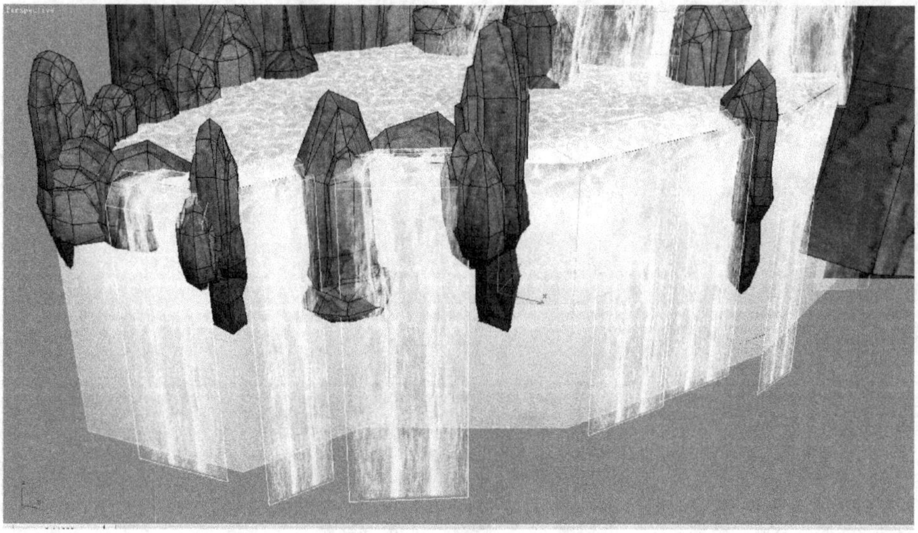

图 9-92　与水面相接的瀑布面片

根据相同的原理，首先制作瀑布的 Plane 面片模型。如果把左侧山体的瀑布看作是湍流瀑布的话，那么右侧山体我们就来制作细流瀑布的水系效果。对于细流瀑布来说，我们只需要制作一层水流面片即可，通常细流瀑布会有较多的水流分支，要配合山石来制作水流的细分效果(图 9-93)。将瀑布面片模型添加水流贴图，调整面片模型的 UV 坐标(图 9-94)。

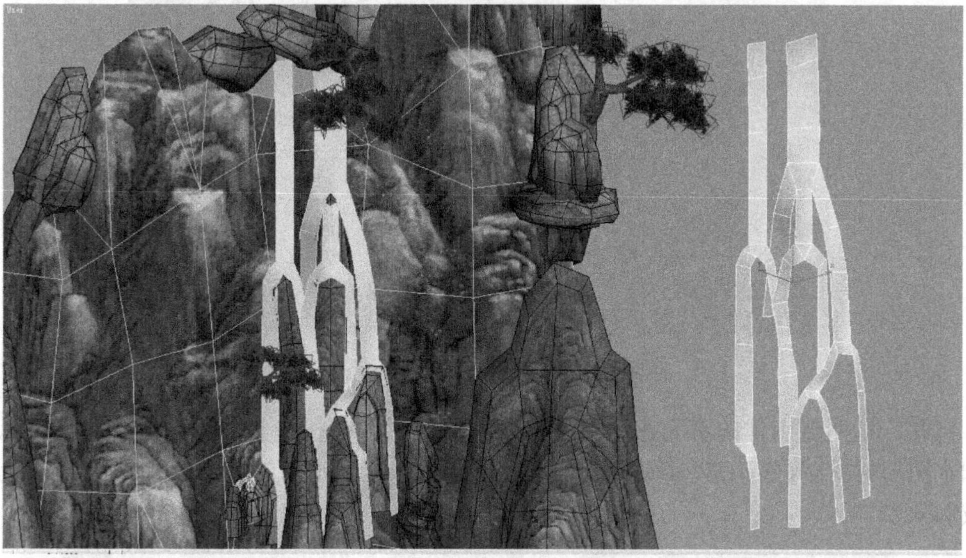

图 9-93　直流瀑布面片模型

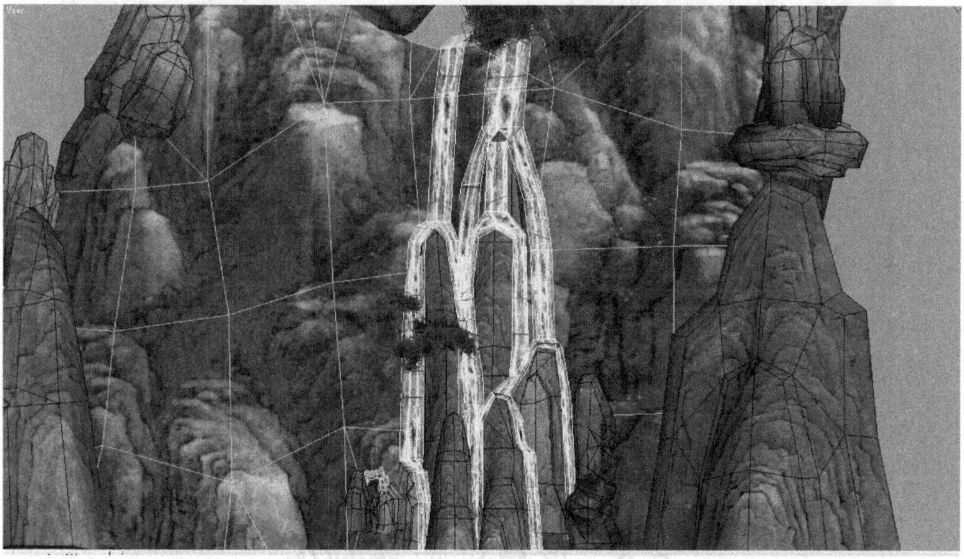

图 9-94　添加贴图的效果

作为山体瀑布来说，我们通常会在瀑布的源头，也就是与山体衔接的位置，添加拱形的山石模型，一方面是为了整体的美观效果，另一方面也是让瀑布与山体的衔接不显得过于突兀(图 9-95)。

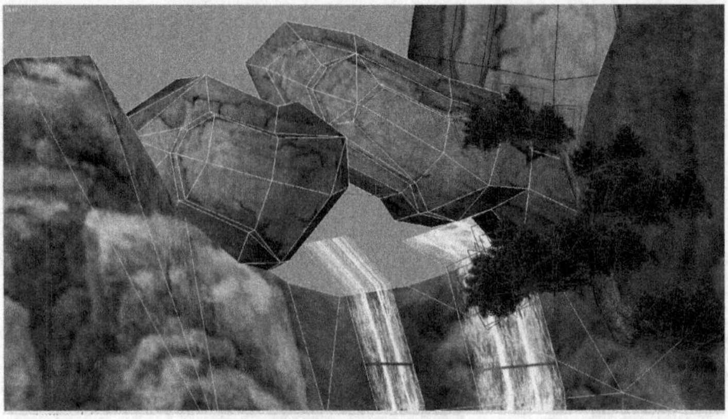

图 9-95　利用岩石模型进行衔接

到此广场两侧山体的瀑布水系就全部制作完成了，在模型制作完成后，我们可以将瀑布和水面的材质球进行 UV 动画的设置，实现瀑布水流和水面的动态效果，图 9-96 为最终完成的效果。

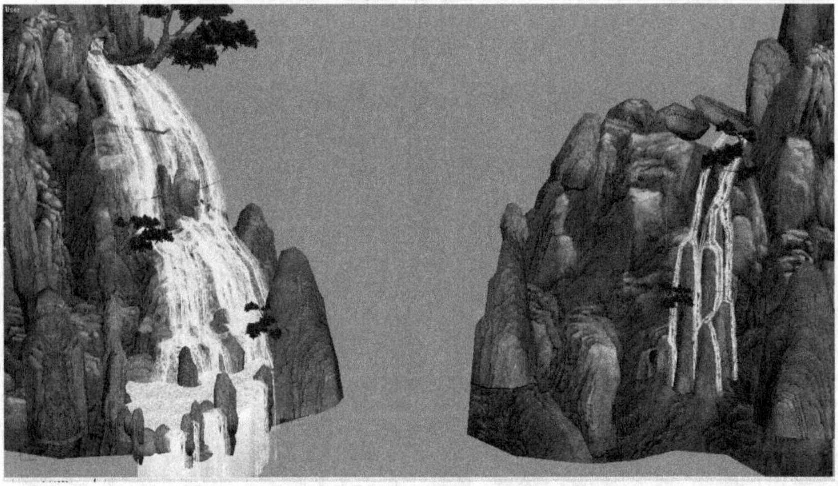

图 9-96　瀑布完成的效果

9.6　场景地形的制作

当所有的场景美术元素制作完成以后，我们就需要制作地形地表了，为最后场景的拼合来搭建平台。在游戏公司实际的项目制作中，场景的地形制作与场景模型元素的制作是同步进行的，分别由地图编辑美术和三维场景美术来完成。本章中的地形制作，我们利用 3ds Max 的 Paint Deformation(绘制变形)功能来模拟，在编辑多边形面层级下，可以找到绘制变形操作面板，可以设置绘制笔刷的大小、力度等参数，具体的操作方法在前面章节中已经介绍过，然后来看一下地形编辑中常用的三种绘制方法：拉起、凹陷与踏平，图 9-97 中左侧为地形拉起的效果，中间为凹陷的效果，右侧为踏平的效果，在游戏引擎地图编辑器中，也是通过这三种基本的地形绘制方式来完成场景地表制作的。

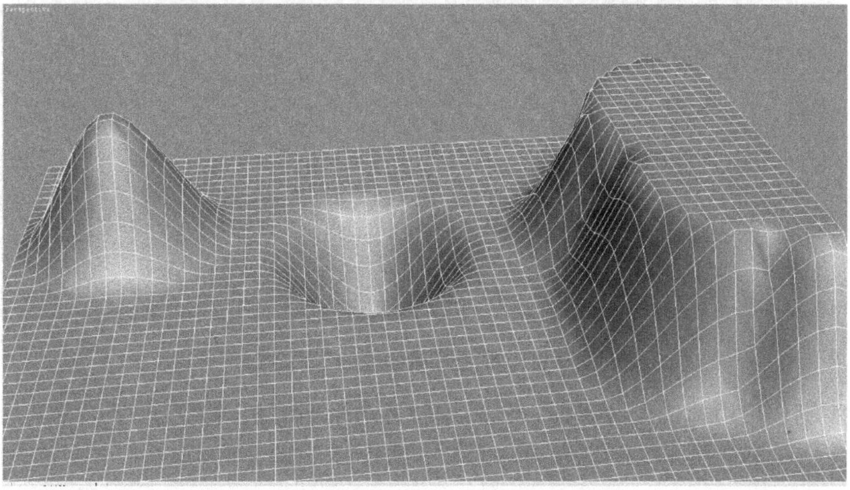

图 9-97　地形的绘制原理和方法

首先，在 3ds Max 中，创建一个横纵分段数各为 100 的正方形 Plane 平面模型(图 9-98)。

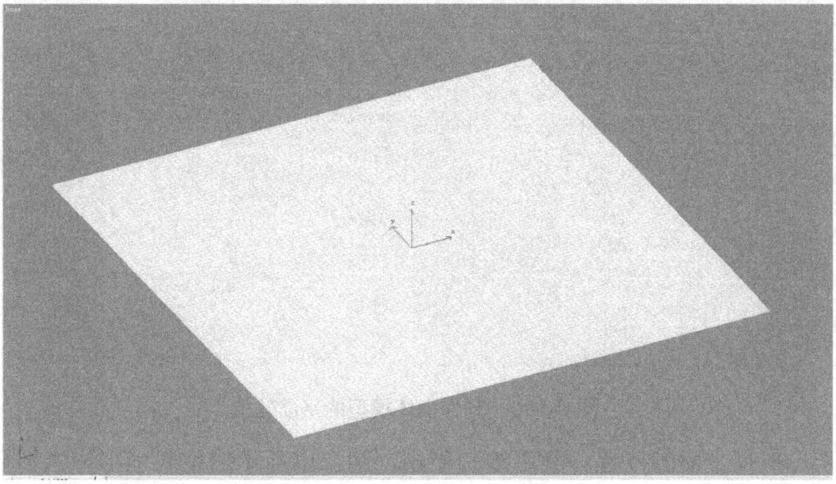

图 9-98　创建 Plane 地表

根据场景平面效果图制作出天銮大殿和太极广场的轮廓平面模型，这样方便后面模型的导入和绘制地表山体的大致形态(图 9-99)。

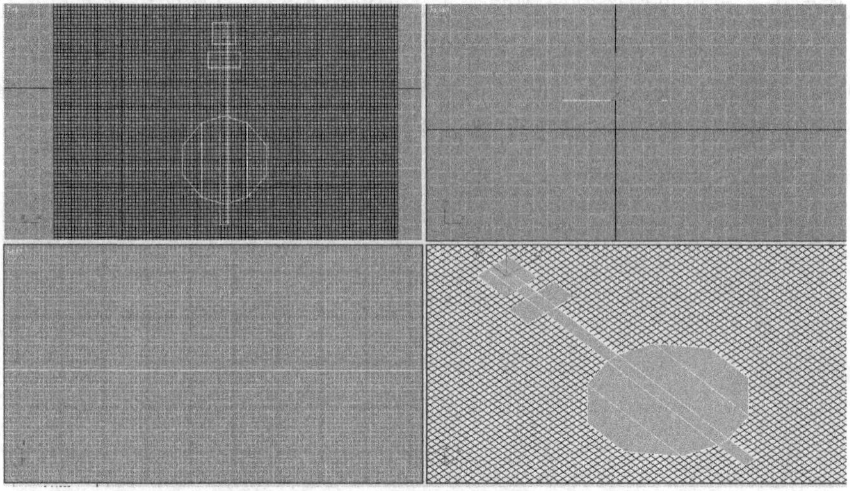

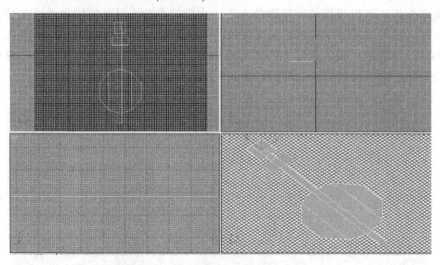

图 9-99　制作场景模型的平面轮廓

进一步制作出山体的轮廓平面，然后调整各个平面的相对高度位置，然后，我们就根据制作的平面轮廓高度来绘制地表山脉的基本地势形态(图 9-100)。

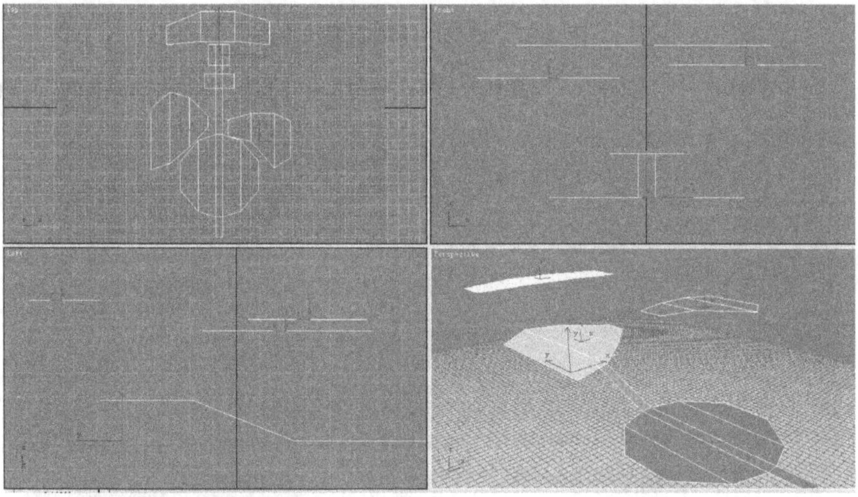

图 9-100　制作山体模型的平面轮廓

接下来，根据平面的位置，利用绘制笔刷，制作出基本的地表地形，大殿后方和广场两侧是隆起的山脉地形，太极广场处的地形凹陷便于制作水面，大殿所在的地表利用踏平笔刷绘制出平坦的地形效果，大殿与广场之间的阶梯地形呈逐渐上升的趋势(图 9-101)。

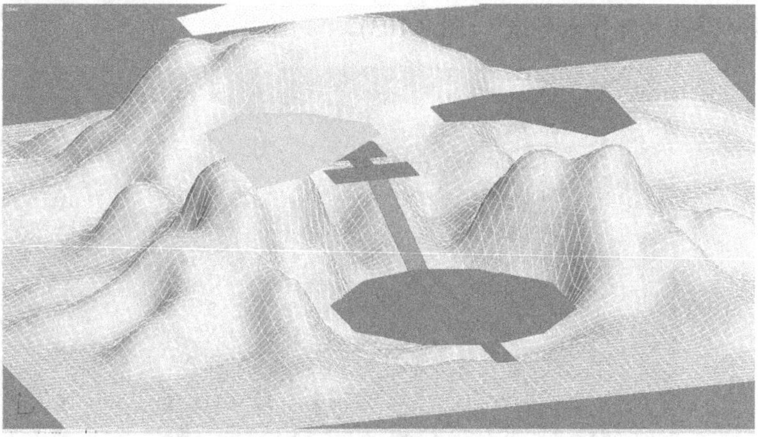

图 9-101 根据轮廓平面绘制地表模型

为绘制出的地表模型添加四方连续的草地贴图，整体调整地表模型的 UV 坐标比例，正确显示草地贴图的效果，这样，整个野外场景的基本地形就制作完成了。后面我们将导入所有的场景美术元素，进行场景的拼合与细化操作(图 9-102)。

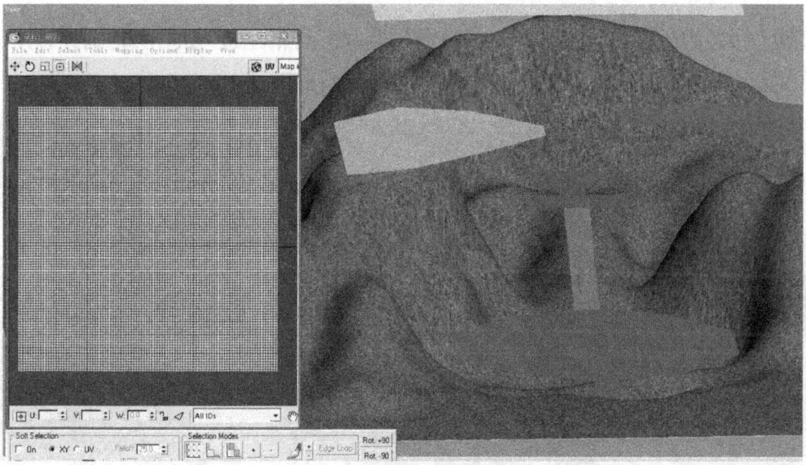

图 9-102 添加地表贴图并调整 UV 比例

9.7 场景模型的导入、拼接与整合

首先，在我们制作好的地形场景下导入先前制作的场景建筑模型，从 3ds Max 的菜单栏中选择 File(文件) → Merge(拼合)命令，然后找到先前制作的 Max 文件，这样，Max 文

件中的建筑场景就被全部导入进来了(图 9-103)。

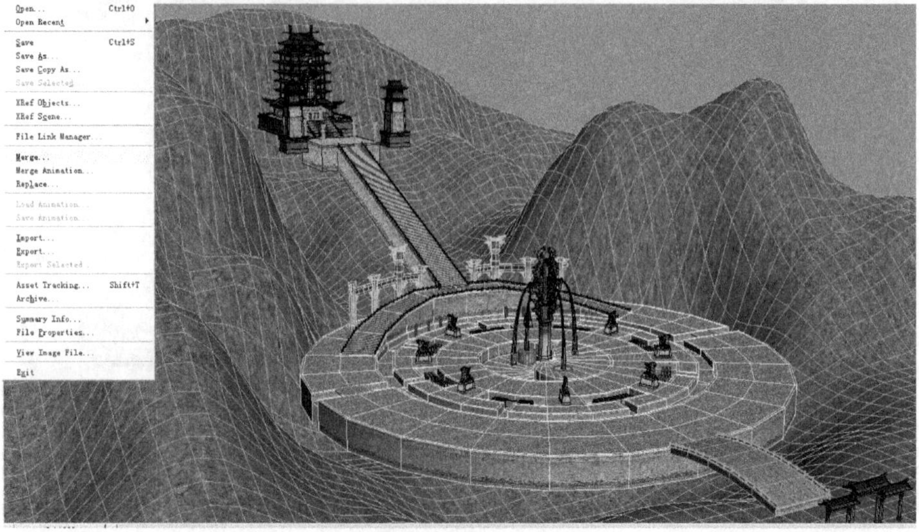

图 9-103　拼合导入场景

将建筑模型大致放置到地形场景中的合适位置，然后通过地形笔刷绘制，细化建筑周围的地表模型，让地形与建筑模型更加紧密地结合(图 9-104)。

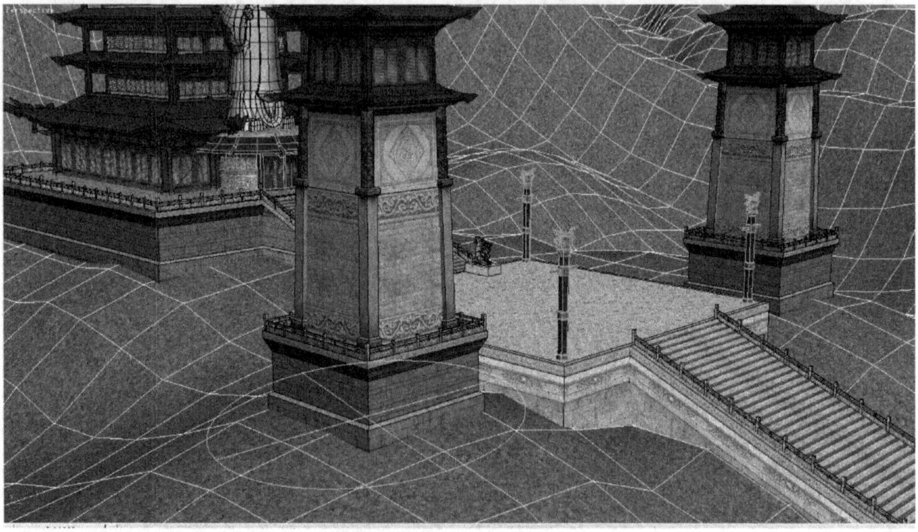

图 9-104　调整绘制的地表

导入后山的山体模型，将其放置于天銮大殿正后方，进一步编辑山体周围的地表模型，让两者更加自然地衔接过渡(图 9-105)。

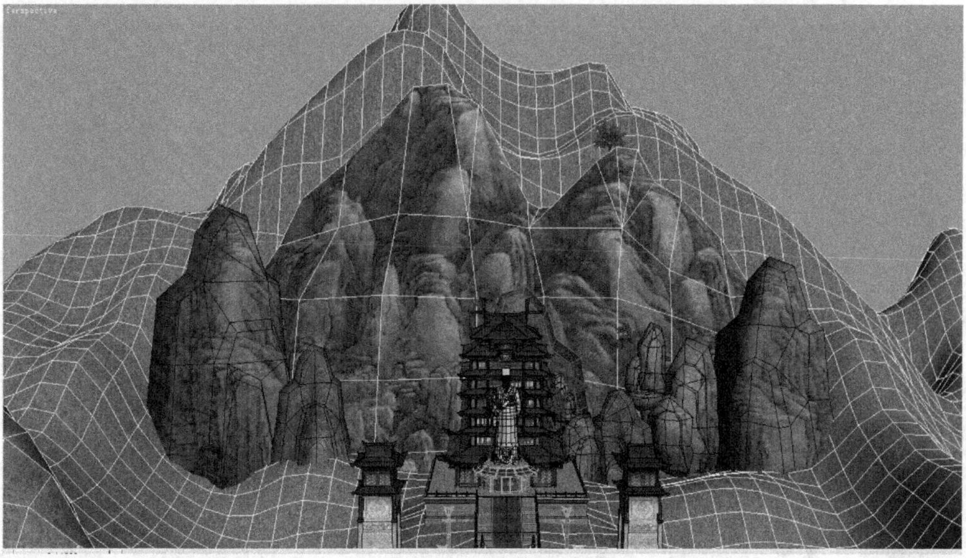

图 9-105　放置建筑后方的山体模型

接下来，导入太极广场两侧的山体模型，将其大致放置在先前拉起的地表山脉区域，这时，我们发现山体模型被地表掩埋在里面了(图 9-106)。

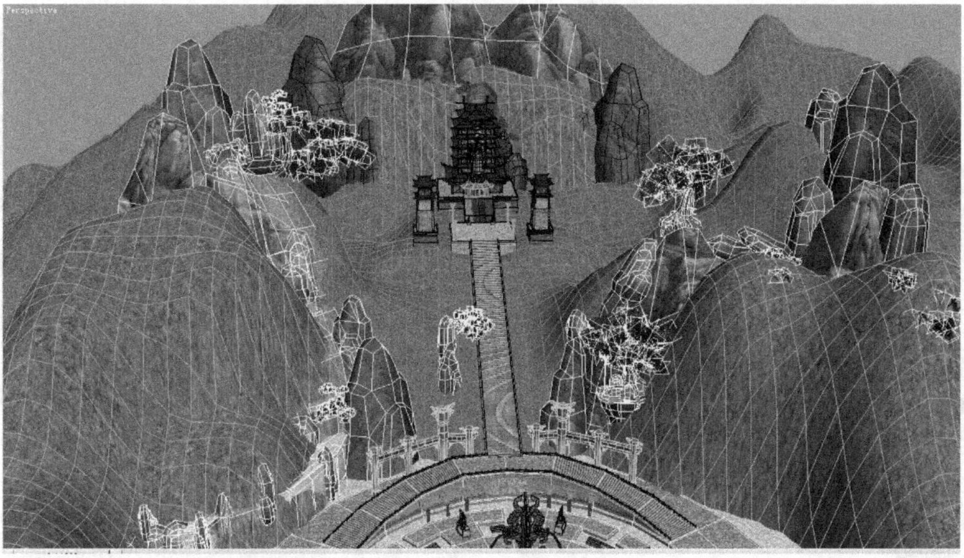

图 9-106　放置两侧的山体模型

所以，下一步就需要我们对地表山脉进行更加细致的绘制，让地表与山体模型相互衔接(图 9-107)。

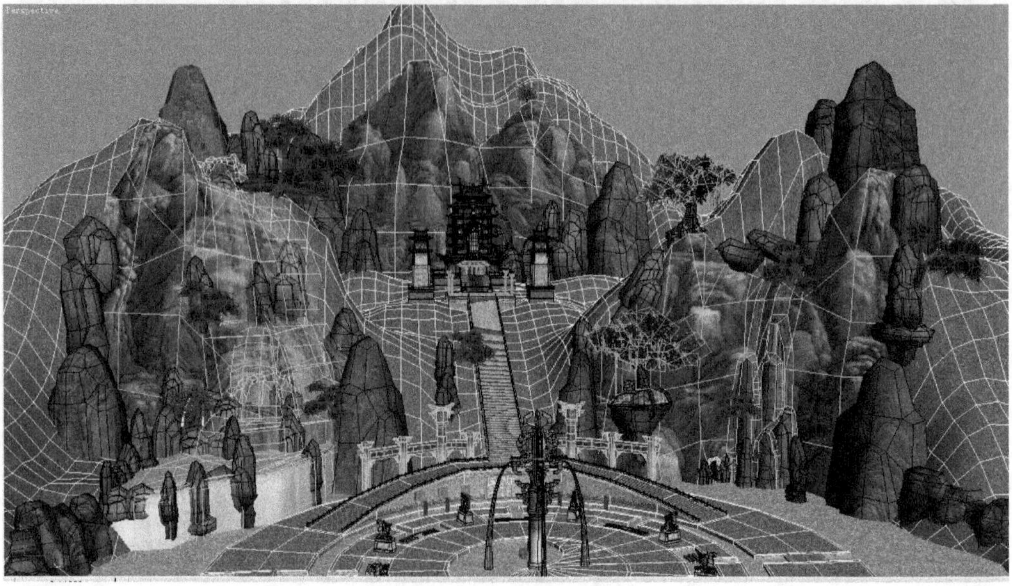

图 9-107　调整地表山体

在水泊两侧导入单体岩石模型和先前制作的成组树木模型，来丰富场景细节(图 9-108)。

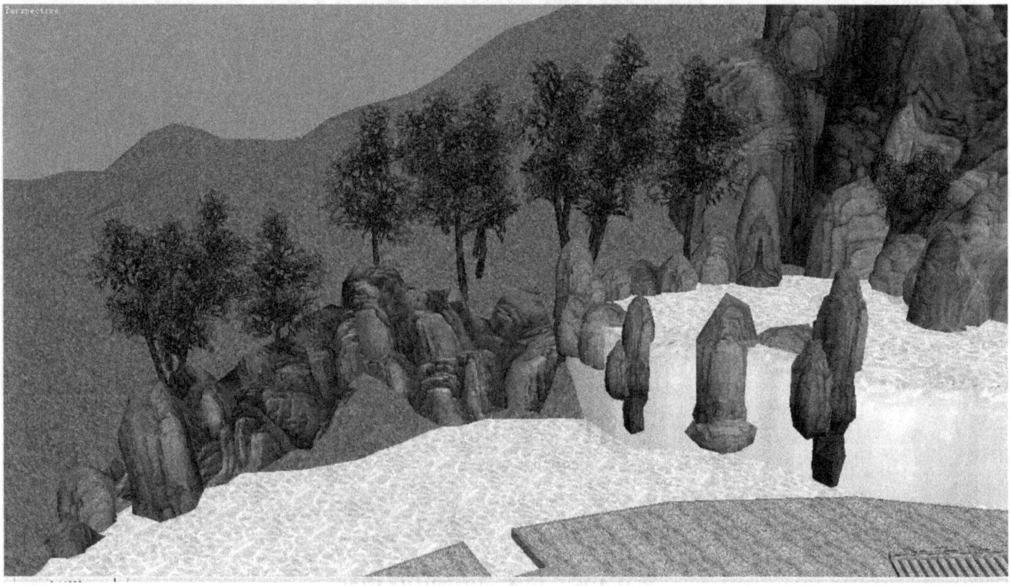

图 9-108　在水边排布放置单体岩石模型

在太极广场桥梁的前方导入牌坊模型，作为整个野外场景的山门入口(图 9-109)。

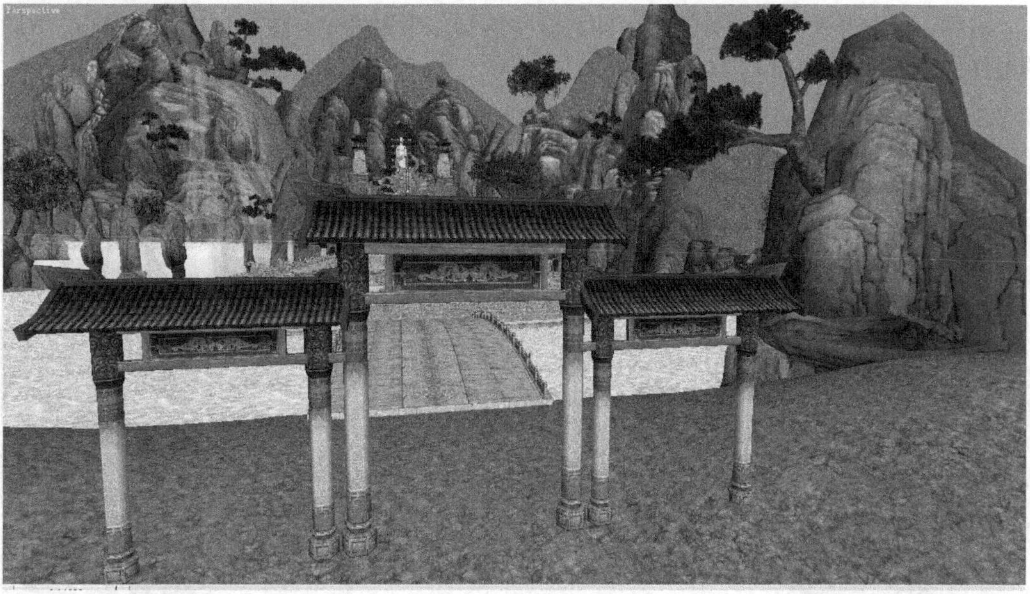

图 9-109　导入放置牌坊模型

在太极广场装饰立柱后方的两侧导入龙形雕塑模型，进一步装饰场景细节，烘托环境氛围(图 9-110)。

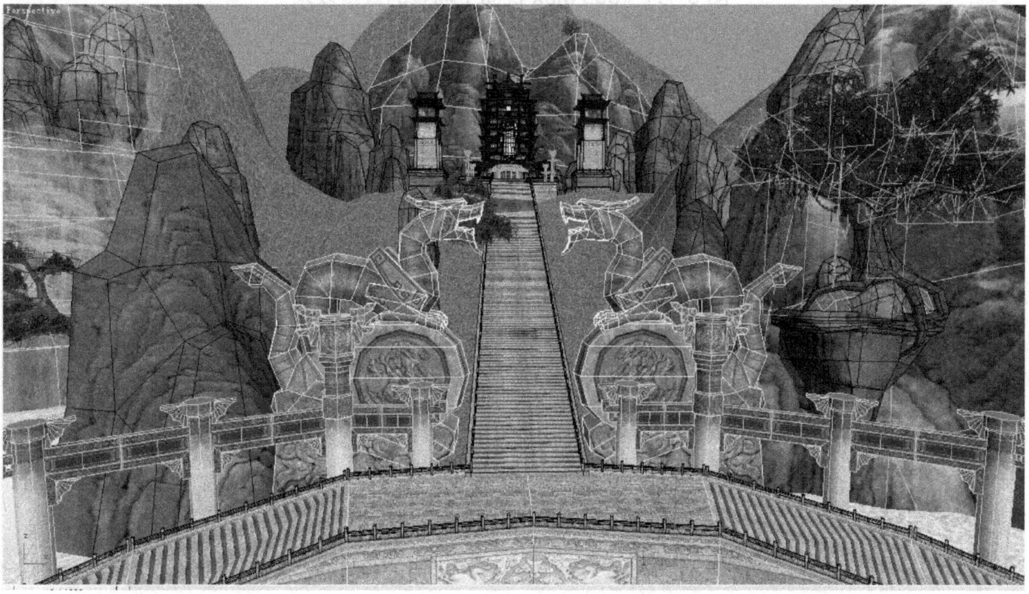

图 9-110　放置巨型龙雕塑模型

这样，整个野外局部场景天銮山的综合实例制作就完成了，图 9-111 是 3ds Max 中场景的最终效果。

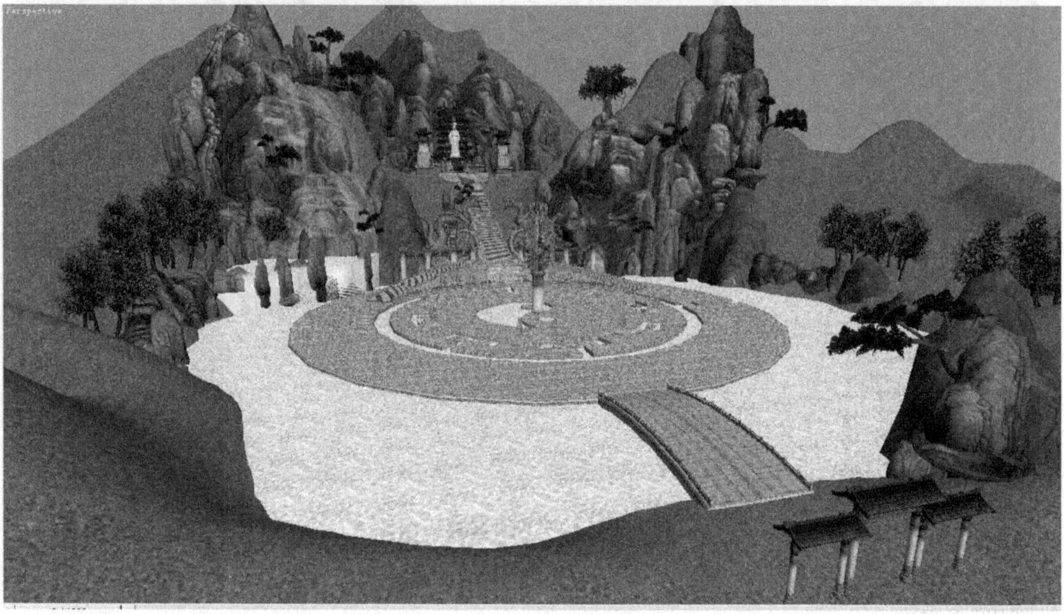

图 9-111　3ds Max 视图中场景的最终效果

附录 A　3ds Max 命令词汇英汉对照

一、File〈文件〉

New〈新建〉
Reset〈重置〉
Open〈打开〉
Save〈保存〉
Save As〈保存为〉
Save selected〈保存选择〉
XRef Objects〈外部引用物体〉
XRef Scenes〈外部引用场景〉
Merge〈合并〉
Merge Animation〈合并动画动作〉
Replace〈替换〉
Import〈输入〉
Export〈输出〉
Export Selected〈选择输出〉
Archive〈存档〉
Summary Info〈摘要信息〉
File Properties〈文件属性〉
View Image File〈显示图像文件〉
History〈历史〉
Exit〈退出〉

二、Edit〈菜单〉

Undo or Redo〈取消/重做〉
Hold and fetch〈保留/引用〉
Delete〈删除〉
Clone〈克隆〉
Select All〈全部选择〉
Select None〈空出选择〉
Select Invert〈反向选择〉

Select By〈参考选择〉
Color〈颜色选择〉
Name〈名字选择〉
Rectangular Region〈矩形选择〉
Circular Region〈圆形选择〉
Fabce Region〈连点选择〉
Lasso Region〈套索选择〉
Region〈区域选择〉
Window〈包含〉
Crossing〈相交〉
Named Selection Sets〈命名选择集〉
Object Properties〈物体属性〉

三、Tools〈工具〉

Transform Type-In〈键盘输入变换〉
Display Floater〈视窗显示浮动对话框〉
Selection Floater〈选择器浮动对话框〉
Light Lister〈灯光列表〉
Mirror〈镜像物体〉
Array〈阵列〉
Align〈对齐〉
Snapshot〈快照〉
Spacing Tool〈间距分布工具〉
Normal Align〈法线对齐〉
Align Camera〈相机对齐〉
Align to View〈视窗对齐〉
Place Highlight〈放置高光〉
Isolate Selection〈隔离选择〉
Rename Objects〈物体更名〉

四、Group〈群组〉

Group〈群组〉
Ungroup〈撤消群组〉
Open〈开放组〉
Close〈关闭组〉

Attach〈配属〉
Detach〈分离〉
Explode〈分散组〉

五、Views〈查看〉

Undo View Change/Redo View change〈取消/重做视窗变化〉
Save Active View/Restore Active View〈保存/还原当前视窗〉
Viewport Configuration〈视窗配置〉
Grids〈栅格〉
Show Home Grid〈显示栅格命令〉
Activate Home Grid〈活跃原始栅格命令〉
Activate Grid Object〈活跃栅格物体命令〉
Activate Grid to View〈栅格及视窗对齐命令〉
Viewport Background〈视窗背景〉
Update Background Image〈更新背景〉
Reset Background Transform〈重置背景变换〉
Show Transform Gizmo〈显示变换坐标系〉
Show Ghosting〈显示重像〉
Show Key Times〈显示时间键〉
Shade Selected〈选择亮显〉
Show Dependencies〈显示关联物体〉
Match Camera to View〈相机与视窗匹配〉
Add Default Lights To Scene〈增加场景缺省灯光〉
Redraw All Views〈重画所有视窗〉
Activate All Maps〈显示所有贴图〉
Deactivate All Maps〈关闭显示所有贴图〉
Update During Spinner Drag〈微调时实时显示〉
Adaptive Degradation Toggle〈绑定适应消隐〉
Expert Mode〈专家模式〉

六、Create〈创建〉

Standard Primitives〈标准图元〉
Box〈立方体〉
Cone〈圆锥体〉
Sphere〈球体〉

GeoSphere〈三角面片球体〉
Cylinder〈圆柱体〉
Tube〈管状体〉
Torus〈圆环体〉
Pyramid〈角锥体〉
Plane〈平面〉
Teapot〈茶壶〉
Extended Primitives〈扩展图元〉
Hedra〈多面体〉
Torus Knot〈环面纽结体〉
Chamfer Box〈斜切立方体〉
Chamfer Cylinder〈斜切圆柱体〉
Oil Tank〈桶状体〉
Capsule〈角囊体〉
Spindle〈纺锤体〉
L-Extrusion〈L 形体按钮〉
Gengon〈导角棱柱〉
C-Extrusion〈C 形体按钮〉
RingWave〈环状波〉
Hose〈软管体〉
Prism〈三棱柱〉
Shapes〈形状〉
Line〈线条〉
Text〈文字〉
Arc〈弧〉
Circle〈圆〉
Donut〈圆环〉
Ellipse〈椭圆〉
Helix〈螺旋线〉
NGon〈多边形〉
Rectangle〈矩形〉
Section〈截面〉
Star〈星型〉
Lights〈灯光〉

Target Spotlight〈目标聚光灯〉
Free Spotlight〈自由聚光灯〉
Target Directional Light〈目标平行光〉
Directional Light〈平行光〉
Omni Light〈泛光灯〉
Skylight〈天光〉
Target Point Light〈目标指向点光源〉
Free Point Light〈自由点光源〉
Target Area Light〈指向面光源〉
IES Sky〈IES 天光〉
IES Sun〈IES 阳光〉
SuNLIGHT System and Daylight〈太阳光及日光系统〉
Camera〈相机〉
Free Camera〈自由相机〉
Target Camera〈目标相机〉
Particles〈粒子系统〉
Blizzard〈暴风雪系统〉
PArray〈粒子阵列系统〉
PCloud〈粒子云系统〉
Snow〈雪花系统〉
Spray〈喷溅系统〉
Super Spray〈超级喷射系统〉

七、Modifiers〈修改器〉

Selection Modifiers〈选择修改器〉
Mesh Select〈网格选择修改器〉
Poly Select〈多边形选择修改器〉
Patch Select〈面片选择修改器〉
Spline Select〈样条选择修改器〉
Volume Select〈体积选择修改器〉
FFD Select〈自由变形选择修改器〉
NURBS Surface Select〈NURBS 表面选择修改器〉
Patch/Spline Editing〈面片/样条线修改器〉
Edit Patch〈面片修改器〉
Edit Spline〈样条线修改器〉

Cross Section〈截面相交修改器〉
Surface〈表面生成修改器〉
Delete Patch〈删除面片修改器〉
Delete Spline〈删除样条线修改器〉
Lathe〈车床修改器〉
Normalize Spline〈规格化样条线修改器〉
Fillet/Chamfer〈圆切及斜切修改器〉
Trim/Extend〈修剪及延伸修改器〉
Mesh Editing〈表面编辑〉
Cap Holes〈顶端洞口编辑器〉
Delete Mesh〈编辑网格物体编辑器〉
Edit Normals〈编辑法线编辑器〉
Extrude〈挤压编辑器〉
Face Extrude〈面拉伸编辑器〉
Normal〈法线编辑器〉
Optimize〈优化编辑器〉
Smooth〈平滑编辑器〉
STL Check〈STL 检查编辑器〉
Symmetry〈对称编辑器〉
Tessellate〈镶嵌编辑器〉
Vertex Paint〈顶点着色编辑器〉
Vertex Weld〈顶点焊接编辑器〉
Animation Modifiers〈动画编辑器〉
Skin〈皮肤编辑器〉
Morpher〈变体编辑器〉
Flex〈伸缩编辑器〉
Melt〈熔化编辑器〉
Linked XForm〈连结参考变换编辑器〉
Patch Deform〈面片变形编辑器〉
Path Deform〈路径变形编辑器〉
Surf Deform〈表面变形编辑器〉
* Surf Deform〈空间变形编辑器〉
UV Coordinates〈贴图轴坐标系〉
UVW Map〈UVW 贴图编辑器〉

UVW Xform〈UVW 贴图参考变换编辑器〉
Unwrap UVW〈展开贴图编辑器〉
Camera Map〈相机贴图编辑器〉
* Camera Map〈环境相机贴图编辑器〉
Cache Tools〈捕捉工具〉
Point Cache〈点捕捉编辑器〉
Subdivision Surfaces〈表面细分〉
MeshSmooth〈表面平滑编辑器〉
HSDS Modifier〈分级细分编辑器〉
Free Form Deformers〈自由变形工具〉
FFD 2×2×2/FFD 3×3×3/FFD 4×4×4〈自由变形工具 2×2×2/3×3×3/4×4×4〉
FFD Box/FFD Cylinder〈盒体和圆柱体自由变形工具〉
Parametric Deformers〈参数变形工具〉
Bend〈弯曲〉
Taper〈锥形化〉
Twist〈扭曲〉
Noise〈噪声〉
Stretch〈缩放〉
Squeeze〈压榨〉
Push〈推挤〉
Relax〈松弛〉
Ripple〈波纹〉
Wave〈波浪〉
Skew〈倾斜〉
Slice〈切片〉
Spherify〈球形扭曲〉
Affect Region〈面域影响〉
Lattice〈栅格〉
Mirror〈镜像〉
Displace〈置换〉
XForm〈参考变换〉
Preserve〈保持〉
Surface〈表面编辑〉
Material〈材质变换〉

Material By Element〈元素材质变换〉
Disp Approx〈近似表面替换〉
NURBS Editing〈NURBS 面编辑〉
NURBS Surface Select〈NURBS 表面选择〉
Surf Deform〈表面变形编辑器〉
Disp Approx〈近似表面替换〉
Radiosity Modifiers〈光能传递修改器〉
Subdivide〈细分〉
* Subdivide〈超级细分〉

八、Character〈角色人物〉

Create Character〈创建角色〉
Destroy Character〈删除角色〉
Lock/Unlock〈锁住与解锁〉
Insert Character〈插入角色〉
Save Character〈保存角色〉
Bone Tools〈骨骼工具〉
Set Skin Pose〈调整皮肤姿势〉
Assume Skin Pose〈还原姿势〉
Skin Pose Mode〈表面姿势模式〉

九、Animation〈动画〉

IK Solvers〈反向动力学〉
HI Solver〈非历史性控制器〉
HD Solver〈历史性控制器〉
IK Limb Solver〈反向动力学肢体控制器〉
SplineIK Solver〈样条反向动力控制器〉
Constraints〈约束〉
Attachment Constraint〈附件约束〉
Surface Constraint〈表面约束〉
Path Constraint〈路径约束〉
Position Constraint〈位置约束〉
Link Constraint〈连结约束〉
LookAt Constraint〈视觉跟随约束〉
Orientation Constraint〈方位约束〉

Transform Constraint〈变换控制〉
Link Constraint〈连接约束〉
Position/Rotation/Scale〈PRS 控制器〉
Transform Script〈变换控制脚本〉
Position Controllers〈位置控制器〉
Audio〈音频控制器〉
Bezier〈贝塞尔曲线控制器〉
Expression〈表达式控制器〉
Linear〈线性控制器〉
Motion Capture〈动作捕捉〉
Noise〈燥波控制器〉
Quatermion(TCB)〈TCB 控制器〉
Reactor〈反应器〉
Spring〈弹力控制器〉
Script〈脚本控制器〉
XYZ〈XYZ 位置控制器〉
Attachment Constraint〈附件约束〉
Path Constraint〈路径约束〉
Position Constraint〈位置约束〉
Surface Constraint〈表面约束〉
Rotation Controllers〈旋转控制器〉
Scale Controllers〈比例缩放控制器〉
Add Custom Attribute〈加入用户属性〉
Wire Parameters〈参数绑定〉
Wire Parameters〈参数绑定〉
Parameter Wiring Dialog〈参数绑定对话框〉
Make Preview〈创建预视〉
View Preview〈观看预视〉
Rename Preview〈重命名预视〉

十、Graph Editors〈图表编辑器〉

Track View-Curve Editor〈轨迹窗曲线编辑器〉
Track View-Dope Sheet〈轨迹窗拟定图表编辑器〉
NEW Track View〈新建轨迹窗〉
Delete Track View〈删除轨迹窗〉

Saved Track View〈已存轨迹窗〉
New Schematic View〈新建示意观察窗〉
Delete Schematic View〈删除示意观察窗〉
Saved Schematic View〈显示示意观察窗〉

十一、Rendering〈渲染〉

Render〈渲染〉
Environment〈环境〉
Effects〈效果〉
Advanced Lighting〈高级光照〉
Render To Texture〈贴图渲染〉
Raytracer Settings〈光线追踪设置〉
Raytrace Global Include/Exclude〈光线追踪选择〉
Activeshade Floater〈活动渲染窗口〉
Activeshade Viewport〈活动渲染视窗〉
Material Editor〈材质编辑器〉
Material/Map
Browser〈材质/贴图浏览器〉
Video Post〈视频后期制作〉
Show Last Rendering〈显示最后渲染图片〉
RAM Player〈RAM 播放器〉

十二、Customize〈用户自定义〉

Customize〈定制用户界面〉
Load Custom UI Scheme〈加载自定义用户界面配置〉
Save Custom UI Scheme〈保存自定义用户界面配置〉
Revert to Startup Layout〈恢复初始界面〉
Show UI〈显示用户界面〉
Command Panel〈命令面板〉
Toolbars Panel〈浮动工具条〉
Main Toolbar〈主工具条〉
Tab Panel〈标签面板〉
Track Bar〈轨迹条〉
Lock UI Layout〈锁定用户界面〉
Configure Paths〈设置路径〉

Units Setup〈单位设置〉
Grid and Snap Settings〈栅格和捕捉设置〉
Viewport Configuration〈视窗配置〉
Plug-in Manager〈插件管理〉
Preferences〈参数选择〉

十三、MAXScript〈MAX脚本〉

New Script〈新建脚本〉
Open Script〈打开脚本〉
Run Script〈运行脚本〉
MAXScript Listener〈MAX脚本注释器〉
Macro Recorder〈宏记录器〉
Visual MAXScript Editer〈可视化MAX脚本编辑器〉

十四、Help〈帮助〉

User Reference〈用户参考〉
MAXScript Reference〈MAX脚本参考〉
Tutorials〈教程〉
Hotkey Map〈热键图〉
Additional Help〈附加帮助〉
3ds Max on the Web〈3ds Max网页〉
Plug〈插件信息〉
Authorize 3ds Max〈授权〉
About 3ds Max〈关于3ds Max〉

附录 B　3ds Max 常用快捷键列表

F1	帮助
F2	加亮所选物体的面(开关)
F3	线框显示(开关)/光滑加亮
F4	在透视图中线框显示(开关)
F5	约束到 X 轴
F6	约束到 Y 轴
F7	约束到 Z 轴
F8	约束到 XY/YZ/ZX 平面(切换)
F9	用前一次的配置进行渲染(渲染先前渲染过的那个视图)
F10	打开渲染菜单
F11	打开脚本编辑器
F12	打开移动/旋转/缩放等精确数据输入对话框
`	刷新所有视图
1	进入物体层级 1 层
2	进入物体层级 2 层
3	进入物体层级 3 层
4	进入物体层级 4 层
Shift + 4	进入有指向性灯光视图
5	进入物体层级 5 层
Alt + 6	显示/隐藏主工具栏
7	计算选择的多边形的面数(开关)
8	打开环境效果编辑框
9	打开高级灯光效果编辑框
0	打开渲染纹理对话框
Alt + 0	锁住用户定义的工具栏界面
-(主键盘)	减小坐标显示
+(主键盘)	增大坐标显示
[	以鼠标点为中心放大视图
]	以鼠标点为中心缩小视图

续表

‘	打开自定义(动画)关键帧模式
\	声音
,	跳到前一帧
.	跳后前一帧
/	播放/停止动画
SPACE	锁定/解锁选择的
INSERT	切换次物体集的层级(同 1、2、3、4、5 键)
HOME	跳到时间线的第一帧
END	跳到时间线的最后一帧
PAGE UP	选择当前子物体的父物体
PAGE DOWN	选择当前父物体的子物体
Ctrl + PAGE DOWN	选择当前父物体以下所有的子物体
A	旋转角度捕捉开关(默认为 5 度)
Ctrl + A	选择所有物体
Alt + A	使用对齐(Align)工具
B	切换到底视图
Ctrl + B	子物体选择(开关)
Alt + B	视图背景选项
Alt + Ctrl + B	背景图片锁定(开关)
Shift + Alt + Ctrl + B	更新背景图片
C	切换到摄像机视图
Shift + C	显示/隐藏摄像机物体(Cameras)
Ctrl + C	使摄像机视图对齐到透视图
Alt + C	在 Poly 物体的 Polygon 层级中进行面剪切
D	冻结当前视图(不刷新视图)
Ctrl + D	取消所有的选择
E	旋转模式
Ctrl + E	切换缩放模式(切换等比、不等比、等体积) 同 R 键
Alt + E	挤压 Poly 物体的面
F	切换到前视图
Ctrl + F	显示渲染安全方框
Alt + F	切换选择的模式(矩形、圆形、多边形、自定义)

续表

Ctrl + Alt + F	调入缓存中所存场景(Fetch)
G	隐藏当前视图的辅助网格
Shift + G	显示/隐藏所有几何体(Geometry)
H	显示选择物体列表菜单
Shift + H	显示/隐藏辅助物体(Helpers)
Ctrl + H	使用灯光对齐(Place Highlight)工具
Ctrl + Alt + H	把当前场景存入缓存中(Hold)
I	平移视图到鼠标中心点
Shift + I	间隔放置物体
Ctrl + I	反向选择
J	显示/隐藏所选物体的虚拟框(在透视图、摄像机视图中)
K	打关键帧
L	切换到左视图
Shift + L	显示/隐藏所有灯光(Lights)
Ctrl + L	在当前视图使用默认灯光(开关)
M	打开材质编辑器
Ctrl + M	光滑 Poly 物体
N	打开自动(动画)关键帧模式
Ctrl + N	新建文件
Alt + N	使用法线对齐(Place Highlight)工具
O	降级显示(移动时使用线框方式)
Ctrl + O	打开文件
P	切换到等大的透视图(Perspective)视图
Shift +P	隐藏/显示离子(Particle Systems)物体
Ctrl + P	平移当前视图
Alt + P	在 Border 层级下使选择的 Poly 物体封顶
Shift + Ctrl + P	百分比(Percent Snap)捕捉(开关)
Q	选择模式(切换矩形、圆形、多边形、自定义)
Shift + Q	快速渲染
Alt + Q	隔离选择的物体
R	缩放模式(切换等比、不等比、等体积)
Ctrl + R	旋转当前视图

续表

S	捕捉网格(方式需自定义)
Shift + S	隐藏线段
Ctrl + S	保存文件
Alt + S	捕捉周期
T	切换到顶视图
U	改变到等大的用户(User)视图
Ctrl + V	原地克隆所选择的物体
W	移动模式
Shift + W	隐藏/显示空间扭曲(Space Warps)物体
Ctrl + W	根据框选进行放大
Alt + W	最大化当前视图(开关)
X	显示/隐藏物体的坐标(gizmo)
Ctrl + X	专业模式(最大化视图)
Alt + X	半透明显示所选择的物体
Y	显示/隐藏工具条
Shift + Y	重做对当前视图的操作(平移、缩放、旋转)
Ctrl + Y	重做场景(物体)的操作
Z	放大各个视图中选择的物体
Shift + Z	还原对当前视图的操作(平移、缩放、旋转)
Ctrl + Z	还原对场景(物体)的操作
Alt + Z	对视图的拖放模式(放大镜)
Shift + Ctrl + Z	放大各个视图中所有的物体
Alt + Ctrl + Z	放大当前视图中所有的物体(最大化显示所有物体)